U0531085

RECENT ADVANCES IN MODERN LIFE TABLE TECHNIQUES
FROM COMPUTATIONAL METHODS TO SOFTWARE DEVELOPMENT

现代生命表分析技术及应用研究新进展

从计算方法到软件开发

王广州　　著

中国社会科学出版社

图书在版编目（CIP）数据

现代生命表分析技术及应用研究新进展：从计算方法到软件开发 / 王广州著. -- 北京：中国社会科学出版社，2025. 3. -- ISBN 978-7-5227-4821-4

Ⅰ. C921-39

中国国家版本馆 CIP 数据核字第 202566YW26 号

出 版 人　季为民
责任编辑　王　衡
特约编辑　朱　犁
责任校对　王　森
责任印制　李寡寡

出　　版　中国社会科学出版社
社　　址　北京鼓楼西大街甲 158 号
邮　　编　100720
网　　址　http://www.csspw.cn
发 行 部　010-84083685
门 市 部　010-84029450
经　　销　新华书店及其他书店

印刷装订　北京君升印刷有限公司
版　　次　2025 年 3 月第 1 版
印　　次　2025 年 3 月第 1 次印刷

开　　本　710×1000　1/16
印　　张　28.25
插　　页　2
字　　数　502 千字
定　　价　156.00 元

国家社科基金后期资助项目

出 版 说 明

后期资助项目是国家社科基金设立的一类重要项目，旨在鼓励广大社科研究者潜心治学，支持基础研究多出优秀成果。它是经过严格评审，从接近完成的科研成果中遴选立项的。为扩大后期资助项目的影响，更好地推动学术发展，促进成果转化，全国哲学社会科学工作办公室按照“统一设计、统一标识、统一版式、形成系列”的总体要求，组织出版国家社科基金后期资助项目成果。

全国哲学社会科学工作办公室

目　　录

第1章　前言

人口学是人口数量、结构及其变动过程和规律的科学。1662年，格兰特（John Graunt）的《关于死亡表的自然和政治观察》作为第一部人口著作诞生[①]，标志着人口研究开始进入科学轨道。生命表的诞生和在研究上的贡献，既推动了人口科学的迅速发展，又为其他相关领域的科学研究提供了重要的分析工具；不仅标志着现代人口统计学的诞生，也成为人口学核心中的核心。生命表分析技术几乎贯穿人口统计科学研究的全过程，无论是研究人口总量与结构，还是分析其变动规律和动态过程，生命表都是最基础的分析工具。研究基础的稳固程度，直接决定了整体研究水平的高低。

1.1　中国人口统计科学研究面临的问题

随着社会发展的需要，人口统计学作为人口学重要的研究领域不断地丰富与拓展。早期的研究主要聚焦于人口总量统计，随着社会、经济、政治、军事等领域的发展，人口统计研究范畴不断延伸，从对人口总量、结构等基本状况进行描述或特征总结逐步发展为对未来人口的推断和预测，并以此为基础深化对人口系统内在因果关系和客观规律的探索与揭示。

由于传统的数据收集能力和处理技术限制，对人口现状、特征的描述往往较为滞后，甚至是过时的。随着科学技术的发展，数据采集能力空前提升，但仍然存在基础数据严重滞后的问题。以中国2020年第七次全国人口普查为例，从人口普查设计、调查到基本结果发布，整个过程至少需要3年以上的时间。2020年全国人口普查时点为2020年11月1日零时，首份

---

① Smith D.，Keyfitz N.，1977，*Mathematical Demography*，Springer-Verlag，p.1.

人口统计公报发布的时间为2021年5月11日，数据发布时间与调查时点相差半年以上，而可供深入研究使用的详细汇总数据的发布时间比调查时点滞后超过1年。

由于现有数据与现实总是存在或多或少的滞后问题，要准确把握和深入研究人口变化的新趋势、新特点和新问题，提升数据快速处理和分析能力是改善数据滞后问题的重要技术手段。随着人口普查以外的人口大数据不断丰富，如何正确使用数据、分析数据和解决实际问题是新时期面临的重大挑战。虽然计算机科学技术的快速发展为人口数据统计分析提供了重要的技术基础，但专门用于人口统计分析的计算机应用软件和程序开发仍十分缺乏。纵观中国人口科学发展的历程，特别是人口统计学科领域，在基础性、原创性和创新性研究方面还存在以下不足。

第一，人口分析技术无法适应现代科学技术的快速发展。现代科学技术主要体现在人工智能的快速发展、机器学习等新技术的广泛应用。然而，人口分析技术仍沿用传统的数据分析模式，与现代数据挖掘能力存在明显的代差。比如，数据采集与计算机分析技术更新滞后，缺少能够作为系统化、标准化和规范化应用技术的总结。从中国目前人口分析技术的发展状况来看，面对实际研究问题和现代科学技术的快速发展，人口分析技术还存在较大差距，许多研究结果经不起实践检验，与实际情况相去甚远。这种技术的滞后，制约了人口研究的科学性和前瞻性。

第二，人口统计分析工具匮乏。虽然与统计分析工具不同，许多统计分析工具是可以购买、获得的，但是，中国目前还没有与国外统计分析软件类似的软件，缺少自主研发的统计分析软件，同时需要解决“卡脖子”问题和积累研究工具箱；人口统计分析与统计分析既有联系又有区别，是统计分析软件无法替代的，除了统计分析工具积累，还需要专门的人口统计分析工具。因此，从原始创新和解决“卡脖子”问题的实际需求出发，避免低水平重复开发，需要积累分析工具，在创新培养模式上不断加速迭代。

第三，基础研究学术传承和积累薄弱。科学研究离不开基础数据和分析工具，传统的数据与现代人口大数据的最大区别在于数据资源越来越丰富，实时更新的能力越来越强，迫切需要人口分析技术的理论与方法创新。除了科学研究和学术研究的前沿，在学术积累和传承的过程中，作为教育、科技工作者不是培养“传销”下线，而是与科技发展潮流及科学研究前沿相匹配，不断打造创新队伍，使科研人员人口分析技术和创新能力不断提升且路径最短，避免低水平重复和走弯路。要切实积累或传承有理论或有应用价值的学术研究成果，从而掌握服务于重大现实问题研究的基本技能。

第四，应用研究存在避重就轻的现象。中国不仅拥有规模巨大的人口，同时也是人口转变迅速的国家。许多现实人口问题迫切需要预判和深入研究。然而，面对复杂的人口变化，需要对人口的基础研究问题和战略研究问题精准把握及前瞻性预判，无论是人口政策还是人口重大问题的变动趋势判断，都需要深入的基础研究和对新时期人口变化规律的认识。由于基础研究薄弱和分析工具匮乏，很多研究浅尝辄止，对关键问题的研究更是避重就轻，甚至本末倒置。

总之，传统的人口统计学主要包括研究人口学基本的理论和应用过程中的观察方法、数据收集方法、数据分析方法以及在实际问题研究中的应用。由于分析工具和计算机分析技术落后，每次都需要做大量的重复工作，创新和工具积累效率低下，跨学科、跨专业的研究受到限制。因此，人口分析核心技术及其计算机软件开发能力将成为重新定义人口科学研究人员技能标准和研究创新能力的关键指标。

1.2　现代生命表分析技术与应用面临的突出问题

传统的生命表分析技术主要用于死亡人口研究，随着人口基础信息收集方法和定量分析技术的快速发展，生命表分析技术不断与时俱进，应用范围从单递减生命表到多状态生命表，不断完善和拓展。然而，由于传统的人口统计学研究是建立在手工或计算机分析工具基础上的，国内生命表研究常用的计算机辅助工具多为Excel等电子表格以及SPSS、Stata或R等统计分析软件，国内外原创性人口分析软件屈指可数，专门的生命表分析软件更为缺乏。目前国内生命表分析技术及相关软件开发存在以下问题。

第一，基础数据问题。从单递减生命表到多状态生命的发展过程中，始终面临复杂数据收集和数据质量问题。一方面，多状态生命表构建所需要的数据比较复杂，许多抽样调查或人口普查数据难以满足研究的需要；另一方面，在构建生命表的过程中，预测未来预期寿命变化趋势通常需要超过30年的时间序列数据，而目前中国用于构建生命表预测的基础数据大多难以满足这一需求。

第二，实时原始数据深入挖掘问题。随着大数据时代的到来，数据收集方法和实时数据收集能力不断提升，在构建生命表所需基础数据日益丰富的同时，实时原始个案数据的采集也更为便捷。因此，亟需深入研究与现代科学技术发展和数据处理能力相匹配的生命表构建技术与分析工具，使人口科学研究与现代科学技术发展同步。

总之，生命表分析技术从算法到软件的实现过程是人口统计学现代化的重要目标，应在将以往相互分割的研究紧密联系起来的同时，把人口统计研究成果向人口统计分析软件开发推进一步，形成实实在在的研究成果和分析工具。

1.3　本书研究的目标

创新是科学研究的动力与价值所在。新时期需要不断探索、尝试，突破传统思维方式、落后的研究模式和固化研究领域局限，着力提升大数据时代人口统计研究对新问题、新趋势和新规律的把握能力，创造现代人口分析技术研究的新模式，形成不断突破学术前沿和挑战历史局限的新理念，这既是人口科学发展的内在要求，也是学科建设的重要目标。

1.3.1　生命表分析技术研究创新与应用

生命表分析技术不仅适用于人口状态转换研究，也可以拓展至人口学以外的相关领域研究。作为人口统计学的核心分析技术，生命表在定量社会科学等许多领域的基础研究过程中发挥重要作用。因此，深入研究生命表分析技术，将人口学研究问题、数学研究基础与计算机分析软件相结合，不仅是新时期人口统计学创新、发展和现代化的需要，也是大数据时代深化人口科学研究问题认知，丰富人口科学研究内涵的客观要求。本书探索的主要内容表现在以下几个方面。

第一，平均预期寿命预测研究。Lee-Carter模型广泛应用于时间序列死亡率预测，而中国年龄别死亡率数据的系统性收集工作起步较晚，历史积累相对有限且存在数据质量问题。本书试图探索在中国目前数据质量条件下，平均预期寿命的预测方法和需要解决的关键问题。

第二，健康预期寿命预测研究。在生命表解决平均预期寿命预测的基础上，进一步提出健康预期寿命的预测方法，并对中国老年人口健康预期寿命进行预测分析。

第三，多状态就业生命表研究。传统就业生命表研究主要基于经典生命表分析方法，往往忽视就业的状态转换问题，本书系统阐述了中国多状态生命表研究的难点和重点，结合中国国情提出构建多状态就业生命表构建方法和需要注意的问题。

第四，基于原始个案数据的生命表与生存分析软件开发。传统生命表研究主要基于年龄别死亡人口汇总数据，随着大数据和信息化时代的到来，越来越多的原始个案数据可以直接用于生命表研究，因此，迫切需要基于原始个案数据的生命表和生存分析软件。本书从计算方法到计算机软件，实现了国外商业软件的核心功能，并为提供完整的软件源代码、发展本土化生命表和生存分析软件奠定基础。

总之，本书以生命表软件开发为实际案例，将人口统计学研究的科学基础建立在与现代计算机科学、数据科学发展相适应的基础上，探索满足中国人口问题研究需求的创新路径。通过遵循人口发展的客观规律，进一步实现以开发实用人口统计分析工具为目标的跨学科研究。

1.3.2 从算法到软件

本书立足于算法研究到计算机应用软件开发的全过程底层原创工具积累。为了不断提高认识和解决问题的能力，一方面，从人口科学基础研究的角度出发，面向中国人口科学研究实际，探索数理人口学与人口统计学的前沿分析方法和分析技术；另一方面，从学术积累的角度出发，使科学研究的成果成为可重复、可检验的分析工具。具体的，在研究生命表分析技术的过程中，针对中国人口的实际问题和研究需要，在提高解决人口统计问题能力的同时，积累人口统计分析软件。通过展示人口统计分析软件开发全过程，将人口统计分析方法、软件结构设计和最终形成针对特定研究问题的通用分析工具。这一过程既实现了从研究问题到分析工具的总结提炼，也比较系统地呈现了人口统计分析方法到分析软件形成的技术路径，最终形成具有较广泛人口统计学应用场景的软件模块和分析工具。

生命表作为人口统计分析的核心技术，其现代分析方法是人口统计分析技术研究的基础和前沿。本书并非基于传统人口统计学方法的常规计算机软件开发研究，而是预设读者已具备一定的人口统计学及相关领域的研究基础，重点探讨现代分析方法和技术的开发及应用。要熟练掌握人口统计学的基本原理，需具备微积分和线性代数等应用数学基础，并至少精通一门编程语言，然后进一步形成从人口统计学创新到软件开发的能力，最终实现将人口统计新方法转化为有效的计算机分析工具的全流程创新。

1.3.3　软件开发基本技能

作为一个探索新问题、新成果和新应用的研究课题，如何科学、准确地描述生命表及相关研究成果，使不同的研究者清晰理解并准确把握相关核心研究内容，是一个具有挑战性的学术目标。

由于研究的最终目标是将生命表分析技术及其应用转化为计算机软件，需要将研究问题的提出、分析方法或算法设计、软件开发和实践应用相结合，形成一体化、全周期的研究模式。在整合生命表分析方法、应用研究和软件开发时，需要兼顾算法、设计的科学性，使用的便捷性，同时考虑软件的可维护性和未来发展的空间。

软件开发与分析技术实现的关键是熟练掌握开发工具。掌握开发工具的第一步是读懂程序，明白细节才能真正掌握。一个好的例子，使新技能掌握变得更容易。阅读和理解程序的目的是深入了解程序的基本原理，灵活掌握程序的本质和精髓。通过实例对程序设计及结果进行解析，达到举一反三的效果，这也是创新和开发的追求，这种追求甚至超过具体应用本身的价值。第二步是精读，尝试改进。对程序代码要仔细阅读，任何一个符号错误，都会使程序无法正确运行。读懂和领会程序甚至比理解文字更重要。只有真正完全准确理解算法的每一个步骤或细节，才能开发出更具应用价值的计算机软件，这也为分析技术的改进、完善或创新奠定坚实的基础。任何模糊的理解都将影响软件的研究价值和应用的灵活性。

1.3.4　计算机程序语言选择

不同操作系统的应用软件不同。目前，计算机的操作系统主要包括Windows、MacOS和Linux等。不同操作系统的软件存在平台兼容性问题，无法直接跨平台运行。因此，开发适用于不同平台的计算机软件是避免重复开发或降低多平台适配成本的重要手段。

鉴于人口统计学研究目标的重点是快速开发，研究者在高效、便捷的工具支撑下，形成计算机人口分析技术工具，研究的重点在人口统计本身，在计算机软件开发工具支撑的基础上，实现人口统计科学创新和快速发展的目标，而不是本末倒置。因此，在计算机开发语言选择上需要兼顾易用性、开发效率和跨平台特性。

编写一次代码，运行于不同的平台是软件快速开发和降低开发成本的重要目标。随着计算机操作系统的应用，能够支持跨平台开发的编程语言越来越多，如Python、R、Delphi和C语言等。从计算机语言发展的历程看，C语言是最具有生命力和灵活性的，在C语言的基础上，衍生出C++、Objective-C和Java等软件开发工具。在软件开发体系中，C语言具有承上启下的关键作用。满足标准的C语言开发工具也有许多不同的开发软件，如Microsoft公司的Visual Studio等。Embarcadero公司的开发工具C++Builder既可以开发C语言应用软件，也可以开发C++语言应用软件，而且还可以实现跨平台编译，显著提高了代码的复用效率。

总之，在人口统计分析技术发展向计算机软件开发转化的过程中，研究者需要按照一个线索，不断的积累，点点滴滴，完善丰富。由于功能模块之间可以排列、组合和拓展，因此，这种技术积累往往呈现非线性加速发展的特点。

1.4 主要内容

目前，定量社会科学研究已成为国内相关研究的主流范式，学术研究成果发表也越来越强调基础数据与计算机代码的公开共享。然而，国内研究普遍存在过度依赖国外统计软件的现象，鲜有对软件的算法、原理潜在缺陷进行校验，不了解软件的具体细节和运行过程，因此，对研究方法本身的理解表面化，甚至囫囵吞枣，在这种情况下，很难进行深入的原创性研究。此外，在人口统计问题的研究过程中，过分依赖国外统计分析软件，存在为了方法而方法，通过所谓的“方法”和“技术”掩盖研究的无意义或对研究问题的一知半解。

针对人口统计学的核心研究问题和研究过程中存在的问题，本书的主要内容聚焦在以下几个方面。

第一，计算机语言。任何计算机语言都是一个比较庞大且功能丰富的系统，在开发特定软件的过程中，通常只会用到部分核心功能。针对不同的研究目标，所需的技术解决方案不同，因此，涉及计算机语言的内容也不同。为了缩短从算法到软件的学习路径，提升从人口科学研究到软件开发的效率，本书有关计算机语言内容使用的原则是尽可能限定在必需的范围内。一方面降低学习难度，另一方面使研究者的精力集中在熟练解决相关研究问题上。基于上述原则和思路，本书对计算机语言的介绍主要包括四个相互衔接的部分。第一部分是C++语法；第二部分是计算机软件的界面设计；第三部分是数据库处理；第四部分是软件的打包和安装文件制作。

第二，生命表算法与软件开发。从基础数据来看，生命表分析技术内容包括基于汇总数据的生命表构建方法和基于原始个案数据的生命表数据挖掘方法。从生命表的类型来看，有单递减生命表和多状态生命表。其中，单递减生命表既可以从汇总数据出发，也可以从原始个案数据出发，因此，在研究过程中，数据处理方式和软件设计是有很大差别的。此外，为了面向大数据分析，增加了人口数据库的分析和比较复杂的基础数据处理。比如，家庭人口研究内容和软件设计方法，为人口系统的微观人口仿真、婚姻家庭生命表等分析技术奠定基础。

第三，生命表分析技术应用。虽然生命表分析技术起源于研究平均预期寿命问题，但许多人口经济与社会问题可以转化为状态转换的研究问题，也可以作为稳定性测量的重要方法，因此，应用范围非常广泛。本书重点探讨多状态生命表分析技术就业与健康领域的创新应用，以中国劳动年龄人口就业、健康状态变化为例，展示平均预期寿命预测和多状态生命表的应用算法和软件设计方法。

总之，本书在内容选择上力图兼顾人口科学研究创新、软件开发和实际应用研究三个方面的有机联系以及分析技术实现的细节，使研究的全过程具有可复制、可重复和可工具化的特征，为后续的人口科学研究提供系统性的方法参考和技术支持。

第2章　C++语言基础

在计算机编程语言中，除了汇编语言，C语言是最贴近计算机底层的编程语言，其程序具有小而快和跨平台的特点。从编程语言的特征来看，C语言虽然比汇编语言容易理解且开发效率提高，但与Basic、Pascal等高级语言相比，其语法和底层操作仍有一定复杂性，这对编程初学者而言存在一定的学习门槛和掌握上的难度。

C++是在C语言基础上的升级和扩展，与C语言既有非常密切的联系，又有很多不同，在C语言基础上加入了许多新的语言特征。与C语言相比，C++最重要的扩展是增加了面向对象的编程方法，这也是C++对C语言最重要的升级。C++开发工具有很多，如MicroSoft公司的Visual Studio、Embarcadero公司的C++Builder等。

对于计算机软件开发来说，相同的功能可能有不同的实现路径，要真正熟练掌握一门计算机语言，必须经历从简单到复杂的过程，在不断解决实际问题的过程中，提升技术方案的科学性、可靠性和灵活性。现代计算机编程语言普遍具备强大的功能，软件所拥有的功能模块也是庞大的系统。然而，在实际的开发过程中，开发工具所具备的功能和可应用的范围往往远超出一般软件开发的需要。若过度关注那些实际开发中极少使用或现阶段无需掌握的功能，既增加学习成本，影响对核心内容的学习，分散了需要熟练掌握技能的重点，还可能影响对核心技术的熟练掌握，得不偿失。另外，在有限的篇幅内难以涵盖的有相关内容。因此，为了满足人口统计分析软件开发和生命表分析技术研究的核心技术需求，把重点放在人口统计分析技术与软件开发所需的必要技能上，将人口统计研究与软件设计相结合，最大限度地缩短计算机语言的学习路径。基于这样的思路，本书提炼的C++语法仅限于本书所涉及的开发内容，编程实践尽量用最简单的实例来展示从人口统计方法到计算机软件的实现过程。在此基础上，读者可以进行不断完善，使之成为科研的重要辅助工具。根据具体的研究需要，使辅助工具不断提升，使软件从可用到好用。

总之，本书的宗旨是采取极简主义处理问题的原则，用最简洁、最高效和最容易理解的方法实现计算机解决问题的思路。在人口统计软件开发的过程中，始终坚持人口统计模型和方法创新与计算机软件开发相结合，使计算机软件开发和研制成为人口统计科学研究和创新的重要工具，二者相互促进。在原型设计的基础上不断优化，最终形成好用、易用的原创性分析工具。

虽然C++的开发工具很多，但对于科学研究和快速开发来说，C++Builder与Visual Studio相比相对小众，但具有较多优势，特别是在桌面软件开发过程中，具有与Delphi一样高效的特点。为了专注人口统计科学研究，高效易用的开发工具C++Builder是不二的选择。

2.1　软件基本结构

C++Builder是Embarcadero公司RAD Studio重要的快速、原生应用程序开发系统之一。既可以用传统的C语言开发应用程序，也可以用C++进行应用软件开发。目前最新版本的C++Builder11.1采用C++17标准，是一款具备高效跨平台软件开发能力的C++工具。通常开发一个应用软件首先需要创建一个新的工程文件，用于管理不同的功能模块，C++Builder可以自动生成软件工程的基本结构。

根据不同的需求，C++Builder支持创建多种类型的工程文件，如Windows平台应用程序或多平台应用程序等。开发者可以根据不同的设计需求，创建不同的工程文件框架，如控制台（Console）应用程序。通常，创建一个最简单的C++Builder工程文件，将会自动生成一个工程，该工程包括: *.h和*.CPP两类文件。

2.1.1　控制台（Console）应用程序

创建控制台应用工程文件的具体方法见图2-1，对应的自动创建程序见程序2-1。

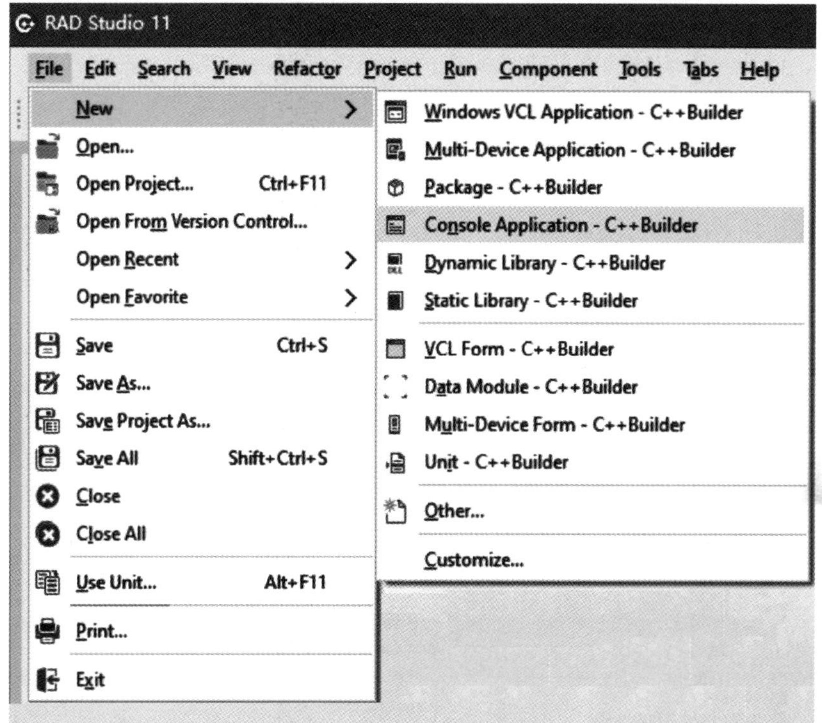

图 2-1　创建控制台应用程序

程序 2-1　自动生成控制台应用程序框架

```
#include <iostream>
#include <tchar.h>

int _tmain(int argc, _TCHAR* argv[])
{

}
```

程序 2-1 是由 C++Builder 自动创建的一个基本的程序框架，该框架包括两部分，一部分是 `#include`，另一部分是 `int _tmain(int argc,_TCHAR* argv[ ])`。作为自动生成的基础程序，这个基本框架不做任何事情，只是由 C++Builder 软件自动生成一个应用程序所需的基本结构。下面简单介绍这个程序框架的构成。

#include <iostream>和#include <tchar.h>是预处理头文件，目的是引用C++或C语言输入输出和字符处理库函数，也就是C++提供的功能模块。

int _tmain(int argc,_TCHAR* argv[ ])是程序的主函数，也就是程序运行的起点或入口。C/C++语言中，用大括号{ }来划定程序子模块的范围。程序2-1中int _tmain(int argc,_TCHAR* argv[ ])的大括号{ }，中间没有任何程序语句，因此，虽然有引用和主程序，但主程序没有语句，也就是应用程序没有做任何事情。

在主程序两个大括号之间加入语句（见图2-2）：

```
printf("First look at C++! \n");
system("pause");
```

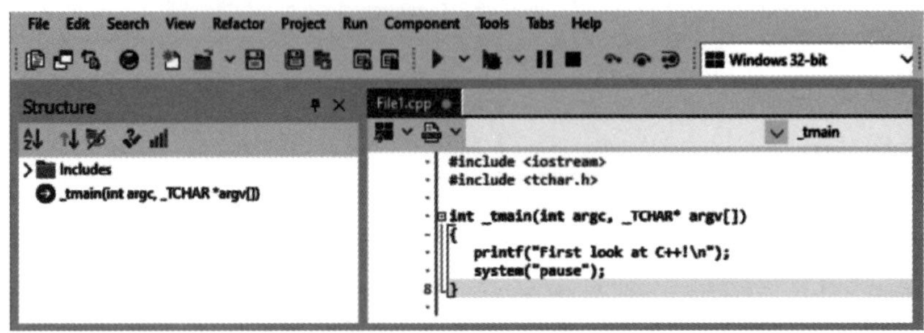

图2-2　主程序结构

运行程序（见图2-3）：

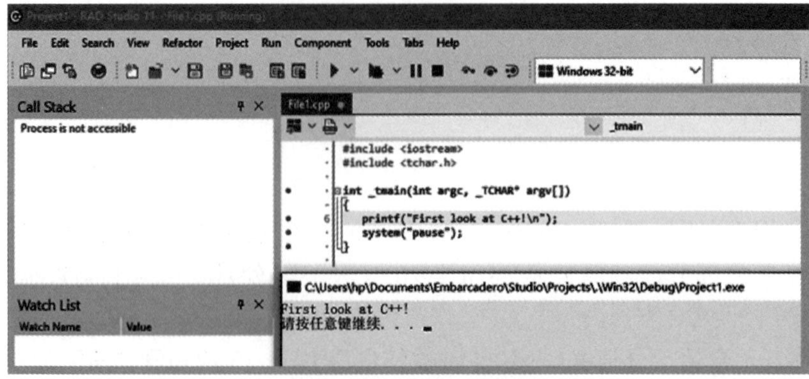

图2-3　主程序运行结果

语句`printf()`和`system()`都是C/C++语言标准的库函数，库函数相当于数学里的常用标准函数，如对数函数。库函数的参数构成和表达方式的具体规则将在后面函数部分进行详细介绍，这段程序只是为了展示最基本的C /C++语言的程序结构，这种结构是程序编写过程中常见的。初学开发者需要自行尝试和观察，经过尝试会很快熟悉这些基础的程序结构。此外，在开发过程中需要从设计者的角度思考，不断尝试一些新的想法，这也是一个积累和优化的过程。

需要说明的是，不同版本或不同C++开发系统可能在自动生成工程文件的过程中会有细微的差别，但程序框架结构的目的则完全相同，即在简化或减少开发过程中的代码书写数量的同时，形成统一规范的程序结构。

2.1.2　Window VCL应用程序框架

Window VCL应用程序框架包括*.cpp、*.h、Design和History四个部分。以新建Project1.cbproj工程文件为例，Window VCL应用程序框架默认自动创建文件包括Unit1.cpp、Unit1.h、Design和History。History记录了Unit1.cpp、Unit1.h代码和Design界面设计的历史，功能是可以退回到之前保存的文件版本。Design界面设计存储在Unit1.dfm文件中（本例为Form1窗体），通过对控件的添加、删除、修改来改变界面设计。控件为可视化功能模块，如菜单（Menu）、按键（Button）或选择列表（ListBox）等，控件对应相关的人机对话渠道。在窗体上可以放置需要的可视化或非可视化控件，然后进行相应的程序设计，实现特定的软件界面和功能。比如，图2-4为一个简单的且只含有一个窗体的Window VCL应用程序框架。如前所述，这个框架包含*.cpp、*.h、Design和History四个部分。

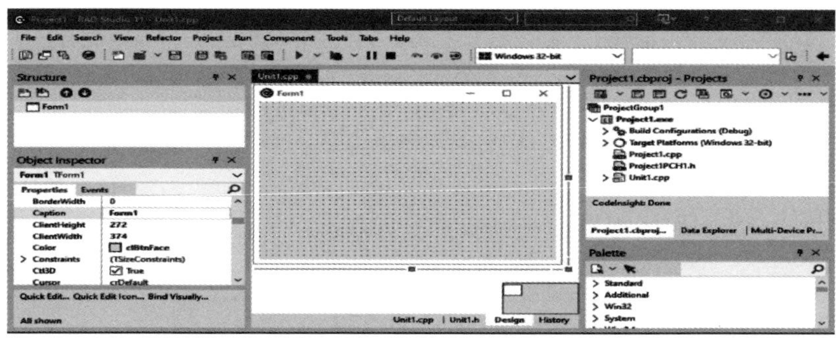

图2-4　Window VCL应用程序框架

首先看Unit1.cpp程序框架结构（见程序2-2）。在Unit1.cpp程序中有三种程序语句。第一种是引用库函数#include，本例包括#include <vcl.h>和#include"Unit1.h"。vcl.h为可视化控件（组件）库，本例的Unit1.h为窗体Form1函数库定义或声明。第二种为资源调用或引用声明。本例资源调用或引用声明为#pragma package(smart_init)和#pragma resource"*.dfm"。#pragma resource"*.dfm"为窗体引用。第三种为对象定义和函数（对象方法），本例对象定义为TForm1 *Form1；且只有一个__fastcall TForm1::TForm1(TComponent* Owner)函数（Form1的一个方法）。这些函数、库、引用文件或资源声明等后面会陆续介绍，现在可以把这些功能理解为C++Builder自动生成并提供的功能模块。

程序2-2 Unit1.cpp程序框架结构

```
//---------------------------------------------------------------------------

#include <vcl.h>
#pragma hdrstop

#include "Unit1.h"
//---------------------------------------------------------------------------
#pragma package(smart_init)
#pragma resource "*.dfm"
TForm1 *Form1;
//---------------------------------------------------------------------------
__fastcall TForm1::TForm1(TComponent* Owner)
 : TForm(Owner)
{
}
//---------------------------------------------------------------------------
```

其次看Unit1.h程序框架结构（见程序2-3）。Unit1.h程序中有三种主要定义，一是引用库函数#include，本例包括#include<System.Classes.hpp>、#include <Vcl.Controls.hpp>、#include <Vcl.StdCtrls.hpp>和#include <Vcl.Forms.hpp>。二是类和方法定

义。类定义class TForm1:public TForm，方法声明_fastcall TForm1(TComponent* Owner)；三是调用外部库，本例为调用extern PACKAGE TForm1 *Form1;外部库。

程序 2-3　Unit1.h 程序框架结构

```
//---------------------------------------------------------------------------

#ifndef Unit1H
#define Unit1H
//---------------------------------------------------------------------------
#include <System.Classes.hpp>
#include <Vcl.Controls.hpp>
#include <Vcl.StdCtrls.hpp>
#include <Vcl.Forms.hpp>
//---------------------------------------------------------------------------
class TForm1 : public TForm
{
__published:   // IDE-managed Components
private:  // User declarations
public:  // User declarations
  __fastcall TForm1(TComponent* Owner);
};
//---------------------------------------------------------------------------
extern PACKAGE TForm1 *Form1;
//---------------------------------------------------------------------------
#endif
```

通过对C++Builder控制台（Console）应用程序和Window VCL应用程序框架自动生成程序架构和功能的介绍，可知C++Builder已经将常用的软件开发框架标准化，并形成统一的设计框架。

本部分仅简要介绍C++Builder快速开发桌面的基本结构，对于C++Builder软件开发只是一个概括性的展示，更加丰富和高效的开发功能或设计，可以在软件开发实践过程中不断探索和尝试，熟能生巧。

2.2　基本语法

由于C++是在C语言的基础上发展起来的，因此，在C++Builder软件开发过程中，即使是实现相同的功能，也可以采用不同的技术路径。从掌握语法的角度出发，以熟练掌握并应用到软件功能开发中为目标，本书将尽量采用最易理解和简洁的方法，使学习路径缩短。由于C++Builder提供了基本语句的代码补全功能，作为开发者只需要将重点放在深入理解语法的内涵和解决问题的线索上，而不需要记住所有的内容。当然，随着程序开发的数量和质量的不断提升，在C++Builder开发工具的帮助下，对C++语法的掌握会越来越熟练，开发的技能也在反复的实践中得到丰富和积累。

2.2.1　变量、表达式与注释

变量、表达式和注释是计算机编程的基本内容，是任何计算机语言都需要具备的简单功能，C++/C语言也不例外，在编程过程中极为常见，开发者可以很快适应或习惯这些语法的表达方式。值得注意的是，对于变量的声明、使用来说，有些语言的变量类型的定义非常细致或严格，有些则比较模糊或粗糙。C++/C语言的变量类型的定义比较严格，所以程序的运行效率较高。

2.2.1.1　对变量进行赋值

C++/C语言中，变量命名是区分大小写的，如`sql`和`Sql`是两个不同的变量。为了养成良好的编程习惯和提高程序的可读性，编程的风格很重要。早期的语言对变量名的长度是有限制的，比如，只能8个字符或数字，数字不能作为变量名的开头，特殊字符“#”“!”等不能作为变量名。现代编程语言对变量名的长度几乎没有限制，为命名变量及变量的易读性提供了方便。即便如此，还是建议对变量的命名采取“驼峰式”方法，也就是每个具有含义的单词首字母大写，如NoStudents等。变量命名所提供的信息非常重要，通过变量命名可以联想到变量的存储内容。

C++/C语言中，最常用的变量类型为整型（int）、浮点型（float/double）和字符型（char），即整数、浮点数、字符（串）等。

与Python等不必事先声明类型不同，C++/C变量必须首先声明变量的类型。声明的格式为：“变量类型　变量名；”。

比如，声明一个整型变量的方法为：

int age;//声明一个名为age的整型变量，用于存储整数。

在赋值语法上，C++/C使用“=”进行变量赋值，与python等语言完全一样。如果用于逻辑判断，需要使用“==”表示逻辑判断的“相等”，这与python语言完全相同。

如果从来没有编过程序，最不好理解的赋值语句是“a=a+1”和“a=a+b”，这与数学的方程式看起来一样，但含义不同。赋值语句表达式“a=a+1”的含义是变量a增加1后，将结果再赋值给a；赋值语句表达式“a=a+b”的含义是变量a增加变量b的值后，将结果再赋值给a。这个过程可以通过显示变量a赋值前后值的变化来看表达式的功能。如果读者觉得这些内容陌生、难以理解，建议先找一本最基础的编程语言学习后再看后面的内容。

如果用其他语言编过程序，但没有用C、C++、Java等编程的经验，i++和++i 等语法也是非常不好理解的。因此，建议在编程过程中，采用中规中矩，且易于理解的编程方法，即i=i+1的方式。

2.2.1.2　运算符

在C++/C语言中，+、-、*、/、%等运算符与数学运算符的方法完全一致。比如，5*2与数学中的5乘以2的含义相同。唯一不同的是，需要注意数据的类型与精度，只要在计算机上多试验几次不同类型的运算，通过观察运行结果就容易理解运算符的含义了。

C语言字符和字符串处理比较麻烦，字符串其实是一个字符数组[①]。比如，声明一个字符串“char aa[ ]="Welcome to C++ Buider!";”。

C++引入了String.h的函数库（头文件），使得字符串的处理更容易。比如，字符串相加与其他数据运算不同，两个字符串相加的结果相当于字符串的连接。如“Py”+“thon”的输出结果是“Python”。

2.2.1.3　表达式

程序2-4中，“kk=3.14;”为一个赋值的表达式，对浮点变量kk赋予3.14这个数值。在进行变量声明的同时进行赋值，如“char aa[ ]="Welcome to C++ Buider!";”。写该语句的目的是对字符型变量aa进行赋值。“pj=i*6.18;”为一个表达式，将i乘以6.18后赋给浮点变量pj。以上

① 数组的概念和用法后面将会专门介绍。

是最简单且常见的表达式程序编写，这与数学表达式的含义完全相同或非常相似。在表达式运算的过程中，需要注意数据类型的相同与不同。比如，浮点数包含整型数，对于具有严格数据类型检查的开发语言来说，反过来是不允许的，不当的类型转换可能导致数据丢失，这些最基本的规则通过实例很容易掌握，也很快会适应，但有时不小心会对中间结果不太清楚，也会发生错误赋值的情况。

程序2-4　C++语法

```
#include <iostream>
#include <tchar.h>
 using namespace std;//声明引用

int _tmain(int argc, _TCHAR* argv[])
{
  int i;
  float pj;
  char aa[]="Welcome to C++ Buider!";//为aa赋值
  float kk;//浮点变量声明
  kk=3.14;//为kk赋值
  i=120;
  pj=i*6.18;//K算表达式
  cout<<aa;//也可以写作 cout<<aa<<endl; 必须引用 iostream实现
aa屏幕显示
  cout<<endl;//输出换行
  cout<<kk<<endl;
  cout<<pj<<endl;

  system("pause");

     /* endl行结束
     system中"pause"为函数system的参数;
     */
  }
```

对比程序2-4和程序2-5可以发现，如果去掉“using namespace

std;”这个语句，那么，cout 的写法为：

```
std::cout<<aa;//也可以写作 cout<<aa<<endl; 必须引用 iostream
std::cout<<std::endl;
std::cout<<kk<<std::endl;
std::cout<<pj<<std::endl;
```

显然，如果去掉“using namespace std;”这个语句，程序编写会烦琐。

2.2.1.4　注释

写注释不仅是一个好的编程习惯，也是在对程序进行必要的说明，增加程序的可读性。恰当的注释可以起到事半功倍的效果，特别是随着软件功能的丰富，编程数量的增加，往往需要快速把握程序的结构、功能和原理。通过准确的注释，可以提供重要的软件结构和功能线索。在软件需要功能改进或性能提升的过程中，使更新、修改更加容易。随着时间的推移或软件设计越来越复杂，读懂程序与通常阅读文字不同，由于程序是简化标识的，所以，必要的注释对于理解程序功能是一个有效的帮助途径。C++/C 注释采用“//”进行单行注释，采用“/*”和“*/”配对进行多行注释。C++ 程序结构见程序 2-5，程序运行结果见图 2-5。

程序 2-5　C++ 程序结构

```
#include <iostream>
#include <tchar.h>

float sumtwo(float a,float b);

int _tmain(int argc, _TCHAR* argv[])
{
  int i;
  float j;
  char aa[]="Welcome to C++ Buider!";
  float kk;
  kk=3.14;
  i=120;
  j=i*6.18;
  std::cout<<aa;//也可以写作 cout<<aa<<endl; 必须引用 iostream
```

```
    std::cout<<std::endl;
    std::cout<<kk<<std::endl;
    std::cout<<j<<std::endl;

    float ak;
    ak=sumtwo(kk,j);
    std::cout<<ak<<std::endl;
    system("pause");
        /* endl 行结束
        system中"pause"为函数system的参数;
        /
  }

float  sumtwo(float  a,float  b)//定义一个名为sumtwo的函数，函数的功能是求参数a和b的和
{
    float c;
    c=a+b;
    return c;
  }
```

图2-5　程序2–5的运行结果

2.2.1.5　第一个Windows应用程序实例

结合上面简单的语法，下面以字符串相加为例，展示最简单的C++字符串处理和Window程序交互方式。

目的是将字符串"py"与字符串"thon"相加，并显示结果。

第一步，在C++Builder文件菜单创建一个新的Windows VCL Application。C++Builder自动创建Unit1.cpp、Unit1.h和空窗体From1。

第二步，在空白窗体上，通过拖动或双击Palette工具栏中的控件（或称可视化组件），添加到Form1空窗体上。本例将一个Edit和两个Button控件添加到窗体上。Edit1控件显示字符串相加结果，一个Button控件用于执行字符串相加的功能，另一个Button控件用于结束程序运行。

第三步，将第一个按钮（Button）的Caption属性修改为“字符串相加”，第二个（Button控件）修改为“退出”（见图2-6）。

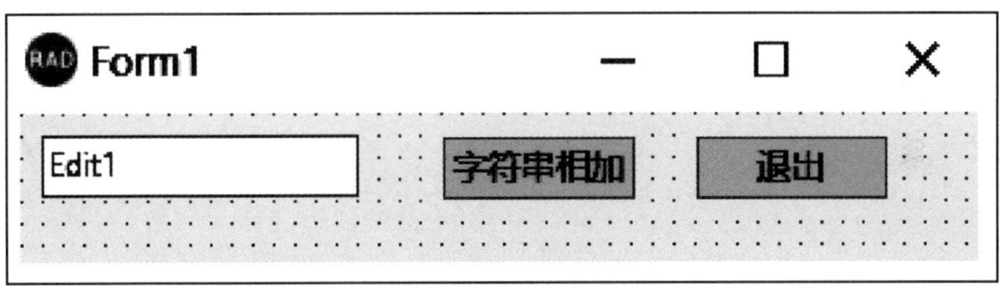

图2-6　字符串相加界面构成

第四步，鼠标双击“退出”按钮，输入程序语句：

```
Form1->Close();
```

第五步，鼠标双击“字符串相加”按钮，输入程序语句：

```
String aa;
String bb;
String cc;

aa="Py";
bb="thon";
cc=aa+bb;
Edit1->Text=cc;
```

该程序最后一句“Edit1->Text=cc;”的功能是在鼠标点击字符串相加按钮（Button）时，将相加的字符串在Edit1控件中显示。本例中字符串变量cc的结果“Python”将在文本编辑控件Edit1中显示。具体见程序2-6。

程序2-6　字符串相加程序

```
void __fastcall TForm1::Button1Click(TObject *Sender)
```

```
{
    String aa;
    String bb;
    String cc;

    aa="Py";
    bb="thon";
    cc=aa+bb;
    Edit1->Text=cc;//文本编辑控件属性赋值，实现字符串cc赋值的显示
}
//------------------------------------------------------------------
void __fastcall TForm1::Button2Click(TObject *Sender)
{
    Form1->Close();//关闭退出应用程序
}
```

图2-7为程序2-6及其运行结果，将字符串aa、bb相加，然后赋值给变量cc，最后在Edit1控件中显示字符串变量cc，具体程序、界面和运行结果如图2-7所示。

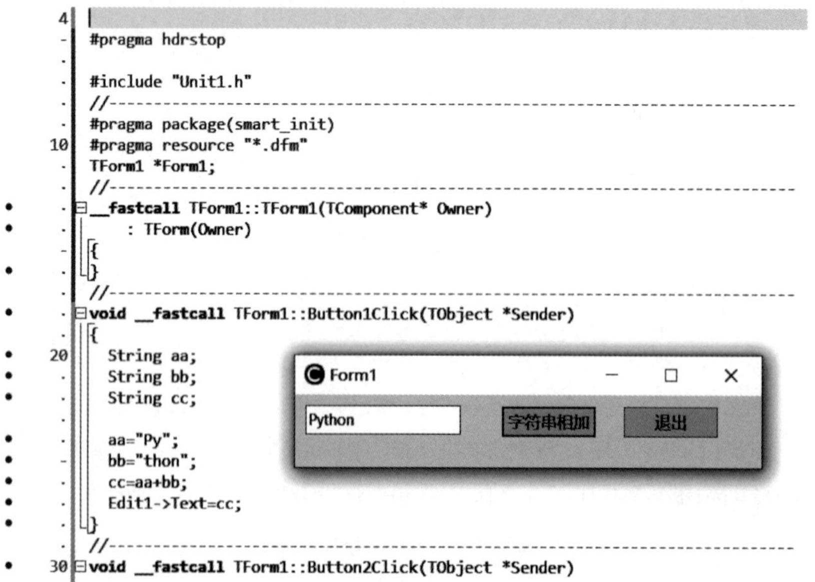

图2-7　字符串相加程序与运行

2.2.2　循环

计算机可以按相同的规则重复处理不同数据，重复处理就是进行循环。循环语句使计算机程序变短，而且看起来非常清晰和整洁。循环的方式包括有限次数循环和无限次数循环，有限次数循环是指已知循环次数或根据条件确定循环次数。C++/C的循环语句与其他计算机语言基本相同，只是写法不同。有for语句循环和while语句循环这两种主要的循环方式。需要注意的是，for语句循环的次数与其他语言的规定略有不同。比如，有些语言从0到10是11次循环，C++/C的for语句 `for(i=0; i<10; i++)` 的循环次数与Python的 `for i in range(10)` 循环是i=0…9的10次循环。while循环也一样，在使用循环处理数据的过程中，特别需要注意循环的具体次数和循环计数的取值。

2.2.2.1　for 语句

for语句是C++/C最常用的循环方式，用于重复进行相同的操作，具体语法如下：

```
int i;
  for (i = 0; i < 10; i++) {
执行语句;
执行语句;
 }
```

for语句中，i 为计数变量，i 从0开始，执行到小于10次结束，即9，也就是一共执行了10次。一对大括号中间的语句为for语句的循环体，具体实例见程序2-7。

程序 2-7　for语句

```
int i;
for (i = 0; i < 10; i++) {

    Form1->Memo1->Lines->Add(i);//在Memo1控件中添加一行用于
显示i的数值
}
```

程序2-7的for语句循环10次，在控件Memo1中加入10行数字，数字为0~9。for语句可以进行嵌套使用形成多重循环，即循环里套循环。有时并不预先知道要循环多少次，循环的次数是临时计算出来的，也可以进行循环（见程序2-8）。程序2-8通过随机数函数每次运行都产生一个100以内的随机数，该随机数决定了循环的次数。

程序2-8　随机产生循环次数

```
int i;
int kkk;
kkk=random(100);//#引入随机函数，后面会解释引用和函数的概念及其用法

for (i = 0; i < kkk; i++) {

    Form1->Memo1->Lines->Add(i);
}
```

2.2.2.2　do/while语句

while语句与for语句的相同之处是通过循环（重复）处理数据，不同之处是循环条件的控制方法不同。for语句用于预先指定循环的次数，而while语句则根据特定条件确定是否继续循环，如果特定条件满足，循环就一直进行，而当不满足特定条件时，循环才结束。while语句的语法如下：

```
While(条件)
{
执行语句;
……;
执行语句;
}
```

while语句的循环体与for语句一样，用一对大括号来确定循环语句的范围。实例程序2-9是一个简单的while循环程序，目的是在Memo1控件中加入0~99数字，共100行。

程序2-9　While语句

```
int n;
```

```
n=0;
while(n<100)
{
    Memo1->Lines->Add(n);
    n++;
}
```

与while语句类似，do/while循环的写法见程序2-10。对比程序2-10与程序2-9发现，二者的不同之处在于程序2-9是直接判断n是否满足条件，然后确定循环体内语句是否执行，而do/while循环（程序2-10）则是先执行循环体的语句一次，然后判断n是否满足条件并确定是否继续执行循环体。

程序2-10　do/while语句

```
int n;
n=0;
do
{
    Memo1->Lines->Add(n);
    n++;
} while(n<100);
```

2.2.3　判断

逻辑判断是计算机程序根据不同情况进行的不同处理，也是计算机智能化的表现，即计算机可以根据不同的情况来模拟人的思维过程。逻辑判断条件是预设或根据其他程序产生的。在程序执行过程中，根据不同条件决定执行或不执行。if语句有两类基本语法，一个是单纯的if语句，另一个是if/else语句。if语句可以通过条件设定实现与if/else语句相同的功能。具体实现语法如下。

2.2.3.1　if语句

if语句具体如下：

```
if(条件)
{
执行语句;
…..
执行语句;
}
```

程序2-11实例的功能是在空窗体中加入两个控件，一个是Memo1，另一个是Button1。实现的功能是双击Button1，在窗体Memo1中显示随机数。完整程序功能实现的具体步骤见程序2-11。在程序2-11中，定义整型变量kkk，通过随机函数random(100)产生100以内的随机整数，如果随机数大于等于50，在Memo1中显示随机数，如果小于50则显示“随机数太小，不显示！”。程序2-11的运行结果见图2-8。

程序2-11 随机数判断与显示

```
void __fastcall TForm1::Button1Click(TObject *Sender)
{
  int kkk;
  kkk=random(100);
  if (kkk>=50)
  {
    Form1->Memo1->Lines->Add(kkk);
  }

  if (kkk<50)
  {
    Form1->Memo1->Lines->Add("随机数太小，不显示！");
  }
}
```

2.2.3.2 if/else语句

if/else语句具体如下：

```
if (条件)
{
执行语句;
```

```
…
执行语句;
}
else
{
执行语句;
…
执行语句;
}
```

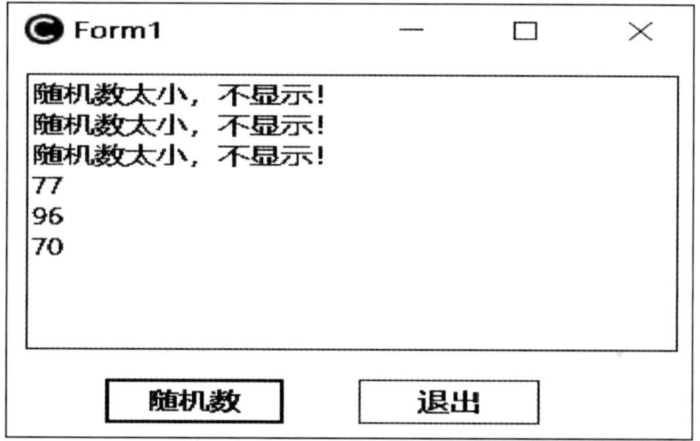

图 2-8　随机数判断与显示运行结果

同样，可以采用if/else语句实现与程序2-11相同的功能(见程序2-12)。对比程序2-12和程序2-11发现，二者实现的功能完全相同，只是采用了if语句或if/else语句的不同写法。

程序 2-12　随机数判断与显示

```
void __fastcall TForm1::Button1Click(TObject *Sender)
{
  int kkk;
  kkk=random(100);
  if (kkk>=50)
  {
     Form1->Memo1->Lines->Add(kkk);
```

```
    }
   else
    {
       Form1->Memo1->Lines->Add("随机数太小，不显示！");
    }

}
```

以上通过简单的例子，实现最简单的判断语句。在应用程序设计或软件开发过程中，其实可以进行非常复杂的判断，但万变不离其宗，任何复杂的语句都是从最基本的语法演变而来的。对比while语句和if语句可以发现，while语句实际上已经包含循环和判断的功能。

2.3 文件读写

文件的读写是计算机软件开发和处理数据的重要功能，但大多数计算机编程教材或相关专著经常把这部分内容放在后面的章节。对计算机语言的语法学习和简单软件开发来说，文件的读写对程序调试、检查或发现算法问题等都是非常有帮助的。因此，在跟踪程序运行的过程中，通常需要一些简单的方法，把所有的运算过程或结果存储下来，以便掌控软件开发的细节和排错。此外，掌控计算机的运算过程和结果对准确理解计算机语言功能有较大帮助，同时会大大提高语言学习的"成就感"，使开发复杂软件的信心倍增。

对于计算机读写文件来说，不同数据格式的文件读写方法不同。文本文件是通用和公开的数据格式，也是不同软件进行数据交互的主要方式。对于专用软件来说，有些文件的数据结构和格式不是公开的，所以需要了解文件的数据结构，根据相应的数据结构读取文件内容。C++/C文件读写方式有很多种，具体方法大同小异，在实际的软件开发过程中，读写文本文件是最基本的技能。为了迅速掌握C++/C文件读写的方式，这里只展示最简单和容易理解的文本文件读写方式，二进制等文件读写也一样，只是文件读写函数的参数不同。

2.3.1　文件的读取方式

将文本文件按行读入变量，打开文件的方法是“ifstream fin("E:\\NE2020.csv");”。这个语句需要特别注意在文件读取结束后，关闭打开的文件“fin.close();”，程序2-13是将“E:\NE2020.csv”文件打开，并按行读入，将读入的数据在Memo1中显示。这里需要注意不同数据类型的程序写法以及需要加入头文件#include<ifstream>。

程序 2-13　数据文件（NE2020.csv）

```
家庭编号,个人编号,与户主关系,性别,配偶编号,父亲编号,母亲编号,出生年,出生月,婚姻状况,结婚年,结婚月,本户人数
50417,1,0,2,-1,-1,-1,1969,8,2,1989,4,2
50417,2,2,2,-1,-1,1,1990,4,1,-1,-1,2
50418,3,0,1,-1,-1,4,1960,10,3,1988,6,3
50418,4,3,2,-1,-1,-1,1935,7,4,1957,6,3
50418,5,9,1,-1,-1,-1,1985,1,1,-1,-1,3
50419,6,0,1,-1,-1,-1,1981,7,1,-1,-1,1
50420,7,0,1,8,-1,-1,1934,3,2,1956,6,2
50420,8,1,2,7,-1,-1,1939,1,2,1956,6,2
50421,9,0,2,-1,-1,-1,1929,11,2,1950,1,2
50421,10,9,2,-1,-1,-1,1958,3,2,1984,11,2
50422,11,0,1,12,-1,-1,1960,7,2,1987,10,3
50422,12,1,2,11,-1,-1,1963,11,2,1987,10,3
50422,13,2,1,-1,11,12,1988,8,1,-1,-1,3
50423,14,0,1,15,-1,-1,1950,8,2,1978,11,2
50423,15,1,2,14,-1,-1,1953,11,2,1978,11,2
50424,16,0,1,17,-1,-1,1960,4,2,1989,4,3
50424,17,1,2,16,-1,-1,1966,5,2,1989,4,3
50424,18,2,1,-1,16,17,1991,9,1,-1,-1,3
```

如果将aa的定义由“char aa[1024];”修改为字符串“string aa;”，那么，相应的语句还需要在加入头文件“#include<string>”的同时，将“Memo1->Lines->Add(aa);”这个语句修改为“Memo1->Lines->Add(aa.c_str());”。语句中aa.c_str()是将aa的数据类

型进行转换，这样aa读入的内容才能添加到Memo1控件中。程序2-14的运行结果见图2-9。

程序2-14　读取文件

```
void __fastcall TForm1::Button1Click(TObject *Sender)
{
    //string aa; //第二种方法
    char aa[1024];
    int i;
    ifstream fin("E:\NE2020.csv");//打开文件
    for (i = 0; i < 10; i++) {
         fin>>aa;//读入一行
         Memo1->Lines->Add(aa);//将aa数据添加到Memo1控件中显示
         Memo1->Lines->Add(aa.c_str()); //第二种方法
  }
  fin.close();//关闭文件
}
```

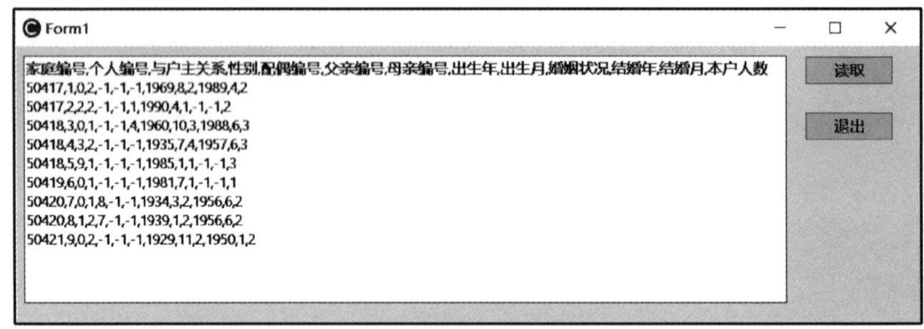

图2-9　读入文本数据

读取文件与文件的存储格式严格对应，如可以根据定义的分隔符来读取文件，这种文件的读取方法，可以读取一个由逗号分隔的一行数据并将数据读入不同的变量里，目的是对不同数据内容进一步区别处理，具体的读取方法是“fin.getline(aa1,10,´,´);”。含义是在一行数据中读取10个以内字符到变量aa1中，遇到逗号分隔符停止读取（见程序2-15）。程序2-15的功能是实现从文件“E:\\NE2020.csv”中，将逗号分隔的数据读入到aa1~aa13变量中，并将读取的结果在Memo1中显示，程序运行结果见图2-10。

程序2-15　读取文件

```
void __fastcall TForm1::Button1Click(TObject *Sender)
{
char aa1[120],aa2[120];
char aa3[120];
char aa4[120],aa5[120];
char aa6[120],aa7[120];
char aa8[120],aa9[120];
char aa10[120],aa11[120];
char aa12[120],aa13[120];

int i;
float yy;

 ifstream fin("E:\\NE2020.csv");//打开文件

 fin>>aa1;
     for (i = 0; i < 30; i++) {
          fin.getline(aa1,10,',');//读取10个以内字符，遇到“,”
停止
          fin.getline(aa2,10,',');
          fin.getline(aa3,10,',');
          fin.getline(aa4,10,',');
          fin.getline(aa5,10,',');
          fin.getline(aa6,10,',');
          fin.getline(aa7,10,',');
          fin.getline(aa8,10,',');
          fin.getline(aa9,10,',');
          fin.getline(aa10,10,',');
          fin.getline(aa11,10,',');
          fin.getline(aa12,10,',');
          fin.getline(aa13,10,'\n');

          Memo1->Lines->Add(aa1);//显示变量读入的数据
          Memo1->Lines->Add(aa2);
```

```
            Memo1->Lines->Add(aa3);
            Memo1->Lines->Add(aa4);
            Memo1->Lines->Add(aa5);
            Memo1->Lines->Add(aa6);
            Memo1->Lines->Add(aa7);
            Memo1->Lines->Add(aa8);
            Memo1->Lines->Add(aa9);
            Memo1->Lines->Add(aa10);
            Memo1->Lines->Add(aa11);
            Memo1->Lines->Add(aa12);
            Memo1->Lines->Add(aa13);
      }

    fin.close();//关闭文件
    }
```

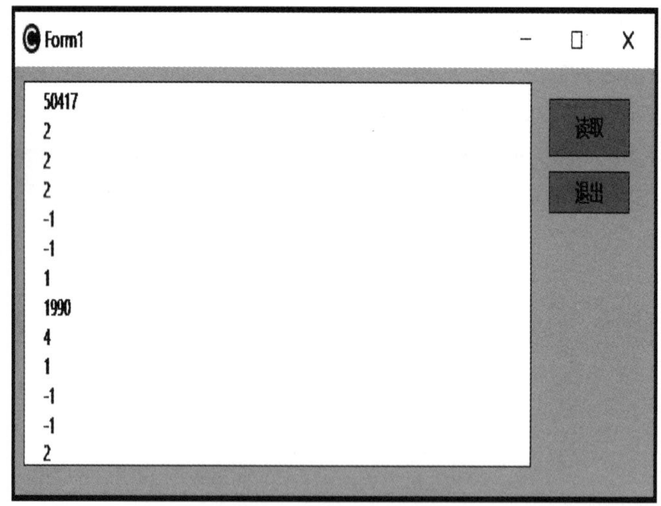

图2-10　读入文本数据

从图2-10可以看到，程序2-15可以更灵活地操控数据读取的方式。需要补充说明的是，一行数据的结尾用“\n”来实现换行，也就是在一行数据中，数据与数据用逗号分隔，而行与行之间则由“\n”来转换。这与其他语言读取数据时经常自动处理完全不同，可见，C++处理数据往往需要更多地了解数据更底层的表达方式，这也是许多刚刚开始编程实践的初学者不太适应的。

程序2-15将数据文件按分隔符分隔，并将分隔的数据读入不同的字符串变量中。下面提供一个将文本文件内容读到不同浮点数变量中的方法，这个数据读取方式是比较常用的。同时，通过文件的读取方式，体会按规定格式进行格式化输入的基本语法（见程序2-16）。

程序2-16　按规定格式读取文件

```
void __fastcall TForm1::Button1Click(TObject *Sender)
{
FILE *fp;//定义文件指针
 char a1[1024];

 float b1,b2,b3,b4;//定义浮点型变量
 float b5,b6,b7,b8;
 float b9,b10,b11,b12;
 float b13;
 int i;

 fp=fopen("E:\\NE2020.csv","r");//打开文件，"r" 为读取

fscanf(fp,"%s\n",a1);//格式化读入字符串
Memo1->Lines->Add(a1);

for (i = 0; i < 100; i++) {
    fscanf(fp,"%f,%f,%f,%f,%f,%f,%f,%f,%f,%f,%f,%f,%f\
n",&b1,&b2,&b3,&b4,&b5,&b6,&b7,&b8,&b9,&b10,&b11,&b12,&b13);
//格式化读入浮点数
Memo1->Lines->Add(b1);
Memo1->Lines->Add(b4);
Memo1->Lines->Add(b8);
 }

 fclose(fp);
}
```

程序2-16中有几个表达方式涉及后续的内容，这里暂且简单介绍操作步骤。第一是定义文件指针语句“FILE *fp;”，第二是用“fp=fopen("E:NE2020.csv","r");”打开文件，第三是文件变量读入语句“fscanf(fp,"%s\n",a1);”，第四是文件关闭语句“fclose(fp);”，这四个语句共同实现文件读取功能。在这四个语句中，难以理解的是第三个，即fscanf()函数。fscanf()是一个数据输入函数，函数要求有三个参数，第一个参数是文件指针（也就是第一个语句定义的指针），第二个参数是输入数据的格式，对于不同的格式，采用不同格式控制或标识符，如%s\n表示字符型数据输入格式，第三个参数为数据存储的内存变量，这里定义的是a1。需要仔细观察和认真理解fscanf()的第二个和第三个参数，二者需要保持数据类型的一致性。“%s”为输入字符（串）数据，“%s\n”为输入字符串，且结尾换行为“\n”，定义的格式必须与第三个参数的类型一致。比如，“fscanf（fp,"%f,%f,%f,%f,%f\n",&b1,&b2,&b3,&b4,&b5）;”语句一行数据包含了5个输入的浮点数，将这5个浮点数分别读入b1、b2、b3、b4、b5中，这里的写法与字符（串）变量有所不同，变量名前面分别加上“&”，使用“&”获取变量的存储地址。与字符串不同，字符串变量名其实标识的是字符串首个字母的地址。这些内容需要在指针变量部分反复练习，这也是C++/C比较难理解的基本概念，只有多尝试和练习才能适应和理解指针的含义及本质。

程序2-16的运行结果如图2-11所示。从图2-11可以看到，首先将文件“E:\\NE2020.csv”第一行读入a1字符串，然后将后面的数据读入浮点数b1~b13中，并将每个变量按行在Memo1中显示。可以用Excel等软件将“E:\\NE2020.csv”打开，与Memo1中显示的内容进行比较，确认数据读取方法是否正确。

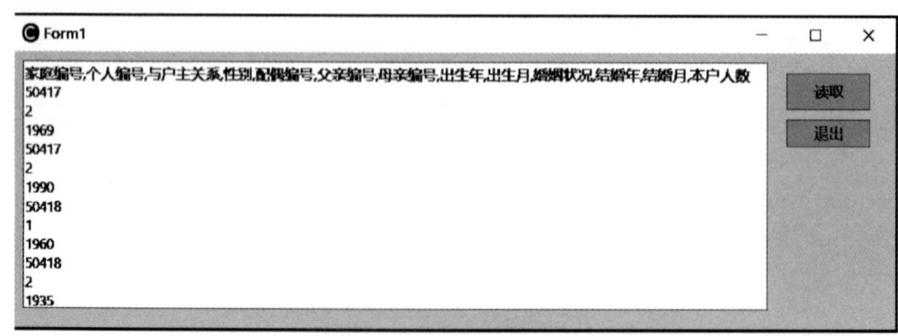

图2-11 读入文本数据

2.3.2　文件的写出方式

文件的写出是对计算机变量处理结果的存储，可以视为对文件读入的相反操作。文件的读入是按规定的格式或要求将数据文件存入变量，而文件的写出则同样是按规定的格式或要求将变量的内容写出到磁盘文件中。

文件的写出操作与文件读入类似，也是包含三个基本步骤。第一步打开写出文件，第二步将变量写出到打开的文件中，第三步将文件关闭。对应程序 2-17 中的`ofstream fout`和`fout.close()`。

程序 2-17 将“家庭编号,个人编号,与户主关系,性别,配偶编号,父亲编号,母亲编号,出生年,出生月,婚姻状况,结婚年,结婚月,本户人数”写到“E:\\data2022.csv”文件中。使用的语句为“`ofstream fout("E:\\data2022.csv");`”定义写出文件，语句为：

```
fout<<"家庭编号"<<","<<"个人编号"<<","<<"与户主关系"<<",";
fout<<"性别"<<","<<"配偶编号"<<","<<"父亲编号"<<",";
fout<<"母亲编号"<<","<<"出生年"<<","<<"出生月"<<",";
fout<<"婚姻状况"<<","<<"结婚年"<<","<<"结婚月"<<",";
fout<<"本户人数"<<"\n";
```

上面的语句同时写出了数据与数据之间的分隔符“,”以及结尾的换行符“\n”。

程序 2-17　数据按行写出

```
ofstream fout("E:\\data2022.csv");

    fout<<"家庭编号"<<","<<"个人编号"<<","<<"与户主关系"<<",";
    fout<<"性别"<<","<<"配偶编号"<<","<<"父亲编号"<<",";
    fout<<"母亲编号"<<","<<"出生年"<<","<<"出生月"<<",";
    fout<<"婚姻状况"<<","<<"结婚年"<<","<<"结婚月"<<",";
    fout<<"本户人数"<<"\n";

fout.close();
```

程序 2-17 的功能是将准备写出的数据按行直接写在语句中，如家庭编号，同样可以将变量的内容设计的格式写到文件中，变量与变量之间用逗号分隔。具体写法见程序 2-18。程序 2-18 只写了两行数据到文件 data2022w.

csv中，具体结果是：

```
家庭编号,个人编号,与户主关系,性别,配偶编号,父亲编号,母亲编号,出生年,出生月,婚姻状况,结婚年,结婚月,本户人数
50417,1,0,2,-1,-1,-1,1969,8,2,1989,4,2
```

程序2-18 数据按行写出

```
void __fastcall TForm1::Button2Click(TObject *Sender)
{
ofstream fout("E:\\data2022w.csv");

  float a1,a2,a3,a4,a5,a6,a7,a8,a9,a10,a11,a12,a13;

  fout<<"家庭编号"<<","<<"个人编号"<<","<<"与户主关系"<<",";
  fout<<"性别"<<","<<"配偶编号"<<","<<"父亲编号"<<",";
  fout<<"母亲编号"<<","<<"出生年"<<","<<"出生B"<<",";
  fout<<"婚姻状况"<<","<<"结婚年"<<","<<"结婚B"<<",";
  fout<<"本户人数"<<"\n";

  a1=50417;
  a2=1;
  a3=0;
  a4=2;
  a5=-1;
  a6=-1;
  a7=-1;
  a8=1969;
  a9=8;
  a10=2;
  a11=1989;
  a12=4;
  a13=2;
  fout<<a1<<","<<a2<<","<<a3<<",";
  fout<<a4<<","<<a5<<","<<a6<<",";
  fout<<a7<<","<<a8<<","<<a9<<",";
  fout<<a10<<","<<a11<<","<<a12<<",";
  fout<<a13<<"\n";
```

```
fout.close();
```

程序2-19采用fprintf()函数将数据写出到文件“E:NE2020_WW.csv”中。函数fprintf()的语法与函数fscan()的操作格式相同，只是操作方向相反。函数fprintf()的语法“fprintf（fp,"%s\n",a1）;”与函数fscan()读入的文件内容正好相反，这里需要注意和不断适应的是变量在读写过程中的格式定义，这与其他数据类型检查模糊的语言有很大差别，具体实现案例详见程序2-19中的相应语句。

程序2-19　数据按行写出

```
void __fastcall TForm1::Button2Click(TObject *Sender)
{
  FILE *fp;

   char a1[1024]="家庭编号,个人编号,与户主关系,性别,配偶编号,
父亲编号,母亲编号,出生年,出生月,婚姻状况,结婚年,结婚月,本户人数";

  float b1,b2,b3,b4;//浮点变量定义
  float b5,b6,b7,b8;
  float b9,b10,b11,b12;
  float b13;

   b1=50417;
   b2=1;
   b3=0;
   b4=2;
   b5=-1;
   b6=-1;
   b7=-1;
   b8=1969;
   b9=8;
   b10=2;
   b11=1989;
   b12=4;
```

```
    b13=2;

    int i;

    fp=fopen("E:NE2020_WW.csv","w");//打开文件用于写出数据，如果文件不存在则创建该文件。

    // a1="家庭编号,个人编号,与户主关系,性别,配偶编号,父亲编号,母亲编号,出生年,出生月,婚姻状况,结婚年,结婚月,本户人数";

    fprintf(fp,"%s\n",a1);//注意变量a1的格式

     fprintf(fp,"%f,%f,%f,%1f,%f,%f,%f,%f,%f,%f,%f,%f,%f\n",b1,b2,b3,b4,b5,b6,b7,b8,b9,b10,b11,b12,b13);
  //浮点变量按顺序写出，变量之间用“,”分隔
   fclose(fp);
  }
```

如果将浮点型“float b1,b2,b3,b4; float b5,b6,b7,b8,b9,b10,b11,b12,b13;”定义为整型量“int b1,b2,b3,b4;float b5,b6,b7,b8,b9,b10,b11,b12,b13;”相应的写出语句需要把“%f”修改为“%d”。

将写出语句修改为：

```
  fprintf(fp,"%d,%d,%d,%d,%d,%d,%d,%d,%d,%d,%d,%d,%d\n",b1,b2,b3,b4,b5,b6,b7,b8,b9,b10,b11,b12,b13);
```

总之，文件的读入和写出虽然方法不同，但实现语法功能的语法结构类似或一致，只是需要注意不同语句写法的相互对应或一致。

2.4　数组

为了批量命名具有相同数据类型的变量，可以采用数组的方法进行声明。数组的实质是存储相同数据类型的地址。与每个变量给一个名字的命

名方法相比，数组除了具有表达方式简洁、明了的特点，变量与变量（存储地址与存储地址）之间还具有可以进行索引的相互关系，使连续数据访问（提取）更加便捷。数组中每个数据存储位置，都可以称为数组的元素，用下标来确定位置的顺序。

2.4.1　一维数组

一维数组是只有一个下标的数组。一维数组的声明方法为：

```
数据类型 数组名[下标]
```

例如，float aa[12]、intage[15]等；以float aa[12]为例，该一维数组声明了一个浮点型数组，数组名为aa，有12个元素的数组变量。数组元素下标索引的范围是0~11。如果在数组使用过程中，索引下标超过声明的范围，将发生数据访问越界的错误。通过数组下标的数值，可以访问数组内的元素。程序2-20是定义了一个名字为aa，具有12个元素的浮点型数组。通过for循环，将i与3.14相乘的值分别赋予数组aa的各个元素。同时，将aa的元素值在Memo1中按行显示。程序2-20运行结果见图2-12。

程序 2-20　一维数组

```
void __fastcall TForm1::Button1Click(TObject *Sender)
{
  int i;
  float aa[12];
  for (i = 0; i < 12; i++) {
    aa[i]=i*3.14;
    Memo1->Lines->Add(aa[i]);
  }
}
```

从图2-12可以看到，显示结果的小数部分与我们计算的结果并不完全相同，只是非常近似，这也是计算机处理浮点数计算的设计问题。因此，在进行逻辑相等判断时，浮点数作为变量进行完全相等判断可能并不适合。当然，也可以定义12个变量实现与程序2-20相同的功能，但这种方法比程序2-20烦琐。另外，如果需要定义非常多的变量，显然分别定义变量的方法是不可行的。

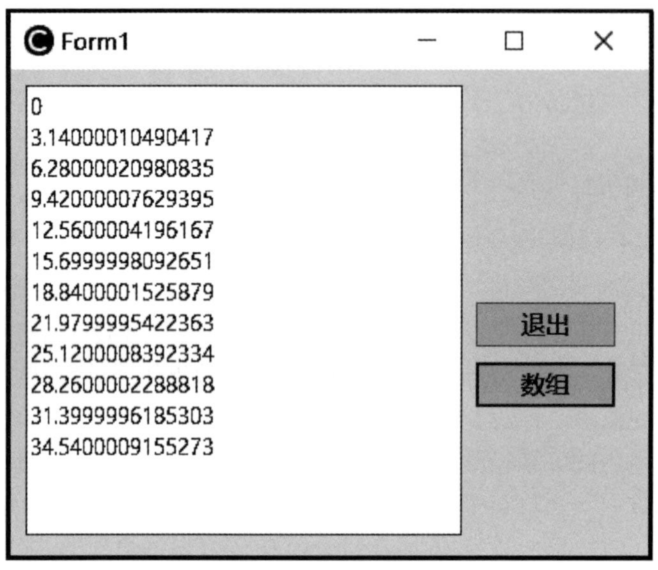

图2-12　读入文本数据

数组声明的大小取决于计算机开发语言环境的设定或计算机内存的大小，因此，在使用非常大的数组时，需要注意。

回顾文件的读写部分，在程序2-16按规定格式读取文件中，声明了13个浮点变量（bb1~bb13）来读取家庭户文件的第一行数值，这是一个易于理解，但烦琐的方法。下面对这个程序进行改造。第一个变化是声明一个浮点型数组bb［13］，替代bb1~bb13这13个浮点型变量；第二个变化是通过一个for语句，将前12个数据读入数组的第0~11个元素中，读取的语句为“fscanf（fp,"%f,",&bb［i］）;”，这个语句体现了数据与数据之间使用逗号进行分隔；第三个变化是将第13个数据读入到数组bb［12］中。之所以没有将数据从第1个一直读到第13个，是因为前12个数据是用逗号分隔的，最后一个数据是换行“\n”，与前面的分隔方式不同，特别是在连续读取若干行数据的过程中，二者需要加以区别对待，这种处理问题的思路和方式也是计算机编程最基本的方法之一。

最后，通过一个Memo1控件将读取的结果显示出来，以确认读取数据是正确的。

程序 2-21　一维数组数据读取

```
void __fastcall TForm1::Button2Click(TObject *Sender)
{
  FILE *fp;

  int i;
  char a1[1024];//定义字符数组
  float bb[13];//定义浮点型数组变量

  fp=fopen("E:\\NE2020.csv","r");

fscanf(fp,"%s\n",a1);
Memo1->Lines->Add(a1);

for (i = 0; i < 12; i++)
 {
   fscanf(fp,"%f,",&bb[i]);//读入前12个数据
 }

   fscanf(fp,"%f\n",&bb[12]);//读入一行中的最后一个数据并换行

for (i = 0; i < 13; i++)
   {
  Memo1->Lines->Add(bb[i]);
   }

 fclose(fp);

}
```

程序 2-21 实现了与程序 2-16 相同的功能，但对比两个程序可以看出，使用数组的数据处理方式比多个变量更简洁、更灵活，也更利于处理大规模的数据。

2.4.2　二维数组

在一维数组的基础上，二维数组可以理解为若干一维数组的集合，声明方法使用两个下标。

```
数据类型 数组名[下标][下标]
```

二维数组相当于线性代数中的矩阵。以程序2-22为例，程序中声明了一个二维数组float bb[10][13]，该数组声明了名为bb的浮点型二维数组。数组的第一个下标为10，第二个下标为13，相当于声明了10个下标为13的一维数组。二维数组下标索引元素的方法与一维数组类似，如bb[0][3]是指第一行、第四列元素。同样，如果在数组使用过程中，下标超过声明的范围，将发生数据访问越界的错误。二维数组通过数组的两个下标来确定变量的存储地址或存储地址内的数值。程序2-22将文件“E:\\NE2020.csv”中的前11行数据读取出来，将第一行数据读取到字符串a1中，将第二行到第十行数据全部读取到数组变量bb中。读取的方法是通过下标j标识读取数据的行，通过下标i标识读取数据的列。对于读取的数据，可以通过下标进行访问即使用。本例将文件的第四行数据（第一行为文字，第二行及之后为数值）显示在Memo1控件中。对于程序的运行结果可以通过Excel等软件打开“E:\\NE2020.csv”并进行核对，确认已读取的数据与程序设计是否一致。

程序2-22　二维数组数据读取

```
void __fastcall TForm1::Button2Click(TObject *Sender)
{
  FILE *fp;

  int i,j;
  char a1[1024];
  float bb[10][13];

  fp=fopen("E:\\NE2020.csv","r");

fscanf(fp,"%s\n",a1);
```

```
    Memo1->Lines->Add(a1);
       for (j=0; j < 10; j++)
      {
        for (i = 0; i < 12; i++)
             {
             fscanf(fp,"%f,",&bb[j][i]);//二维数组读入一行的前12
个数据
             } //end i
        fscanf(fp,"%f\n",&bb[j][12]);//读入一行中的最后一个数据并换行
      } //end j

    for (i = 0; i < 13; i++)
       {
      Memo1->Lines->Add(bb[2][i]);
       }

     fclose(fp);

    }
```

以上通过两个相互联系、功能不断丰富的例子展示了一维数组和二维数组的使用以及读取 Excel 的 CSV 格式数据的方法，这些小的功能模块都是程序或软件开发过程中经常使用的。对于其他类型数组，如多维数组，声明和使用方法大同小异。

2.4.3　动态数组

在软件的开发过程中，经常会遇到使用的数据数量是未知的情况。2.4.1 节和 2.4.2 节中定义数组的方式是需要确定数组的大小，也就是在数组声明时，需要先给定数组容量（下标）。然而，在许多情况下往往无法预先知道所需数组的大小。在这种情况下，有两种解决方案：一是尽可能给定足够大的数组数，如人口年龄组，在目前的情况下 101 或 120 足够存储 0~100 岁人口。二是根据具体情况临时计算出数组的大小，这就需要另外一种数组定义的方式，即动态数组。

与 Python、Object Pascal 等语言相比，C++ 中一维动态数组声明和使用

方法相对简单，而二维或多维动态数组声明和使用则有些复杂。

C++动态数组的实现方法是采用vector容器进行定义。在声明数组之前，需要添加头文件“#include<vector>”，采用vector容器定义一维数组声明方法是：

```
vector<数组类型>数组名(数组大小);
```

需要注意的是，数组大小使用括号。在声明/定义数组大小时，既可以直接给定数组大小的数值，也可以给定一个变量名，而变量的值可以通过声明前面的程序计算获得。例如，可以直接声明一个一维数组浮点型、整型或字符数组aa，具体方法是：

```
vector<int>aa(120);
```

上面这个声明定义了一个有120个元素的整型数组aa。也可以采用下面的方法进行声明：

```
Int pk;
vector<int>aa(pk);
```

pk为一个整型变量，可以根据程序进行计算或随时调整。调整方法是采用resize()方法。下面给出一个简单的例子：

```
Int pk;
pk=200;
vector<int>aa(pk);
int kn;
kn=1000;
aa.resize(kn);
```

当然，对应的pk、kn也可以直接给定数值。目前所用变量的方法是为了展示这些数据可以在程序运行过程中计算或外部输入。

二维动态数组的声明要复杂一些，声明方法为：

```
vector<vector<数组类型>>数组名(数组大小);
```

为了形成与固定二维数组表达方式一致的写法，需要对数组行列下标的大小通过resize()方法进行重新分配。比如，程序2-23中声明了“vector<vector<float>>bb(130);”。该二维动态数组具有总计130个元素，对其进行行列的重新分配，可以采用一个for循环，分配方法为：

```
for (i=0; i < 10; i++)
 {
 bb[i].resize(13);//重新调整二维数组下标的行列数
 }
```

对数组重新分配行列后，就可以与固定数组一样使用了。程序2-23是对程序2-22的改进方法是用二维动态数组 `vector<vector<float>>bb(130)` 替代程序2-22中的 `float bb[10][13]` 这个固定数组。

程序 2-23　动态数组数据读取

```
void __fastcall TForm1::Button3Click(TObject *Sender)
{
  FILE *fp;
  int i,j;
  char a1[1024];

  fp=fopen("E:\\NE2020.csv","r");//打开数据文件用于读取数据

  vector<vector<float>>bb(130);//声明二维动态数组

     for (i=0; i < 10; i++)
     {
         bb[i].resize(13);//重新调整二维数组下标的行列数
     }

fscanf(fp,"%s\n",a1);//读取数据并存入变量a1中
Memo1->Lines->Add(a1);

   for (j=0; j < 10; j++)
   {
   for (i = 0; i < 12; i++)
         {
         fscanf(fp,"%f,",&bb[j][i]);//读取数据并存入数组bb中
         } //end i

   fscanf(fp,"%f\n",&bb[j][12]);
```

```
  } //end j

 for (i = 0; i < 13; i++)
    {
   Memo1->Lines->Add(bb[2][i]);
    }
  fclose(fp);//关闭数据文件
 }
```

C++采用vector容器除了可以实现一般意义的动态数组，还可以定义任何结构或数据类型的动态数据，这需要在其他数据结构（如结构体）讨论后再展示它的使用方法。

2.4.4 多维数组

虽然绝大多数情况下，在软件开发过程中只会用到一维数组和二维数组，但有时也会涉及更高的维度和更复杂的数据结构。

正如数组是变量的一种“进化”形式，通过数组的下标访问不同的数组元素，多维数组则是一维数组的“进化”。一维数组声明和使用非常简单，而多维数组声明和使用相对复杂，但核心思路与一维数组增加元素是一样的。多维数组的数学原理就是多维矩阵，使数据排列清晰、整洁。

2.4.4.1 三维及以上数组

多维数组与一维数组、二维数组的声明方法一样，其实质是数组的数组。比如，三维数组的声明方法是：

```
数据类型 数组名[下标][下标][下标]
```

程序2-24声明了一个浮点型三维数组，在浮点型array[12][5][10]数组中，第一维的下标为12，第二维的下标为5，第三维的下标为10，通过一个三重嵌套循环，可以为三维数组赋值，也可以访问数组的每一个元素。

程序 2-24　三维数组实例

```
void __fastcall TForm1::Button4Click(TObject *Sender)
{
int i,j,k;
float array[12][5][10];

 for (i=0; i < 12; i++)
       {
          for (j=0; j < 5; j++)
                {
                      for (k = 0; k < 10; k++)
                      {
                        array[i][j][k]=0.1+i+j+k;
                      }//end i
                }//end j
       }// end k
}
```

四维数组也一样，其声明方法为：

```
数据类型 数组名[下标][下标][下标][下标]
```

参照三维数组的方法，通过四重循环可以访问四维数组的各个元素，也可以直接给下标赋值来访问特定行列或特定维度的元素。具体的应用方法与三维数组一样，可以举一反三，这里不再重复。

2.4.4.2　三维动态数组

采用vector容器进行声明三维动态数组与一维、二维动态数组类似，回顾前面一维和二维动态数组的声明方法是：

```
vector<数组类型>数组名(数组大小);
vector<vector<数组类型>>数组名(数组大小);
```

三维动态数组依此类推：

```
vector<vector<vector<数组类型>>>数组名(数组大小);
```

比如，声明一个具有2000个元素的三维动态数组bb的方法是：

```
vector<vector<vector<float>>>bb(2000);
```

三维动态数组不同维度大小的分配方法比二维数组复杂，也是采用由外到内依次声明进行分配的方法。比如，对数组bb的三个维度分别定义为10、10、20，具体分配方法是：

```
for (i=0; i < 10; i++) {
     bb[i].resize(200);
     }//end i 数组--第1个维度的大小分配10
```

先对第一维定义为10，那么，第二维和第三维合计为200，再对第三维进行分配，第二维也定义为10：

```
for (i=0; i < 10; i++) {
  for (j=0; j < 10; j++) {
    bb[i][j].resize(20);
    }//end j数组 第2个维度的大小分配10
}//end i
```

在第一维和第二维确定后，第三维就只能分配20。程序2-25提供了一个三维动态数组定义和使用的例子。该实例是定义一个三维数组，并对数组的各个元素通过三重循环进行赋值，然后在控件Memo1中显示动态数组的具体数值。这个实例的主要目的是展示三维动态数组的定义和使用方法，通过反复练习才能熟练掌握三维动态数组的实现原理、定义方法和使用规则。在此基础上，只要根据实际需要对此进行改造，就可用于实际问题的程序设计中。

程序2-25　三维动态数组

```
void __fastcall TForm1::Button4Click(TObject *Sender)
{
  int i,j,k;
    vector<vector<vector<float>>>bb(2000);//三维浮点数组共计
2000个元素

   for (i=0; i < 10; i++) {
          bb[i].resize(200);
   }//end i 数组 第1个维度的大小分配10
```

```
    for (i=0; i < 10; i++) {
            for (j=0; j < 10; j++) {
                    bb[i][j].resize(20);
            }//end j数组 第2个维度的大小分配10
    }//end i

            for (i=0; i < 10; i++)
            {
              for (j=0; j < 10; j++)
                    {
                            for (k = 0; k < 20; k++)
                            {
                              bb[i][j][k]=0.1+i+j+k;
                            }//end k数组 第3个维度大小分配20
                    }//end j
            }//end i

            for (i=0; i < 10; i++)
            {
              for (j=0; j < 10; j++)
                    {
                            for (k = 0; k < 20; k++)
                            {
                               Memo1->Lines->Add(bb[i][j][k]);
                            }//end k
                    }//end j
            }//end i
  }
```

在软件开发过程中，熟练掌握基本语法非常重要，一方面这些功能是最常用的；另一方面只要熟练掌握基本语法并能应用到实际场景中，就可以满足一般软件的开发需求。此外，熟练掌握基本语法，对使用复杂的语言功能和在软件调试过程中排错很有帮助，从而降低从无到有的学习曲线。

第3章　C++语言进阶

第2章所讨论的语法是基础和常用的。对于软件开发来说，随着应用软件的不断完善或需要解决的问题越来越复杂，编写的程序必然迅速增多，而程序的增多和复杂性提升带来了管理上的困难，潜在错误也变得越来越难以发现。因此，需要更加灵活、可靠和整洁的数据组织方式和管理办法，使复杂的程序设计能够思路清晰，逻辑严谨，结构和功能稳定。

3.1　结构体

变量、数组都是用来存储具有相同属性或类型数据的方法。在数据使用过程中，经常遇到相互联系的数据，但数据的类型或属性可能各不相同，这样的数据集合需要使用特殊的数据结构存储。比如，对于一个学生来说，可能需要存储或管理的信息包括姓名、性别、年龄、住址等，姓名需要用字符型变量，性别需要整型变量，年龄可以是整型变量，有时则需要采用浮点型变量，住址显然是字符型变量。为了便于管理和使用这类既相互联系又属于不同类型的数据，计算机采取一个新的方法来处理这种数据结构，使数据的管理和使用与使用不同的变量或数组来管理更加清晰明了和便捷。C++可以采用的方法是结构体（struct），有些语言可能用其他的定义，如数据库语言FoxPro或Pascal称为记录（record）。尽管不同语言可能采用不同的名称或方法，但实质是相同的。

3.1.1 结构体声明和使用

3.1.1.1 结构体和结构体变量声明

结构体定义是通过关键字“struct”、结构体名和一对大括号及大括号内的变量声明构成。结构体具体定义语法为：

```
struct 结构体名
  {
        数据类型 成员名;
        …
        数据类型 成员名;
        数据类型 成员名;
  };
```

结构体变量声明有两种方法，第一种方法是在声明结构体的同时声明结构体变量；其表达方法是：

```
struct 结构体名
 {
      数据类型 成员名;
      …
      数据类型 成员名;
      数据类型 成员名;
 }结构体变量名;
```

声明一个名为person的结构体，其中包含成员为name、sex、age和score；同时声明一个结构体变量，名为one_person，具体声明如下：

```
struct person
 {
   string name;
   int sex;
   int age;
   float score;
 }one_person;
```

第二种方法是先声明结构体，然后再定义结构体变量，声明方法如下：

```
struct 结构体名
        {
        数据类型 成员名；
                …
                数据类型 成员名；
                数据类型 成员名；
         }；
结构体名 结构体变量名；
```

同样是声明一个名为person的结构体和名为one_person的结构体变量，可以采用下面的写法：

```
struct person
   {
      string name;
      int sex;
      int age;
      float score;
   };

person one_person;
```

3.1.1.2　结构体变量初始化和使用

通过结构体变量访问结构体成员变量，表达方法是：

```
结构体变量名.成员名
```

从结构体变量的初始化和使用方法可以看出，除了表达方式与普通变量或数组略有不同，其他没有什么差别。下面通过程序3-1展示结构体、结构体变量和结构体变量成员的初始化以及使用方法。程序3-1是把数据按每个人的姓名、性别、年龄和成绩按行写到文件中，具体步骤如下。

第一步，用ofstream方法定义写出文件。

第二步，定义名为person的结构体，同时声明person结构体变量one_person。

第三步，在结构体中按不同数据类型添加结构体成员name、sex、

age和score。

第四步，对结构体成员进行赋值。这里需要注意的是，结构体变量成员不能直接使用，需要通过结构体变量来访问结构体成员变量，这也是结构体变量与普通变量的区别，即通过结构变量访问结构体成员变量。

第五步，写出结构体成员变量的值，这与普通变量没有什么区别，只是表达方式不同。

程序 3-1　结构体变量的定义与使用

```
void __fastcall TForm1::Button1Click(TObject *Sender)
{
  ofstream fout("E:\\person2022.csv");

   struct person//定义名为person的结构体
   {
      string name;
      int sex;
      int age;
      float score;
   }one_person;//定义名为One_person的person结构体变量

   one_person.name="Wang";//为结构体成员变量赋值
   one_person.sex=2;
   one_person.age=23;
   one_person.score=86.9;

      fout<<"姓名"<<","<<"性别"<<","<<"年龄"<<",";
      fout<<"成绩"<<"\n";

      fout<<one_person.name<<","<<one_person.sex<<","<<one_
person.age<<",";
      fout<<one_person.score<<"\n";

  fout.close();
}
```

上面这个例子只是将数据名称、一行与数据名称相对应的具体数据写入文件，也可以通过声明更多的普通变量或数组来读写这些数据，并实现相同的功能，还可以使用更多的结构体变量来实现数据的存储和数据的写出。程序2-18和程序2-19可以实现相同的功能，只是结构体方法使数据之间具有了逻辑关系。

3.1.2 结构体与数组

结构体的重要功能是解决数组变量数据类型单一的问题。然而，数组的最大优势是变量与变量之间，即存储地址之间存在内在联系，使数据的检索和使用方式变得便捷。与变量声明/定义一样，可以声明结构体变量，也可以声明结构体数组。

3.1.2.1 结构体数组

结构体数组的重要特征是可以充分发挥结构体和数组两种数据结构各自不同的优势。通过定义结构体数组，实现不同属性数据的存储和便捷的检索。结构体数组的声明与普通数组类似，可以将整个结构体理解为一个数据类型。比如，定义一个数据类型为整型数组，具体的定义方式为：整型 数组名［下标］…［下标］；结构体数组也可以采用相同的方式定义：结构体名称 数组名［下标］…［下标］，这里只是把数据类型替换为结构体名称。

程序3-2是在程序3-1基础上改进的，且方法非常简单，只是将结构体变量改为结构体数组。将程序3-1中的结构体变量one_person改为结构体数组one_person［100］。由于结构体变量声明的改变，相应的声明与使用也要改变。比如，将访问结构体成员的方法由原来简单的结构体变量、结构体成员改为：结构体数组名［下标］.结构体成员。以访问结构体person中的成员name为例，结构体数组修改为one_person［0］.name，其他成员也类似。由此可见，对结构体数组和结构体成员的访问只是在普通数组的基础上进行了扩展，扩展的方法和逻辑简单且容易理解。程序3-2通过数组的方式，对结构体数组的前两个元素进行赋值，然后将结构体数组的数据写到“E:\\person2022.csv”文件中。

由于可以采用循环进行结构体数组的赋值、使用，因此，与普通数组一样，结构体数组将具有不同属性的成员联系在一起，在处理复杂数据结构或问题时，使数据之间的逻辑关系更简洁、更容易理解和更方便维护。

程序 3-2　结构体数组的定义与使用

```
void __fastcall TForm1::Button1Click(TObject *Sender)//窗体按钮点击鼠标事件
{
  ofstream fout("E:\\person2022.csv");

   struct person
   {
   string name;
   int sex;
   int age;
   float score;
   };
   person one_person[100];//定义结构体数组

   one_person[0].name="Wang";//为结构体数组元素赋值
   one_person[0].sex=2;
   one_person[0].age=23;
   one_person[0].score=86.9;

   one_person[1].name="Zhang";
   one_person[1].sex=1;
   one_person[1].age=43;
   one_person[1].score=76.8;

     fout<<"姓名"<<","<<"性别"<<","<<"年龄"<<",";
     fout<<"成绩"<<"\n";
     int i;
     for (i = 0; i < 2; i++)
   {
     fout<<one_person[i].name<<","<<one_person[i].sex<<","<<one_person[i].age<<",";
    fout<<one_person[i].score<<"\n";//访问（写出）结构体数组元素
    }

  fout.close();
}
```

同样，除了声明一般结构体数组，还可以声明动态类型的结构体数组，声明方式与动态数组的方法类似。这里通过一维结构体动态数组来说明结构体动态数组的声明和使用方法。一维结构体动态数组的声明方式为：

```
vector<结构体名>数组名（数组元素数量）;
```

程序3-3是在程序3-2基础上将结构体数组由一维固定数组修改为一维动态数组，也就是将程序3-2中结构体数组声明语句“person one_person[100];”修改为“vector<person> one_person(100);”，其他程序和功能不变。具体修改方法见程序3-3。

程序3-3　结构体动态数组的定义与使用

```
void __fastcall TForm1::Button12Click(TObject *Sender) //窗体按钮点击鼠标事件
{
  ofstream fout("E:\\person2022.csv");

   struct person
   {
      string name;
      int sex;
      int age;
      float score;
   };
   vector<person> one_person(100);//结构体动态数组

   one_person[0].name="Wang";
   one_person[0].sex=2;
   one_person[0].age=23;
   one_person[0].score=86.9;

   one_person[1].name="Zhang";
   one_person[1].sex=1;
   one_person[1].age=43;
   one_person[1].score=76.8;

      fout<<"姓名"<<","<<"性别"<<","<<"年龄"<<",";
      fout<<"成绩"<<"\n";
```

```
        int i;
        for (i = 0; i < 2; i++)
        {
         fout<<one_person[i].name<<","<<one_person[i].
sex<<","<<one_person[i].age<<",";
        fout<<one_person[i].score<<"\n";
        }

      fout.close();
    }
```

以上只对一维结构体数组进行了程序示例，二维、多维数组类似，特别是可以把结构体数组的使用理解为与普通数组的方式相同，不同之处是，表达方式上需要进一步体现结构体成员变量与数组的隶属关系。

3.1.2.2　结构体中的数组

结构体数组与普通数组一样，将结构体视为一个新的数据类型，从而定义一系列或多个结构体。对于结构体成员可以采用相同的思路或类似的理解，即在结构体中将结构体成员定义为数组。结构体成员数组和普通的数组定义没有太大区别。下面通过实际案例来展示结构体成员数组的定义和使用方法。

程序 3-4 中结构体person定义了一个score浮点型数组，从这个例子可以看到，使用该数组存储某个人的多个成绩。对结构体成员数组的赋值、访问方法与普通数组一样，这里需要明确结构体数组和结构体成员数组之间的层次或嵌套关系，一层一层访问。结构体数组、结构体成员数组等分层定义的逻辑关系，使数据的维度和结构更加复杂，所以需要创建更复杂的数据结构，以应对更复杂的数据管理、分析和运算。

程序 3-4　结构体中数组的定义与使用

```
    void __fastcall TForm1::Button12Click(TObject *Sender) //
窗体按钮点击鼠标事件
    {
      ofstream fout("E:\\person2022.csv");
```

```
        struct person
        {
          string name;
          int sex;
          int age;
          float score[10];//结构体中的数组
        };

        vector<person> one_person(100);

        one_person[0].name="Wang";//结构体数组成员变量赋值
        one_person[0].sex=2;
        one_person[0].age=23;
        one_person[0].score[0]=86.9;
        one_person[0].score[1]=84.2;
        one_person[0].score[2]=74.2;

        one_person[1].name="Zhang";
        one_person[1].sex=1;
        one_person[1].age=43;
        one_person[1].score[0]=76.8;
        one_person[1].score[1]=77.9;
        one_person[1].score[2]=87.6;

          fout<<"姓名"<<","<<"性别"<<","<<"年龄"<<",";
          fout<<"成绩1"<<","<<"成绩2"<<","<<"成绩3"<<"\n";
          int i,j;
          for (i = 0; i < 2; i++)
          {

          fout<<one_person[i].name<<","<<one_person[i].
sex<<","<<one_person[i].age<<",";
              for (j=0; j < 3; j++) {
                fout<<one_person[i].score[j]<<",";
              }
              fout<<"\n";
          }
```

```
    fout.close();
  }
```

3.1.2.3　结构体中的结构体

除了结构体数组、结构体成员数组，结构体成员也可以是结构体，即结构体中的结构体。这个表达方式的本质是在已有结构体的基础上进行新的成员拓展，而这个拓展的优点是具有继承性。在程序演化的过程中，新的拓展只涉及新的部分，与已有的结构体成员相互没有发生结构性或层次关系的影响，也就是使数据的新维度或属性的扩展不涉及或尽可能少地涉及原有的程序或数据。

程序3-5中，一个新的结构体new_person中使用了一个原有的结构体，即person结构体。通过这个例子可以看到，在新的结构体new_person定义了成员包括整型数据mother、father和浮点型数据income的同时，还有一个结构体成员为person othper，这个结构体成员为一个结构体，也就是原有的person结构体。这样新的结构体new_person除了具有person结构体数据结构，又增加了几个新的属性数据/成员变量。

从对结构体成员的访问来看，结构体成员为结构体的访问方式与普通的成员类似，只要把相互的逻辑或层次关系区分好就可以顺利访问了。以程序3-5中的数据为例，访问new_gen结构体变量中的age数据采用的语法为“new_gen.othper.age=36;”，在结构体变量之间的“.”表达了结构体变量和成员之间的逻辑或层次关系。这个逻辑关系与家庭结构的本代、父代、子代和孙子代类似，具有相应的继承关系。

程序3-5　结构体中的结构体的定义与使用

```
  void __fastcall TForm1::Button2Click(TObject *Sender) //
窗体按钮点击鼠标事件
  {
    ofstream fout("E:\\person2022.csv");

     struct person//结构体
     {
       string name;
```

```
        int sex;
        int age;
        float score;
    };

    struct new_person//结构体
    {
        int mother;
        int father;
        float income;
        person othper;//结构体中的结构体
    }new_gen;

    new_gen.father=1212;//结构体成员变量赋值
    new_gen.mother=2121;
    new_gen.income=5890.05;
    new_gen.othper.age=36;

    vector<person> one_person(100);

    one_person[0].name="Wang";
    one_person[0].sex=2;
    one_person[0].age=23;
    one_person[0].score=86.9;

    one_person[1].name="Zhang";
    one_person[1].sex=1;
    one_person[1].age=43;
    one_person[1].score=76.8;

        fout<<"姓名"<<","<<"性别"<<","<<"年龄"<<",";
        fout<<"成绩"<<"\n";
        int i;
        for (i = 0; i < 2; i++)
        {

          fout<<one_person[i].name<<","<<one_person[i].
sex<<","<<one_person[i].age<<",";
```

```
            fout<<one_person[i].score<<"\n";
            }

                fout<<"父亲"<<","<<"母亲"<<","<<"年龄"<<",";
                fout<<"收入"<<"\n";

            fout<<new_gen.father<<","<<new_gen.mother<<","<<new_
gen.othper.age<<",";
            fout<<new_gen.income<<"\n";

        fout.close();
    }
```

通过对结构体数据、结构体中包含数组和结构体中包含结构体的数据结构或数据组织管理方式的讨论，可以看出结构体变量的灵活性和复杂性。通过对数据结构的抽象和概括，使用合适的数据表达和使用方式，不仅可以使数据结构更加清晰、简洁，也可以使程序更具扩展性和易维护性。这些具体实践和应用需要在解决实际问题的过程中不断体会和提升，使编制的应用软件更加稳定，且升级改造更加容易。

3.2　函数

函数是计算机软件开发的核心技能之一，C++/C语言开发系统提供了标准的内置函数（库函数），可以实现软件开发的许多功能。除了标准函数，开发人员还可以自己设计具有特定功能的函数（自定义函数）。下面的内容是讨论如何设计并实现自定义函数。无论是库函数，还是自定义函数，在计算机程序中与数学函数的概念及原理都类似，目的是把功能相同的程序片段独立出来，并进行重复使用，其优点是使程序相互独立，具有更简洁和更容易维护的特点。

3.2.1　函数的定义与使用

C++ 函数的定义方法是：

```
函数类型 函数名（参数）
  {
  程序语句
  return 变量；//返回值
  }
```

程序3-6是一个最简单的C++函数定义。函数的功能非常简单，是计算两个变量的和。函数名为sumit，参数为float ka和float kb，函数运行的结果是求ka与kb两个浮点数的和，并将计算结果赋值给变量c，变量c为浮点型。最后将c作为函数的返回值。当然，有些函数没有返回值，在定义函数时，没有返回值的函数定义使用void关键字取代“函数类型”。

程序3-6 函数的定义

```
float sumit(float ka,float kb)
{
 float c;
 c=ka+kb;
 return c;
}
```

函数的调用方法是：

```
变量=函数名（参数）;
```

在函数定义和函数调用（使用）时，参数的个数、类型以及返回值的类型都是相互一一对应的，这样才能完成函数的调用（使用）。程序3-7是上面定义的sumit函数调用（使用）的例子，该程序定义了两个浮点型变量，并对变量进行初始化，同时定义了一个浮点型变量，用于获得函数的返回值，也就是函数计算结果，然后将计算结果在Memo1控件中显示。这个例子的目的是展示函数的定义和使用，理解函数的运行机制，并没有太大的实际用途。

程序 3-7　函数调用（使用）

```
    void __fastcall TForm1::Button3Click(TObject *Sender) //
窗体按钮点击鼠标事件
    {
     float a;
     float b;
     a=23.5;
     b=65.9;
     float c;
            c=sumit(a,b);
            Memo1->Lines->Add(c);//窗体中加入Memo1控件
    }
```

从函数的定义和使用来看，函数的定义部分只提供了形式上的参数，如 sumit 的两个参数 ka 和 kb，而在函数调用前，需要定义两个实际的参数，如 a 和 b，然后将实际参数的值赋予 sumit 函数，并得到函数的运算结果。这里需要注意的是，实际提供给函数的参数类型和个数需要与函数定义的参数类型、个数以及返回值一致，也就是函数形式参数①与实际参数②一致或一一对应。

3.2.2　函数与数组

计算机处理问题的优点是能处理大量的数据，因此，函数必须具有处理大量数据的能力。数组是存储、使用大量数据的重要方法，通过函数处理数组中的数据或将数组作为函数的参数，进行数据处理一个非常重要的功能。

作为参数，函数使用数组与普通变量类似。数组作为函数的参数，除了给定数组名（通常是形式上的），一般还需要给定数组的下标，这样做的目的可以理解为告诉函数，数组作为参数，需要传递多少个变量。

程序 3-8 为数组求和。数组求和相当于在两个浮点数求和函数基础上的扩展，将一维数组元素相加，得到数组元素的和。函数的定义方法是：

---

①　函数定义时的参数。

②　实际调用函数时的参数。

```
函数类型 函数名（数组名[下标], 整型 下标）
```

程序3-8定义了“float newsumit(float a[],int no_i)”函数，函数的参数为一维数组a，数组的下标为no_i，通过调用newsumit函数，计算数组各元素的和。

程序3-8　数组求和

```
float newsumit(float a[],int no_i)
{
  int i;
    float c;
    c=0;
        for (i = 0; i < no_i; i++) {
            c=c+a[i];
        }
    return c;
 }
```

程序3-9是上面定义的newsumit函数调用（使用）的例子，与程序3-7用于获得函数计算两个浮点数的和一样，这个例子只是计算了更多浮点数的和，并将计算结果的返回值在Memo1控件中加以显示。对这个例子稍加扩展就可以计算多个数据的均值、方差、标准差等统计指标。具体实现方法与简单的函数调用没有太大区别。

程序3-9　数组参数函数的调用

```
void __fastcall TForm1::Button3Click(TObject *Sender) //
窗体按钮点击鼠标事件
{
  int i;
  float c;
  float fg[10];
    for (i = 0; i < 10; i++) {
        fg[i]=i*3.14;
    }
  c=newsumit(fg,10);//调用函数
```

```
  Memo1->Lines->Add(c); //窗体中加入Memo1控件
}
```

这里只提供了一维数组的例子，对于二维及以上数组或更加复杂的数据作为参数，基本原理是一样的，只是参数的表达方式略有不同。

3.2.3　函数与结构体

在函数设计过程中，采用数组作为参数使函数的数据处理和分析能力大大增强。函数使用结构体作为参数，则使数据的处理能力或处理功能更加复杂、丰富。在使用结构体或结构体数组作为函数的参数之前，必须首先声明结构体，如声明一个结构体为my_fam。本例my_fam结构体的具体构成如下：

```
struct my_fam{
      int my_famID;
      int father;
      int mother;
      int brother;
      int sister;
      int famtype;
};
```

声明结构体之后，就可以将函数的参数声明为结构体变量或结构体数组来进行使用。在函数的设计过程中，可以有返回值，也可以没有返回值；可以通过返回值来获得函数运算的结果，也可以通过函数的参数来获得函数的运算结果。

程序3-10定义了一个结构体数组、数组和整型变量作为函数的参数。结构体数组用于存储需要处理的数据，另外一个整型数组或其他类型的数组或变量作为数据处理的结果。具体的函数是void family_stru(my_fam afam[ ], int no_i, int afm[ ])，第一个参数my_fam afam[ ]为结构体数组，int afm[ ]为一个整型数组，用于存储函数的处理结果。参数int no_i用于确定结构体数组和整型数组的大小即下标。函数family_stru用于判断家庭结构的类型，比如，父亲、母亲都健在，家庭类型为1；兄弟健在，家庭类型为2；姐妹健在，家庭类型为3。最后，将判断的结果赋值给整型数组，其结果相当于整型数组为函数的返回值。

程序3-10　结构体作为参数的函数

```
void family_stru(my_fam afam[],int no_i,int afm[])
{
   int i;
   for (i = 0; i < no_i; i++) {
    if (afam[i].father==1 && afam[i].mother==1) {
          afam[i].famtype =1;
    }//end if
    if (afam[i].brother==1) {
          afam[i].famtype =2;
    }//end if
    if (afam[i].sister==1) {
          afam[i].famtype =3;
    }//end if

    afm[i]=afam[i].famtype;
   }//end for i
 }
```

程序3-11给出了简单的结构体定义（small_fam）、结构体成员变量赋值、函数调用“family_stru（small_fam,3,new_fam）;”、数据处理结果，最后将家庭类型的判断结果在Memo1控件中按行显示。

程序3-11　结构体函数调用

```
    void __fastcall TForm1::stru_functionClick(TObject
*Sender) //窗体按钮点击鼠标事件
    {
     int i;
     my_fam small_fam[3];
     small_fam[0].father=-1;
     small_fam[0].mother=1;
```

```
    small_fam[0].brother=1;
    small_fam[0].sister=-1;

    small_fam[1].father=1;
    small_fam[1].mother=1;
    small_fam[1].brother=-1;
    small_fam[1].sister=-1;

    small_fam[2].father=1;
    small_fam[2].mother=-1;
    small_fam[2].brother=-1;
    small_fam[2].sister=1;

    int new_fam[3];

      family_stru(small_fam,3,new_fam);//调用函数

    for (i = 0; i < 3; i++) {
      Memo1->Lines->Add(new_fam[i]); //窗体中加入Memo1控件
    }
}
```

自定义函数不仅是C++/C语言的重要功能，也是计算机语言软件设计优势发挥的重要手段。随着程序愈加复杂，功能愈加强大，程序的整体结构和逻辑关系也变得愈加重要。程序结构清晰、合理，函数与函数之间逻辑关系简洁，才能使软件开发更高效、更容易维护。在应用软件设计过程中，通对函数功能模块之间进行隔离或封装，使程序与程序之间的功能模块相互独立，这样在程序的完善和修改过程中，才能更加便捷，避免因修改使原本正确的功能模块产生新的错误。函数是计算机程序设计和管理的重要方法，需要在程序设计过程中认真体会和练习。这里提供简单实例的目的是解析函数的构成、使用和功能扩展，从而在实践中熟练使用函数，使编程和软件开发更加得心应手。

3.3 指针

指针是C++/C语言中最重要、最灵活但较难掌握的语言功能。有些语言为了降低语言学习门槛或避免过于复杂及深入计算机底层功能，并没有指针的功能，如Visual Basic、Python等；也有些语言虽然有指针的概念，但与C++/C语言的指针概念不同，如Visual Foxpro等，指针的含义是指向特定的数据记录，而不是计算机内存/CPU地址。由此可见，如果没有或不使用指针，在绝大多数情况下，计算机的程序编制或软件功能开发也是可以实现的。

3.3.1 指针的定义与基本原理

指针是什么？由于计算机的指令、数据都存储在特定的地址里，因此，指令的执行或数据读取使用过程的本质是寻找地址，并根据存储地址的内容确定执行的方式。计算机CPU和存储器存储数据地址与功能相联系。由于可以根据地址的位置（计算机系统设计规定）来确定地址存储的内容或指令的功能，这使得存储地址具有重要意义。为了快速访问计算机存储地址，并准确标识计算机指令的执行位置或次序，于是产生了指针的概念。C++/C语言中，指针的主要功能就是作为指向存储地址的变量。

3.3.1.1 指针的定义

指针的定义方法：

```
类型名 *指针名;
```

首先通过一个简单的例子说明指针的定义方法。比如，声明一个整型变量指针`int  *p1`，指针名为`p1`，与普通变量不同，指针名前面的“*”是指针的标志。可以把指针变量视为两部分构成，一部分是标识地址，即`p1`为一个存储地址，但与普通变量不同，指针初始化只能赋予地址；另一部分是把`*p1`视为指针地址存储的数据，存储的数据也是通过所指向的相关地址变量进行初始化，不能直接赋值进行初始化。比如，`*p1=5.6`是不允许的。

指针变量与普通变量的区别和联系是什么？其实普通变量也是一个存储地址，如变量“`int  a;`”可以对变量`a`进行赋值初始化，也就是对变量

a 存储地址赋予具体数值。当然，也可以获取变量 a 的存储地址，方法是：&a，“&”是取地址。

对指针的初始化可以通过变量取地址操作来实现，如 int *p1 指针和变量 int a。可以将指针初始化为：p1=&a，这里 a 是一个整型变量，可以用于存储整型数据。由于 p1 被初始化为变量 a 的地址，那么，对变量 a 进行赋值或改变数值，其结果是 *p1 也随之获得相应的地址存储数值，这与普通变量之间赋值改变后互不影响不同，因为两个普通变量具有两个不同的地址。由此可见，指针变量其实可以理解为一个存储地址的“标牌”，只有指示作用，其功能是在所指变量的基础上才能发挥。

3.3.1.2　指针的使用

由于可以获取变量的地址，而指针存储的就是地址，因此，二者可以相互赋值和使用。指针变量与普通变量不同的是，指针变量可以指向其他相同类型的变量，而普通变量只能被赋值，不能指向其他变量的地址。下面通过程序 3-12 展示指针变量的定义、使用和内涵，从中可以体会指针变量与普通变量的区别与联系。

程序 3-12　指针变量的定义与含义

```
#include <iostream>
#include <tchar.h>

using namespace std;
int _tmain(int argc, _TCHAR* argv[])
{
    int *p1;//定义指针变量
    int a;
    int b;
    int *p2; //定义指针变量
    a=12;//变量赋值
    b=54;

    cout<<"a和b变量值\n";
    cout<<"a="<<a<<"\n";
    cout<<"b="<<b<<"\n";

    p1=&a;//将变量地址赋予指针
```

```
    p2=&b;

    cout<<"old value!\n";
    cout<<"*p1="<<*p1<<"\n";
    cout<<"*p2="<<*p2<<"\n";

    a=56;
    b=90;

    cout<<"new value!\n";
    cout<<"*p1="<<*p1<<"\n";
    cout<<"*p2="<<*p2<<"\n";

    cout<<"变量地址\n";
    cout<<"a地址="<<&a<<"\n";
    cout<<"a地址=="<<&b<<"\n";

    cout<<"指针地址\n";
    cout<<"p1指针地址="<<p1<<"\n";
    cout<<"p2指针地址=="<<p2<<"\n";

    system("pause");
}
```

程序3-12定义了整型指针变量p1和p2，整型变量a和b，并将指针p1和p2分别指向变量a和b。首先对变量a和b进行赋值，然后屏幕输出a、b和*p1、*p2，可以看到变量和指针指向地址存储的数值是一样的。接着改变变量a和b的数值，然后屏幕再输出a、b和*p1、*p2，发现变量和指针指向地址存储的数值还是一样的。这就说明p1、p2一直分别指向变量a和b的存储地址。此外，分别输出变量a和b的存储地址，其结果与指针p1和p2分别指向的地址一样（具体运行结果见图3-1）。

通过上面的例子可以看到指针的定义、使用以及指针与变量的相互关系。特别是在改变指针指向变量存储的数值时，读取指针指向的存储地址的数值会同步发生相应的改变。通俗地理解，指针相当于获取存储地址的一种重要方法，而且可以指向不同的变量，这是其他普通变量所不具有的特性。

```
int *p1;
int a;
int b;
int *p2;

a=12;
b=54;

cout<<"a和b变量值\n";
cout<<"a="<<a<<"\n";
cout<<"b="<<b<<"\n";

p1=&a;
p2=&b;

cout<<"old value!\n";
cout<<"*p1="<<*p1<<"\n";
cout<<"*p2="<<*p2<<"\n";

a=56;
b=90;

cout<<"new value!\n";

cout<<"*p1="<<*p1<<"\n";
cout<<"*p2="<<*p2<<"\n";
```

```
C:\Users\hp\Documents\Em...
a和b变量值
a=12
b=54
old value!
*p1=12
*p2=54
new value!
*p1=56
*p2=90
变量地址
a地址=0019FEE4
a地址==0019FEE0
指针地址
p1指针地址=0019FEE4
p2指针地址==0019FEE0
请按任意键继续. . .
```

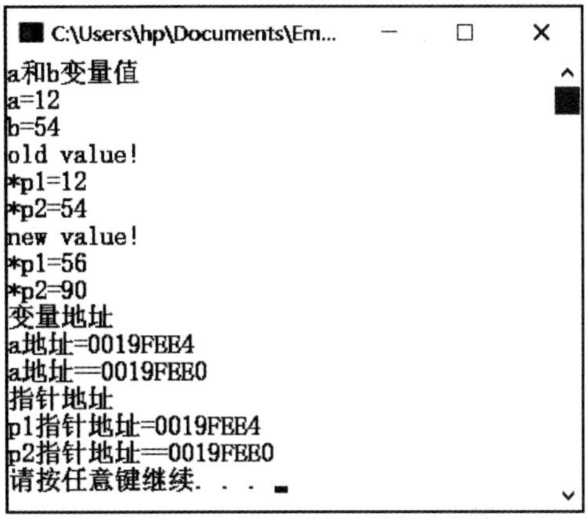

图 3-1　程序 3–12 运行结果

3.3.2　指针与数组

数组是变量的扩展，是一系列相互关联的变量。数组的特点是可以通过数组下标确定数组元素的存储内容。从数组存储数据的本质来说，数组是由第一个元素地址和元素个数确立的一系列连续存储地址。

3.3.2.1　指向数组的指针

指针可以指向变量，也可以指向数组，因为数组是另外一种形式的变量。指针指向数组的方法与指向普通变量类似。程序 3-13 定义了一个浮点型指针 `*p1` 和浮点型数组 `a[7]`，指针指向浮点数组的方法为：“`p1=a;`”或“`p1=&a[0];`”。与普通变量的指针一样，对数组 a 进行初始化或赋值，但与普通简单变量只有一个地址不同，数组具有一系列连续地址，而指针指向的是数组的首地址，即第一个元素的地址。由于指针指向数组的首地址，相应的指针 `*p1` 对应地址存储的数值也发生变化。通过移动指针就可以访问相应的数组元素，具体实现方法见程序 3-13。

程序 3-13　指针变量与数组

```
#include <iostream>
#include <tchar.h>
```

```
using namespace std;
int _tmain(int argc, _TCHAR* argv[])
{
   float *p1;
   float *p2;
   int i;
   float a[7];
   p1=&a[0];//取数组第一个元素的地址

   cout<<"数组a[]"<<"\n";
   for (i = 0; i < 7; i++) {
     a[i]=1.23+i*3.14;
     cout<<a[i]<<",";
   }
   cout<<"\n";

   cout<<"数组指针p1"<<"\n";
   for (i = 0; i < 7; i++) {
     cout<<*p1<<",";
     p1++;//指针地址增加
   }
   cout<<"\n";

   p2=&a[3];//取数组第4个元素地址
   cout<<*p2<<"\n";

  p1--;
  p1--;
  p1--;
  cout<<*p1<<",";
  system("pause");
}
```

程序3-13在访问数组元素地址的过程中，采用p1++的方式，这个方式是以首地址为起始，按照float类型数据所占存储空间的大小自动计算下一个元素的地址。因此，通过循环增加或减少来访问数组中不同元素的内容。程序3-13的执行结果见图3-2。可见，通过指针访问数组元素与直接通过数组下标访问的结果是一样的。

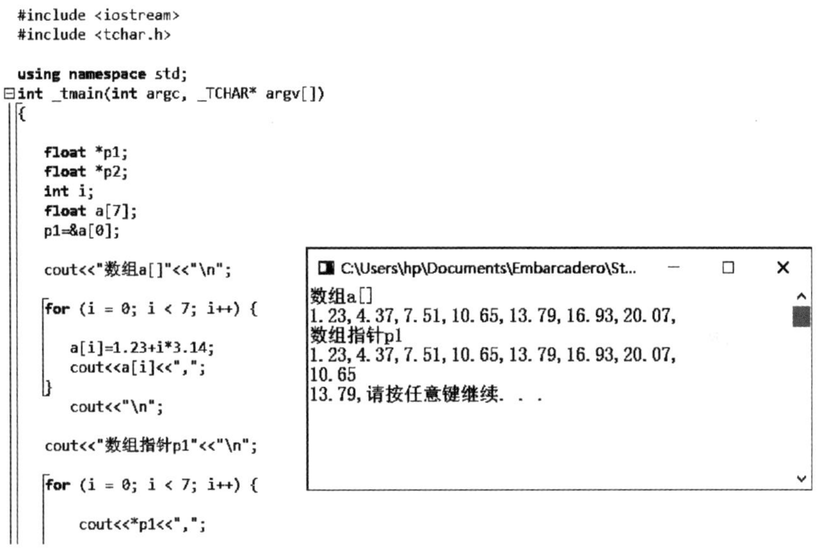

```
#include <iostream>
#include <tchar.h>

using namespace std;
int _tmain(int argc, _TCHAR* argv[])
{

    float *p1;
    float *p2;
    int i;
    float a[7];
    p1=&a[0];

    cout<<"数组a[]"<<"\n";

    for (i = 0; i < 7; i++) {

        a[i]=1.23+i*3.14;
        cout<<a[i]<<",";
    }
        cout<<"\n";

    cout<<"数组指针p1"<<"\n";

    for (i = 0; i < 7; i++) {

        cout<<*p1<<",";
```

```
C:\Users\hp\Documents\Embarcadero\St...
数组a[]
1.23,4.37,7.51,10.65,13.79,16.93,20.07,
数组指针p1
1.23,4.37,7.51,10.65,13.79,16.93,20.07,
10.65
13.79,请按任意键继续. . .
```

图3-2　指向数组的指针

3.3.2.2　指针数组

与普通数组相同，指针数组的声明方法为：

```
数据类型 *数组名[下标]…[下标];
```

指针数组的元素相当于普通指针，其指针的含义不变，只是可以通过指针数组定义一系列指针，这些指针用于指向相同数据类型的不同存储地址。对照指针数组和普通指针存储地址赋值可以看到，除了具有一般指针的功能，同样是指针与指针之间通过下标建立或存在逻辑关系，因此，指针数组相对于普通指针，可以处理更加复杂和大量的数据。

程序3-14定义了一个浮点型指针数组，该数组用于存储浮点型变量数据的地址，对于指针数组的操作，初始化或取地址方法与普通指针相同。程序3-14中指针数组 `*pk[5]` 一次性可以存储5个地址。该例子将前4个指针指向浮点型变量 n，n 赋值为20，之后修改 n 的数值为32.5，第5个指针指向浮点型变量 m，m 赋值为67，然后通过指针访问存储地址的数值，发现前4个指针访问的数值为32.5，最后一个为67。随后，显示指针数组指向地址的数值和指针数组指向的地址。

程序 3-14 指针数组

```
#include <iostream>
#include <tchar.h>

using namespace std;

int _tmain(int argc, _TCHAR* argv[])
{
    float *pk[5];//定义指针数组
    int i;
    float n;
    n=20;
    for (i = 0; i < 5; i++) {
            pk[i]=&n;//对指针数组赋值
    }

    n=32.5;
    float m;
    m=67;
    pk[4]=&m;

    cout<<"指针地址存储数据:"<<"\n";
    for (i = 0; i < 5; i++) {
            cout<<*pk[i]<<"\n";
    }

    cout<<"指针地址:"<<"\n";
    for (i = 0; i < 5; i++) {
            cout<<pk[i]<<"\n";
    }

    system("pause");
}
```

从3-14程序运行结果看，这个程序非常简单，显示了指针地址存储的数据为4个32.5和1个67，指针地址为4个相同的0019FED8和1个0019FED4，可见指针数组的前4个元素指向同一个地址[①]，最后一个元素指向另外一个地址（见图3-3）。

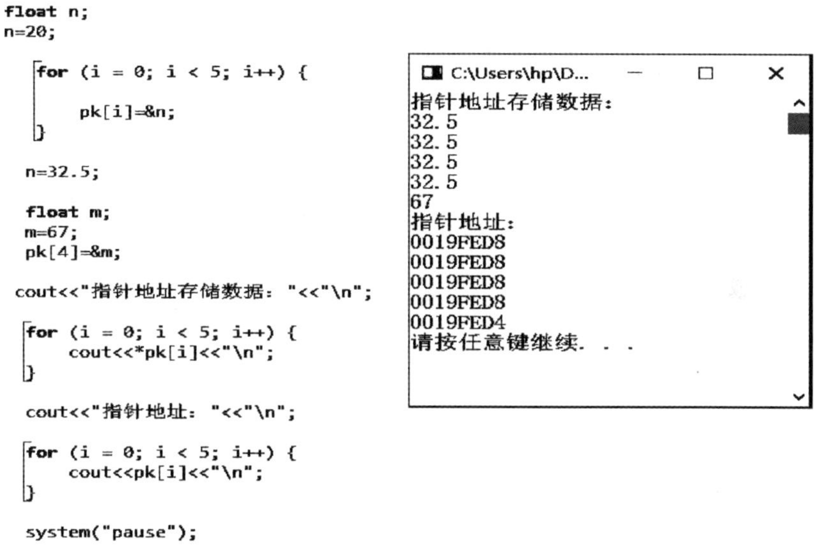

```
float n;
n=20;

for (i = 0; i < 5; i++) {

    pk[i]=&n;
}

n=32.5;

float m;
m=67;
pk[4]=&m;

cout<<"指针地址存储数据: "<<"\n";

for (i = 0; i < 5; i++) {
    cout<<*pk[i]<<"\n";
}

cout<<"指针地址: "<<"\n";

for (i = 0; i < 5; i++) {
    cout<<pk[i]<<"\n";
}

system("pause");
```

```
C:\Users\hp\D...
指针地址存储数据:
32.5
32.5
32.5
32.5
67
指针地址:
0019FED8
0019FED8
0019FED8
0019FED8
0019FED4
请按任意键继续. . .
```

图3-3 指针数组

3.3.3 指针与结构体

结构体是比数组更加复杂的数据结构，可以将不同数据类型联系起来，结构体的本质是定义一个更加复杂的数据结构。

指向结构体的指针与指向变量或数组的指针一样，也是需要先定义指针的结构体类型，然后将结构体指针指向结构体变量。指向结构体变量的结构体指针初始化与数组或变量一样，用取地址运算符“&”。比如，程序3-15定义了一个名为person的结构体，结构体成员包括两个整型量，age和sex，在此基础上定义person结构体类型的结构体变量people和类型为person的p1结构体指针。

与普通指针不同，结构体指针访问结构体成员采用“->”箭头的方

① 由于操作系统或软件运行环境不同，指向的地址具体数值可能会有所不同，但4个相同地址和1个不同地址的结果不变。

式，这个标识更为形象地体现了指针的指向。程序3-15可以通过指针访问people结构体变量的成员，具体语法为：

```
p1->age;
p1->sex;
```

通过对指针所指向的成员进行赋值等，可以完成对people结构体变量成员存储数值的修改。

程序3-15 指针与结构体变量

```
#include <iostream>
#include <tchar.h>

using namespace std;
int _tmain(int argc, _TCHAR* argv[])
{
   int i;

   struct person{
     int age;
     int sex;
   };

   person people;
   person *p1;//定义结构体指针

   people.age=40;
   people.sex=1;

   p1=&people;

  cout<<p1->age<<"\n";
  cout<<p1->sex<<"\n";

   p1->age=35;
   p1->sex=2;
```

```
    cout<<p1->age<<"\n";
    cout<<p1->sex<<"\n";
    cout<<people.age<<"\n";
    cout<<people.sex<<"\n";
     system("pause");
}
```

程序3-15是一个简单的结构体指针使用的实例，可以用指针指向结构体数组等，也可以通过指针对结构体成员变量进行访问，具体方法相当于数组和结构体二者的结合，这里不再展示。

3.3.4　指针与函数

指针作为指向存储地址的变量，可以作为函数的参数进行数据的传递和运算。与普通变量不同，由于指针指向变量存储的地址，因此，存储地址的改变或存储地址数据的改变会对指针或指针指向的变量产生影响。下面通过两个不同的编程方式的对比展示这个过程的不同。

程序3-16的目的是比较两个数值的大小，然后根据比较的结果，由大到小的排序。也就是，如果第一个数据小于第二个，那么，二者互换数据。

程序 3-16　指针与函数

```
#include <iostream>
#include <tchar.h>

using namespace std;

void exchange(float *a1,float *b1)//指针变量作为函数参数
{
  float *c;
  float k;
  c=&k;

  if (*a1<=*b1) {
   *c=*a1;
```

```
    *a1=*b1;
    *b1=*c;
  }
}

int _tmain(int argc, _TCHAR* argv[])
{
  float m;
  float n;

    n=134;
    m=667;

    cout<<"排序前"<<"\n";
    cout<<"指针地址n:"<<n<<"\n";
    cout<<"指针地址m:"<<m<<"\n";

  exchange(&n,&m);//函数调用

    cout<<"由大到小排序后"<<"\n";
    cout<<"指针地址n:"<<n<<"\n";
    cout<<"指针地址m:"<<m<<"\n";

    system("pause");
}
```

以程序3-16给定的数据n=134，m=667，通过函数exchange(&n, &m)进行比较互换（程序3-16程序运行结果见图3-4）。从程序运行结果看，调用函数之前，参数n和m的值分别为134和667，调用函数后，由于将n作为第一个参数指针变量，将m作为第二个指针变量，而函数exchange的目的是将参数按数值大小重新排序，实现第一个参数存储值比第二个参数的大。程序运行的结果是第一个参数与第二个参数的数值确实进行了互换，将较大的值赋予第一个参数，较小的值赋予第二个参数。在调用函数的同时，主程序的n和m的数值也发生了互换，但指针所指的数据存储地址始终不变。

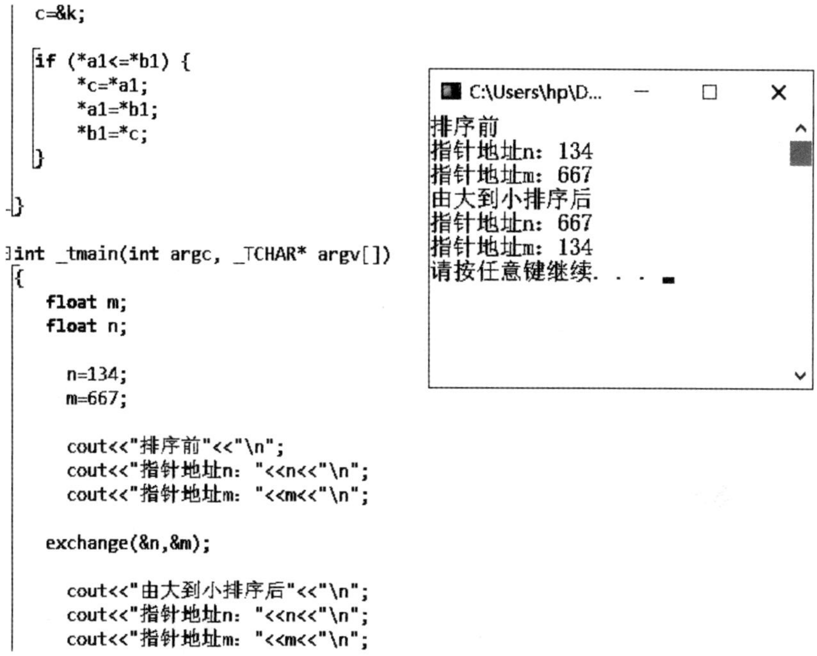

```
    c=&k;

    if (*a1<=*b1) {
        *c=*a1;
        *a1=*b1;
        *b1=*c;
    }

}

int _tmain(int argc, _TCHAR* argv[])
{
    float m;
    float n;

      n=134;
      m=667;

      cout<<"排序前"<<"\n";
      cout<<"指针地址n: "<<n<<"\n";
      cout<<"指针地址m: "<<m<<"\n";

    exchange(&n,&m);

      cout<<"由大到小排序后"<<"\n";
      cout<<"指针地址n: "<<n<<"\n";
      cout<<"指针地址m: "<<m<<"\n";
```

```
C:\Users\hp\D...
排序前
指针地址n: 134
指针地址m: 667
由大到小排序后
指针地址n: 667
指针地址m: 134
请按任意键继续. . .
```

图3-4　指针参数运行结果

为了实现同样的目的，采用普通变量来进行上述过程（具体见程序3-17）。从程序3-17可以看出，与指针变量作为参数不同，普通变量作为参数只在函数内根据大小进行互换，但函数执行后，作为形式参数，在主程序中，普通变量的数值没有发生变化（见图3-5）。

程序3-17　与指针参数对比

```
#include <iostream>
#include <tchar.h>

using namespace std;

#include <iostream>
#include <tchar.h>

using namespace std;

void exchange(float a1,float b1)
```

```
{
  float c;
  if (a1<=b1) {
     c=a1;
     a1=b1;
     b1=c;
  }
  cout<<"函数排序后"<<"\n";
  cout<<"指针地址n:"<<a1<<"\n";
  cout<<"指针地址m:"<<b1<<"\n";
}

int _tmain(int argc, _TCHAR* argv[])
{
   float m;
   float n;

     n=134;
     m=667;

     cout<<"排序前"<<"\n";
     cout<<"指针地址n:"<<n<<"\n";
     cout<<"指针地址m:"<<m<<"\n";

exchange(n,m);

     cout<<"调用函数"<<"\n";
     cout<<"指针地址n:"<<n<<"\n";
     cout<<"指针地址m:"<<m<<"\n";
     system("pause");
}
```

通过两个例子的对比结果可以看出，在使用指针的过程中，修改指针所指向的存储地址的结果是同时修改了所指变量的存储数据。普通函数内部的局部变量的生命周期或“可见”范围仅限于函数内部，因此，函数内部形式参数的变化通常不会影响到函数以外的变量。

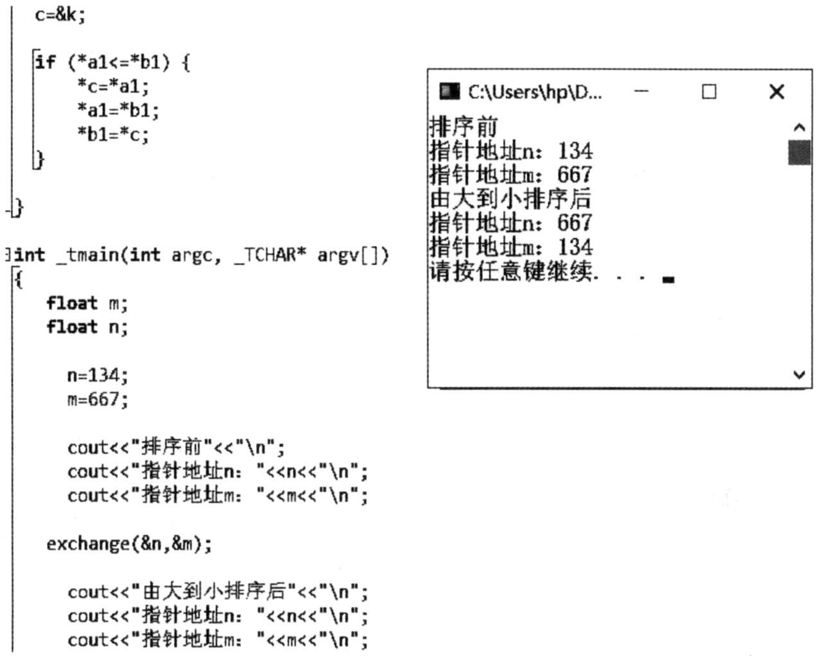

```
    c=&k;

    if (*a1<=*b1) {
        *c=*a1;
        *a1=*b1;
        *b1=*c;
    }

}

int _tmain(int argc, _TCHAR* argv[])
{
    float m;
    float n;

      n=134;
      m=667;

      cout<<"排序前"<<"\n";
      cout<<"指针地址n: "<<n<<"\n";
      cout<<"指针地址m: "<<m<<"\n";

    exchange(&n,&m);

      cout<<"由大到小排序后"<<"\n";
      cout<<"指针地址n: "<<n<<"\n";
      cout<<"指针地址m: "<<m<<"\n";
```

```
C:\Users\hp\D...
排序前
指针地址n: 134
指针地址m: 667
由大到小排序后
指针地址n: 667
指针地址m: 134
请按任意键继续. . .
```

图3-5　与指针参数对比运行结果

3.4　类

传统C语言没有类的概念。随着C++等面向对象编程技术的发展，产生了类的概念。C++类是在结构体的基础上，将函数与结构体联系在一起。C++中的类既是一个更加复杂的数据结构，也是一个具有独特功能的函数。简单地说，类只是一个数据结构和函数结合的模板定义，这个类定义不能直接用于存储数据或函数方法操作等，需要使用这个模板定义创建具体的变量或数组，称为对象实例。对象实例其实是一个功能模块，包含变量和函数等。定义类的目的是把复杂的数据和函数有机地结合在一起，从而方便数据结构及其功能函数模块的扩展、使用。

3.4.1　类的定义

结构体是一种数据结构或新的数据类型的定义方法。类的定义与结构体有很多相似之处，可以视为对结构体和函数的扩展。这个拓展的优点是随着应用软件规模的扩大，在维护和完善软件的过程中，采用类的方法越来越具有灵活性和尽量避免重复编程。

```
class 类名称{
 访问指定类型：
  变量声明;//成员变量
   …
  函数声明;//成员函数
}
```

类声明采用关键字class，访问指定类型是指成员变量和成员函数的使用范围，可以是public或private等，不同的访问指定类型确定了成员变量或成员函数的使用范围，也就是其他函数是否“可见”。下面通过定义一个简单的类来说明类定义的基本结构：

```
class person{
  public:
    int birthyear;//成员变量
    int birthMonth;
    int sex;
    int ralat;
    int edu;
    float income;
    int age;
    int marri_st;
    int marriage(int age,int marri_st);//成员函数
    int birth(int age,int sex);
};
```

定义一个名为person的类，目的是存储一个人的基本属性信息，其中包括出生年（birthyear）、出生月（birthMonth）、性别（sex）、关系（ralat）、教育（edu）和收入（income）；成员函数包括marriage和birth。可以通过成员函数计算不同年龄人口的婚姻和生育情况。

成员函数的定义方法与普通函数类似，只需要指明所属的类，方法是：

```
返回值类型 类名::成员函数（参数）
```

```
{
 函数体语句;
}
```

下面以成员函数marriage为例，说明成员函数的定义方法：

```
int person::marriage(int age,int marri_st)
{
 if (age>20 && marri_st==1)
 {
    return 1;
 }
 else
 {
    return 0;
 }
}
```

从上面的函数来看，除了成员函数的声明部分，其他函数定义的方法与普通的函数定义没有什么区别。

3.4.2　对象创建与销毁

类只是定义了一个数据和函数的模板或模块，声明类的目的是创建类的对象，类的对象可以是一个指针变量，可以是一个指针数组，也可以是非指针变量，这与普通的结构体变量的定义方法是一样的，但通过指针创建对象和普通变量略有不同。

3.4.2.1　对象变量

对象变量的声明与结构体变量声明在语法上非常类似，对象变量声明格式为：

```
类名称 对象变量;
```

比如，可以声明一个person类对象数组：

```
person ps01[1000];
person ps02[200];
```

成员变量和函数访问方式为：

```
对象变量名.成员变量;
对象变量名.成员函数;
```

比如，可以访问person类对象数组的成员变量或成员函数：

```
ps01[0].age=34;
ps02[0].sex=1;
newmarri=ps01[0].birth(ps01[0].age,ps02[0].sex);//成员函数调用
ps01[0].curr_birth=newmarri;
```

从上述对象定义和使用情况看，类与结构体具有相似的特点。二者的主要区别在于类中加入了成员函数（也称为类方法或对象方法）。此外，对象成员变量和函数的使用方法与结构体等完全相同。

3.4.2.2　指针对象变量

指针对象创建语法为：

```
类名称 *对象变量;
对象变量名=new 类名称;
```

指针对象销毁语法为：

```
delete 对象变量名;
```

指针成员变量和函数访问：

```
对象变量名->成员变量;
对象变量名->成员函数;
```

程序3-18是一个简单的定义类、创建对象、访问对象成员变量和成员函数的例子。程序3-18定义的类为person，其功能是根据部分成员变量的属性确定另外一些成员变量的属性，采用的成员函数（或称为方法）为marriage和birth。

根据person类创建对象变量（a_person）的语句为：

```
person *a_person; //定义对象变量类型
a_person=new person;//创建对象变量
```

对象成员变量访问：

```
a_person->age=28;//对象成员变量赋值
a_person->sex=2;
a_person->marri_st=1;
```

对象的成员函数（方法）访问：

```
newbirt=a_person->birth(a_person->age,a_person->sex);// 调用成员函数
newmarri=a_person->marriage(a_person->age,a_person->marri_st);
```

程序 3-18　对象的创建与销毁

```
#include <iostream>
#include <tchar.h>
class person{
  public:
    int sex=-1;
    int ralat=-1;
    int edu=-1;
    float income=-1;
    int marriage(int age,int marri_st);//成员函数
    int birth(int age,int sex);
    int age=-1;
    int marri_st=-1;
    int curr_marri;
    int curr_birth;
  private:
    int birthyear=-1;//成员变量
    int birthMonth=-1;
};

int person::marriage(int age,int marri_st)
{
 if (age>20 && marri_st==1)
 {
```

```
        return 1;
    }
    else
    {
        return 0;
    }
}

int person::birth(int age,int sex)
{
    if (age>20 && sex==2)
    {
        return 1;
    }
    else
    {
        return 0;
    }
}

int _tmain(int argc, _TCHAR* argv[])
{
    int newmarri,newbirt;
    int newmarri,newbirt;
    person ps01[1000]; //定义person类对象数组
    person ps02[200];
    ps01[0].age=34;
    ps02[0].sex=1;

    newmarri=ps01[0].birth(ps01[0].age,ps02[0].sex);
    ps01[0].curr_birth=newmarri;

    person *a_person; //定义person类对象变量类型
    a_person=new person;//创建对象变量
      a_person->age=28;//对象成员变量赋值
      a_person->sex=2;
      a_person->marri_st=1;
```

```
        newbirt=a_person->birth(a_person->age,a_person->
sex);//调用成员函数
        newmarri=a_person->marriage(a_person->age,a_person->
marri_st); //调用成员函数

        a_person->curr_birth=newbirt;//根据成员函数运行结果，对
成员变量赋值
        a_person->curr_marri=newmarri; //根据成员函数运行结果，
对成员变量赋值

    delete a_person;
}
```

从程序3-18可以看到，通过定义类，创建或声明对象变量，可以直接访问对象变量的成员函数和成员变量。在访问的过程中，由于对象变量或指针变量指向限定了特定类对象变量或函数的使用范围，因此，在使用对象成员变量、成员函数的过程中，不仅各个函数或变量的隶属关系和作用范围一目了然，而且体现了面向对象编程设计将数据和函数功能捆绑在一起的方法，也就是所谓的“封装”特性。

3.4.3　类的继承

在3.1.2节中，C++有一个重要的功能是结构体中的结构体，使得新定义的结构体的数据结构更加复杂，扩展更加容易。与结构体中的结构体的拓展方式类似，类也是可以根据不同的情况，对现有类（或称“基类”）的成员数据和函数方法在标准化的基础上进行重复扩展使用，而后续的类定义相当于继承了祖先类或基类的功能，现有的类相当于被继承的子类，这种数据和函数功能的扩展方式称为类的继承。

程序3-19是在程序3-18的基础上定义了一个新的名为fam的类，该类是从person类继承来的。为了使用person类中的作用域为public的成员变量和成员函数，采用public的继承方式，这样person类中的所有成员变量和成员函数在子类中都可以进行访问，也就是子类可见所有public的成员变量和成员函数。除了继承的成员变量和函数，在新的fam类中可以继续根据需要添加成员变量和成员函数。程序3-19中添加的

public成员变量为：

```
int father;
int mother;
float wealth=1000;
```

这里在添加float wealth时直接对成员变量进行初始化，使得wealth=1000。除了添加成员变量，还定义了一个新的成员函数：

```
float wealthgive(int age,int sex);
```

成员函数的定义方法为：

```
float fam::wealthgive(int age,int sex)
{
    if (age>=70 && sex==1) {
        wealth=10000;
        return wealth;
    }
    else
    {
    return 0;
    }
 }
```

通过上面的程序可以看到，fam类是从person类继承的，而且成员函数的定义方法与一般类的成员函数的定义方法一样。类继承、对象创建和使用的具体情况见完整程序3-19。

程序3-19 类的继承与应用

```
#include <iostream>
#include <tchar.h>
#include <iostream>
#include <tchar.h>
using namespace std;

class person{//定义person类
  public:
```

```
    int sex=-1;
    int ralat=-1;
    int edu=-1;
    float income=-1;
    int marriage(int age,int marri_st);//成员函数
    int birth(int age,int sex);
    int age=-1;
    int marri_st=-1;
    int curr_marri;
    int curr_birth;
  private:
    int birthyear=-1;//成员变量
    int birthMonth=-1;
};

class fam:public person{//继承person类
  public:
    int father;
    int mother;
    float wealth=1000;
    float wealthgive(int age,int sex);//定义成员函数
};

int person::marriage(int age,int marri_st)
{
  if (age>20 && marri_st==1)
  {
     return 1;
  }
  else
  {
     return 0;
  }
}

int person::birth(int age,int sex)
{
  birthyear=2010;
```

```
 birthMonth=6;

 if (age>20 && sex==2)
 {
    return 1;
 }
 else
 {
    return 0;
 }
}

float fam::wealthgive(int age,int sex)
{
   if (age>=70 && sex==1) {
      wealth=10000;
      return wealth;
   }
      else
   {
      return 0;
   }
}

int _tmain(int argc, _TCHAR* argv[])
{
   int newmarri,newbirt;
   person ps01[1000];
   person ps02[200];
   ps01[0].age=34;
   ps02[0].sex=1;

   newmarri=ps01[0].birth(ps01[0].age,ps02[0].sex);
   ps01[0].curr_birth=newmarri;

     person *a_person;
     a_person=new person;
```

```
            a_person->age=28;
            a_person->sex=2;
            a_person->marri_st=1;

              newbirt=a_person->birth(a_person->age,a_person->
sex);
              newmarri=a_person->marriage(a_person->age,a_
person->marri_st);

            a_person->curr_birth=newbirt;
            a_person->curr_marri=newmarri;

            fam fam_memb;//定义对象实例
            fam_memb.age=36;
            fam_memb.sex=1;
            fam_memb.father=85;
              fam_memb.wealth=fam_memb.wealthgive(fam_memb.
father,fam_memb.sex);//调用对象成员函数
            cout<<fam_memb.wealth<<"\n";
            system("pause");
         delete a_person;
     }
```

类的定义、继承以及对象的创建或销毁过程等与结构体、函数以及数组或动态数组密切相关，为了进一步理解成员变量、成员函数的声明方法和使用范围的运行，可以通过断点单步跟踪进行仔细比较和查看，只有这样反复尝试和练习，才能深刻理解和灵活掌握面向对象程序设计的原理和巧妙之处，才能更好地运用到实际问题的解决或软件开发设计过程中。

第4章　界面设计

与计算机进行交互对话是计算机软件开发的重要内容。虽然所有的交互都是提前设计好的功能，但交互对话功能使应用软件的通用性和灵活性提升，从而为软件适用于更多的场景提供了更大的空间和灵活的余地。

4.1　窗体

C++Builder Windows 软件设计中的所谓窗体（Form）即为窗口（Window），虽然窗体和窗口的说法不同，但二者没有本质差别。由于Windows软件提供了与计算机交互的框架——Window，所以，Windows应用软件开发一般是基于窗口的。

4.1.1　创建第一个窗体

C++Builder创建一个窗体非常简单，通过菜单“Windows VCL Application-C++Builder”，C++Builder会自动创建一个工程文件（Project）和一个空窗体，默认创建的空窗体的名字为Form1，也可以通过file菜单选定“VCL Form-C++Builder”创建一个窗体（见图4-1），默认窗体名字为Form1（见图4-2）。与创建应用程序工程文件略有不同，如果采用菜单“VCL Form-C++Builder”方法创建窗体，在使用该窗体时，需要将创建的窗体添加到一个应用程序的工程文件中。

创建的空窗体包括三个文件：默认名字的Unit1.h文件、Unit1.cpp文件和Unit1.dfm文件。

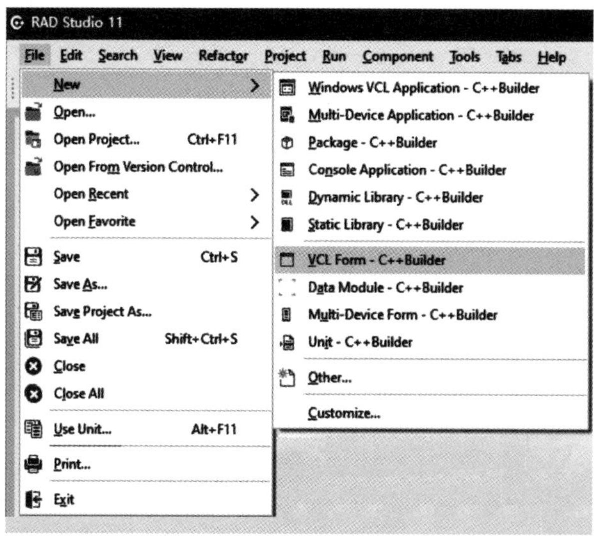

图4-1 创建窗体菜单

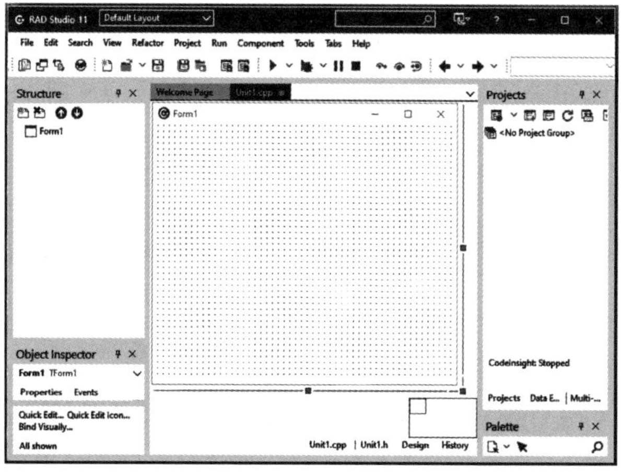

图4-2 创建一个空窗体

空窗体Form1中的Unit1.h文件为一个头文件，用于定义、管理窗体的标准库函数引用和窗体类定义，窗体类定义包括窗体控件、变量和事件（方法）定义。程序4-1窗体Unit1.h文件中定义的头文件包括：System.Classes.hpp、Vcl.Controls.hpp、Vcl.StdCtrls.hpp 和 Vcl.Forms.hpp， 定 义 了 TForm1类，该类继承了TForm类，在TForm1类中声明了一个成员函数“__fastcall TForm1(TComponent* Owner)”，此外，声明了指针变量*Form1的外部来源（见程序4-1）。

程序4-1 窗体Unit1.h文件

```
//---------------------------------------------------------------------------

#ifndef Unit1H
#define Unit1H
//---------------------------------------------------------------------------
#include <System.Classes.hpp>
#include <Vcl.Controls.hpp>
#include <Vcl.StdCtrls.hpp>
#include <Vcl.Forms.hpp>
//---------------------------------------------------------------------------
class TForm1 : public TForm
{
__published:  // IDE-managed Components
private:  // User declarations
public:  // User declarations
  __fastcall TForm1(TComponent* Owner);
};
//---------------------------------------------------------------------------
extern PACKAGE TForm1 *Form1;
//---------------------------------------------------------------------------
#endif
```

空窗体Form1中Unit1.cpp文件为一个C++程序文件。该程序包含头文件vcl.h和Unit1.h，声明了一个TForm1对象为*Form1和声明了一个成员函数“__fastcall TForm1（TComponent* Owner）”，该函数没有任何程序，是一个空的函数（见程序4-2）。

程序4-2 窗体Unit1.cpp文件

```
//---------------------------------------------------------------------------

#include <vcl.h>
#pragma hdrstop
```

```
#include "Unit1.h"
//---------------------------------------------------------------------------
#pragma package(smart_init)
#pragma resource "*.dfm"
TForm1 *Form1;
//---------------------------------------------------------------------------
__fastcall TForm1::TForm1(TComponent* Owner)
  : TForm(Owner)
{
}
//---------------------------------------------------------------------------
```

窗体Unit1.dfm文件是窗体属性的定义。一个空窗体的定义包括窗体的显示名称、颜色、左上角位置、窗体的高度、宽度和字体字号等，这些数据定义了窗体的外观和显示信息，具体空窗体文件内容见程序4-3窗体Unit1.dfm文件。对窗体显示属性的改变可以通过Object Inspector中的属性修改来实现，如将Caption属性中的´Form1´修改为“人口分析工具”，那么，在调用窗体时，这个窗体标题就会显示为“人口分析工具”，诸如此类，还可以修改窗体的颜色、桌面居中显示或最大化等。

程序4-3　窗体Unit1.dfm文件

```
object Form1: TForm1
  Left = 0
  Top = 0
  Caption = ´Form1´
  ClientHeight = 433
  ClientWidth = 622
  Color = clBtnFace
  Font.Charset = DEFAULT_CHARSET
  Font.Color = clWindowText
  Font.Height = -12
  Font.Name = ´Segoe UI´
  Font.Style = []
```

```
  TextHeight = 15
end
```

总之，通过对窗体文件的观察可知，一个窗体包含了界面显示和相关窗体属性的数据，这些数据和函数是通过继承TForm类来实现的。

4.1.2　使用控件

窗体是控件的一个载体，可以作为一群控件的宿主。在窗体上放置控件的方法是直接在C++Builder的Palette工具栏中用鼠标拖动选定控件并放置在窗体上。比如，可以拖动Standard栏中的TButton、TEdit和TLabel到窗体Form1上（见图4-3），也可以用鼠标双击控件，被双击的控件会自动添加到当前窗体上。C++Builder可以按拖动控件的类型和顺序自动赋予控件的默认属性以及命名控件，当然，设计者还可以根据需要改变控件的默认属性，如改变窗体的颜色、增加Edit1的宽度等。

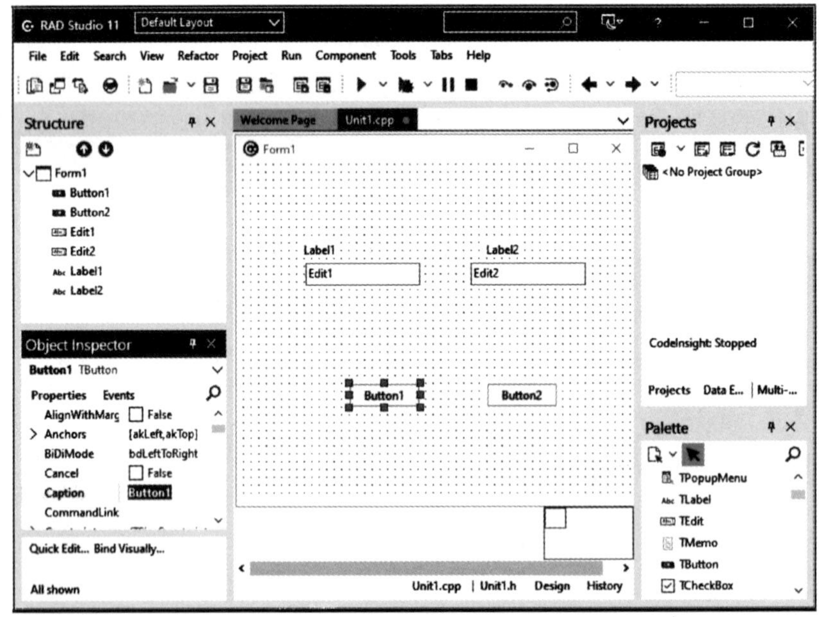

图4-3　创建一个空窗体

一个窗体或控件有很多属性，这些属性可以根据需要进行修改，具体的选项也可以在程序运行过程中动态修改，这些内容的基本原理就是修改对象成员变量的默认数值，不同属性的赋值方法和对应的数值虽然有些不同，但基本原理是一样的。

4.1.3　添加事件

一个窗体或控件除了有很多不同的属性来确定窗体或控件的外观特征，还可以创建许多功能模块或成员函数，这些对象的特定成员函数可以视为一个处理相关事件的方法，用来响应用户对窗体或控件的操作，如用鼠标单击或双击控件、键盘输入、用鼠标拖动控件等，这些操作可以通过Windows给应用程序发送消息，而应用程序得到Windows相关消息后调用相应的函数来进行回应或进行相关的操作，这就是Windows软件实现响应用户操作计算机程序的编写方法，从这个界面和程序的设计可以看到相关的操作或事件的简单运行原理与机制。

对于一个窗体或控件，C++Builder提供了很多函数（或方法）来响应相关事件。开发者可以在C++Builder提供的事件框架内实现或创建新的事件功能，从而通过界面设计实现与应用程序的交互对话。针对不同的应用需求，下面通过几个例子展示窗体或控件功能设计及界面布局方法，从中可以看到对不同类型的事件进行程序编制或操作的过程。为了实现实例操作的编译运行和程序设计，在进行下面的实例之前，先创建一个Windows VCL Application - C++Builder工程文件，这个工程会自动创建Unit1.h、Unit1.cpp和Unit1.dfm，将工程文件保存为Book_Project1.cbproj，将Unit1.h、Unit1.cpp和Unit1.dfm分别保存为Book_Unit1.h、Book_Unit1.cpp和Book_Unit1.dfm（见图4-4），这样做只是为了描述方便。

例1：双击Button2，C++Builder会自动进入Book_Unit1.cpp程序编写界面。该程序为Form1的Button2Click方法，在该成员函数内增加一行代码（见程序4-4），“`Form1->Close();`”这行代码调用了`*Form1`对象的`Close()`函数，目的是关闭整个应用程序。

程序4-4　点击按钮关闭应用程序

```
void __fastcall TForm1::Button2Click(TObject *Sender)
{
  Form1->Close();
}
```

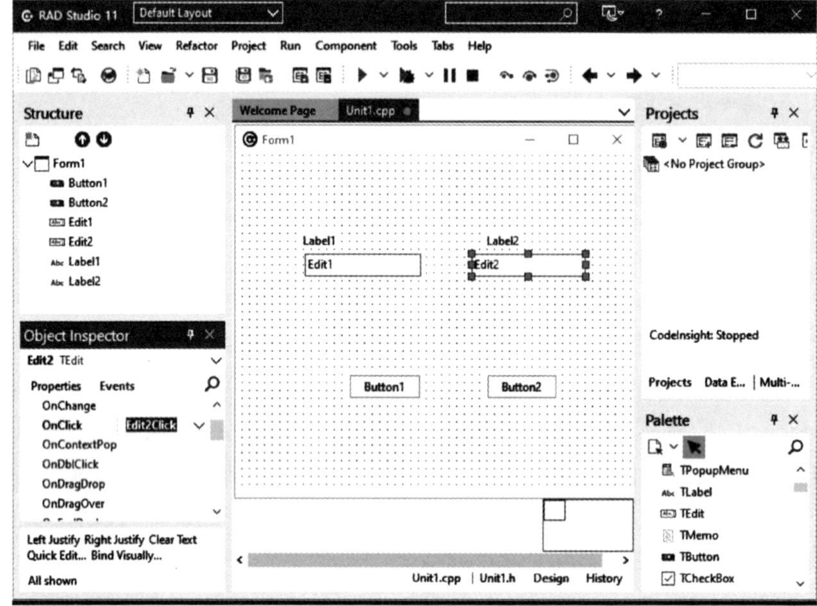

图4-4　添加事件程序

例2：鼠标双击Button1，C++Builder会自动进入Book_Unit1.cpp程序编写界面。进入Button1Click事件，在程序中增加代码改变Form1和Button1的Caption属性，改变Edit1的Color和Edit2的Text属性（具体实现方法见程序4-5）。这些语句的功能是在应用程序运行时，只要单击Button1，就可以实现上述属性的修改，并在界面中显示出来。

程序4-5　点击按钮修改属性和输入数据

```
void __fastcall TForm1::Button1Click(TObject *Sender)
{
  Form1->Caption="Try it!";
  Form1->Button1->Caption="Try it!";
  Form1->Edit1->Color=clRed;
  Form1->Edit2->Text="欢迎使用C++!";
}
```

例3：上面的例子是单击按钮事件，其实对于按钮Button和Edit等有许多由C++Builder自动提供的事件（方法）框架，如OnChange、OnDblClick

和OnMouseDown（见图4-4中Object Inspector）等，下面给一个双击按钮的例子，这个例子（见程序4-6）是对Edit2控件双击鼠标，在这个事件里只有一行代码“`Form1->Edit2->Text="";`”，目的是清除Edit2的Text内容。

程序4-6　双击鼠标

```
void __fastcall TForm1::Edit2DblClick(TObject *Sender)
{
   Form1->Edit2->Text="";
}
```

通过上面的例子可以看到，在应用软件的设计过程中，对于窗体和控件可以添加程序语句来响应用户的操作，而这些响应或操作是根据软件功能的需要预先设计的。由于控件、窗体之间可以相互访问，因此，控件之间的功能的组合设计使软件开发更具有灵活性和适用性。上面的实例只是简单的控件编程原理方面的展示，对于更加丰富和巧妙的软件设计，只有通过创新、创造和灵活应用，才能使应用软件的功能不断完善和强化。

4.2　常用可视化控件

C++Builder提供了丰富的人机交互对话所需的可视化与非可视化控件。虽然可视化控件使用的基本原理和思路大同小异，但有些对象属性的语法细节还需要在实际功能模块的开发过程中不断尝试和实践，从而达到熟练掌握的目的。下面通过一些实例，对常用控件的主要功能和实现方式进行展示，旨在体现软件开发过程中控件使用的基本语法，在实践中举一反三，触类旁通。在掌握软件功能模块快速设计基本原理的基础上，不断积累设计经验和技能，使软件设计得心应手。

4.2.1　ComboBox控件

ComboBox控件的主要功能是存储一系列的项目栏（Items），而这些项目栏对应不同的功能，用户可以选定特定的项目栏。由于项目栏可以添加、删除甚至清空，因此，ComboBox控件通常可以作为多种功能的选择或特定数据字段的选择。

程序4-7是一个使用ComboBox控件实现选择特定项目栏的实例。这个实例的功能是点击添加按钮（见图4-5）。在ComboBox控件的项目栏中添加“Look at”和数字0、1、2等，每点击一次添加按钮，就可以增加一个项目栏内容，用数字来区分项目栏的添加数量。为了确保每次点击的次数被记录下来，因此，声明了一个全局变量`int no_items`，并初始化`no_items=0`。

程序4-7 ComboBox控件

```
#include <vcl.h>
#pragma hdrstop

#include "Book_Unit1.h"
//---------------------------------------------------------------
#pragma package(smart_init)
#pragma resource "*.dfm"
TForm1 *Form1;
int no_items=0;
//---------------------------------------------------------------
void __fastcall TForm1::Button2Click(TObject *Sender)
{
  Form1->Close();
}
//---------------------------------------------------------------

void __fastcall TForm1::Button3Click(TObject *Sender)
{
   Form1->ComboBox1->Items->Add("Look at "+IntToStr(no_
items));
   Form1->ComboBox1->Text="Look at "+IntToStr(no_items);
   no_items++;
}
//---------------------------------------------------------------
```

```
void __fastcall TForm1::Button4Click(TObject *Sender)
{
   Form1->ComboBox1->Clear();
   no_items=0;
}
//---------------------------------------------------------------

void __fastcall TForm1::Button1Click(TObject *Sender)
{
         Form1->ComboBox1->DeleteSelected();
}
```

由于添加按钮是*Form1的一个成员函数，即一个点击事件，因此，在这个函数中加入语句“Form1->ComboBox1->Items->Add("Look at"+IntToStr(no_items));”来实现ComboBox控件项目栏在点击鼠标时添加。由于项目栏添加Add()方法的参数为字符串，因此添加的内容被分为两部分，一部分是显示文字“Look at”，另一部分是将整型变量的当前值no_items转换为字符串，这里用到了一个VCL函数IntToStr(no_items)，实现了整型量到字符串变量的数据类型转换。由于no_items是全局变量，因此，no_items++就记录了鼠标对“添加”按钮的点击次数，并添加到ComboBox1控件的项目栏中。

另外，通过对按钮“删除”的单击鼠标事件添加“Form1->ComboBox1->DeleteSelected();”语句，可以实现对选定的ComboBox1控件项目栏进行删除。观察图4-5中的项目栏发现，Look at 2、Look at 7两个项目栏被删除。为了循环添加项目栏，可以对ComboBox1进行清空和重新初始化no_items，在删除按钮的单击鼠标事件中增加两行代码“Form1->ComboBox1->Clear();”和“no_items=0;”，就可以不断循环使用上述ComboBox1控件项目栏添加和删除操作。

为了体现项目栏添加内容的自定义和灵活性，还可以通过Edit控件输入需要的字符串，然后通过单击“添加”按钮，实现项目栏的添加。这类简单“添加”按钮拓展应用或许没有太多的实际用途，这里只是作为一个拓展应用设计的思路，说明不同控件的相互配合，可以实现更复杂的程序交互功能，这也是模块化和面向对象程序设计的优势。

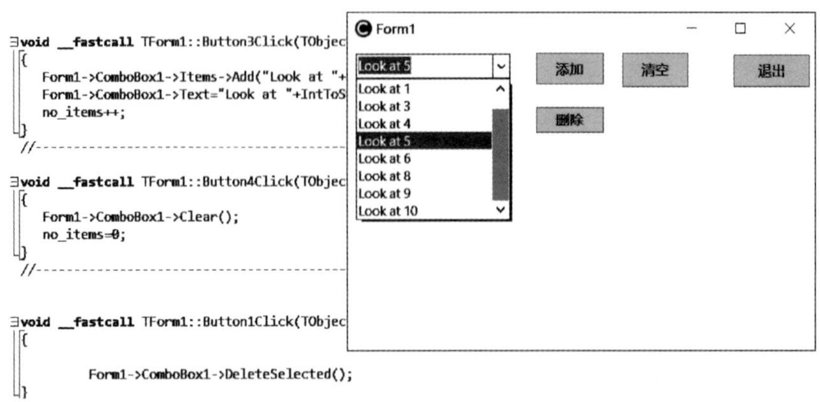
void __fastcall TForm1::Button3Click(TObjec
{
Form1->ComboBox1->Items->Add("Look at "+
Form1->ComboBox1->Text="Look at "+IntToS
no_items++;
}
void __fastcall TForm1::Button4Click(TObjec
{
Form1->ComboBox1->Clear();
no_items=0;
}
void __fastcall TForm1::Button1Click(TObjec
{
Form1->ComboBox1->DeleteSelected();
}
Form1
Look at 5
Look at 1
Look at 3
Look at 4
Look at 5
Look at 6
Look at 8
Look at 9
Look at 10
添加
清空
退出
删除

图4-5 ComboBox控件项目添加、删除与清空

4.2.2 ListBox控件

ListBox控件与ComboBox控件类似，主要功能也是可以存储一系列的项目栏（Items），但与ComboBox控件隐藏待选项目栏不同，ListBox控件直接显示所有的列表框中的字符串（项目栏）。对于列表框项目栏中的字符串可以每次单选一行，也可以选择多行进行访问。确定单选或多选的属性是ListBox控件的MultiSelect属性，如果属性设置为true则为多选，如果设置为false则为单选，系统默认为单选。

程序4-8中有两个ListBox控件，一个是ListBox1控件，另一个是ListBox2控件，这个实例的功能是将ListBox1控件中选定的字符串（项目栏）添加到ListBox2控件中，同样也可以将ListBox2控件中选定的字符串（项目栏）添加到ListBox1控件中，也就是两个ListBox控件可以相互添加字符串。这个实例的功能是点击“>>>”或“<<<”按钮（见图4-6）可以实现两个控件项目栏的相互添加。

程序4-8中ListBox1控件的赋值是在Form1创建时直接写入程序中，对ListBox1添加列表数据。在按钮“>>>”鼠标单击事件中只有两行代码：

```
ListBox1->MultiSelect=true;
ListBox1->MoveSelection(ListBox2);
```

同样，按钮“<<<”鼠标单击事件中只有两行代码：

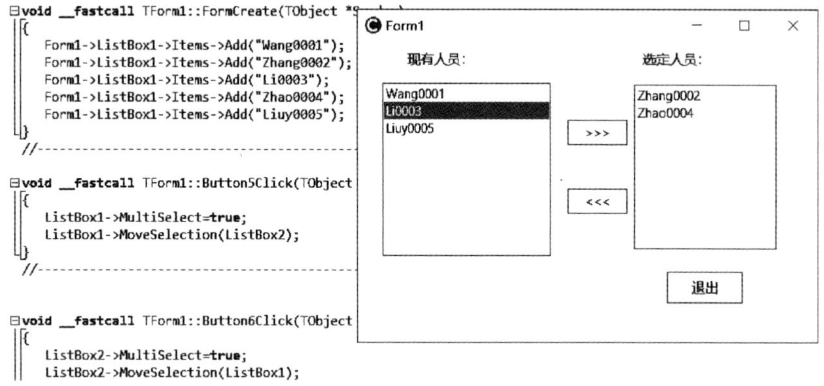
void __fastcall TForm1::FormCreate(TObject *Sender)
{
Form1->ListBox1->Items->Add("Wang0001");
Form1->ListBox1->Items->Add("Zhang0002");
Form1->ListBox1->Items->Add("Li0003");
Form1->ListBox1->Items->Add("Zhao0004");
Form1->ListBox1->Items->Add("Liuy0005");
}
void __fastcall TForm1::Button5Click(TObject
{
ListBox1->MultiSelect=true;
ListBox1->MoveSelection(ListBox2);
}
void __fastcall TForm1::Button6Click(TObject
{
ListBox2->MultiSelect=true;
ListBox2->MoveSelection(ListBox1);
Form1
现有人员:
选定人员:
Wang0001
Li0003
Liuy0005
Zhang0002
Zhao0004
>>>
<<<
退出

图4-6　ListBox控件字符串（项目栏）选择添加

```
ListBox2->MultiSelect=true;
ListBox2->MoveSelection(ListBox1);
```

第一行代码的目的是确保ListBox控件中的多选属性，第二行代码是将选定的字符串（项目栏）添加到指定的列表框中。

程序4-8　ListBox控件多选字符串（项目栏）

```
#include <vcl.h>
#pragma hdrstop

#include "Book_Unit1.h"
//---------------------------------------------------------------
#pragma package(smart_init)
#pragma resource "*.dfm"
TForm1 *Form1;
//---------------------------------------------------------------
void __fastcall TForm1::Button2Click(TObject *Sender)
{
  Form1->Close();
}
//---------------------------------------------------------------

void __fastcall TForm1::FormCreate(TObject *Sender)
{
   Form1->ListBox1->Items->Add("Wang0001");
```

```
    Form1->ListBox1->Items->Add("Zhang0002");
    Form1->ListBox1->Items->Add("Li0003");
    Form1->ListBox1->Items->Add("Zhao0004");
    Form1->ListBox1->Items->Add("Liuy0005");
}
//----------------------------------------------------------

void __fastcall TForm1::Button5Click(TObject *Sender)
{
    ListBox1->MultiSelect=true;
    ListBox1->MoveSelection(ListBox2);
}
//----------------------------------------------------------

void __fastcall TForm1::Button6Click(TObject *Sender)
{
    ListBox2->MultiSelect=true;
    ListBox2->MoveSelection(ListBox1);
}
```

为与程序4-8实现相同的功能，程序4-9也可以将列表框ListBox1中的选定字符串（项目栏）添加到ListBox2中，但与程序4-8不同，程序4-9访问了所有项目栏，根据项目栏是否被选定的属性进行添加，这个例子体现了对列表框中不同的项目栏可以采用不同的处理方法。

程序4-9　ListBox控件选定字符串（项目栏）

```
void __fastcall TForm1::Button1Click(TObject *Sender)
{
  int i;
    for (i = 0; i < Form1->ListBox1->Count; i++) {
          if (Form1->ListBox1->Selected[i]==true) {
               Form1->ListBox2->Items->Add(ListBox1->Items->
Strings[i]);
          }
    }
}
```

对比ComboBox控件与ListBox控件可知，两个控件的共同特点是可处理列表项目栏，而且项目栏的属性都是字符串，同时，对项目栏的处理也都是按行处理，虽然二者的应用场景不同，但还是有许多相似之处和各自的优点。

4.2.3　ProgressBar控件、Gauge控件和CGauge控件

由于有些程序运行可能需要比较长的时间，在程序运行过程中往往需要显示程序运行的进度，因此，程序进度显示非常重要。C++Builder提供了简单的进度条显示控件，其中包括ProgressBar控件、Gauge控件和CGauge控件。这几个控件的使用方法基本一样，ProgressBar控件是用0~100的位置属性（Postion）来显示进度完成情况，而Gauge控件和CGauge控件则使用0~100的百分比来显示，需要赋值的属性是进度属性（Progess），这几个控件的使用方法比较简单，具体实例见程序4-10，运行程序显示的效果见图4-7。

程序4-10　进度条显示

```
void __fastcall TForm1::Button3Click(TObject *Sender)
{
  int i;
  for (i = 0; i <= 100; i++) {
    Form1->ProgressBar1->Position=i;
    Form1->Gauge1->Progress=i;
    Form1->CGauge1->Progress=i;
  }
}
```

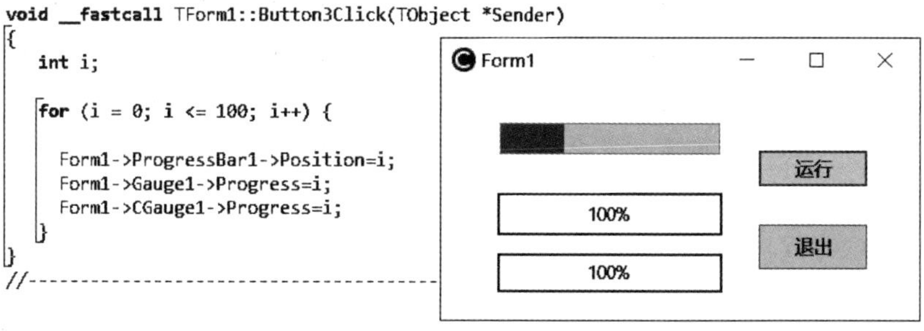

图4-7　进度条显示

4.2.4 GroupBox控件与RadioGroup控件

GroupBox控件的重要功能是可以将多个RadioButton控件放置在一个GroupBox控件内，而GroupBox控件相当于一个控件容器。将多个RadioButton控件放置在一个GroupBox控件内可以使这些RadioButton的选定具有互斥的特征，也就是在一个GroupBox控件中只能有一个RadioButton的checked属性为true，在鼠标点击选定某一个RadioButton控件时，同一个GroupBox控件内的其他RadioButton控件的checked属性则自动改为false，这样就形成了选定的唯一性（见图4-8）。同样是放置在GroupBox控件内，CheckBox控件与RadioButton控件不同，CheckBox控件则不具有这种选定的互斥功能，原因是多个CheckBox控件可实现多选的功能。

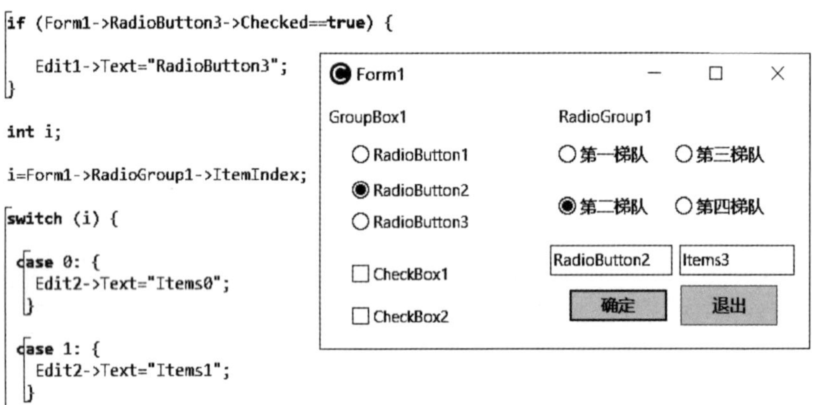

图4-8 GroupBox控件与RadioGroup控件

RadioGroup控件虽然也是RadioButton的集合，同样具有选择的互斥性和唯一性，但RadioGroup控件中的“RadioButton”是通过RadioGroup控件中的Items属性来输入定义的，这个输入与组合框ComboBox或ListBox中的Items属性一样，也是字符串（见图4-9）。此外，RadioGroup控件可以定义一个Columns属性，来确定项目栏（“RadioButton”）按多少列来进行排列。

程序4-11是一个GroupBox控件与RadioGroup控件使用的例子。使用GroupBox控件可以通过Checked属性的true或false来判断程序的执行。访问RadioGroup控件与GroupBox控件不同，虽然都是互斥的“RadioButton”，但RadioGroup控件其实是访问项目栏，而项目栏（Items）则是通过索引来确定的，即ItemIndex属性。程序4-11采用了switch/case语句实现与if语句类似的功能。

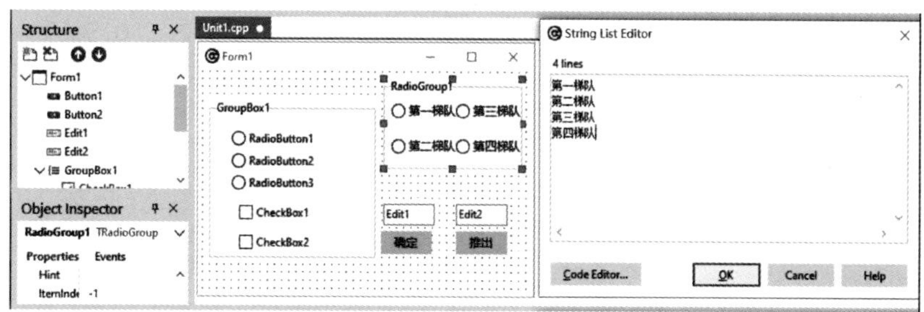

图4-9　RadioGroup控件项目栏输入

程序4-11　GroupBox控件与RadioGroup控件使用

```
void __fastcall TForm1::Button1Click(TObject *Sender)
{
  if (Form1->RadioButton1->Checked==true) {
     Edit1->Text="RadioButton1";
  }
  if (Form1->RadioButton2->Checked==true) {
     Edit1->Text="RadioButton2";
  }
  if (Form1->RadioButton3->Checked==true) {
     Edit1->Text="RadioButton3";
  }

  int i;
  i=Form1->RadioGroup1->ItemIndex;
  switch (i) {
     case 0: {
        Edit2->Text="Items0";
        break;
     }
     case 1: {
        Edit2->Text="Items1";
        break;
```

```
        }
         case 2: {
           Edit2->Text="Items2";
           break;
        }
         case 3: {
           Edit2->Text="Items3";
           break;
        }
      }
    }
```

对比RadioGroup、GroupBox控件可以发现，这类控件都是用户选择（选项）控件，根据不同应用场景和操作逻辑，用户可以采用不同的选择方式。

4.2.5 StringGrid控件

StringGrid控件是一个重要和常用的矩阵数据处理的交互对话控件。通过控件可以实现操控特定行列数据的目的。StringGrid控件既可以读取、输入，也可以存储字符串数据，这个功能可以实现类似Excel电子表格数据处理的功能。在应用软件开发的过程中，经常需要输出应用软件数据运算结果或进行模型参数输入设定，这种情况就可以用StringGrid控件来进行处理。图4-10是一个总和生育率参数设置的例子，这个示例的目的是将总和生育率的均值、下限和上限录入到网格中，对2020~2050年范围内的参数进行输入、复制或计算。比如，通过网格录入当前年份数据，然后将这些数据复制到当前终止年份，完整的实现方法见程序4-12。

在运行程序4-12的过程中，首先对网格数据进行初始化，也就是在创建Form1窗体时，对网格的一些属性进行设置。初始化的属性包括网格的行列数量和网格特定行列的数据等。图4-10显示了用第一列显示“总和生育率”“TFR均值”“TFR下限”和“TFR上限”，用第一行的第二列至第三十一列显示2020~2050年这些年份数据，而这些数据是通过SpinEdit1和SpinEdit2中的Value属性进行计算的。

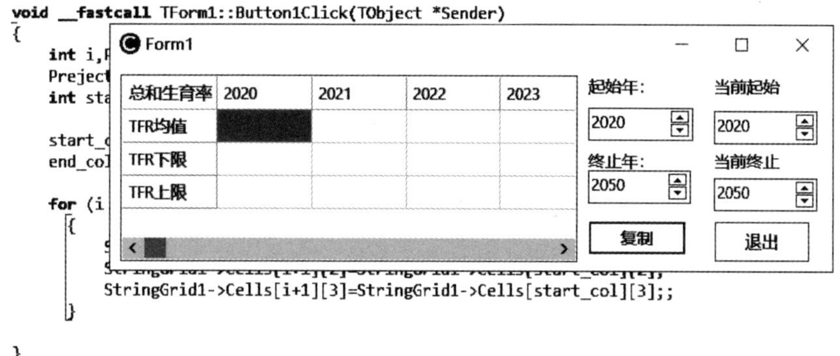

图4-10　StringGrid控件

对网格列数设定语句为：

```
StringGrid1->ColCount=PrejectYears+1;
```

对网格行数设定的语句为：

```
StringGrid1->RowCount=4;
```

对网格行列访问的语句为Cells［列］［行］。比如，第一行、第二列程序自动计算并输入年份语句：

```
StringGrid1->Cells[i+1][0]=IntToStr(SpinEdit1->Value+i);
```

此外，需要计算复制内容网格的起点和终点，然后通过下面的语句实现网格数据的复制：

```
StringGrid1->Cells[i+1][1]=StringGrid1->Cells[start_
col][1];
```

程序4-12 中，鼠标双击StringGrid1，可以进入对网格单元格的编辑状态，控件的默认状态属性是不能进行网格编辑的，即默认为只读网格，当然，在软件设计时也可以修改为默认网格可编辑。在网格中鼠标双击网格，即可实现进入网格编辑模式，也就是对网格编辑状态属性进行修改。具体程序是在StringGrid1 鼠标双击事件中加入一行程序：

```
(StringGrid1->Options)<<goEditing;
```

程序4-12　StringGrid控件应用

```
//--------------------------------------------------------------
#include <vcl.h>
```

```
#pragma hdrstop
#include "Book_Unit1.h"
//---------------------------------------------------------
#pragma package(smart_init)
#pragma resource "*.dfm"
TForm1 *Form1;

//---------------------------------------------------------
__fastcall TForm1::TForm1(TComponent* Owner): TForm(Owner)
{
}
//---------------------------------------------------------
void __fastcall TForm1::Button2Click(TObject *Sender)
{
  Form1->Close();
}
//---------------------------------------------------------

void __fastcall TForm1::StringGrid1DblClick(TObject *Sender)
{
  (StringGrid1->Options)<<goEditing;  //设置网格可编辑模式
}
//---------------------------------------------------------

void __fastcall TForm1::FormCreate(TObject *Sender)
{
  int i,PrejectYears;

  PrejectYears=SpinEdit2->Value-SpinEdit1->Value+1;

  StringGrid1->ColCount=PrejectYears+1;
  StringGrid1->RowCount=4;

  StringGrid1->Width=440;//整个网格宽度
  StringGrid1->DefaultColWidth=90; //网格列宽度

  StringGrid1->Cells[0][0]="总和生育率"; //网格标题初始化
  StringGrid1->Cells[0][1]="TFR均值";
```

```
      StringGrid1->Cells[0][2]="TFR下限";
      StringGrid1->Cells[0][3]="TFR上限";

      for (i = 0; i < PrejectYears; i++)
        {
            StringGrid1->Cells[i+1][0]=IntToStr(SpinEdit1->
Value+i); //年份标题
        }
     }
     //--------------------------------------------------------
     void __fastcall TForm1::Button1Click(TObject *Sender)
     {
      int i,PrejectYears;
      PrejectYears=SpinEdit2->Value-SpinEdit1->Value+1;
      int start_col,end_col;

      start_col=SpinEdit3->Value-SpinEdit1->Value+1; //复制起始
年计算
      end_col=SpinEdit4->Value-SpinEdit1->Value;//复制终止年计算

      for (i =start_col; i < end_col+1; i++)
        {
            StringGrid1->Cells[i+1][1]=StringGrid1->Cells[start_
col][1];
            StringGrid1->Cells[i+1][2]=StringGrid1->Cells[start_
col][2];
            StringGrid1->Cells[i+1][3]=StringGrid1->Cells[start_
col][3];
        }
     }
```

这个实例只是StringGrid网格控件中数据处理的一个简单例子，通过这个例子可以看到StringGrid网格数据字符串的读写，对于其他网格数据计算功能的拓展也可以通过模块设计实现。比如，给定两个端点数据，对两个端点中间的数据进行插值填充等，也可以将StringGrid网格数据存储到Excel的CSV文件中，这些基本功能是软件设计经常使用的，设计的方法与程序4-12大同小异。

4.3　深入理解窗体与菜单

菜单和窗体一样，是Windows应用软件开发的重要功能。窗体和菜单都是有效组织应用软件功能模块和人机交互的重要方法，特别是Windows程序设计的优势是采取直观和容易理解的窗口和菜单作为功能模块开发设计、布局和实施。因此，灵活使用窗体和菜单非常重要。

在软件设计的过程中，在考虑软件构成逻辑框架的同时，还需要考虑用户使用的操作逻辑和使用路径，这就要求设计界面友好、逻辑清晰和使用方便。窗体和菜单是两种实现软件逻辑架构的主要方式。在软件功能布局的过程中，需要根据功能模块操作流程特点和用户使用习惯，恰当地使用相关的设计方法。前面讨论了窗体和控件，目的是展示Windows应用软件的界面设计方法和结构，下面将进一步讨论不同种类的窗体和菜单，使软件功能设计根据需要更具有灵活性。

4.3.1　创建窗体

C++Builder窗体设计有两种类型，一种是在软件设计时，创建多个即将使用的窗体，或称为设计期窗体创建，另一种是在程序运行过程中，根据软件功能的需要动态创建、使用和删除窗体，或称为运行期窗体创建。

4.3.1.1　设计期窗体创建

软件设计时，通过C++Builder一次性自动创建即将使用的窗体，在应用程序运行时，同时使用这些设计期已经创建的窗体。比如，图4-11创建了两个窗体Form1和Form2，当然，也可以同时创建更多的窗体，Form1可以作为主窗体，在Form1窗体中点击按钮Form2，则Form2窗体显示，Form1窗体隐藏，Form1中鼠标点击结束按钮，整个应用程序结束。同样，在Form2窗体中也可以加入类似的功能。比如，鼠标点击按钮Form1，则Form1窗体显示，Form2窗体隐藏，这样两个或多个窗体功能就可以循环使用。

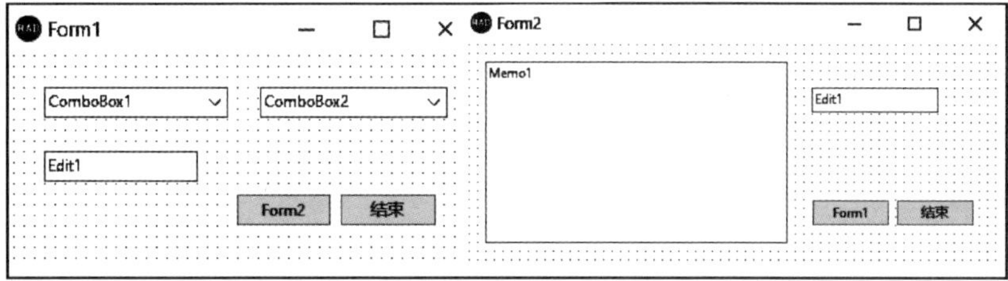

图4-11　窗体的显示与隐藏

程序4-13实现了Form1窗体的功能，即对Form2窗体进行显示和Form1窗体进行隐藏的语句为：

```
Form2->Show();
Form1->Hide();
```

程序4-13　Form1窗体事件

```
#include <vcl.h>
#pragma hdrstop

#include "NewForm_Unit1.h"
#include "NewForm_Unit2.h"//添加引用窗体头文件

//---------------------------------------------------------
#pragma package(smart_init)
#pragma resource "*.dfm"
TForm1 *Form1;
//---------------------------------------------------------
__fastcall TForm1::TForm1(TComponent* Owner): TForm(Owner)
{
}
//---------------------------------------------------------
void __fastcall TForm1::Button2Click(TObject *Sender)
{
   Close();
}
//---------------------------------------------------------
void __fastcall TForm1::Button1Click(TObject *Sender)
```

```
{
  Form2->Show();
  Form1->Hide();
}
```

程序4-14实现了Form2窗体的功能，即对Form1窗体进行显示和Form2窗体进行隐藏的语句为：

```
Form1->Show();
Form2->Hide();
```

程序4-14　Form2窗体事件

```
//---------------------------------------------------------------------------
#include <vcl.h>
#pragma hdrstop

#include "NewForm_Unit2.h"
#include "NewForm_Unit1.h"//添加引用窗体头文件

//---------------------------------------------------------------------------
#pragma package(smart_init)
#pragma resource "*.dfm"
TForm2 *Form2;
//---------------------------------------------------------------------------
__fastcall TForm2::TForm2(TComponent* Owner): TForm(Owner)
{
}
//---------------------------------------------------------------------------
void __fastcall TForm2::Button1Click(TObject *Sender)
{
   Form1->Show();
   Form2->Hide();
}
//---------------------------------------------------------------------------
void __fastcall TForm2::Button2Click(TObject *Sender)
```

```
    {
        Close();
    }
```

程序4-13和程序4-14通过窗体显示和隐藏语句，实现了不同窗体的界面切换，形成了一个简洁的多个窗体运行的功能模块。通过这个例子，可以体会不同窗体模块之间的相互调用，应用程序相互调用/包含头文件等软件的逻辑关系或架构。比如，在程序4-14中需要加入语句：

```
#include "NewForm_Unit1.h"//添加引用窗体头文件
```

在程序4-13中需要加入语句：

```
#include "NewForm_Unit2.h"//添加引用窗体头文件
```

加入头文件的目的是，实现TForm1和TForm2类所定义的对象变量*Form1和*Form2的相关属性和事件方法等功能在不同程序中的使用。

4.3.1.2 运行期窗体创建

在C++Builder的主菜单Project->Options->Application->Forms中，创建窗体可以进行两种选择，一种是自动创建窗体（Auto-Create Forms），另一种是可供使用窗体（Available Forms）（见图4-12）。下面创建两个窗体Form1和Form2，Form1为自动创建窗体，同时，Form1作为主窗体（Main Form），Form2为可供使用窗体（见图4-12和图4-13）。

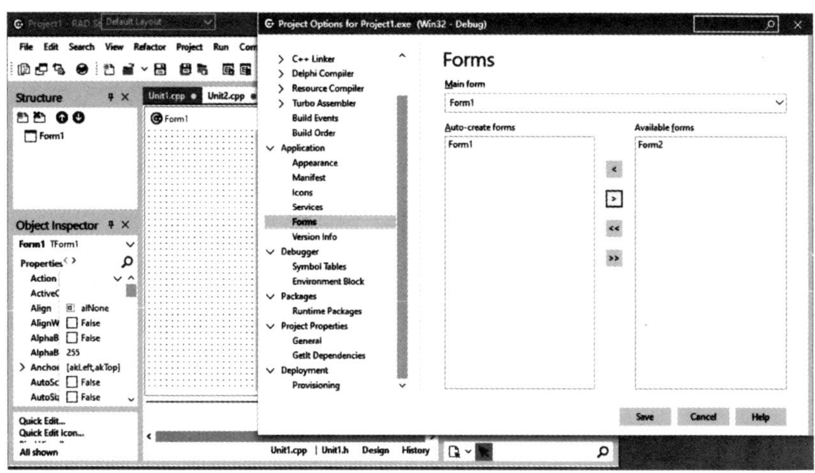

图4-12 窗体创建设置

Form1窗体中控件包括Memo1、Form2按钮和结束按钮；Form2窗体中包含Memo1、添加按钮和退出按钮（见图4-13）。

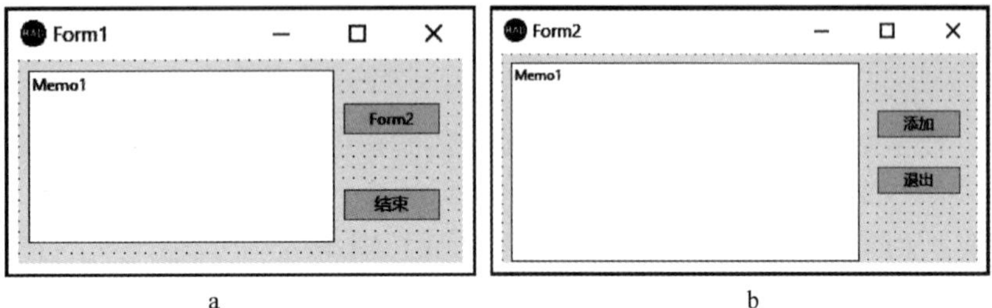

a　　　　　　　　　　b

图4-13　动态创建Form2窗体

程序4-15是在主窗体Form1中动态创建Form2窗体，创建方法是当鼠标点击Form1窗体中的按钮Form2时，创建Form2窗体并显示，而且可以通过语句“`Form2->ShowModal();`”将Form2窗体的显示方式设置为目前唯一活动的窗体。这与自动同时创建所有窗体不同，在自动创建所有窗体的程序中，通过显示或隐藏窗体实现当前活动窗体的切换，使用户可以聚焦在当前窗体上，但实际上即便不是当前显示的活动窗体，其他窗体已经自动创建，因此也是活动的窗体，只是通过程序控制其显示或活动。

程序4-15　主窗体Form1事件

```
#include <vcl.h>
#pragma hdrstop

#include "Form_Unit1.h"
#include "Form_Unit2.h"

//---------------------------------------------------------
#pragma package(smart_init)
#pragma resource "*.dfm"
TForm1 *Form1;
//---------------------------------------------------------
__fastcall TForm1::TForm1(TComponent* Owner)
  : TForm(Owner)
{
}
```

```
//---------------------------------------------------------------------------
void __fastcall TForm1::Button2Click(TObject *Sender)
{
   Close();
}
//---------------------------------------------------------------------------
void __fastcall TForm1::Button1Click(TObject *Sender)
{
   Form2= new TForm2(Application);
   Form2->ShowModal();
}
```

程序4-16是动态创建Form2窗体的事件或方法。Form2窗体实现两个功能，一个是点击添加按钮在Memo1中添加随机数，另一个是在按退出按钮时，从Form2窗体退出，并将Form2窗体的Memo1中的数据复制到Form1窗体的Memo1中。与两个窗体交互显示一样，通过动态创建、显示和退出Form2窗体，实现主窗体Form1与动态创建窗体Form2的交互运行。

程序4-16　动态创建Form2窗体

```
#include <vcl.h>
#pragma hdrstop

#include "Form_Unit2.h"
#include "Form_Unit1.h"
//---------------------------------------------------------------------------
#pragma package(smart_init)
#pragma resource "*.dfm"
TForm2 *Form2;
//---------------------------------------------------------------------------
__fastcall TForm2::TForm2(TComponent* Owner)
  : TForm(Owner)
{
}
//---------------------------------------------------------------------------
void __fastcall TForm2::Button2Click(TObject *Sender)
```

```
{
   Form1->Memo1->Lines->AddStrings(Form2->Memo1->Lines);
   ModalResult= mrCancel;
}
//-------------------------------------------------------------

void __fastcall TForm2::Button1Click(TObject *Sender)
{
   float aa;
   aa=Random();
   Memo1->Lines->Add(aa);
}
//-------------------------------------------------------------
```

以上实例展示了应用程序一次性创建多个窗体或创建动态窗体（SDI窗体）的主要过程和方法，这些窗体都是常态的窗体。在窗体创建和软件构建过程中，还有两类窗体，用于实现窗体嵌套，这两类窗体配合使用，创建与普通窗体没有太大差别，只是窗体属性FormStyle需要进行选择。这两类窗体，一类是MDIForm窗体，相当于父窗体，另一类是MDIChild窗体，或称子窗体。这类应用往往用于多文档等处理，使用方法比普通窗体复杂，但思路大同小异，因此这里不再进行专门讨论。

4.3.2　菜单

菜单是软件开发的重要功能，通过菜单把软件的功能模块进行合理分类并联系起来。菜单分为两类，一类是主菜单，另一类是弹出菜单。两类菜单的创建和使用方法略有不同。虽然不同类型的窗体都可以放置主菜单和弹出菜单，但通常将主菜单放置在主窗体内，而弹出菜单可以随时根据功能模块的需要进行创建、设置使用。

4.3.2.1　主菜单

创建主菜单的方法是将MainMenu控件放置到显示主菜单的窗体上，然后双击该控件进入菜单栏目设计界面（见图4-14）。在主菜单栏的不同栏目中，可以定义快捷键、输入“-”符号对功能栏进行分隔，创建子菜单等。

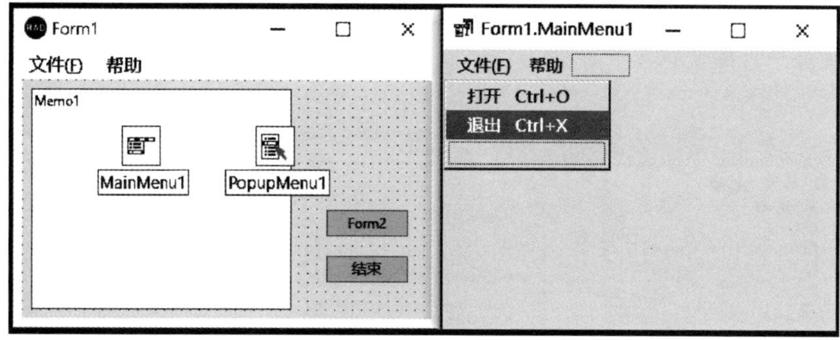

图4-14　主菜单界面

在设计主菜单时，鼠标双击特定的栏目，可以进入对应菜单栏目的鼠标点击事件，在鼠标点击事件中可以输入程序语句。可以把菜单栏目或鼠标点击事件看作与普通的按钮没有什么差别，只是显示或组织形式不同。

程序4-17主菜单的菜单栏目事件。点击打开（Ctrl+O）可以创建并显示动态窗体Form2，这与程序4-15中按钮Form2的功能完全一样。

程序4-17　主菜单功能

```
void __fastcall TForm1::t1Click(TObject *Sender)
{
  Close();
}
//---------------------------------------------------------------------

void __fastcall TForm1::d1Click(TObject *Sender)
{
  Form2= new TForm2(Application);
  Form2->ShowModal();
}
```

由此可见，菜单的设计和使用方法除了与栏目设计和窗体按钮的外观有所不同，其他方面（如事件驱动等）都是一样的。

4.3.2.2　弹出菜单

弹出菜单与主菜单的设计方法基本相同，也是在窗体中添加弹出菜单控件，然后输入所需的弹出菜单栏目，最后编写对应的菜单栏目事件的相关程序（见图4-15）。

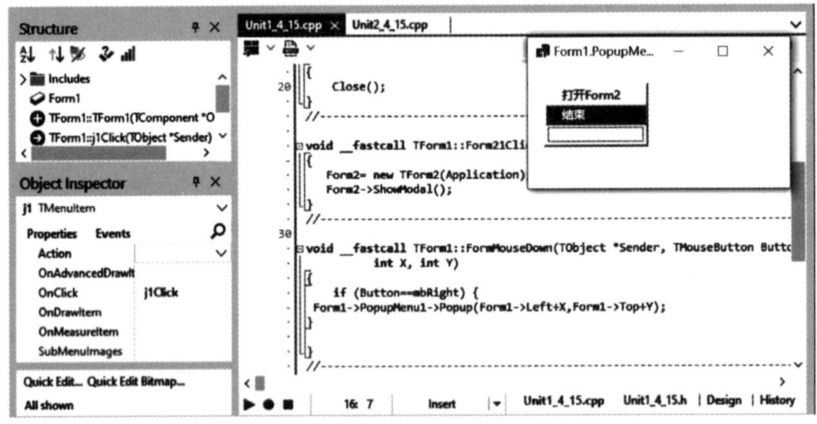

图4-15　弹出菜单

与主菜单的不同之处主要是如何使用弹出菜单。弹出菜单是通过点击鼠标事件来调用的，如程序4-18所示，弹出菜单控件为PopupMenu1，弹出菜单是通过在Form1上点击鼠标右键进行调用，具体调用方法是：

```
PopupMenu1->Popup(Form1->Left+X,Form1->Top+Y);
```

其中，X和Y分别是鼠标在Form1上的当前坐标。为了使弹出菜单处于Form窗体内，对弹出菜单的显示位置进行了重新计算，即根据Form1窗体的当前左上角坐标，确定鼠标点击坐标在Form1中的位置。

程序4-18弹出菜单控件为PopupMenu1的栏目功能，也是实现动态创建和调用Form2窗体，可以实现与程序4-17一样的功能。

程序4-18　弹出菜单程序

```
void __fastcall TForm1::N2Click(TObject *Sender)
{
  Close();
}
//----------------------------------------------------
void __fastcall TForm1::d2Click(TObject *Sender)
{
  Form2= new TForm2(Application);
```

```
        Form2->ShowModal();
    }
    void __fastcall TForm1::FormMouseDown(TObject *Sender,
TMouseButton Button, TShiftState Shift,
            int X, int Y)
    {
     if (Button==mbRight) {
        Form1->PopupMenu1->Popup(Form1->Left+X,Form1->Top+Y);
     }
    }
    //------------------------------------------------------------
```

对比主菜单与弹出菜单，从功能上来说，二者是一样的；从形式上来看，二者具有不同的应用场景。根据不同的功能模块、设计逻辑和用户习惯，可以设计不同的菜单，并以此进行事件驱动或操作响应。

4.4　数据图形

作图是直观表达数据的重要方法。虽然C++Builder的绘图可以通过在窗体绘图板（Canvas）上使用画点、画线等方法来实现对数据的作图显示，但这种方法比较麻烦。C++Builder最快捷的数据作图方法是通过TeeChart提供的系列控件来实现。比如，可以使用TChart控件或TDBChart控件。二者具有相似的编程方式，下面将展示用TChart作常用数据图的方法。在作图之前，需要添加相应的头文件：`#include <VCLTee.Series.hpp>`。

首先创建一个窗体（Form1），在窗体中放置TChart控件，然后在此控件上添加线型图等按钮（见图4-16），目的是点击这些按钮时可以通过TChart控件展示不同数据的图形。数据的来源是通过随机数函数产生0~1之间的20个随机数。

4.4.1　线型图

线型图是最常用的数据直观显示方式。线型图的数据显示需要在窗体

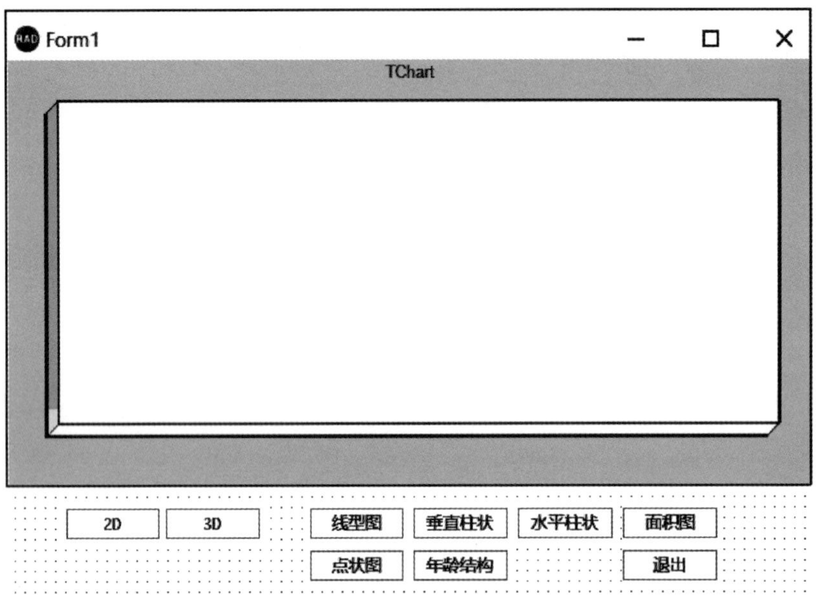

图4-16 数据图形显示

上添加TChart控件。然后在该控件上通过`TLineSeries`类属性来显示数据。在TChart控件上将数据显示为线型图需要以下几个关键步骤。

第一步，声明`TLineSeries`类的指针变量`*LineSeries`。

第二步，创建`LineSeries`对象，如果需要显示多条线，可以将指针变量声明为指针数组。

第三步，将`LineSeries`对象的ParentChart属性设置为Chart1。

第四步，采用`AddY()`方法对`LineSeries`赋值。

通过上述步骤可以实现将数组中的数据显示在Chart1上（见程序4-19）。这些是最基本的数据作图所需要的编程语句，此外，还可以设置更多、更复杂的图形属性。比如，对线型图的线条定义进行设置，实现根据需要可对所作数据线的颜色、宽度等属性进行修改。

程序4-19 线型图

```
void __fastcall TForm1::Button1Click(TObject *Sender)
{
  int i;
  float data[20];
```

```
    for (i = 0; i < 20; i++) {
      data[i]=Random();
    }

     TLineSeries *LineSeries;
     LineSeries=new TLineSeries(Application);
     LineSeries->ParentChart=Chart1;
     LineSeries->SeriesColor=clBlue;

    for (i = 0; i < 20; i++) {
      LineSeries->AddY(data[i]);
    }
    Chart1->Title->Caption="线性图";
  }
```

TChart控件和`TLineSeries`类有许多属性可以进行修改、设置，比如，可以通过一个简单的Chart属性语句来设置所作图形是二维还是三维。具体语句如下：

```
Chart1->View3D=true;或Chart1->View3D=false;
```

4.4.2 柱状图

柱状图分为两类，一类是垂直柱状图，另一类是水平柱状图。两种图形功能相似，都适合分类数据的图形显示，但二者所适合的直观表达应用场景有所不同。

4.4.2.1 垂直柱状图

垂直柱状图通过`TBarSeries`类来实现。程序4-20是一个简单的垂直柱状图例子，这个实例与线型图类似，也是将随机数通过图形显示，只是显示方式采用垂直柱状图。垂直柱状图的作图方法除了创建对象的类由`TLineSeries`改为`TBarSeries`类，其他属性等设置与线型图类似，这里只提供显示一个柱状图的最重要参数，具体作图方法和参数设置见程序4-20。

程序4-20 垂直柱状图

```
void __fastcall TForm1::Button2Click(TObject *Sender)
{
  int i;
  float data[20];

  for (i = 0; i < 20; i++) {
    data[i]=Random();
  }
   TBarSeries *BarSeries;
   BarSeries=new TBarSeries(Application);
   BarSeries->ParentChart=Chart1;

  for (i = 0; i < 20; i++) {
    BarSeries->AddY(data[i]);
  }
 Chart1->Title->Caption="柱状图";
}
```

4.4.2.2 水平柱状图

水平柱状图通过THorizBarSeries类来实现。程序4-21提供了一个水平柱状图显示的例子，这个例子与垂直柱状图类似，也是将随机数通过图形显示。水平柱状图显示的方法除了创建对象的类由TLineSeries或TBarSeries改为THorizBarSeries类，其他属性等设置与线型图或垂直柱状图类似，这里只提供显示一个水平柱状图的最重要参数，具体作图方法和参数设置见程序4-21。

程序4-21 水平柱状图

```
void __fastcall TForm1::Button3Click(TObject *Sender)
{
  int i;
  float data[20];

  for (i = 0; i < 20; i++) {
    data[i]=Random();
```

```
  }
   THorizBarSeries *HorizBarSeries;
   HorizBarSeries=new THorizBarSeries(Application);
   HorizBarSeries->ParentChart=Chart1;

  for (i = 0; i < 20; i++) {
    HorizBarSeries->AddY(data[i]);
  }
 Chart1->Title->Caption="水平柱状图";
}
```

除了通过TLineSeries、TBarSeries、THorizBarSeries来创建线型图、垂直直方图、水平直方图，还可以通过TAreaSeries、TPointSeries、TFastLineSeries、TBubbleSeries、TChartShape、TPieSeries和TGanttSeries等一系列作图类型进行作图。对于不同类型的作图方法，也有很多作图的属性特征可以进行设定。比如，程序4-22是一个点状图的例子，可以通过TPointSeries类的属性设定点的大小、颜色等，使图形更加准确地反映数据特征。

程序4-22　点状图

```
void __fastcall TForm1::Button8Click(TObject *Sender)
{
  int i;
  float data[20];

  for (i = 0; i < 20; i++) {
    data[i]=Random();
  }

   *PointSeries;

   PointSeries=new TPointSeries(Application);
   PointSeries->ParentChart=Chart1;
   PointSeries->Color=clRed;
   PointSeries->Pointer->VertSize=2;
```

```
    PointSeries->Pointer->HorizSize=2;

   for (i = 0; i < 20; i++) {
     PointSeries->AddY(data[i]);
   }
  Chart1->Title->Caption="点状图";
}
```

总之，上面的例子都是根据某一个图形类创建对象并将对象的父类对象设置为TChart进行作图，当然，在同一个TChart中可以创建不同类的对象实例。比如，可以在创建线型图的同时，创建直方图，并将两类数据图形在同一个TChart对象中呈现，使图形显示更具灵活性。

4.4.3 年龄结构图

年龄结构图是人口分析过程经常用到的，与普通作图不同，年龄结构图有一个约定俗成的规定，即男左女右；年龄小的在下方，年龄大的在上方；各个年龄组占总人口的比例 。图4-17是一个年龄结构的示意图，所有数据是通过随机数产生的，并不具有实际意义。

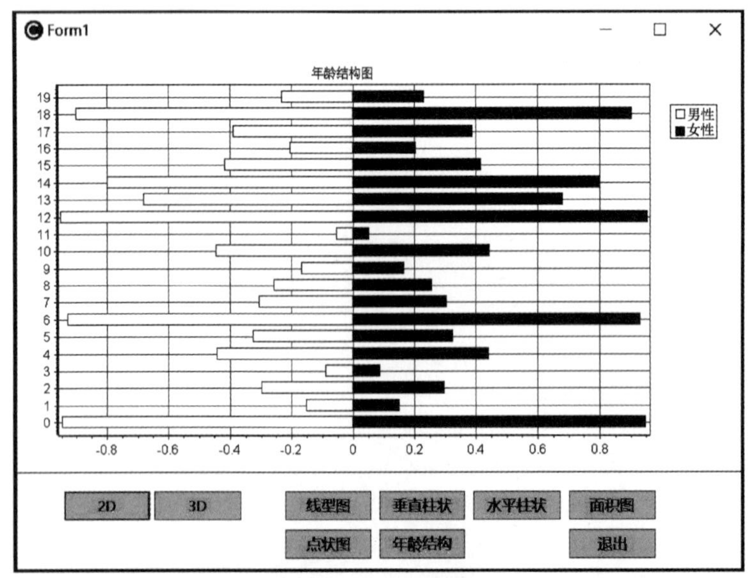

图4-17　年龄结构示意

绘制年龄结构图需要男性和女性两个水平柱状图（THorizBarSeries 类）对象，因此，需要定义两个对象，一个用于绘制男性数据、一个用于绘制女性数据。程序4-23年龄结构图定义了Male_HorizBarSeries和Female_HorizBarSeries两个对象，用于男性和女性数据作图。这里需要注意的语句是：

```
Male_HorizBarSeries->MultiBar=mbStacked;
Female_HorizBarSeries->MultiBar=mbStacked;
```

该语句的目的是使相同年龄的男性和女性水平柱相对应，避免错位，其他属性的设置与前面的程序类似，这里不再赘述。

程序4-23　年龄结构图

```
void __fastcall TForm1::Button9Click(TObject *Sender)
{
  int i;
  float data[20];

  for (i = 0; i < 20; i++) {
    data[i]=Random();
  }
   Chart1->BottomAxis->LabelsSeparation=true;//避免坐标标识
数据拥挤

   THorizBarSeries *Male_HorizBarSeries;
   Male_HorizBarSeries=new THorizBarSeries(Application);
   Male_HorizBarSeries->Title="男性";
   Male_HorizBarSeries->Marks->Visible=false;
   Male_HorizBarSeries->SeriesColor=clBlue;
   Male_HorizBarSeries->MultiBar=mbStacked;
   Male_HorizBarSeries->ParentChart=Chart1;

   THorizBarSeries *Female_HorizBarSeries;
   Female_HorizBarSeries=new THorizBarSeries(Application);
   Female_HorizBarSeries->SeriesColor=clRed;
   Female_HorizBarSeries->MultiBar=mbStacked;
   Female_HorizBarSeries->Title="女性";
```

```
    Female_HorizBarSeries->Marks->Visible=false;
    Female_HorizBarSeries->ParentChart=Chart1;

  for (i = 0; i < 20; i++) {
    Male_HorizBarSeries->Add(data[i],FloatToStr(i),clBlue);
    Female_HorizBarSeries->Add(-data[i],FloatToStr(i),clRed);
  }
  Chart1->Title->Caption="年龄结构图";
}
```

通过对不同类型数据图形作图方法的展示可以看出，TeeChart作图具有灵活和便捷的特点，为绘制复杂的数据图形提供了方便。虽然其绘图功能强大，相关属性数据丰富，但核心的图形显示和主要图形特征界定却非常简单，因此，在应用过程中，对于更丰富功能和属性，不需要死记硬背，可以在实践中探索，并达到灵活掌握和运用的目的。

4.5 文件读写与图形界面显示

文件读写是软件开发的重要内容之一，对现有文件的读写及内容在窗口中显示都是软件交互对话必备的功能。如何实现对数据读写和界面显示，则是Windows应用软件等开发需要解决的问题。除了C++/C语言提供标准的文件读写函数，C++Builder还提供了两类文件读写控件，一类是可视化文件读写控件，如TFileListBox、TFileListBox和TDriveComboBox，用于选取、查找或检索文件；另一类是非可视化的文件读写控件，如TOpenDialog和TSaveDialog等文件读写界面设计控件。下面将提供一个简单明了的数据文件读取，数据的网格显示、编辑、保存，数据图形显示、修改和保存功能，这些主要功能在人口分析软件，计算机系统仿真软件等开发过程中，经常需要用于直观的数据、参数的展示和修改。直观的数据显示、修改等为研究者在研究过程中提供辅助分析，帮助研究者充分发挥专业优势，通过人机对话等模型、参数设计，将定性和定量研究有机结合。

4.5.1　读文件

在第二章文件读写语句描述时，读取文件的名称、路径等直接写到程序中，这样的目的是简化语法，重点集中在功能掌握上。然而，对于应用软件开发和使用来说，用户文件交互功能必不可少。下面通过一个例子来讨论Windows软件设计的基本框架（见图4-18）。图4-18中包含了MainMenu1、OpenDialog1、SaveDialog1三个非可视化控件和可视化窗体Form1及可视化控件StringGrid1。其中，MainMenu1用于设计软件的菜单系统，OpenDialog1和SaveDialog1用于文件读取和保存，StringGrid1用于显示读取数据表，这里用于读取Excel的CVS格式文件，当然，也可以用于其他格式的数据显示。

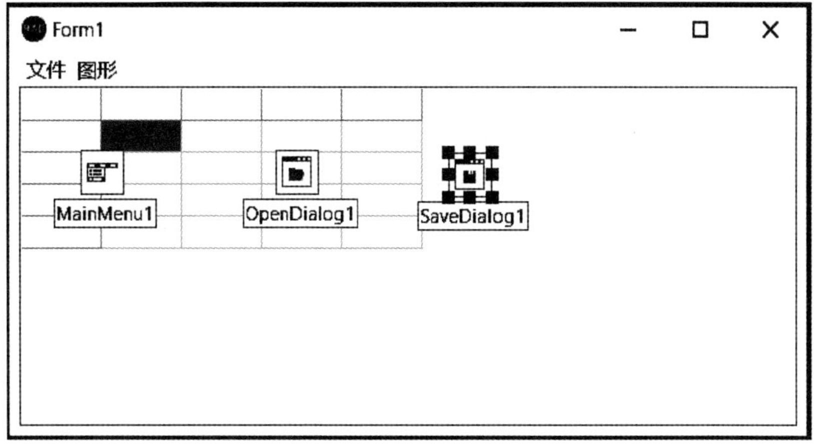

图4-18　文件读入与图形

读取文件需要以下几个步骤：

第一步，通过执行OpenDialog1语句，获取准备读取的数据文件名，并获得数据文件完整路径和文件名存储到字符串变量current_filename中，使用语句如下：

```
Form1->OpenDialog1->Execute();
current_filename=OpenDialog1->FileName;
```

为了避免只执行OpenDialog1控件的Execute方法，但并没有给定文件名或给定的文件名所产生的错误，可以加入一个判断，避免后续程序运行出错，加入判断的语句为：

```
if (current_filename=="") {
 ShowMessage("没有打开的数据库或文件不存在！");
 return;
}
```

第二步，定义并打开数据文件，具体语句为：

```
ifstream fin(current_filename.c_str());
```

第三步，定义并创建字符串列表，目的是按行读入的数据，按´,´分隔的一行字符分割到列表中，并形成不同的子字符串，具体文件按行读取和分割存储方法如下：

```
TStringList *myList=new TStringList();//字符串分割为数组
myList->Delimiter=´,´;
myList->StrictDelimiter=true;
fin.getline(aa,2048,´\n´);
myList->DelimitedText=aa;
```

第四步，按读取数据变量设置StringGrid1的属性：

```
Form1->StringGrid1->ColCount=myList->Count;
Form1->StringGrid1->RowCount=2;
Form1->StringGrid1->FixedRows=1;
Form1->StringGrid1->FixedCols=1;
```

第五步，将读取的列表数据写入网格StringGrid1控件，方法如下：

```
 for (i = 0; i < ci; i++)
{
   Form1->StringGrid1->Cells[i][nn]=myList->Strings[i];
}
```

第六步，关闭文件，删除列表对象（具体完整程序见程序4-24）。

程序4-24　读取文件

```
#include <vcl.h>
#include <fstream>
#include <string.h>

#pragma hdrstop

#include "Grid_Graph_Unit1.h"
#include "Grid_Graph_Unit2.h"

//-----------------------------------------------------------
#pragma package(smart_init)
#pragma resource "*.dfm"

TForm1 *Form1;

//-----------------------------------------------------------
__fastcall TForm1::TForm1(TComponent* Owner)
 : TForm(Owner)
{
}
//-----------------------------------------------------------
void __fastcall TForm1::t1Click(TObject *Sender)
{
   Close();
}
//-----------------------------------------------------------
void __fastcall TForm1::N2Click(TObject *Sender)
{
  int i,j,nn;

  char aa[1024];
  String current_filename;

  Form1->OpenDialog1->Execute();
  current_filename=OpenDialog1->FileName;

    if (current_filename=="") {
```

```
        ShowMessage("没有打开的数据库或文件不存在！");
        return;
    }
    ifstream fin(current_filename.c_str());

    //导入excel csv数据
     TStringList *myList=new TStringList();//字符串分割为数组
     myList->Delimiter=',';
     myList->StrictDelimiter=true;

     fin.getline(aa,2048,'\n');
     myList->DelimitedText=aa;

            fin.seekg(0); //定位到文件起始位置 目的是读取

     Form1->StringGrid1->ColCount=myList->Count;
     Form1->StringGrid1->RowCount=2;

           Form1->StringGrid1->FixedRows=1;
           Form1->StringGrid1->FixedCols=1;

     nn=0;

   while (fin.eof()!=true)//判断文件是否到尾
   {
    fin.getline(aa,2048,'\n');
    myList->DelimitedText=aa;

    int ci;
    ci=myList->Count;

    for (i = 0; i < ci; i++)
    {
      Form1->StringGrid1->Cells[i][nn]=myList->Strings[i];// 为
字符串网格单元赋值
     }

    nn=nn+1;
```

```
        Form1->StringGrid1->RowCount=Form1->StringGrid1->
RowCount+1;//添加网格行
      }

      Form1->StringGrid1->RowCount=Form1->StringGrid1->
RowCount-3;

      fin.close();//关闭文件
      myList->Free(); //释放myList指针
   }
```

数据读入方式是不同变量内容读入不同的列，也就是不同的列定义为不同的数据字段，每一行包含一个记录。数据读入网格后，处理数据的方法类似Excel等电子表格，可以对数据进行编辑、作图显示，也可以根据图形，将数据由图形变化反向修改到网格中对应的源数据。下面将讨论对网格数据的显示和修改。

4.5.2　网格数据图形显示与修改

网格数据图形显示与修改包含两个过程，第一个过程是将选定的变量（网格列或称数据字段）在图形窗体显示；第二个过程是将图形中显示的数据（修改后的数据）在网格中显示。由此可见，第二个过程是第一个过程的逆过程。

4.5.2.1　网格数据图形显示

网格数据图形显示是指将选定的数据列（或称数据字段）在图形中显示。显示方法与上节叙述的方法一样，但为了使用户利用鼠标选定图形数据，通过鼠标移动来修改显示的数值，然后将数据反向写到数据网格中，因此，适合的作图方式有柱状图或点状图。本例创建一个动态窗体Form2和Tchart1控件（见图4-19），采用垂直柱状图和线型图来显示数据。网格数据作图功能第一个过程的实现方法包含以下四个步骤。

第一步，在窗体Form1的StringGrid1网格中选定单元格，并在单元格选择事件（StringGrid1SelectCell）中获取选定单元格的行列，并将数据存储到`TForm1`成员变量`current_col`和`current_row`中（见程序4-25）。

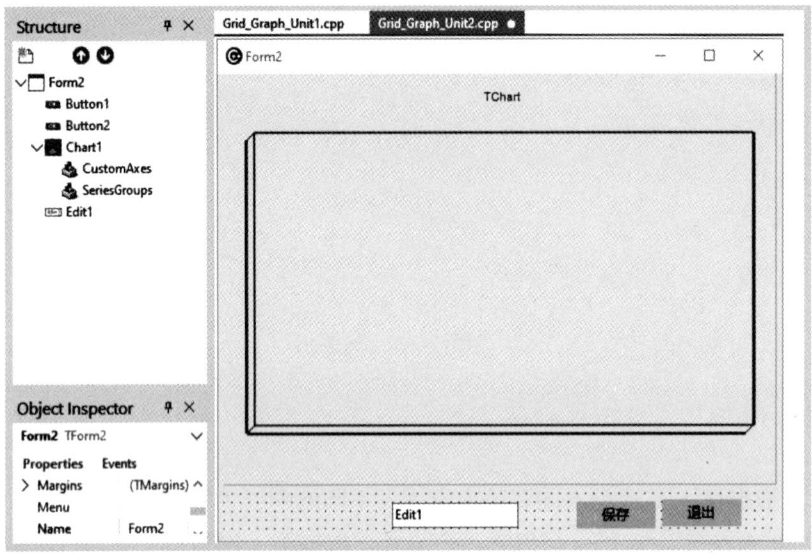

图4-19　窗体Form2构成

第二步，在窗体Form1的StringGrid1网格的鼠标点击抬起事件中输入代码，其功能是如果鼠标右键抬起则创建窗体Form2（见程序4-25）。

程序4-25　网格鼠标事件

```
    //------------------------------------------------------
    void __fastcall TForm1::StringGrid1SelectCell(TObject
*Sender, int ACol, int ARow, bool &CanSelect)
    {
        current_row=ARow; //鼠标选定单元格
        current_col=ACol;
    }
    //------------------------------------------------------

    void __fastcall TForm1::StringGrid1MouseUp(TObject *Sender,
TMouseButton Button, TShiftState Shift, int X, int Y)
    {
        if (Button==mbRight)//鼠标右键
          {
                Form2=new TForm2(Application);
                Form2->ShowModal();
```

```
    }
}
//---------------------------------------------------------
```

第三步，在Form2中分别定义类TBarSeries和TFastLineSeries的两个对象，以及全局变量Chart_value_Y、skscho和py等（见程序4-26），目的是存储Form1中StringGrid1选定的数据和选定直方图形中的“柱”。

第四步，在窗体Form2创建的同时，创建Current_FastLineSeries和Current_BarSeries两个对象，并将其父对象属性赋值为Chart1，这样可以实现根据鼠标选定的StringGrid1列数据为创建的图形Current_FastLineSeries和Current_BarSeries对象赋值，然后将Current_FastLineSeries和Current_BarSeries图形在Chart1中显示（见程序4-26）。

程序4-26　数据图形窗体创建

```
//---------------------------------------------------------
#include <vcl.h>
#pragma hdrstop

#include "Grid_Graph_Unit1.h"
#include "Grid_Graph_Unit2.h"

//---------------------------------------------------------
#pragma package(smart_init)
#pragma resource "*.dfm"
TForm2 *Form2;
TBarSeries *Current_BarSeries;
TFastLineSeries *Current_FastLineSeries;

int pp,py,skscho;
int age_groups;
float Chart_value_Y[150];
```

```
//---------------------------------------------------------------
__fastcall TForm2::TForm2(TComponent* Owner)
  : TForm(Owner)
{
}
//---------------------------------------------------------------

void __fastcall TForm2::FormCreate(TObject *Sender)
{

   int i,j;
   float temp;

   age_groups=Form1->StringGrid1->RowCount-1;

     Current_FastLineSeries=new TFastLineSeries(Application);
     Current_FastLineSeries->ParentChart=this->Chart1;

     this->Chart1->Title->Font->Size=14;
     this->Chart1->View3D=false;
     this->Chart1->Title->Font->Color=clBlack;
     this->Chart1->Title->Text->Clear();
     this->Chart1->Title->Text->Add(Form1->StringGrid1->
Cells[Form1->current_col][0]);

     Current_BarSeries=new TBarSeries(Application);
     Current_BarSeries->ParentChart=Chart1;
     Current_BarSeries->Marks->Visible=False;
     Current_BarSeries->Legend->Visible=false;

     Current_FastLineSeries->Legend->Visible=false;

           temp=0;

     for (i = 0; i < age_groups; i++) {
        Chart_value_Y[i]=StrToFloat(Form1->StringGrid1->
Cells[Form1->current_col][i+1]);
```

```
            temp=temp+StrToFloat(Form1->StringGrid1->
Cells[Form1->current_col][i+1]);
        }

            this->Edit1->Text=FloatToStr(temp);

        for (i = 0; i < age_groups; i++) {
            Current_FastLineSeries->AddY(Chart_value_Y[i],
IntToStr(i),clBlack);
            Current_BarSeries->AddY(Chart_value_Y[i],
IntToStr(i),clRed);
        }
    }
```

通过以上四个主要步骤，将窗体Form1中StringGrid1鼠标选定列数据在Form2窗体按直方图和线型图作图。这里需要注意的是，在TForm1类中添加整型成员变量current_col、current_row和在窗体Form2中声明全局变量Chart_value_Y、skscho、pp、py和age_groups以及"TBarSeries *Current_BarSeries;"和"TFastLineSeries *Current_FastLineSeries;"对象，目的是在窗体Form2的不同成员函数中可以使用Current_BarSeries和Current_FastLineSeries中的数据。

4.5.2.2 图形修改网格数据

网格数据作图的第二个过程与第一个过程正相反，第一个过程是从数据到图形，第二个过程是从图形到数据。第二个过程的目标是将图形显示的数据（修改后的数据）显示在数据网格中，因此，需要在图形中完成与数据相对应的数据选择，对图形进行调整和最后将调整后的结果写到对应的数据网格中，操作的直观过程见图4-20。

图4-20将网格数据同时绘制为直方图和线型图。这里线型图保持数据不变，记录各点坐标并作为直观的数据取值参考。通过鼠标拖动选定特定的直方（如可以使选定后的直方颜色由红色变为蓝色），移动鼠标改变直方的长短位置，也就是改变数据项的数值大小，比如变为蓝色"柱"是选定点数据，图4-20选定的数据横坐标为32所对应的数据。最后抬起鼠标，将横坐标为32对应的新的直方或"柱"所对应的结果写到窗体Form1中的

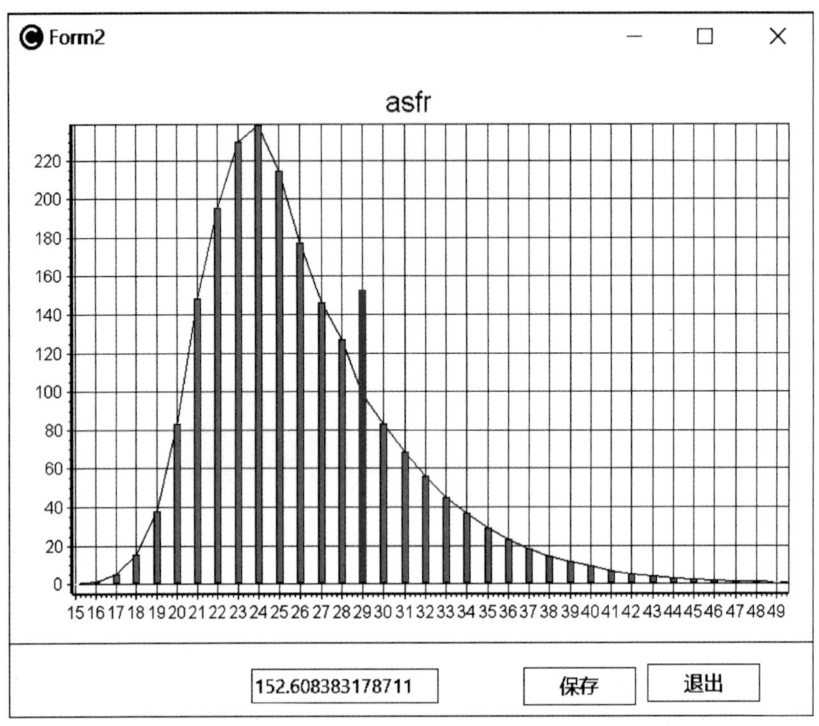

图4-20 鼠标拖动修改数据

StringGrid中。

实现第二个过程的方法需要以下几个步骤（见程序4-27）。

第一步，鼠标按下事件，即Chart1MouseDown事件，在Chart1的鼠标按下事件中，确认被选中的直方图中的“柱”：

```
pp=Current_BarSeries->Clicked(X,Y);
```

并将选中数据变为蓝色：

```
Current_BarSeries->ValueColor[pp]=clBlue;
```

第二步，鼠标移动事件，记录鼠标的移动位置。通过Chart1MouseMove事件，记录当前鼠标拖动直方的纵坐标位置。将纵坐标存储在全局变量py中，即“py=Y;”。

第三步，鼠标抬起事件，将鼠标移动结果写入全局变量Chart_value_Y数组中。

```
    Chart_value_Y[skscho]=Current_BarSeries->YScreenToValue(py);
```

第四步，将全局变量Chart_value_Y数组中的数据更新到窗体Form1中的StringGrid1所对应的单元格，并将选定直方的颜色恢复，如由蓝色恢复为红色。

```
    Form1->StringGrid1->Cells[Form1->current_col]
[i+1]=FloatToStr(Chart_value_Y[i]);
```

程序 4-27　图形鼠标事件

```
    void __fastcall TForm2::Chart1MouseUp(TObject *Sender,
TMouseButton Button, TShiftState Shift, int X, int Y)
    {
      int i;
      if (pp>-1)  {

        Chart_value_Y[skscho]=Current_BarSeries->YScreenToValue(py);
//pY 是鼠标坐标跟踪
        Current_BarSeries->Clear();

        for  (i = 0; i < age_groups; i++)
        {
            Current_BarSeries->AddY(Chart_value_Y[i],
FloatToStr(Chart_value_Y[i]),clRed);
          }//end for

        Current_BarSeries->ValueColor[skscho]=clBlue;
        Edit1->Text=FloatToStr(Chart_value_Y[skscho]);

        for  (i = 0; i < age_groups; i++)
        {
            Form1->StringGrid1->Cells[Form1->current_col]
[i+1]=FloatToStr(Chart_value_Y[i]);
          }  //end for
      } //end if
         pp=-1;
    }
```

```
    //------------------------------------------------------------
    void __fastcall TForm2::Chart1MouseDown(TObject *Sender,
TMouseButton Button, TShiftState Shift, int X, int Y)
    {
        pp=-1;

        pp=Current_BarSeries->Clicked(X,Y);

            if (pp>-1) {
                Current_BarSeries->ColorEachPoint=true;
                Current_BarSeries->ValueColor[pp]=clBlue;
            }
            skscho=pp;
    }
    //------------------------------------------------------------
    void __fastcall TForm2::Chart1MouseMove(TObject *Sender,
TShiftState Shift, int X, int Y)
    {
      py=Y;
    }
```

与第一个过程的情况类似，第二个过程是第一个过程的逆过程。完成第二个过程的主要步骤也是四个，将Form2窗体按直方图的修改数据存储到窗体Form1中StringGrid1鼠标所选定的列。这里需要注意的第一个问题是鼠标跟踪和记录；第二个问题是图形数据映射到网格数据，需要通过全局变量记录被选的数据项和修改后的数据值。

4.5.3 写文件

与读文件类似，通过交互界面把数据网格或图形数据保存起来，以备使用。写文件可以采用多种方式提供文件名和存储路径，这里只展示通过TSaveDialog控件方法保存文件。

4.5.3.1 写网格数据

将数据读入StringGrid控件，可以对StringGrid单元格内的数据进行图形显示和数据修改，对修改的数据可以进行保存。程序4-28通过过程序调用SaveDialog1，然后可以输入保存文件的路径和名称，最后通过ofstream方法将网格数据保存。程序4-28将数据网格内的数值保存为按","分隔的CVS格式文件，访问网格数据的方法和文件保存非常简单(见程序4-28)。

程序4-28　写网格浮点数据按字符串输出

```
void __fastcall TForm1::b1Click(TObject *Sender)
{
  int i,j;
  String current_filename;
  Form1->SaveDialog1->Execute();
  current_filename=SaveDialog1->FileName;

  ofstream fout(current_filename.c_str());
     for (i = 1; i < Form1->StringGrid1->RowCount; i++) {
           for (j = 0; j < Form1->StringGrid1->ColCount; j++) {
             fout<<StrToFloat(Form1->StringGrid1->Cells[j][i]);
//访问所有存储数值，字段名除外
             fout<<",";
           }
             fout<<('\n');
    }
fout.close();//关闭文件
}
```

程序4-29是将所有网格数按字符串保存到数据CVS格式文件中。这里需要注意的是字符串转换函数c_str()默认的字节数与单元格字符串默认的长度不同，这与系统设计有关。写文件的方法采用FileCreate()、FileWrite()和FileClose()，这与以往的ofstream或fprintf()等略有不同，具体C++语法见程序4-29。

程序4-29　写全部网格按字符串数据输出

```
void __fastcall TForm1::b1Click(TObject *Sender)
{
```

```
    int i,j;
    String current_filename;
    Form1->SaveDialog1->Execute();
    current_filename=SaveDialog1->FileName;

     int fp=FileCreate(current_filename+".csv");
     //UnicodeString aa=",";
     //UnicodeString rn="\n";
     String aa=",";
     String rn="\n";

        for (i =0; i < Form1->StringGrid1->RowCount; i++) {
             for (j = 0; j < Form1->StringGrid1->ColCount; j++) {
                  FileWrite(fp,Form1->StringGrid1->Cells[j][i].c_
str(),2*Form1->StringGrid1->Cells[j][i].Length()); //注意字符串默认
字节与网格转换字节不同，这里乘以2，目的是使单元格字符串完整输出
                 FileWrite(fp,aa.c_str(),aa.Length());
             }
           FileWrite(fp,rn.c_str(),rn.Length());
     }
   FileClose(fp);
  }
```

4.5.3.2 保存图像

上面程序展示了将StringGrid控件单元格数据保存的方法，下面介绍一个简单的保存图像的方法，该方法是TChart的一个保存位图的方法，可以将所作的图形直接保存为图像，具体方法见程序4-30。

程序4-30 图像保存

```
void __fastcall TForm2::Button2Click(TObject *Sender)
{
   Form1->SaveDialog1->Execute();
   Chart1->SaveToBitmapFile(Form1->SaveDialog1->FileName);
}
```

本章对C++Builder界面设计的主要架构、窗体、可视化与非可视化控件以及菜单等进行了讨论，这些方法和功能模块是人口统计分析软件开发必不可少的。对于软件或系统设计来说，C++Builder提供了丰富的界面设计所需的控件等，控件的界面设计和使用方法大同小异，尽管不同控件具有的功能和解决的问题不同，但其设计思路、逻辑和语法具有共性，因此，在实践中，不仅可以根据不同应用使用不同的控件，也可以根据需要对现有的控件进行丰富和发展，甚至开发软件所需的专用控件，这些都是提升开发效率和开发质量的重要技术，需要不断学习和灵活掌握。

第5章　人口数据库的管理方法与应用研究

作为工具的计算机软件，处理大量数据是最重要的功能。开发数据库处理软件的目的是使计算机数据管理更科学。在处理实际问题的过程中，可以使用数据文件，也可以使用数据库，二者的不同之处在于数据库采取数据集中管理的方式，发挥数据之间所具有的逻辑关系优势，使数据不依赖于特定的计算机程序，而是采取标准化的数据库管理语言进行管理，具有更加科学的数据组织管理和高效数据使用的特点。数据库的构建更加符合软件标准化的要求，特别是针对特定的数据，分析工具尽可能使数据处理的方式、流程和结果更具有标准化和规范化的特点。

5.1　人口数据结构与数据库应用

人口数据通常以两种形式存在，一种是统计汇总数据，另一种是原始个案数据。其实，人口统计汇总数据也是由原始个案数据产生的，但由于数据的可获得性和安全性问题，很多数据只提供汇总数据，原始个案数据往往仅限于原始数据库抽样所形成的样本数据。

5.1.1　汇总数据

人口汇总数据通常是一个包含分年龄、性别的二维表，最典型的二维数据为年龄结构。当然，也可以采用更多维度的数据管理方式，比如，各地区或不同年份的年龄结构，这样就形成了三维或更多维度的数据。任何多维数据都可以通过不断降维的方法来进行综合或简化，多维数据最终都可以分解为二维数据，当然，相反的过程也可以存在，也就是可以通过不断分类合成的方法形成多维数据。

对于人口汇总数据研究来说，显然是将复杂的事情不断简单化，不断进行统计综合，使研究的内容或结果反映研究对象的本质特征。因此，研究人口汇总数据，特别是二维汇总数据的分析技术往往是人口统计数据分析研究的重点和关键。

二维数据可以视为变量和案例的集合，也就是字段与记录。从数据库创建和管理的角度看，二维数据就是一个二维矩阵，也可以视为一个数据表。在一个数据库中，可以创建一系列相互联系的数据表。

人口汇总数据通常是统计部门或人口研究部门收集和发布的人口状况数据。比如，国家统计局每年都发布人口变动抽样调查数据，依据《中国人口和就业统计年鉴》，在各级统计年鉴中也包含一些重要的人口指标，反映相应行政单位的人口基本特征。此外，国际组织也发布世界各国的人口汇总数据，如联合国人口基金会和世界银行等。

5.1.2　原始数据

所有汇总数据都是在原始数据基础上对相同属性或类型的统计综合或数据简化，而所谓原始数据通常是指数据的结构和存储方式采用最小的单元，也就是目前条件下不可再分的信息单元。构成人口原始数据一般基础信息包括个人的出生年月、性别、民族、受教育程度等；对于重要的人口关系属性还包括家庭户信息，如户主、与户主关系等，这些信息既可以用于对个人属性的标识、区分，也可以作为一个家庭信息属性对个人或家庭进行标识。此外，人口原始信息通常还包括住址的行政代码信息。

随着大数据时代的到来，信息收集方式发生了很大变化。近几十年，每一次重大创新都会带来人口科学的革命性飞跃，以及人口统计模型和方法的迅速发展，从而进一步促进人口大数据分析应用范围的快速增长。传统的人口分析方法和分析技术主要聚焦于死亡和生育问题，由于人口的迁移流动变化迅速，收集数据面临很多困难，因此，对人口迁移流动的研究方法和分析技术相对薄弱。人口迁移流动变化涉及时间、边界及其他属性的研究，以往对人口迁移流动的观察是不连续和不系统的，但随着计算机科学技术迅速发展和人口大数据收集渠道日益丰富，人口分析模型（如生存分析）也来越强调对数据的深入挖掘和对人口系统、人口过程的描述，使实时研究人口迁移流动成为可能。分析和处理大型原始数据成为现代人口分析技术发展的趋势，原始数据级别的数据管理和应用越来越受到研究者的重视。

5.1.3 数据类型与需要解决的问题

数据的构成是数据库建设的基础，现实世界的数据可能是杂乱无章的，也可能是井然有序的。对于杂乱无章的原始信息尽可能的标准化是提高数据使用效率的方式，但因此也可能会损失部分重要信息。

5.1.3.1 数据类型

按照数据存储或收集的方式来划分，数据信息可分为结构化数据和非结构化数据。人口数据无论是汇总数据还是原始个案数据，主要是结构化数据，或者是将非结构化数据进行结构化编码后形成结构化数据。关系型数据库有很多种，既有复杂的数据库系统，也有相对简单高效的数据库。

结构化数据往往采用关系型数据库，其结构化数据类型比较简单。常用的数据类型包括整型（Integer）、浮点型（Float）、字符型（Char）、日期型（Date）和二进制文件数据类型（Blob）等。对于不同的计算机系统，其默认的数据精度和宽度存在一定差别，在数据库结构定义过程中，不同的数据类型的宽度的默认值也不一样。由于Blob数据是二进制文件，相当于文件或多个数据的容器，因此，虽然数据库中可以声明Blob类型，但严格地说，与其他数据类型不同，C++语言中并没有直接相对应的数据类型。

5.1.3.2 需要解决的问题

建立数据库的目的是实现方便、科学的数据管理。创建、管理和使用数据库通常需要完成数据表创建、数据输入或导入以及数据导出等基本功能。

第一，创建数据表结构。创建数据表需要定义字段名、字段数据类型和字段宽度等基本属性。

第二，输入或导入数据。数据输入或导入是数据表产生数据的重要途径，也是数据库应用软件的重要功能需求。一方面可以与其他形式或其他数据库进行数据交换，另一方面可以避免数据的重复输入。

第三，导出数据。将现有数据库中的数据按需求导出，可以直接导出为其他类型的数据库，也可以导出为文本文件，再通过数据导入的方法，与其他数据库进行数据交换。

在人口数据库的管理与应用软件开发过程中，通常需要编写数据库应用计算机程序来实现创建不同的数据库、数据的输入与导出等基本功能。此外，很多数据基本操作往往也是通过计算机程序自动完成的。

5.1.4　C++Builder数据库控件

C++Builder是可以实现低代码条件下快速数据库软件开发的重要工具之一。使用C++Builder数据开发控件，实现对不同类型数据库管理和应用的目的。C++Builder支持非常多的数据库，如Oracle、IBM DB2、MongoDB、MySQL、SQL Server、PostgreSQL和SQLite等。早期的数据库主要支持采用BDE控件管理DBF格式、dbGo控件管理Access数据以及dbExpress管理Firebird、InterBase等数据库（见图5-1）。目前，随着各种大型应用软件或APP程序的开发，C++Builder提供了功能更加强大和操作更加灵活的FireDAC控件，该控件支持各种类型的数据库。下面将以SQLite数据库和FireDAC控件为基础，展示C++Builder快速开发人口数据库软件的主要方法与常用功能。

图5-1　不同数据库连接组件

C++Builder快速开发数据库应用程序可以通过三类控件来实现，第一类是数据库连接控件（Database Connection）；第二类是数据访问控件（Data Access）；第三类是数据感知控件（Data-aware）。数据库连接控件用于连接数据库、执行数据库查询或数据库指令。数据感知控件是数据访问的可视化控件，如数据网格、组合框（ComboBox）、列表框（ListBox）等。数据访问控件则是处于数据库连接和数据感知控件（可视化）之间的数据通道或扮演转换的角色。比如，在dbGo数据库组件在数据库应用程序开发过程中，TADOTable和TADOQuery以及TDataSource、TClientDataSet等都具有不同的数据库链接和数据访问的功能（见图5-2）。

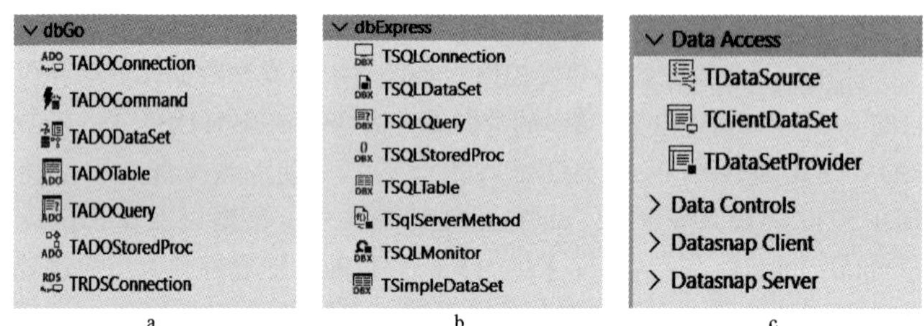

图5-2 数据库连接访问组件

不同的数据库，数据连接控件不同，如Access数据库，可以采用dbGo控件组的TADOConnection；FireBird数据库，可以采用dbExpress控件组的TSQLConnection控件进行连接数据库。BDE控件组、dbGo控件组、dbExpress控件组和FireDAC控件组的数据访问控件都可以采用DataSource以及相对应的Table或Query控件（见图5-2）。一般数据可视化需要两个步骤：第一步，通过数据访问控件将数据连接控件与数据感知控件联系起来；第二步，通过数据感知控件将数据库中的数据可视化。根据不同的数据类型或需求，可以采取不同的可视化方法，如网格显示或图形显示等。

数据可视化控件主要分为两类，一类是进行数值显示。常用的数值显示方式包括数据表格、列表等，具体数值显示控件可采用TDBGrid、TDBNavigator、TDBText等（见图5-3a）。另一类是进行图形显示。数据库中数据的图形显示控件采用TeeChart图形显示控件组，包括TDBChart、TDBCrossTabSource等（见图5-3b）。

数据的可视化是数据库管理及应用的重要方面，需要根据不同的数据采取不同的方式进行科学呈现，这也是软件开发设计需要认真研究的，有时还是比较复杂的。下面通过实例介绍数据可视化和数据表编程使用的方法。

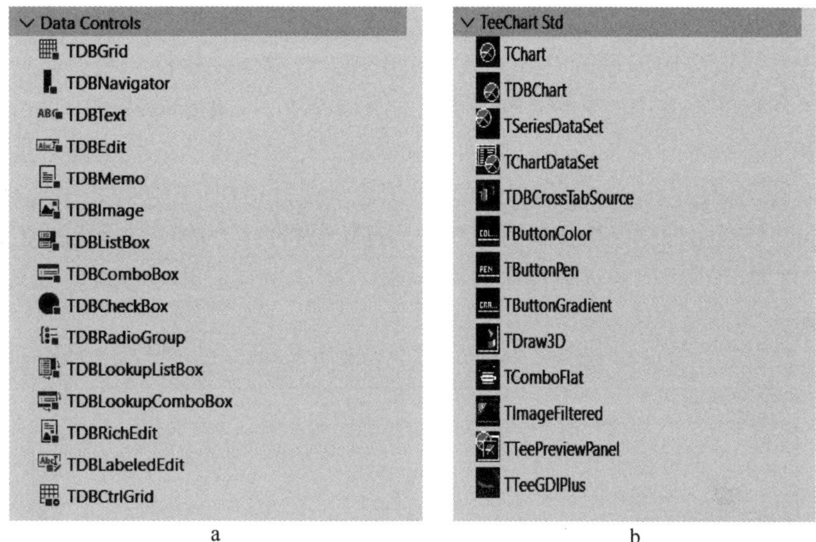

图 5-3　数据库可视化控件

5.2　dbGo数据库控件

在进行数据连接方法介绍之前，首先建立一个Access数据库（或已经存在一个Access数据库）。创建一个新的Access数据库，将数据库命名为Database1.accdb。在Database1.accdb中建立一个包含三个字段的数据表，并将数据表命名为个人信息表，然后在该表中输入数据：王01、51、333等（见图5-4）。

个人信息表

ID	字段1	字段2	字段3	单击以添加
1	王01	51	333	
2	张02	48	3554	
3	li03	34	5458	
4	liu93	76	254	
5	hai878	45	5525	
(新建)		0	0	

图 5-4　Access数据表Database1.accdb实例

针对数据库Database1.accdb中的个人信息表，编写一个C++Builder应用程序，该应用程序可以通过数据库连接、数据访问控件和数据显示等控件使用数据表中的数据（见图5-5）。图5-5是一个在数据网格中显示数据和通过数据导航按钮可以增加、减少数据记录或将当前数据记录指针指向特定记录。比如，当前数据表数据记录指针指在ID值为3，字段li03上，鼠标点击数据导航按钮可以移动当前记录指针。当然，这个当前记录指针的移动也可以通过鼠标在数据网格中点击按键或使用鼠标滚动功能来实现。

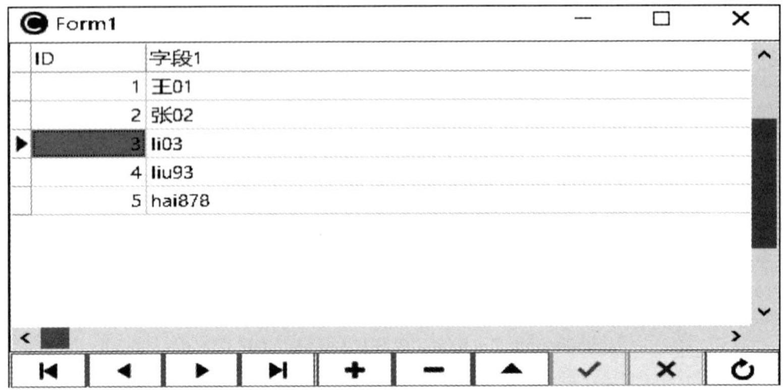

图5-5　Database1.accdb数据库个人信息表显示

5.2.1　数据库连接

为了实现图5-5的功能，在Form1窗体上添加ADOConnection1控件、ADOTable1控件和DataSource1控件，然后对各控件属性进行设置，以实现通过数据库连接控件、数据访问和数据感知控件来读取Database1.accdb数据库个人信息表数据的功能。在使用数据访问、数据感知控件来访问数据之前，C++Builder需要通过自动生成ADOConnection1控件数据库连接字符串来达到与数据连接的目的。具体ODBC自动创建数据库连接字符串需要以下四个主要步骤。

第一步，鼠标点击ADOConnection1控件（见图5-6），激活ADOConnection1连接字符串功能，选择生成连接字符串（Use Connection String）选项，点击创建（Build）按钮。

第二步，进入数据连接属性窗口（见图5-7），提供程序默认选项卡的选项为Microsoft OLE DB Provider for ODBC Drivers。鼠标点击下一步，进入连接选项卡。

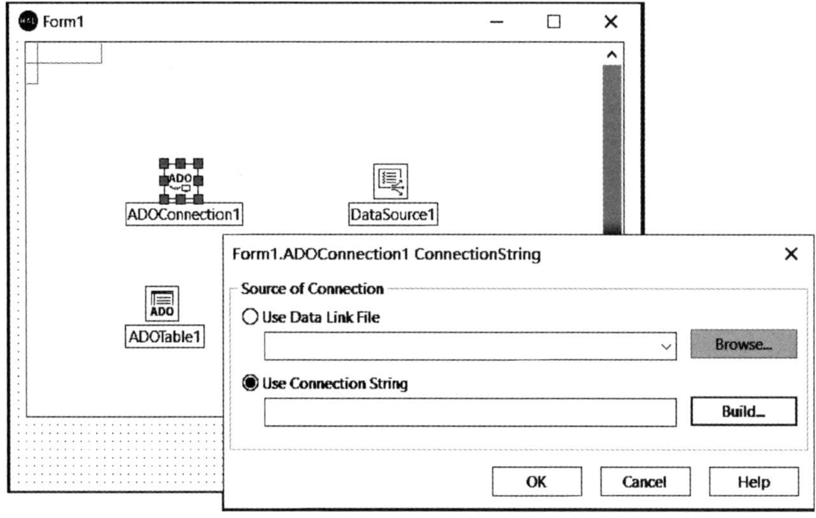

图 5-6　dbGo 控件 Access 数据表连接

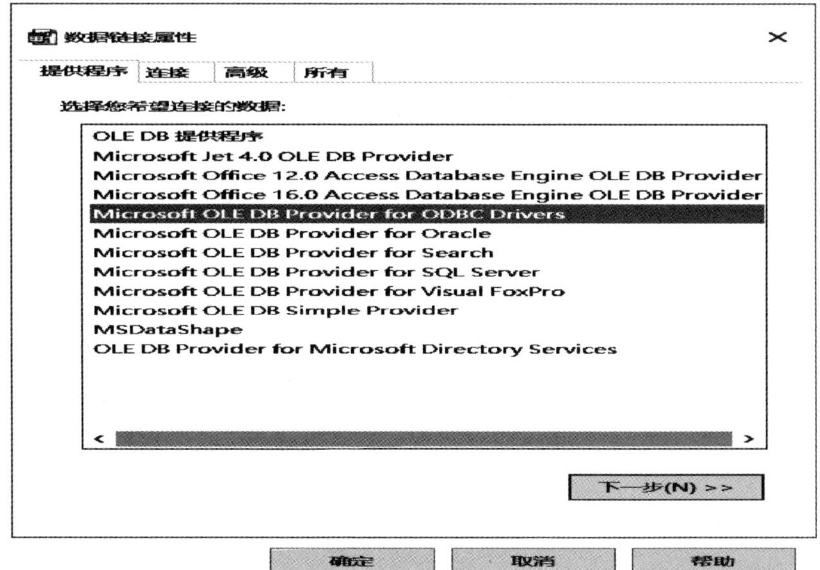

图 5-7　数据连接属性

第三步，在连接选项卡中的指定选项源选项中选择使用数据源名称：MS Access Database；在“输入要使用的初始使用目录（I）”中输入：E:\

Database1.accdb，这个目录位置为数据库所在位置（见图5-8）。

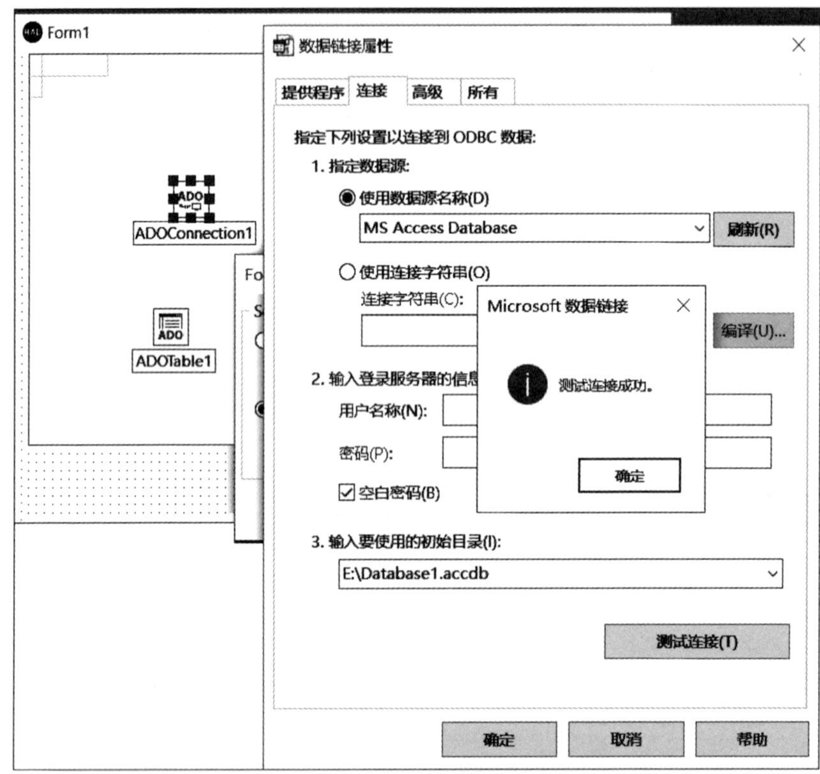

图5-8　dbGo控件Access数据表连接测试

第四步，鼠标点击测试连接按钮，如果上述前三步操作和信息正确，会弹出测试连接成功的弹窗。

除了采用以上四个步骤来连接Access数据源，还可以直接在选项卡提供程序中选择Microsoft Office 16.0 Access Database Engine OLE DB Provider或Microsoft Office 12.0 Access Database Engine OLE DB Provider（图5-9）。

与ODBC连接方法自动创建连接字符串的操作过程类似，可以直接进入连接选项卡，在连接选项卡中选择不同的连接程序。由于连接字符串创建目的相同，但连接程序选择不同，提供的数据源的填写方式会略有不同（见图5-10），对比图5-8和图5-10可以发现，虽然表面上二者需要输入或选择自动创建连接字符串的主要步骤差别不大，但二者自动形成的连接字符串的内容有较大差别，也就是 ADOConnection1 属性中自动创建的 ConnectionString 所包含的内容有较大不同。

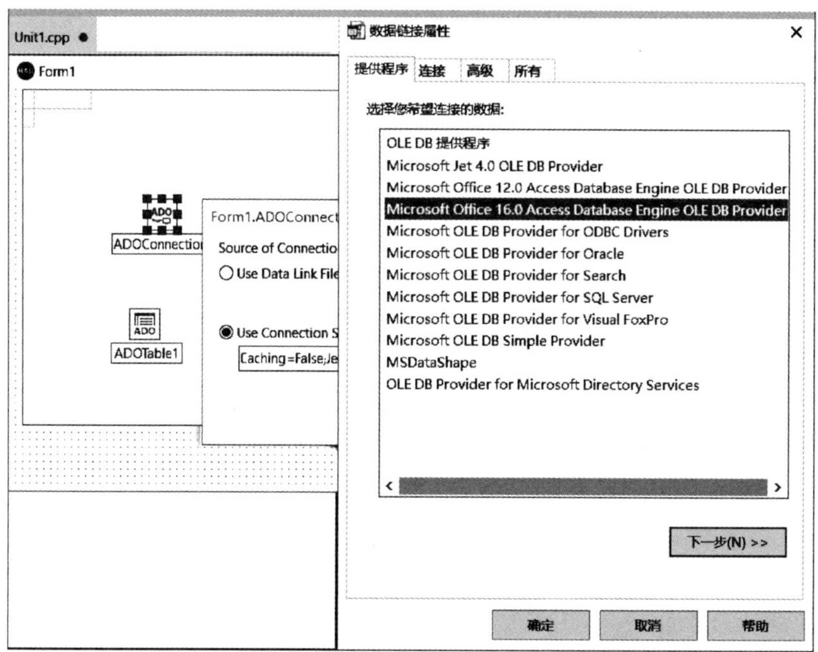

图 5-9　dbGo 控件 Access 数据表连接方式选择

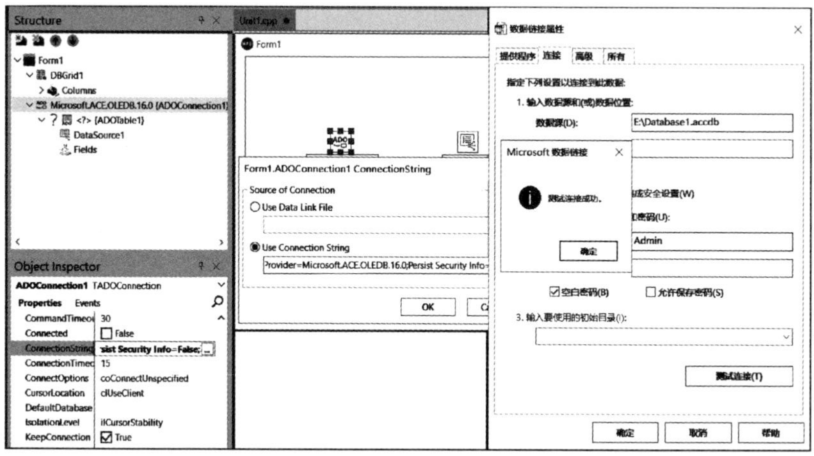

图 5-10　dbGo 控件 Access 数据表连接测试

上面通过dbGo数据库控件连接字符串建立过程，可以看出C++Builder自动生成数据库连接需要的几个步骤，其实质是构建自动连接指定数据源的连接字符串，这些通过C++Builder自动生成数据库连接所形成的连接字符串也可以通过应用程序交互界面来进行赋值，从而实现与C++Builder自动生成具有相同的操作过程和字符串内容的软件功能。

5.2.2 控件属性设置

通过dbGo控件组访问数据库中的特定数据时，所需控件、访问方式和目的不同，比如，访问数据的目的只是查询数据或者仅仅是为了通过数据生成直观的可视化图形。需要注意的是，生成数据库连接字符串只是连接访问数据的第一步，第二步是相关属性设定，也就是连接数据库中指定数据表控件（ADOTable）和数据源控件（DataSource）的相关属性。上述两个步骤完成后才能访问数据。第三步是通过数据源控件与数据感知控件进一步连接，如DBGrid控件实现数据显示。对于数据库中特定数据表的使用来说，至少需要三类控件属性的正确设定，才能激活使用。对于图5-4 Database1.accdb数据库中个人信息表数据显示，在完成数据库连接字符串生成后，还需要设定以下属性（见表5-1），才能实现数据表数据在DBGrid中的显示。

表5-1 数据库控件与属性设置方法

控件	属性	数值
ADOConnection1	ConnectionString	Provider=MSDASQL.1; Persist Security Info=False; Data Source=MS Access Database; Initial Catalog=E:\ Database1.accdb
	Provider	MSDASQL
	Connected	TRUE
DataSource1	DataSet	ADOTable1
ADOTable1	Connection	ADOConnection1
	TableName	个人信息表
	Active	TRUE
DBGrid1	DataSource	DataSource1
DBNavigater1	DataSource	DataSource1

不同的数据库连接方法所生成的连接字符串是不同的，比如，ODBC连接方法自动生成连接字符串连接与Microsoft Office 16.0 Access Database Engine OLE DB Provider或Microsoft Office 12.0 Access Database Engine OLE DB Provider是不同的，比如，Microsoft Office 16.0 Access Database Engine OLE DB Provider创建的连接字符串为：

```
ConnectionString:
Provider=Microsoft.ACE.OLEDB.16.0;
User ID=Admin;
Data Source=E:\Database1.accdb;
Mode=Share Deny None;
Jet OLEDB:System database="";
Jet OLEDB:Registry Path="";
Jet OLEDB:Database Password="";
Jet OLEDB:Engine Type=6;
Jet OLEDB:Database Locking Mode=1;
Jet OLEDB:Global Partial Bulk Ops=2;
Jet OLEDB:Global Bulk Transactions=1;
Jet OLEDB:New Database Password="";
Jet OLEDB:Create System Database=False;
Jet OLEDB:Encrypt Database=False;
Jet OLEDB:Don´t Copy Locale on Compact=False;
Jet OLEDB:Compact Without Replica Repair=False;
Jet OLEDB:SFP=False;Jet OLEDB:Support Complex Data=False;
Jet OLEDB:Bypass UserInfo Validation=False;
Jet OLEDB:Limited DB Caching=False;
Jet OLEDB:Bypass ChoiceField Validation=False;
Provider :Microsoft.ACE.OLEDB.16.0
```

虽然上述数据连接字符串结构较为复杂，但对于桌面应用程序激活和使用数据库中的数据表来说，有些参数设置可以采用默认值或不必进行复杂的连接字符串设定，比如，上面的连接字符串可以简化为：

```
Provider=Microsoft.ACE.OLEDB.16.0;
User ID=Admin;
Data Source=E:\Database1.accdb;
```

这种简化处理在有些程序开发过程中是十分有必要的，既能使程序变得简洁，又不影响其他控件属性的设定，但前提是不影响数据的访问或所需功能的发挥。

5.2.3 数据可视化方法

与普通变量或数组数据的可视化类似，采用dbGo数据控件的可视化同样采用两种方式，一种是数据字段的网格、列表等显示，另一种是数据字段的图形显示。

5.2.3.1 数据显示

对于数据库中特定数据表字段数据的显示，可以采用将数据表中的数据读入数组或结构体数组等方式来获取数据，然后通过StringGrid、Edit或ListBox等控件进行显示，这种方法虽然可行，但相对比较麻烦。DBGrid控件是专门用于显示数据表的数据网格，可以采用DBGrid等方法更加方便地将数据表中的数据进行显示，同时，还可以采用DBNavigator控件来通过操作鼠标对数据进行浏览。

DBGrid控件和DBNavigator控件数据显示的设置方法非常简单，以图5-5为例，在创建ADOConnection1字符串连接属性后，首先设定ADOTable1和DataSource1的相关属性，并保持ADOConnection1的Connected属性和ADOTable1的Active属性为True。然后，只需要将DBGrid、DBNavigator控件的DataSourc属性设定为DataSource1即可（见图5-11），相关属性设定见表5-1。这样就完成了在应用程序设计时期的数据显示。当然，这些相关属性的设定，也可以在应用程序执行过程中根据需要进行界面交互选择和设定，目的是增强应用程序的灵活性和适用性。

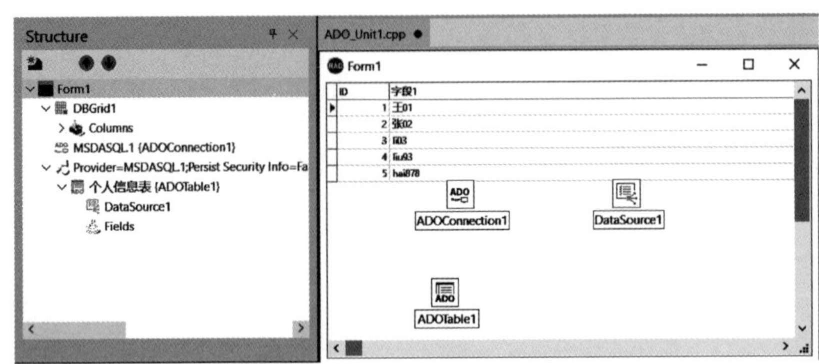

图5-11 Database1.accdb数据库个人信息表数据显示

5.2.3.2　图形显示

与数据的网格（DBGrid）显示类似，数据图形显示需要在Form1窗体上先添加数据图形控件DBChart1，然后添加图形显示系列（Series），在添加的Series1中选定数据，其中包括Dataset和Y轴（或X轴），这样，选定数据字段就可以根据图形系列的显示类型进行显示。与数据的网格显示一样，在创建ADOConnection1字符串连接属性后，需要先设定ADOTable1和DataSource1的相关属性，并保持ADOConnection1的Connected属性和ADOTable1的Active属性为True（见图5-12）。

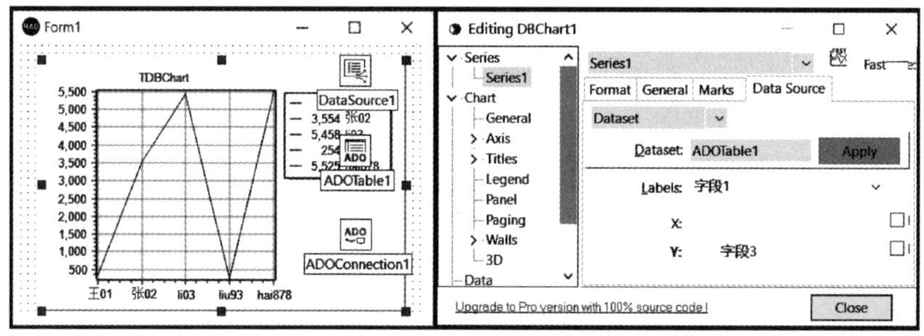

图5-12　Database1.accdb数据库个人信息表数据图形显示

通过对dbGo数据库组件使用方法的介绍可以看出，使用数据库控件开发数据库应用程序的主要步骤和主要控件已较为清晰。对比数据网格等数值显示控件和数据图形控件使用可以发现，在正确连接、激活数据库中特定数据表的情况下，对特定数据字段的网格或图形等展示还是非常方便和快捷的，这充分体现了C++Builder快速开发数据库应用程序的低代码和高效率的工具优势，使研究者能够将主要精力集中在应用软件核心算法的研究与实现上。

5.3　数据库开发模型

在数据库应用软件开发过程中，有些功能可以在界面和数据模型设计时直接进行设置，有些功能则需要在运行时动态设置。在访问数据表的过程中，基于深入的数据分析模式或结果需要，经常需要保存或呈现中间分析结果，这就需要对特定数据进行访问和复杂的运算。下面将提供实例，进一步通过数据库控件和数据编程来讨论人口数据库软件设计的原理、思路和具体实现方法。

5.3.1　FireDAC数据模型

与dbGo控件类似，FireDAC数据库不仅功能更加丰富，而且可以使用免费的SQLite数据库。SQLite数据库是一个高效的轻型关系型数据库，既可以用于嵌入式设备，也可以用于其他数据库系统开发，同时，SQLite可以运行于Windows、Linux、MacOS和Unix等操作系统。鉴于SQLite支持多种开发语言和操作系统的优点，同时拥有丰富的FireDAC数据库控件，本章将以SQLite和FireDAC数据库控件相结合研究人口数据库的使用方法，这些基础功能也是原始数据分析和研制人口系统计算机仿真软件所必需的。

5.3.1.1　数据模块

在数据库软件开发过程中，C++Builder控件可以直接放到窗体内，虽然这样做并不影响使用，但对于大规模软件或跨平台或桌面应用数据库开发而言，尽量将不同功能的程序和控件分别管理，使软件具有清晰的设计思路以及较好的扩展性或可维护性。C++Builder提供了数据模块开发功能，目的是将与数据库某项或某些功能相关的控件集中放到数据模块中。

数据模块其实是一个数据库控件容器。C++Builder提供了一个自动建立数据模块框架的方法。与建立普通的窗体或单元程序文件类似，可以通过新建文件（File-New）菜单中Other菜单选项，选择Database，C++Builder会自动生成新的数据模块（见图5-13）。点击图5-13b中OK按钮，C++Builder会自动生成三个默认文件名的文件，第一个为Unit1.dfm（见图5-14），第二个为Unit1.h（见程序5-1），第三个为Unit1.cpp（见程序5-2）。

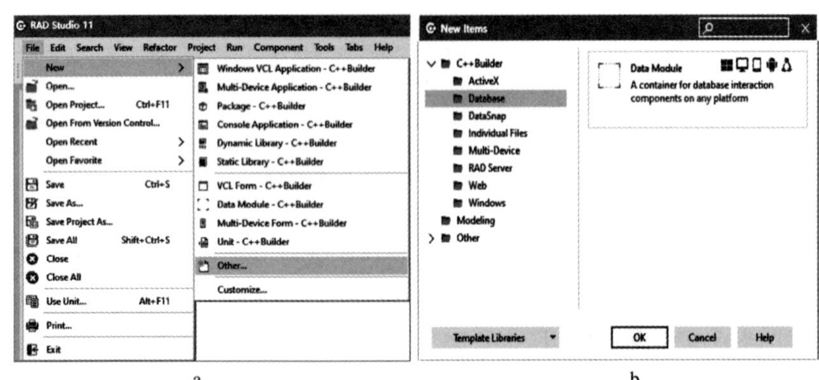

a　　　　　　　　b

图5-13　C++Builder新建数据模块

这三个文件本质上与新建一个工程文件自动生成的文件没有什么区别，也是创建一系列类，但在具体内容上有些区别。

首先看Unit1.dfm（见图5-14）。与普通窗体的区别在于Unit1.dfm中只能放置与数据库操作相关的非可视化控件。

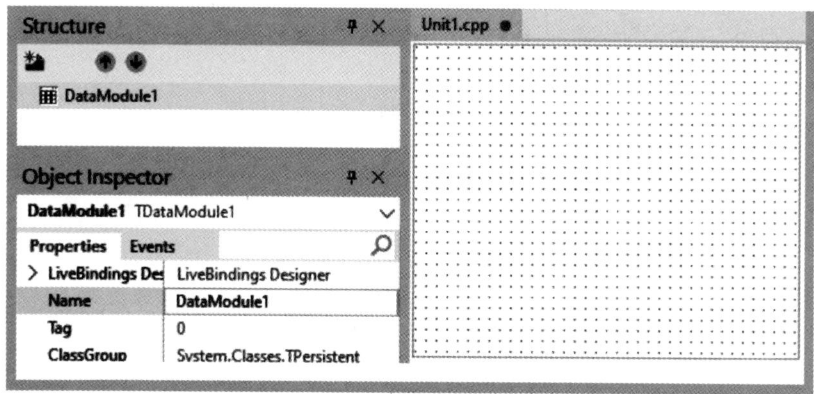

图5-14　C++Builder数据模块Unit1.dfm

其次看数据模块Unit1.h（见程序5-1）。由于创建了一个数据模块框架，在Unit1.dfm中没有添加任何控件，因此程序5-1只定义了一个TDataModule1类。

程序5-1　数据模块Unit1.h程序框架

```
//---------------------------------------------------------------------------
#ifndef Unit1H
#define Unit1H
//---------------------------------------------------------------------------
#include <System.Classes.hpp>
//---------------------------------------------------------------------------
class TDataModule1 : public TDataModule
{
__published:  // IDE-managed Components
private:  // User declarations
public:  // User declarations
   __fastcall TDataModule1(TComponent* Owner);
};
//---------------------------------------------------------------------------
```

```
extern PACKAGE TDataModule1 *DataModule1;
//---------------------------------------------------------------------------
#endif
```

最后看程序Unit1.cpp（见程序5-2）。程序Unit1.cpp只声明了一个TDataModule1的一个对象*DataModule1。

程序5-2 数据模块Unit1.cpp程序框架

```
//---------------------------------------------------------------------------
#pragma hdrstop
#include "Unit1.h"
//---------------------------------------------------------------------------
#pragma package(smart_init)
#pragma classgroup "System.Classes.TPersistent"
#pragma resource "*.dfm"
TDataModule1 *DataModule1;
//---------------------------------------------------------------------------
__fastcall TDataModule1::TDataModule1(TComponent* Owner)
  : TDataModule(Owner)
{
}
//---------------------------------------------------------------------------
```

通过数据模块创建的两个程序和一个数据模块“窗体”可以看到，与普通的窗体创建类似，也是创建新的类和对象，不同之处是数据模块只能添加数据库非可视化控件，且功能应用限定于数据库的管理，使程序模块的功能边界更加清晰。此外，与普通窗体或程序扩展单元类似，也可以创建不同的数据模块，便于管理或开发不同类型的数据库应用程序。

5.3.1.2 数据库控件

FireDAC数据库控件非常丰富，可以连接使用的数据库类型也很多。本章中人口数据库应用软件开发采用FireDAC数据库控件和SQLite数据库，旨在充分发挥二者高效、小巧、稳定和可扩展的优势。

FireDAC桌面数据库应用系统开发控件主要由FDConnection、FDTable、FDQuery和DataSource构成。FDConnection的功能是连接数据库，创建与SQLite数据库连接的连接字符串，FDTable、FDQuery可以用于访问数据库中数据表，DataSource用于将FDTable、FDQuery数据表与数据感知控件连接。具体以DataModule1_Unit1.cpp为例（见图 5-15），FDTable1和FDQuery1的数据库连接属性（Connection）为FDConnection1，DataSource1的DataSet属性为FDTable1或FDQuery1，这样就建立了控件之间的联系。另外，需要设定FDConnection1的DriverName属性为SQLite。

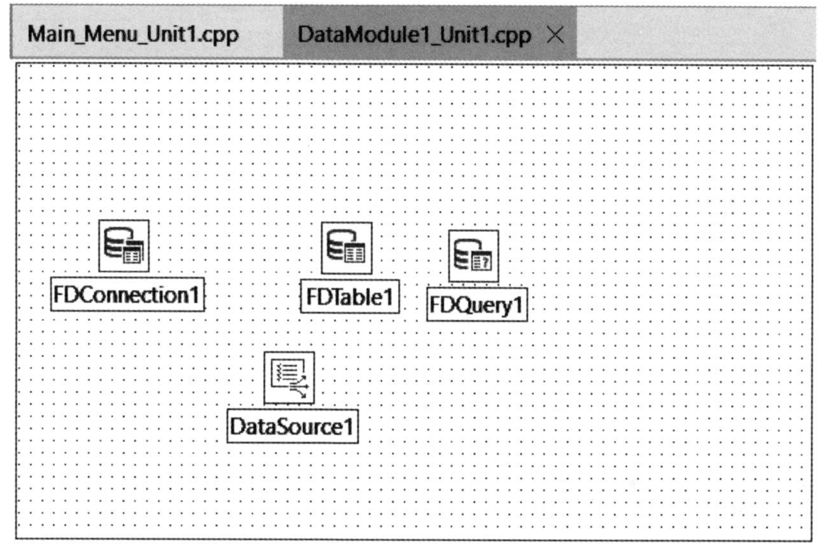

图5-15　FireDAC数据库控件

5.3.1.3　数据库连接方法

与dbGo一样，可以通过鼠标点击FDConnection1进入FireDAC Connection Editor（见图5-16），配置Database属性即可完成对SQLite数据库的连接设置。Database属性就是SQLite的数据库的路径和名称。点击Test按钮，可测试FireDAC控件FDConnection1是否连接成功。对于SQLite数据库，出于数据安全考虑，有时可能需要提供连接数据库的授权用户名称或密码，给定相关信息或通过弹窗输入相关信息后，进行连接测试，会出现是否顺利连接成功的弹窗。然而，应用软件需要动态实现对数据库连接和数据表的使用，因此需要通过交互界面来实现数据的访问与管理。

5.3.2　数据访问方法

上面只测试了SQLite是否可以通过FireDAC控件使用数据库，下面将结合人口数据库软件开发，详细介绍SQLite数据库中数据表数据的使用方法。

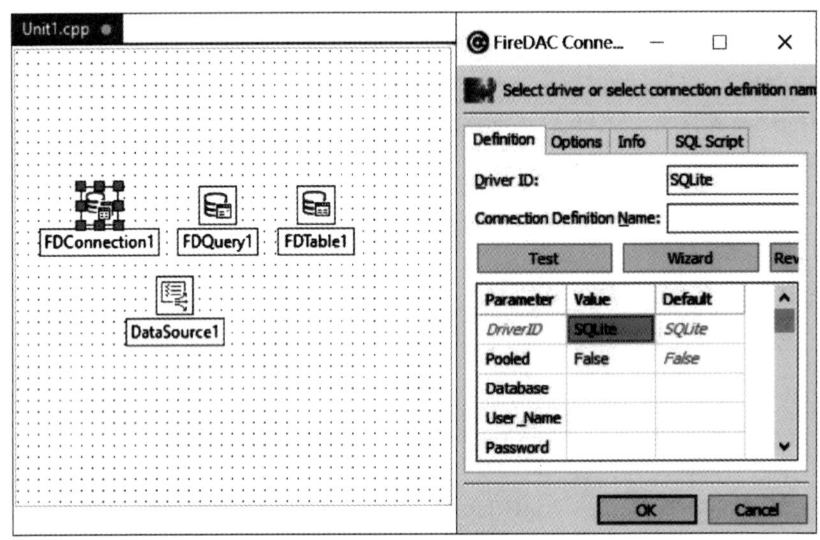

图5-16　FDConnection1数据库连接测试

5.3.2.1　打开数据库

打开数据库是数据使用的开始。打开数据库的同时，在软件中显示打开数据表中的数据，并通过数据网格或数据导航按钮进行浏览数据（见图5-17）。图5-17展示了如何将SQLite数据库的数据在人口数据库软件中进行显示，默认显示SQLite第一个数据表。

人口系统计算机仿真

文件　数据库管理　家庭数据处理　人口分析技术　图形　帮助　　"2010人口普查.sdb"

AutoID_key	age	male	female	mdr	fdr	asfr
1	0	7461199	6325235	0.00373	0.00392	0
2	1	8574973	7082982	0.00116	0.00106	0
3	2	8507697	7109678	0.00067	0.00057	0
4	3	8272491	6978314	0.0005	0.00039	0
5	4	8246206	6973835	0.00042	0.00032	0
6	5	7988151	6743986	0.00037	0.00029	0
7	6	8034452	6770018	0.00037	0.00026	0
8	7	7292300	6136861	0.00035	0.00021	0

E:\新概念人口统计学-书稿源程序\Win32\Debug\2010人口普查.sdb："2010人口普查.sdb"　记录号：1

图5-17　打开数据库

为了实现图5-17的功能，首先需要新建一个工程文件，将默认Form1的名称修改为MainMenu_Form1，然后添加控件MainMenu1、OpenDialog1、ImageList1、DBGrid1和DBNavigator1等（见图5-18）。在MainMenu1中添加“打开数据”项目栏，DBGrid1用于显示数据表数据，OpenDialog1用于选定打开的SQLite数据库，ImageList1用于管理快捷键图标。“打开数据”项目栏对应的程序实现方法见程序5-3。

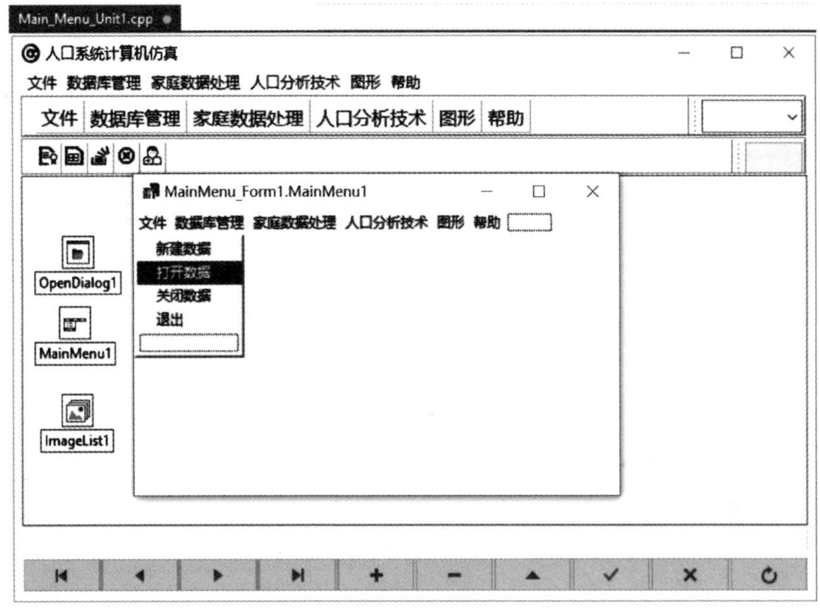

图5-18 人口数据库数据访问界面

程序5-3定义了四个字符串变量“`String kk01,kk02,kk03,kk04;`”和一个数据库路径及文件名字符串变量“`String current_data_Table_name;`”。这些字符串变量的定义用于存储数据库连接参数等，打开数据库并显示特定数据表需要完成以下几个步骤：

第一步，通过OpenDialog1获取打开数据库文件名，并将数据库文件名存储到变量`current_data_Table_name`中。

第二步，创建数据模型对象，即“`DataModule1=new TDataModule1(Application)`”。

第三步，将SQLite数据库连接参数赋给字符串`kk01`、`kk02`、`kk03`和`kk04`。

第四步，将数据库连接参数添加到FDConnection1的参数中，例如，添加字符串kk01使用的语句为“DataModule1->FDConnection1->Params->Add（kk01）;”。

第五步，连接FDConnection1，并将FDTable1的Connection属性设置为FDConnection1，同时获取FDConnection1连接的所有数据表名称，使用的语句为：FDConnection1->GetTableNames()函数。

第六步，在FDTable1->Active=false的情况下，将一个FDConnection1连接的所有数据表名称赋予FDTable1，语句为：FDTable1->TableName，然后FDTable1->Active的属性设定为True。

通过上述六个步骤，完成对SQLite数据库中数据表的连接，同时，将数据在DBGrid1中显示，具体程序实现和文件属性在窗体中显示、设置方法等见程序5-3。

程序5-3　打开SQLite数据表

```
    void __fastcall TMainMenu_Form1::d1Click(TObject *Sender)
    {
     String kk01,kk02,kk03,kk04;
     String current_data_Table_name;
     int i;

       MainMenu_Form1->OpenDialog1->Execute();
       current_data_Table_name=MainMenu_Form1->OpenDialog1->
FileName;

       if (current_data_Table_name=="") {
             ShowMessage("没有打开的数据库或文件不存在！");
             return;
       }
             No_of_frm=1;
             DataModule1=new TDataModule1(Application);

             kk01="DriverID=SQLite";
             kk02="Database encoding = UTF8";
             kk03="Database="+current_data_Table_name;
```

```
            kk04="Lockingmod=Exclusive"; //目的是DBGrid可以连
接显示数据表

            DataModule1->FDConnection1->Connected=false;
            DataModule1->FDConnection1->DriverName="Sqlite";
            DataModule1->FDConnection1->Params->Clear();
            DataModule1->FDConnection1->Params->Add(kk01);
            DataModule1->FDConnection1->Params->Add(kk02);
            DataModule1->FDConnection1->Params->Add(kk03);
            DataModule1->FDConnection1->Params->Add(kk04);
            DataModule1->FDConnection1->Connected=true;

             DataModule1->FDTable1->Connection=DataModule1->
FDConnection1;
                 MainMenu_Form1->ComboBox1->Clear();

          DataModule1->FDConnection1->GetTableNames("","","",
MainMenu_Form1->ComboBox1->Items);
          //提取打开数据库内的数据表名称
           MainMenu_Form1->ComboBox1->Text=MainMenu_Form1->
ComboBox1->Items->Strings[0];
         //获取items的第一个数据表

            DataModule1->FDTable1->Active=false;
            DataModule1->FDTable1->TableName=MainMenu_Form1->
ComboBox1->Text;
            DataModule1->FDTable1->Active=true;
            MainMenu_Form1->DBGrid1->DataSource=DataModule1->
DataSource1;

    //      DataModule1->FDQuery1->Active=false;
    //      也可用FDQuey读取数据，特别是大量数据的情况下，Query的
方式读取效率更高
    //      DataModule1->FDQuery1->SQL->Clear();
    //      DataModule1->FDQuery1->SQL->Add("select * from "
+MainMenu_Form1->ComboBox1->Text);
```

```
    //        DataModule1->FDQuery1->Open();

    MainMenu_Form1->ComboBox1->Enabled=true;
    MainMenu_Form1->StaticText1->Caption=current_data_Table_
name+":"+MainMenu_Form1->ComboBox1->Text;
    MainMenu_Form1->DBNavigator1->DataSource=DataModule1->
DataSource1;

    MainMenu_Form1->ComboBox1->Enabled=true;
    MainMenu_Form1->StaticText1->Caption=current_data_Table_
name+" : "+MainMenu_Form1->ComboBox1->Text;

    MainMenu_Form1->DBNavigator1->DataSource=DataModule1->
DataSource1;
    MainMenu_Form1->StaticText1->Caption=MainMenu_Form1->
StaticText1->Caption+" 当前记录: "+String(DataModule1->FDTable1->
RecNo);
    }
    //-----------------------------------------------------------
```

5.3.2.2 FDTable读取数据记录

与SQLite数据库连接成功后，就可以访问数据表中不同字段的所有记录。访问数据表中各数据记录的方法可以采用FDTable或FDQuery控件。下面建立一个名为Graph_Define_Form1的动态窗体（见图5-19），该窗体可以实现将打开数据表中选定字段的数值型数据进行作图显示，目的是展示访问每个记录数据的方法，具体Graph_Define_Form1窗体的构成见图5-19。图5-19中包含两个ListBox，ListBox1用于读取打开数据表FDTable1的全部字段名，ListBox2用于选定打开数据表FDTable1中用于作图的字段。

在主菜单中点击图形菜单中线型图的项目栏，应用程序将创建Graph_Define_Form1窗体，同时将打开数据表FDTable1的全部字段名添加到Graph_Define_Form1窗体中的ListBox1项目栏中，以备选为作图变量。创建Graph_Define_Form1窗体的具体程序内容见程序5-4。

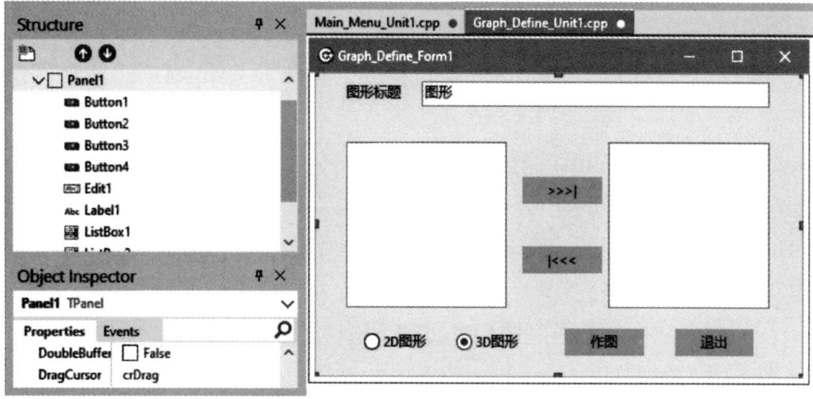

图 5-19　SQLite 数据表数据作图

程序 5-4　创建 Graph_Define_Form1 窗体

```
    void __fastcall TMainMenu_Form1::N24Click(TObject *Sender)
    {
      if (No_of_frm==0)
        {
              ShowMessage("没有打开的数据库或文件不存在！");
              return;
        }
              Graph_Define_Form1= new TGraph_Define_
Form1(Application);
              int i;

              DataModule1->FDTable1->Active=true;

                for (i = 0; i <DataModule1->FDTable1->
FieldCount; i++) {
    Graph_Define_Form1->ListBox1->Items->Add(DataModule1->
FDTable1->Fields->Fields[i]->FieldName);
                  }
              Graph_Define_Form1->graph_type=1;
              Graph_Define_Form1->demin_3d=1;
              Graph_Define_Form1->ShowModal();
    }
```

Graph_Define_Form1窗体创建显示后，可以通过鼠标点击选定ListBox1项目栏中的项目（数据表FDTable1中的字段名），并通过“>>>|”按钮将选定字段名移入ListBox2项目栏中，也就是即将用于作线型图的数据变量。

Graph_Define_Form1窗体中鼠标在ListBox1选定变量并移入ListBox2，点击作图按钮就可以创建Graph_Form1窗体，该窗体含有DBChart1等控件。在DBChart1中，根据选定变量，在FDTable1中按记录读取数据，然后作图，具体实现方法见程序5-5。

在程序5-5中，使用控件FDTable1读取数据的主要语句包含：

第一个语句：“DataModule1->FDTable1->First();”将数据记录指针定位在第一个记录上。

第二个语句：“for (j = 0; j < DataModule1->FDTable1->RecordCount; j++)”根据FDTable1数据记录数量确定数据读取循环语句次数。

第三个语句：“DataModule1->FDTable1->FieldByName(Graph_Define_Form1->ListBox2-> Items->Strings[i])->AsFloat;”将选定变量按浮点数据读取。

第四个语句：“DataModule1->FDTable1->Next();”将数据记录定位指针向后移动一个记录，与for语句中的循环相配合，实现从头至尾读取选定字段所有记录数据的目的。

另外，在程序5-5中，创建了线型图对象数组“TLineSeries *LineSeries[No_of_serises];”并通过“LineSeries[i]->AddY();”语句将读取的字段数据作线型图，具体读取的语句和数据使用方式见程序5-5。

程序5-5　SQLite数据表数据作图

```
    void __fastcall TGraph_Define_Form1::Button3Click(TObject
*Sender)
    {
       Graph_Form1= new TGraph_Form1(Application);

       int No_of_serises;
       int i,j;
```

```
        No_of_serises=Graph_Define_Form1->ListBox2-> Count;

        if (Graph_Define_Form1->graph_type==1) {
            TLineSeries *LineSeries[No_of_serises];
                for (i = 0; i < No_of_serises; i++) {
                    LineSeries[i]=new TLineSeries(Application);
                    LineSeries[i]->ParentChart=Graph_Form1->
DBChart1;
                }

                DataModule1->FDTable1->First();
                 for  (j  =  0;  j  <  DataModule1->FDTable1->
RecordCount; j++) {
                    for (i = 0; i < No_of_serises; i++) {
                        LineSeries[i]->AddY(DataModule1->FDTable1->
FieldByName(Graph_Define_Form1->ListBox2->Items->Strings[i])->
AsFloat);
                        LineSeries[i]->Marks->Visible=false;
                        LineSeries[i]->Title=Graph_Define_Form1->
ListBox2->Items->Strings[i];
                                          }
                DataModule1->FDTable1->Next();
                }
                        Graph_Form1->DBChart1->Title->Caption=
Graph_Define_Form1->Edit1->Text;

                 }//线型图结束
                Graph_Form1->ShowModal();
    }
```

5.3.2.3　FDQuery 读取数据记录

通过程序 5-5 可以看到读取数据表中选定字段的所有记录数据和根据数据作图的方法，涉及的重要语法包括 ListBox 中项目栏数据字段名的提取、数据表中遍历数据记录、数据类型和根据选定字段（变量）数量创建线型图的方法。这些方法都是数据库应用程序开发常用的。虽然程序 5-5 只编写了 FDTable 控件的数据使用方法，没有涉及 FDQuery 控件，但二者非常相似。不同之处是打开数据表的方法不同，在打开数据库的程序中需要添加程序5-6中的语句，也就是程序5-3中被当作注释的语句，具体打开数据表的方法是采用SQL语句（见程序5-6）。FDQuery的优势是访问大量数据的效率远远超过FDTable控件。绝大多数情况下，只要数据量不是非常大，将FDTable换为FDQuery即可。比如，程序5-5中SQLite数据表数据作图方法的例子，只要将FDTable换为FDQuery即可实现完全相同的功能。

程序5-6 FDQuery打开数据表

```
    DataModule1->FDQuery1->Active=false;
    // FDQuey读取数据，特别是大量数据的情况下，Query的方式读取效率更高
        DataModule1->FDQuery1->SQL->Clear();
        DataModule1->FDQuery1->SQL->Add("select * from "+MainMenu_Form1->ComboBox1->Text);
        DataModule1->FDQuery1->Open();
```

Table和Query是两个不同数据记录读取的方法，这里提供了FireDAC的FDTable和FDQuery的数据读取方法，对于其他数据库驱动方式，如dbGo、BDE、dbExpress和InterBase等都是通过Table和Query两个控件来访问数据表中特定字段的记录数据的，编程实现方法与FDTable、FDQuery的实现方法是一样的。

5.4 SQL语句

SQL是标准化的数据库查询语言。虽然许多数据库的数据结构不同，如Oracle与MySQl是完全不同的数据库，但这些数据库使用的SQL语句具有相同的标准，这也是SQL在数据库软件开发过程中扮演重要角色的原因。程序5-6中使用“DataModule1->FDQuery1->SQL->Add（"select * from"+MainMenu_Form1-> ComboBox1->Text）;”语句，这个语句是通过FDQuery1控件使用SQL语句。SQL为Structured Query Language的缩写，也有人认为它不能称为一种独立的语言，只是运行在宿主语言之下的语句。

5.4.1　SQL的主要功能简介

国际标准化组织（ISO）为SQL制定了相应的标准。尽管SQL语言的构成和语法非常简洁，但功能丰富。标准的SQL由关键字、表名、字段名等构成，实现的功能包括数据定义、数据操作和数据控制三类功能。

5.4.1.1　SQL指令

用于数据库或数据表数据结构创建或者删除已有数据以及改变数据定义结构的语句称作数据定义指令，SQL数据定义指令包括以下三个：第一个是Create语句，用于创建数据库和表等对象；第二个是Drop语句，用于删除数据库和表等对象；第三个是Alter语句，用于修改数据库和表等对象的结构。

用于数据查询、变更表中记录的语句为数据操作指令，数据操作指令包括以下四个：第一个是Select语句，用于查询数据表中的数据；第二个是Insert语句，用于向数据表中插入新数据；第三个是Update语句，用于变更数据表中的数据；第四个是Delete语句，用于删除表中的数据。

数据控制是指确认或取消对数据库中数据的变更，此外，还包括对数据库使用用户的权限设定或取消。数据控制指令包括四个，两个是数据库数据变更控制，两个是用户权限的设定或取消。具体指令如下：第一个是Commit语句，用于确认对数据库中数据进行的变更；第二个是Rollback语句，用于取消对数据库中数据进行的变更；第三个是Grant语句，用于为用户赋予操作权限；第四个是Revoke语句，用于取消用户的操作权限。

通过对SQL语句的简单介绍可以看出，对于人口数据库和人口系统分析应用程序开发来说，可能绝大多数情况下不涉及实时的在线更新业务，特别是作为科学研究的分析工具，主要的应用在于数据的深入分析，而不是业务数据的实时管理，因此涉及的SQL语句就更加有限。

5.4.1.2　一般语法规则

任何语言都有自己的语法规则，SQL语句也不例外，SQL语句的主要语法规则比较简单，基本规则如下。

第一，一条语句可以单行或多行书写，语句以分号“;”作为结束的标志。

第二，SQL关键字不区分大小写，如CREATE与create或Create等价。

第三，SQL关键词用半角英文字符，不能用全角中文，关键词与关键词之间用空格分开。比如，创建数据表应该写作：Create Table，两个英文单词之间是半角空格，而不能写作CreateTable。

第四，SQL常数的书写方式是固定的，字符串或日期需要单引号“′”，而数值则不需要，可以直接写出来。比如，字符串常量abc需要写为′abc′，数值100则不需要，直接写100即可。

总之，在数据库软件开发过程中，计算机语言会对SQL语句进行语法检查，只有符合规则的语句才能顺利执行，但能够顺利执行的语句并不意味着可以实现设计的目标，执行结果是否与预期一致则需要认真对照、检查。

5.4.2 SQL数据定义语句

5.4.2.1 Create语句

Create语句有两个，一个是Create DataBase，另一个是Create Table。Create DataBase的语法：`Create DataBase<数据库名称>`。比如，`Create DataBase Family`；SQL执行这个语句就可以创建一个名为Family的数据库。

与Create DataBase相比，Create Table的语法要复杂很多，具体语句是：

```
Create Table <表名> (<字段1> <数据类型> <数据约束条件>,<字段2> <数据类型> <数据约束条件>,<字段3> <数据类型> <数据约束条件>, … ,<字段n> <数据类型> <数据约束条件>);
```

SQL命名的规则与C++/C类似，第一个规则是名称不重复，数据库名称不能重复，同一个数据库内表名不能重复，同一个表内字段名（或成为列名）不能重复；第二个规则是命名以英文字母开头；第三个规则命名只能用英文字母、数字和下划线。例如，创建Pop2010数据表定义：

```
Create Table Pop2010 (Name01 Char(12) Not Null, age Integer, Income Float, Address Varchar(100));
```

`Not Null`的含义是不能空，`Char（12）`的含义是12个字符宽度，同样，`Varchar（100）`的含义是100个字符宽度。

5.4.2.2 Drop语句

Drop语句比较简单，用于表删除，语法为：

```
Drop Table <表名>;
```

数据库中删除表一定要小心，因为表一旦被删除，数据无法恢复，即使是被误删除的表，也无法恢复。比如，删除一个表的语句“Drop Table Family1990;”。

5.4.2.3　Alter 语句

Alter 语句用于数据表数据字段的增加或删除，但需要注意的是，有些数据库只能增加字段，不能删除字段。增加字段的语法为：

```
Alter Table <表名> ADD Column <字段定义>;
```

比如，向数据表 Pop2010 中增加 score 和 ID_Stu 字段：

```
Alter Table Pop2010 ADD Column score Float,ID_Stu Varchar(20);
```

不同的数据库在使用 Alter 语句时略有不同，具体方法需要参考数据库语言的特殊约定。这些特殊约定并不复杂。比如，Oracle 的语法与上面略有不同，不需要 Column，而是改为用括号来定义，相同的数据表字段修改功能，Alter 语句需要修改为：

```
Alter Table Pop2010 ADD (score Float,ID_Stu Varchar(20));
```

5.4.3　SQL 数据操作语句

5.4.3.1　Select 语句

从数据表中获取数据是数据操作的重要功能。Select 语句是 SQL 语句中用于从数据表中选取或查询数据的指令，也是使用最多、最基本的语句。Select 语句的基本结构为：

```
Select <字段名1>,<字段名2>,…,<字段名n> From <表名>;
```

执行 Select 语句，将形成一个符合条件的二维表。如果需要将指定数据表中选定所有字段数据，Select 语句语法简化为：“Select * From<表名>;”。如果获取数据不重复，Select 语句加入关键字 Distinct 即“Select Distinct * From<表名>;”，这样将把重复的数据删掉，获得的数据则不重复。另外，还可以加入其他条件，如通过 Where 子句，使获得的数据满足特定条件。具体语法为：

```
Select <字段名1>,<字段名2>,…,<字段名n>
```

```
From <表名>
Where <条件表达式>;
Select * From Pop2010 where score>80;
```

以上仅展示了Select语句的语法结构，Select语句还有一些在人口信息系统中不太常用的功能，如模糊查询等指令，实现方法并不复杂，可以参阅SQL相关技术手册。

5.4.3.2 Insert语句

数据添加的方法包括数据的追加和插入，SQL语句采用Insert语句来实现，Insert语句的语法构成为：

```
Insert into <表名> (<字段名1>,<字段名2>,…,<字段名n>) values (<数值1>,<数值2>,…,<数值n>);
```

如果数值为数值型，直接写入数据即可，如果是字符型，则需要对字符加上单引号，例如：

```
Insert into Pop2010 (name01,age,income) values ('Liu09',25,12000);
```

5.4.3.3 Update语句

对现有满足条件的数据内容进行数据更新是另一项重要的功能。比如，在人口数据库系统中，可以根据存活概率确定特定年龄人口的存活或死亡，这个功能在人口微观仿真系统构建过程中尤为重要。SQL数据表数据更新的语句为：

```
Update <表名> set <字段名>=<数值> <条件语句>;
```

例如，统一将符合条件的某类人群收入属性设为-1，对Pop2010数据的更新，即“update Pop2010 set income=-1 where age<=15;”。

5.4.3.4 Delete语句

与Update语句类似，SQL语句也可以对现有满足条件的记录进行删除，删除记录语句的语法为：

```
delete from<表名><条件语句>;
```

例如，将Pop2010中收入小于1000的记录删除，即“delete from Pop2010 where income<=1000;”。

通过对SQL语句的简单介绍可见，虽然SQL语句所涉及内容不多，但使用这些简单明了的SQL语句，可以构造强大的专门针对数据库管理和应用的功能。然而，要实现对数据深入分析的目标，还需要进一步研究开发计算机软件工具。

5.5　创建数据库

虽然不同的数据库和数据表的数据结构有较大差别，但只要使用不同数据库数据连接、数据访问控件，通过C++Builder控件和C++程序，就可以使用SQL语句来定义并创建相关的数据库的数据结构。

C++Builder数据库操作可以通过SQL语句实现，也可以通过界面设计和编程实现通用的数据表创建功能。在应用程序开发过程中，需要解决界面设计和数据库操作之间的联系，从而使采用C++Builder开发的软件具有比较完善的数据库管理功能和便捷的数据访问能力。

新建数据库和创建数据表数据结构的界面包括主菜单、新建数据表字段和数据类型定义、创建数据表和保存新创建的空数据库。

5.5.1　主菜单

5.5.1.1　界面设计

新建数据库的主菜单是在MainMenu1控件中添加“新建数据库”项目栏，主菜单的外观显示见图5-20。点击新建数据库菜单栏，则进入数据表数据结构定义窗体，使用数据结构定义窗体，定义所需要的数据表字段。

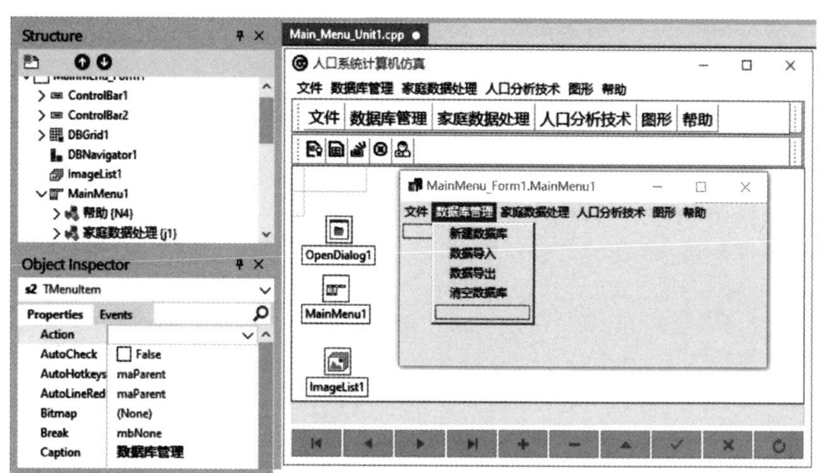

图5-20　主菜单

5.5.1.2 功能实现

主菜单新建数据库项目栏对应的事件是创建Create_Table_Form1窗体（见图5-21a），同时对窗体中的字符串网格进行赋值，赋值的内容是对字符串网格第一行的各列进行赋值，其中字符串网格第一列赋值为“字段号”、第二列赋值为“字段名”、第三列赋值为“字段类型”、第四列赋值为“字段宽度”，字符串网格第二行各列则是输入一行默认的数据（见图5-21b），当然，字符串网格第二行的各列数据可以通过程序选择进行修改。

对窗体Create_Table_Form1初始化的目的是将字符串网格各列数据的含义进行显示，便于软件使用者理解数据表结构字段定义所需参数，Create_Table_Form1窗体初始化方法具体见程序5-7。

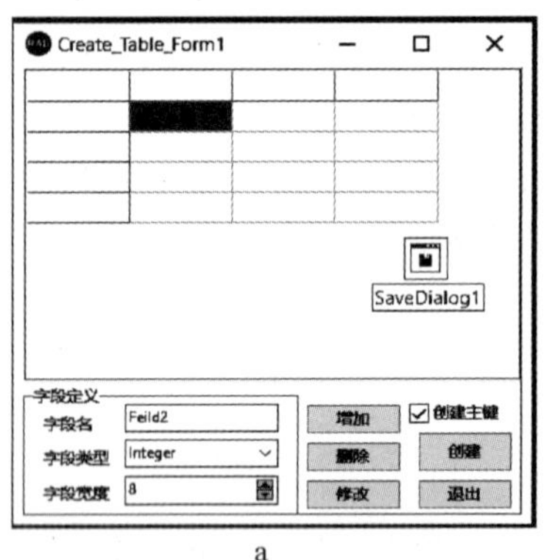

a

b

图5-21 数据字段定义窗体

程序5-7 主菜单——建立数据库

```
void __fastcall TMainMenu_Form1::j6Click(TObject *Sender)
{
   Create_Table_Form1= new TCreate_Table_Form1(Application);
   Create_Table_Form1->StringGrid1->Cells[0][0]="字段号";
   Create_Table_Form1->StringGrid1->Cells[1][0]="字段名";
   Create_Table_Form1->StringGrid1->Cells[2][0]="字段类型";
   Create_Table_Form1->StringGrid1->Cells[3][0]="字段宽度";
   Create_Table_Form1->StringGrid1->Cells[0][1]="字段1";
   Create_Table_Form1->StringGrid1->Cells[1][1]="feild1";
   Create_Table_Form1->StringGrid1->Cells[2][1]="Integer";
```

```
    Create_Table_Form1->StringGrid1->Cells[3][1]="4";
    Create_Table_Form1->StringGrid1->RowCount=2;

    Create_Table_Form1->ShowModal();
}
```

5.5.2　数据结构定义

Create_Table_Form1 窗体是数据表的数据结构定义界面，前面描述的对字符串网格进行初始化的目的是将数据表的数据结构属性赋值。对于一个数据表数据结构定义的主要功能是根据需要通过应用程序界面实现对数据结构定义的增、删、改等功能，具体界面的构成和主要功能实现如下。

5.5.2.1　界面设计

字符串网格用于显示数据结构定义，目的是可以根据字符串网格所显示的数据生成SQL语句，然后实现数据库中数据表的创建任务（见图5-21）。

从图5-21可以看到，除了字符串网格可以用于显示数据结构定义，还可以对字段定义中的字段名、字段类型和字段宽度进行数据字段定义的增加、删除和修改，此外还可以对字符串网格中的定义进行再编辑。对字符串网格编辑功能是通过按钮及相关程序实现的，下面将对这些功能实现的方法进行展示。

5.5.2.2　增加字段

点击增加按钮（见图5-22），可以实现对字符串网格追加新的数据，追加数据的内容为字段定义。需要说明的是，字符串网格中字段号一列的数据是应用程序自动添加的，其他数据是通过字段定义由用户进行输入添加的，具体字段添加的实现方法见程序5-8。

程序 5-8　增加字段定义

```
   void __fastcall TCreate_Table_Form1::Button3Click(TObject
*Sender)
    {
     int i;
     StringGrid1->RowCount=StringGrid1->RowCount++;
```

```
    Edit1->Text="field"+IntToStr(StringGrid1->RowCount-1);
    StringGrid1->Cells[1][StringGrid1->RowCount-1]=Edit1->
Text;
    StringGrid1->Cells[2][StringGrid1->RowCount-1]=
ComboBox1->Text;
    StringGrid1->Cells[3][StringGrid1->RowCount-1]=
IntToStr(SpinEdit1->Value);

      for (i = 0; i < StringGrid1->RowCount-1; i++)
      {
           StringGrid1->Cells[0][i+1]="字段"+IntToStr(i+1);
      }
   }
   //---------------------------------------------------------
```

图 5-22 数据字段定义功能实现

如果没有对三个字段定义的控件的数据进行修改，每次鼠标点击增加按钮，应用程序将自动默认前面的数据结构和默认添加的字段名。对程序

5-8稍加修改，也可以使默认添加的数据结构更符合用户的个性化需求。

5.5.2.3　删除字段

删除数据字段定义其实是在字符串网格删除已输入的数据。完成删除字符串网格数据需要两个操作，第一个是确定删除的字符串网格行，第二个是将没有删除的字段进行更新。

在字符串网格单元格选定事件中提取当前选定的单元格的行、列值，并将当前单元行的相关信息显示在字段定义的三个控件内，即字段名（Edit1->Text）、字段类型（ComboBox1->Text）和字段宽度（见程序5-9）。

程序 5-9　选定数据字段定义单元格

```
    void __fastcall TCreate_Table_Form1::StringGrid1SelectCell
(TObject *Sender, int ACol,
              int ARow, bool &CanSelect)
    {
     Current_ACol=ACol;
     Current_ARow=ARow;

     Edit1->Text=StringGrid1->Cells[1][Current_ARow];
     ComboBox1->Text=StringGrid1->Cells[2][Current_ARow];
     SpinEdit1->Value=StrToInt(StringGrid1->Cells[3][Current_
ARow]);
    }
    //---------------------------------------------------------
```

删除单元行数据的操作是通过“删除”按钮鼠标点击事件来实现的。在删除单元行数据前，将字符串网格数据存储到数据结构定义的三个临时数组内，然后根据选定单元行确定被删除的单元行和其他没有变化的单元行，将没有删除的单元格数据存储到数据结构定义的三个数组内，并对字符串网格数据进行更新（见程序5-10）。

程序 5-10　删除数据字段定义

```
    all TCreate_Table_Form1::Button4Click(TObject *Sender)
```

```
{
  String field_name[255];
  String field_type[255];
  String field_width[255];

  String tempfield_name[255];
  String tempfield_type[255];
  String tempfield_width[255];

  int i;
  for (i = 0; i < StringGrid1->RowCount-1; i++) {
   tempfield_name[i]=StringGrid1->Cells[1][i+1];
   tempfield_type[i]=StringGrid1->Cells[2][i+1];
   tempfield_width[i]=StringGrid1->Cells[3][i+1];
  }

  int j;
  j=0;

 for (i = 0; i < StringGrid1->RowCount-1; i++) {

 if (i!=(Current_ARow-1))
 {
  field_name[j]=tempfield_name[i];
  field_type[j]=tempfield_type[i];
  field_width[j]=tempfield_width[i];
  j++;
 }
  }

  StringGrid1->RowCount--;

  for (i = 0; i < StringGrid1->RowCount-1; i++) {
   StringGrid1->Cells[1][i+1]=field_name[i];
   StringGrid1->Cells[2][i+1]=field_type[i];
   StringGrid1->Cells[3][i+1]=tempfield_width[i];
  }
}
```

```
    //-----------------------------------------------------------
```

需要说明的是，每次点击删除按钮只删除一个当前行。如果需要删除更多的字段定义，重复点击删除按钮即可。

5.5.2.4　修改字段定义

修改单元行数据结构定义比较简单，当鼠标点击修改按钮时，字符串网格数据当前行的内容将根据字段定义的三个控件内容进行修改，具体实现方法见程序 5-11。

程序 5-11　修改字段定义

```
    void __fastcall TCreate_Table_Form1::Button5Click(TObject
*Sender)
    {
     StringGrid1->Cells[1][Current_ARow]=Edit1->Text;
     StringGrid1->Cells[2][Current_ARow]=ComboBox1->Text;
     StringGrid1->Cells[3][Current_ARow]=IntToStr(SpinEdit1->
Value);
    }
    //-----------------------------------------------------------
```

同样，鼠标每次点击修改按钮，应用程序将根据字段定义的三个控件内容进行修改，且修改的内容为当前行的字段定义，对于不同的字段，需要通过网格单元格的鼠标点击，然后点击修改按钮。

5.5.3　创建数据库

创建 Create_Table_Form1 窗体的目的是定义数据表的数据结构，根据定义的数据结构进一步创建数据库和数据表。例如，图 5-23 展示了一个简单的数据表数据结构定义示例，目的是根据这个数据表来创建数据库 ggggg.sdb。

5.5.3.1　SQL 语句生成

根据图 5-23 字符串网格数据所定义的数据结构，生成对应的 SQL 语句需要处理或完成以下三个步骤。

人口系统计算机仿真

文件 数据库管理 家庭数据处理 人口分析技术 图形 帮助

Create_Table_Form1

字段号	字段名	字段类型	字段宽度
字段1	feild1	Integer	4
字段2	field2	Char	10
字段3	field3	Float	8
字段4	field4	Integer	8

字段定义

字段名 field2

字段类型 Char

字段宽度 10

增加 删除 修改 创建主键 创建 退出

图5-23 数据库表创建

第一步，根据数据字段名和数据类型为字符串数组pp赋值，对于不同类型的变量，字符串数组的赋值方式有所不同。比如，Float型只需要将单元格第二列的字段名和第三列的字段类型“Float”相加，赋予相应的数组元素即可；而Char型除了需要单元格第二列的字段名和第三列的字段类型“Char”相加，还要对数据宽度定义内容形成字符串，并与前两列相加的结果相加，同时需要生成“(”“)”，具体实现方法见下面的程序片段。

```
    SQLstring1="";
      for (i = 1; i < StringGrid1->RowCount; i++)
        {
        if (StringGrid1->Cells[2][i]=="Char"|| StringGrid1->
Cells[2][i]=="char") {
              pp[i-1]=StringGrid1->Cells[1][i]+"
"+StringGrid1-> Cells[2][i]+"("+StringGrid1->Cells[3][i]+")";
        }
        if (StringGrid1->Cells[2][i]=="Float"|| StringGrid1->
Cells[2][i]=="float") {
```

```
            pp[i-1]=StringGrid1->Cells[1][i]+" "+StringGrid1->
Cells[2][i];
        }
    } //end for
```

第二步，根据字符串pp数据，继续进行SQL语句的定义，生成字符串SQLstring1，用于对变量的数据类型进行完整的定义。比如，除了最后一个字段，字段定义与字段定义之间用“,”分隔，最后的字段以“)”结束，第一个字段定义以“(”开头，对于不同的字段，采取的处理方式不同，目的是生成的字符串符合SQL语句的语法规则。SQL语句的具体实现方法如下：

```
    for (i = 0; i < StringGrid1->RowCount-2; i++) {
        SQLstring1=SQLstring1+pp[i]+",";
    }
    if (Create_Table_Form1->CheckBox1->Checked==false) {
        SQLstring1="("+SQLstring1+pp[StringGrid1->
RowCount-2]+")";
    }
    if (CheckBox1->Checked==true){
        SQLstring2="AutoID_key INTEGER PRIMARY KEY,";   //加入
自动唯一增加字段
        SQLstring1="("+SQLstring2+SQLstring1+pp[StringGrid1->
RowCount-2]+")";
    }
```

第三步，添加创建数据库的绝对路径文件名，并将文件名用单引号扩上。具体程序如下：

```
    my_temp1="'";
    my_temp2="'";
    //SQLstring1字符串表达式无法直接相加 需要通过变量分解字符，然后
相加
    SQLstring1="Create table "+my_temp1+myfilename+my_temp2+" "
+SQLstring1;
```

单步跟踪程序（见图5-24）可以看到，上述程序的目的是生成字符串SQLstring1的完整数据结构和创建数据库定义。

```
if (Create_Table_Form1->CheckBox1->Checked==false)
  {
    SQLstring1="("+SQLstring1+pp[StringGrid1->RowCount-2]+")";
  }

if (CheckBox1->Checked==true)
  {
    SQLstring2="AutoID_key INTEGER PRIMARY KEY,";    //加入自动唯一增加字段
    SQLstring1="("+SQLstring2+SQLstring1+pp[StringGrid1->RowCount-2]+")";
  }

my_temp1="'";
my_temp2="'";
 ////SQLstring1无法字符串表达式直接相加 需要通过变量分解字符，然后相加

SQLstring1="Create table "+my_temp1+myfilename+my_temp2+" "+SQLstring1;
 > SQLstring1   {u"Create table 'E:\\ggggg.sdb' (feild1 Integer,field2 Char(10),field3 Float,field4 Integer)" }
////建立

create_datatable_name=my_temp1+myfilename+my_temp2;

if (FileExists(myfilename)==true||myfilename=="")
  {
    ShowMessage("文件已经处在！");
    return;
  }
```

图 5-24　数据库表创建SQL语句生成

5.5.3.2　执行FireDAC执行SQL语句

创建数据库之前，首先创建数据模型（DataModule1）对象，并建立数据库连接，数据库则是通过数据库连接控件FDConnection1和数据查询控件FDQuery1创建。数据库连接是采用SQLite数据库驱动程序和数据库连接方法，具体控件属性设置的程序如下：

```
DataModule1=new TDataModule1(Application);
DataModule1->FDConnection1->DriverName="Sqlite";
DataModule1->FDConnection1->Params->Add("DriverID=SQLite");
DataModule1->FDConnection1->Params->Add("Database="+myfilename);
DataModule1->FDConnection1->Connected=true;
```

DataModule1->FDConnection1数据库连接完成后，通过DataModule1->FDQuery1执行SQLstring1所生成的数据表创建语句，即创建相应的数据库和数据表。具体程序如下：

```
DataModule1->FDQuery1->SQL->Clear();
DataModule1->FDQuery1->SQL->Add(SQLstring1);
DataModule1->FDQuery1->ExecSQL(); //执行创建数据表SQL语句
```

5.5.3.3　显示数据表

执行SQL语句创建数据库以及默认同名的数据表后，打开创建的数据表，该数据表只含有数据字段定义的数据结构，是一个空表。将创建的数据表在MainMenu1窗体中DBGrid1控件显示，一方面确认数据表已经顺利创建，另一方面可以进行数据输入。即使在实际应用过程中，多数情况下数据是通过程序导入的，但导入数据的过程需要与数据表的数据结构相同。因此，在应用程序设计过程中，通常是先创建数据表的数据结构，然后导入相应的数据。上面讨论了创建数据库和数据表的基本原理、界面设计和关键语句实现方法，创建数据库的完整程序见程序5-12。

程序 5-12　创建数据库

```
    void __fastcall TCreate_Table_Form1::Button1Click(TObject
*Sender)
    {
       UnicodeString SQLstring1,SQLstring2;
       String pp[255];
       int  i;
       String open_table_file_name;
       String create_datatable_name;
       String myfilename,current_data_Table_name;
       UnicodeString my_temp1,my_temp2;

       SaveDialog1->Execute();//用于提供保存数据库、表的名称

       MainMenu_Form1->DBGrid1->Hide();
       MainMenu_Form1->DBNavigator1->Hide();

       open_table_file_name=SaveDialog1->FileName;
       myfilename=SaveDialog1->FileName+".sdb";
       current_data_Table_name=SaveDialog1->FileName+".sdb";

       if (open_table_file_name=="")
       {
          ShowMessage("文件已经存在，请输入新的文件名！ ");
             return;
       }
```

```
    SQLstring1="";

    for (i = 1; i < StringGrid1->RowCount; i++)
        {
        if (StringGrid1->Cells[2][i]=="Char"|| StringGrid1->
Cells[2][i]=="char")
        {
            pp[i-1]=StringGrid1->Cells[1][i]+" "+StringGrid1->
Cells[2][i]+"("+StringGrid1->Cells[3][i]+")";
        }
        if (StringGrid1->Cells[2][i]=="Float"|| StringGrid1->
Cells[2][i]=="float")
        {
          pp[i-1]=StringGrid1->Cells[1][i]+" "+StringGrid1->
Cells[2][i];
        }
        if (StringGrid1->Cells[2][i]=="Integer"||StringGrid1->
Cells[2][i]=="integer")
        {
            pp[i-1]=StringGrid1->Cells[1][i]+" "+StringGrid1->
Cells[2][i];
        }
        if (StringGrid1->Cells[2][i]=="Date"|| StringGrid1->
Cells[2][i]=="date")
        {
            pp[i-1]=StringGrid1->Cells[1][i]+" "+StringGrid1->
Cells[2][i];
        }
        if (StringGrid1->Cells[2][i]=="Blob"||StringGrid1->
Cells[2][i]=="blob")
        {
            pp[i-1]=StringGrid1->Cells[1][i]+" "+StringGrid1->
Cells[2][i];
        }
    } //end for
```

```
        for (i = 0; i < StringGrid1->RowCount-2; i++)
        {
            SQLstring1=SQLstring1+pp[i]+",";
        }

        if (Create_Table_Form1->CheckBox1->Checked==false)
        {
             SQLstring1="("+SQLstring1+pp[StringGrid1->
RowCount-2]+")";
        }

        if (CheckBox1->Checked==true)
        {
            SQLstring2="AutoID_key INTEGER PRIMARY KEY,";   //
加入自动唯一增加字段
             SQLstring1="("+SQLstring2+SQLstring1+pp[StringGr
id1->RowCount-2]+")";
        }

    my_temp1="´";
    my_temp2="´";
    //SQLstring1无法字符串表达式直接相加 需要通过变量分解字符，然后
相加

    SQLstring1="Create table "+my_temp1+myfilename+my_temp2+"
"+SQLstring1;

    //建立创建数据库和数据表结构 开始
    create_datatable_name=my_temp1+myfilename+my_temp2;

    if (FileExists(myfilename)==true||myfilename=="")
        {
            ShowMessage("文件已经存在！");
            return;
        }

    DataModule1=new TDataModule1(Application);
    DataModule1->FDConnection1->DriverName="Sqlite";
```

```
    DataModule1->FDConnection1->Params->Add("DriverID=SQLite");
    DataModule1->FDConnection1->Params->Add("Database="+myfilename);
    DataModule1->FDConnection1->Connected=true;
        //执行连接创建数据库 如果数据库已经存在 不执行创建任务

    //执行sql创建数据表
    DataModule1->FDQuery1->SQL->Clear();
    DataModule1->FDQuery1->SQL->Add(SQLstring1);
    DataModule1->FDQuery1->ExecSQL(); //执行创建数据表SQL语句

   // 打开表格 //
    DataModule1->FDConnection1->Connected=true;
    DataModule1->FDTable1->Connection=DataModule1->FDConnection1;
    MainMenu_Form1->ComboBox1->Clear();
        DataModule1->FDConnection1->GetTableNames
("","","",MainMenu_Form1->ComboBox1->Items);
    //将数据库中的数据表名称读入多选框
    MainMenu_Form1->ComboBox1->Text=MainMenu_Form1->
ComboBox1->Items->Strings[0];
        DataModule1->FDTable1->Active=false;
        DataModule1->FDTable1->TableName=MainMenu_Form1->
ComboBox1->Text;
        DataModule1->FDTable1->Active=true;
          Open_Sqlite();//Sqlite
        MainMenu_Form1->ComboBox1->Enabled=true;MainMenu_Form1->
StaticText1->Caption=current_data_Table_name+':'+MainMenu_Form1->
ComboBox1->Text;
    //建立创建数据库和数据表结构 结束

    MainMenu_Form1->DBNavigator1->Enabled=false;

    MainMenu_Form1->DBGrid1->Show();
    MainMenu_Form1->DBNavigator1->Show();
    MainMenu_Form1->No_of_frm=1;
    ModalResult= mrCancel;
   }
   //-----------------------------------------------------
```

通过阅读程序5-12，可以把FireDAC数据模型SQL创建和打开数据表总结为以下几个部分：第一部分为数据库连接；第二部分为数据结构定义；第三部分为SQL语句的生成；第四部分为SQL语句的执行；第五部分为数据表创建与数据表显示。

5.6　导入原始数据

由于数据录入工作量较大，为了避免重复劳动，应用程序之间数据交换十分必要。目前常用的数据表格式是Excel，特别是其CSV格式。其实CSV格式就是用逗号“,”或分号“;”分隔的文本文件，只是有时对字符和数值标识有所区别。

5.6.1　界面设计

在主菜单中添加“数据导入”菜单项目栏（见图5-25），与数据导入项目栏对应的窗体为Data_input_Form1（见图5-26）。窗体Data_input_Form1初始化程序见程序5-13。

程序5-13　数据导入窗体初始化

```
void __fastcall TMainMenu_Form1::N18Click(TObject *Sender)
{
   //TData_input_Form1 *Data_input_Form1;
   Data_input_Form1=new TData_input_Form1(Application);
   Data_input_Form1->Edit1->Enabled=true;
   Data_input_Form1->Caption="导入csv格式excel浮点数据";
   Data_input_Form1->BitBtn1->Caption="打开";
   Data_input_Form1->ShowModal();
}
```

窗体Data_input_Form1中的Edit1用于输入并显示待创建SQLite数据库名称，包括数据库的磁盘存储路径。选项“第一行为变量名”，添加这个选择的目的是可默认按照第一行数据提供的变量名创建数据表，最后读取进度显示数据导入的进度情况，特别是对于数据量很大的数据，需要显示程序是否顺利执行，以及数据导入进度情况。

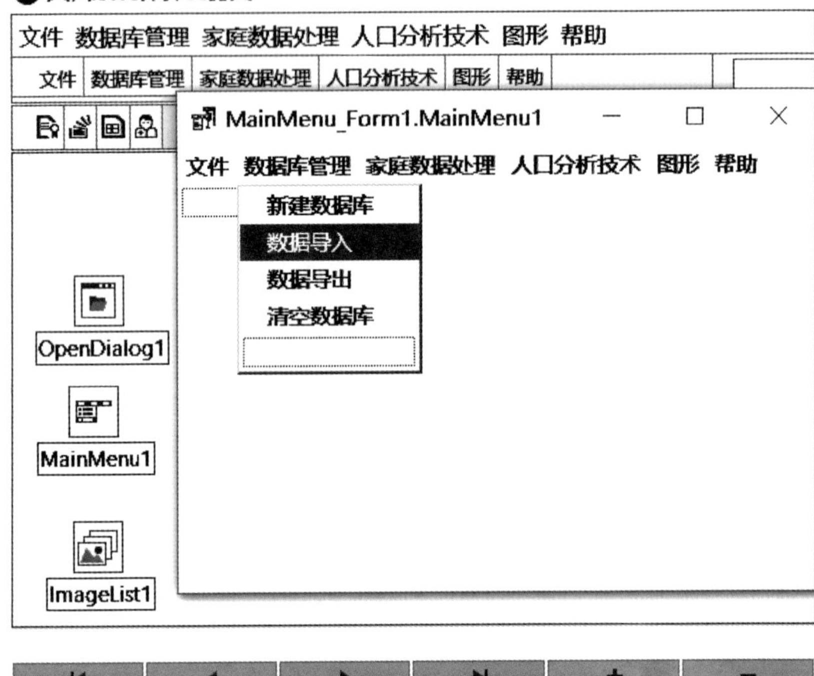

图5-25 数据导入

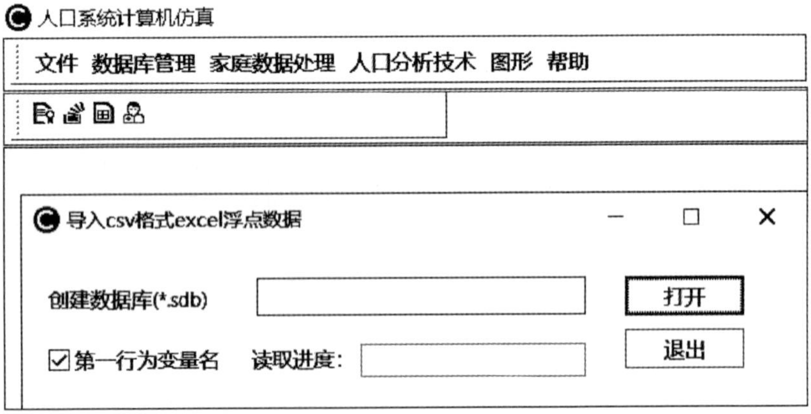

图5-26 数据导入界面

5.6.2　功能实现

与数据库用户定义数据结构，并创建数据表略有不同，由于人口数据库或人口信息系统数据是用数字编码来表示的，这里将数据视为浮点数或整型数据导入，对于缺失或不适合数据，自动填入“-1”，当然，对导入数据程序稍做修改，也可以将所有数据作为字符串导入。

5.6.2.1　字符串切分

字符串切分的目的是将一行数据依据分隔符拆分到不同的变量中。从程序 5-14 可以看到，打开的 CSV 文件名在 Edit1 控件中显示，使用 ifstream 库函数定义并将读取的一行数据赋值给字符串 aa，对字符串 aa 根据“,”分隔符进行切分，并将切分结果赋值给数组 kk。

程序 5-14　字符串读入、切分

```
Edit1->Text=OpenDialog1->FileName;
Edit1->Text=ExtractFileName(OpenDialog1->FileName);
Edit1->Refresh();

myfilename=ChangeFileExt(Edit1->Text,".sdb");

        if (myfilename=="") {
                    ShowMessage("文件已经存在！");
                    return;
              }
ifstream fin(current_filename.c_str());

//导入excel csv数据
   TStringList *myList=new TStringList();//字符串分割为数组
   myList->Delimiter=',';
   myList->StrictDelimiter=true;

fin.getline(aa,2048,'\n');
myList->DelimitedText=aa;

int ci;
ci=myList->Count;
```

```
String kk[512];

for (i = 0; i < ci; i++) {
    kk[i]=myList->Strings[i];
}
```

5.6.2.2 SQL语句生成

从CSV文件读取数据的功能有两个，第一个功能是对于第一行，将默认为变量名，并用于创建数据表；第二个功能是将切分数据写入不同的数据表字段中。创建数据表的方法是采用SQL语句，而SQL语句的生成则是根据读取的数据进行定义。与用户自定义并创建数据表不同，导入数据默认所有字段为浮点型数据，即采用语句："fieldnames[i]=kk[i]+" float";"进行字段定义，因此SQL语句生成相对简单。

生成SQL语句的关键是根据字段生成字符串SQLstring1，由于SQL语句的语法需要，在生成SQL语句时，对于第一个变量和最后一个变量需要区别对待，具体实现方法见程序5-15。

程序5-15 SQL语句生成

```
SQLstring5=aa;
  SQLstring5="("+SQLstring5+")";      //提取字段名，目的是insert
语句使用

  nn=ci;

    for (i = 0; i < nn; i++)  {
      fieldnames[i]=kk[i]+" float";   //定义字段类型为浮点型
    }

    for (i = 0; i < nn-1; i++) {
      SQLstring1=SQLstring1+fieldnames[i]+",";
    }

      SQLstring2="AutoID_key INTEGER PRIMARY KEY";      //加
入自动唯一增加字段
```

```
        SQLstring1="("+SQLstring2+","+SQLstring1;

        SQLstring1=SQLstring1+fieldnames[nn-1]+")";

        UnicodeString my_temp1,my_temp2;
        my_temp1="´";
        my_temp2="´";
        //SQLstring1无法字符串表达式直接相加 需要通过变量分解字符，
然后相加

        SQLstring1="Create  table  "+my_temp1+myfilename+my_
temp2+" "+SQLstring1;
```

5.6.2.3　创建数据表

在使用FireDAC控件创建数据库之前，首先需要创建数据模型（DataModule1）对象，并建立数据库连接。数据表则根据CSV数据生成SQL语句，然后通过数据库连接控件FDConnection1和数据查询控件FDQuery1创建。数据库连接所采用的SQLite数据库驱动程序、数据库连接方法和具体数据表创建语句见程序5-16。

程序 5-16　创建数据表数据结构

```
DataModule1=new TDataModule1(Application);
DataModule1->FDConnection1->DriverName="Sqlite";
DataModule1->FDConnection1->Params->Add("DriverID=SQLite");
DataModule1->FDConnection1->Params->Add("Database="+myfilename);
DataModule1->FDConnection1->Connected=true;
//执行连接创建数据库 如果数据库已经存在 不执行创建任务
//执行sql创建数据表
DataModule1->FDQuery1->SQL->Clear();
DataModule1->FDQuery1->SQL->Add(SQLstring1);
DataModule1->FDQuery1->ExecSQL(); //执行创建数据表SQL语句
```

5.6.2.4　写入数据

与创建数据表一样，将读取的CSV数据写入数据表中也需要生成SQL

语句，所采用的语句是SQL中的`insert into`语句。对于切分字符串为空格，则赋值为“-1”，目的是避免浮点数据为空，而在人口信息的编码过程中，通常不会采用负数，这样也区分了数据缺失或不适用，便于后续数据分析，使数据处理更加便捷。程序5-17生成的`insert into`语句存储在字符串变量`SQLstring4`中，具体语句为：

```
    SQLstring4="insert into "+create_datatable_name+" "+SQLstring5+" values ("+SQLstring3+")" ;
```

根据读取的每行CSV数据生成SQL语句，然后通过数据库数据查询控件FDQuery1逐条执行SQL语句，即可实现将CSV数据写入SQLite数据表中的目的。

程序5-17 写入数据

```
    while (fin.eof()!=true)
      {
        fin.getline(aa,2048,'\n');
        int pci;
        myList->DelimitedText=aa;
        ci=myList->Count;

        nn=ci;

            for (i = 0; i < ci; i++) {
                kk[i]=myList->Strings[i];    //按切分字符串赋值给kk[i]
            }

            for (i = 0; i < nn; i++) {
               if (kk[i]==" "||kk[i]==""||kk[i]==",")
               {
                  kk[i]="-1";//空格赋值
               }
            }

            SQLstring3="";
            SQLstring4="";
```

```
        for (i = 0; i < nn-1; i++) {
            SQLstring3=SQLstring3+kk[i].c_str()+","; //将数
据按SQL语句格式生成
            }

            SQLstring3=SQLstring3+kk[nn-1].c_str(); //最后一
个数据后面没有“,”(逗号)
            if (SQLstring3!=""|| myList->Count>0)  //文件尾空
行结束
            {
              SQLstring4="insert into "+create_datatable_name+"
"+SQLstring5+" values ("+SQLstring3+")" ;

                DataModule1->FDQuery1->SQL->Clear();  //SQL
插入数据
                DataModule1->FDQuery1->SQL->Add(SQLstring4);
                DataModule1->FDQuery1->ExecSQL();

              mm++;
              gg++;
              current_pos=fin.tellg()/1000;//获得当前文件读取
位置

        if (gg>1000)
        {
          gg=0;
          ProgressBar1->Position=round(100*current_pos/filesize);
//显示读取进度
          DataModule1->FDConnection1->Commit();   //速度提升，批
量提交SQL数据
        }

        }//end SQLstring3
      }
```

从以上描述可以看出，将Excel数据导入SQLite数据表需要以下三个

步骤。第一步是将读入的CSV格式数据按分隔符进行切分，使一行有格式的字符串被切分到不同的变量中；第二步是根据切分变量生成SQL语句并创建数据表；第三步是将CSV格式数据按给定的数据表结构写入数据表中。在实现上述任务的同时，还有文件读取、数据表更新等操作。具体完整的数据导入程序见程序5-18。

程序5-18 数据导入

```
    void __fastcall TData_input_Form1::BitBtn1Click(TObject
*Sender)
    {
       String current_filename,myfilename,current_data_Table_
name;
       UnicodeString SQLstring1,SQLstring2,SQLstring3,SQLstring4,
SQLstring5,create_datatable_name;

      int i,nn,mm;

      char aa[2048];
      String fieldnames[2048];

      OpenDialog1->Execute();

      current_filename=OpenDialog1->FileName;

         if (current_filename=="") {
            ShowMessage("文件已经存在！");
            return;
         }

      Edit1->Text=OpenDialog1->FileName;
      Edit1->Text=ExtractFileName(OpenDialog1->FileName);
      Edit1->Refresh();

      myfilename=ChangeFileExt(Edit1->Text,".sdb");

         if (myfilename=="") {
```

```
            ShowMessage("文件已经存在！");
            return;
        }
    ifstream fin(current_filename.c_str());

  //导入excel csv数据
  TStringList *myList=new TStringList();//字符串分割为数组
  myList->Delimiter=',';
  myList->StrictDelimiter=true;

  fin.getline(aa,2048,'\n');
  myList->DelimitedText=aa;

  int ci;
  ci=myList->Count;

  String kk[512];

  for (i = 0; i < ci; i++) {
     kk[i]=myList->Strings[i];
  }

  int filesize;

  fin.seekg(0,std::ios::end); //定位到文件尾

  filesize=fin.tellg()/1000; //确定文件的大小

  fin.seekg(0); //定位到文件起始位置 目的是读取

  SQLstring5=aa;
  SQLstring5="("+SQLstring5+")";     //提取字段名，目的是insert
语句使用

  nn=ci;

        for (i = 0; i < nn; i++)      {
```

```
            fieldnames[i]=kk[i]+" float";   //定义字段类型为浮
点型
        }

        for (i = 0; i < nn-1; i++) {
            SQLstring1=SQLstring1+fieldnames[i]+",";
        }

            SQLstring2="AutoID_key INTEGER PRIMARY KEY";
//加入自动唯一增加字段
            SQLstring1="("+SQLstring2+","+SQLstring1;

              SQLstring1=SQLstring1+fieldnames[nn-1]+")";

            UnicodeString my_temp1,my_temp2;
            my_temp1="´";
            my_temp2="´";
            //SQLstring1无法字符串表达式直接相加 需要通过变量分解
字符,然后相加

            SQLstring1="Create table "+my_temp1+myfilename+my_
temp2+" "+SQLstring1;

    //建立创建数据库和数据表结构 开始
    create_datatable_name=my_temp1+myfilename+my_temp2;

       if (FileExists(myfilename)==true||myfilename=="")  {
          ShowMessage("文件已经存在! ");
          return;
       }

    DataModule1=new TDataModule1(Application);
    DataModule1->FDConnection1->DriverName="Sqlite";
    DataModule1->FDConnection1->Params->Add("DriverID=SQLite");
    DataModule1->FDConnection1->Params->Add("Database="+myfilename);
    DataModule1->FDConnection1->Connected=true;
    //执行连接创建数据库 如果数据库已经存在 不执行创建任务
```

```
    //执行sql创建数据表
    DataModule1->FDQuery1->SQL->Clear();
    DataModule1->FDQuery1->SQL->Add(SQLstring1);
    DataModule1->FDQuery1->ExecSQL(); //执行创建数据表SQL语句

    //  打开表格 //
    DataModule1->FDConnection1->Connected=true;
    DataModule1->FDTable1->Connection=DataModule1->FDConnection1;
                MainMenu_Form1->ComboBox1->Clear();

    DataModule1->FDConnection1->GetTableNames("","","",
MainMenu_Form1->ComboBox1->Items);
      //将数据库中的数据表名称读入多选框
    MainMenu_Form1->ComboBox1->Text=MainMenu_Form1->ComboBox1->
Items->Strings[0];
      DataModule1->FDTable1->Active=false;
      DataModule1->FDTable1->TableName=MainMenu_Form1->
ComboBox1->Text;
      DataModule1->FDTable1->Active=true;

          Open_Sqlite();//Sqlite

          MainMenu_Form1->ComboBox1->Enabled=true;

          MainMenu_Form1->StaticText1->Caption=current_data_
Table_name+':'+MainMenu_Form1->ComboBox1->Text;
    //建立创建数据库和数据表结构 结束

    MainMenu_Form1->DBNavigator1->Enabled=false;

  if (Edit1->Text==""){
      Edit1->Text=myfilename;
      Edit1->Refresh();
  }

    fin.getline(aa,2048,'\n');
        DataModule1->FDConnection1->Connected=true;
```

```
        DataModule1->FDQuery1->Connection=DataModule1->FDConnection1;

        mm=0;

        DataModule1->FDQuery1->SQL->Clear();     //SQL插入数据
        DataModule1->FDConnection1->StartTransaction();     //
速度提升 11秒 137万

        int gg;

        gg=0;
        int current_pos;
        current_pos=0;

    while (fin.eof()!=true)
    {
        fin.getline(aa,2048,'\n');
        int pci;
        myList->DelimitedText=aa;
        ci=myList->Count;

        nn=ci;

          for (i = 0; i < ci; i++) {
            kk[i]=myList->Strings[i];  //按切分字符串赋值给kk[i]
          }

          for (i = 0; i < nn; i++) {
              if (kk[i]==" "||kk[i]==""||kk[i]==",")
              {
                  kk[i]="-1";//空格赋值
              }
          }

          SQLstring3="";
          SQLstring4="";

      for (i = 0; i < nn-1; i++)  {
```

```
                SQLstring3=SQLstring3+kk[i].c_str()+",";  // 将
数据按 SQL 语句格式生成
                }

                SQLstring3=SQLstring3+kk[nn-1].c_str();  //最后
一个数据后面没有 ","（逗号）

                if (SQLstring3!=""|| myList->Count>0)  //文件尾
空行结束
                {
              SQLstring4="insert into "+create_datatable_name+"
"+SQLstring5+" values ("+SQLstring3+")" ;

                 DataModule1->FDQuery1->SQL->Clear();  //SQL 插
入数据
                 DataModule1->FDQuery1->SQL->Add(SQLstring4);
                 DataModule1->FDQuery1->ExecSQL();

                 mm++;
                 gg++;

                 current_pos=fin.tellg()/1000;  //获得当前文件读
取位置

                 if (gg>1000)  {
                   gg=0;
                    ProgressBar1->Position=round(100*current_pos/
filesize);  //显示读取进度
                   DataModule1->FDConnection1->Commit();  //速
度提升，批量提交 SQL 数据
                 }

            }  //end SQLstring3
    }
    DataModule1->FDTable1->Active=false;
    DataModule1->FDTable1->Connection=DataModule1->FDConnection1;
    DataModule1->FDTable1->Active=true;
```

```
        MainMenu_Form1->DBGrid1->DataSource=DataModule1->
DataSource1;
        MainMenu_Form1->DBNavigator1->DataSource=DataModule1->
DataSource1;
        MainMenu_Form1->DBNavigator1->Enabled=true;

        fin.close();//关闭文件

        No_of_frm=1;

        myList->Free(); //释放myList指针

        ModalResult = mrCancel;
      }
```

本章讨论了比较完整的SQLite数据库和数据表的创建、显示、数据导入等数据库（数据表）管理功能模块的软件设计原理及方法，特别是采用SQL语句实现上述功能的字符串、界面等设计方法，在此基础上可以进一步扩展和优化，使数据基本管理模块具有更强大和更高效的性能。

第6章　家庭人口数据库分析方法与应用研究

人口数据库管理是人口数据库软件开发的基础。在人口分析软件开发中，数据分析既可以通过汇总数据的数据库（表）实现，也可以基于原始个案数据开展。随着大数据时代的到来，实时人口大数据分析变得越来越重要，因此，越来越多的分析技术和软件将面向原始个案数据。由于数据体量增加和计算机性能的不同，数据处理方式存在不同的技术路径，本章将以人口普查家庭人口研究为例，展示人口数据库软件开发中两个不同的技术路径和复杂的基础数据处理过程。

处理个案原始数据是人口基础信息深入挖掘的主要工作和重要技能。由于人口数据信息的存储方式和统计的单元不同，信息提取方法和统计分析技术也完全不同。最简单的原始数据分析是把每个个体当作一个数据分析的单元，在此基础上，根据不同的需求，对人口数据进行分类汇总统计，这些统计信息不仅可以用于人口基本状况、关系和特征的描述，也可以作为深入研究的基础。除了按个体属性，人口原始个案数据还可以按家庭关系等进行研究。家庭关系维度是在个人基础上形成的，其研究对象的复杂程度、分析方法和内容比单纯的个案数据直接统计分析要复杂得多。要实现复杂人口基础信息的数据分析，需要对基础数据进行相应的准备和处理。

6.1　原始数据构成

人口普查数据是最具有权威性、可靠性和标准化的人口基础数据，具有重要的研究价值。虽然人口普查与人口普查之间或多或少有些变化，但人口基本属性信息始终保持一致，也就是标准化的数据项目，这是许多人口基础数据库或大型抽样调查人口信息标准化的参照标准。以2010年第六次全国人口普查为例（见表6-1），有些信息按人收集，有些信息按户收集，因此，在研究过程中，针对不同的分析单元，采用的分析技术有较大差别，特别是需要通过现有基础信息，重构新的基础信息或个人属性特征，这对深入研究原始数据具有重要意义。此外，很多全国性社会调查采用与人口普查类似的人口基础属性信息的收集方式，因此，人口普查原始数据构成和分析更具有典型性和普遍性。

表6-1　**2010年第六次全国人口普查长表数据**

项目	采集方式	单位	项目	采集方式	单位
户编号	户	数值	普查时点居住地	人	数值
户别	户	数值	户口登记地	人	数值
本户应登记人数	户	数值；人	离开户口登记地时间	人	数值
出生人口	户	数值；人	离开户口登记地原因	人	数值
死亡人口	户	数值；人	户口登记类型	人	数值
住房用途	户	数值	户口性质	人	数值
本户住房建筑面积	户	数值；平方米	出生地	人	数值
本户住房间数	户	数值；间	五年前常住地	人	数值
建筑层数	户	数值	是否识字	人	数值
承重类型	户	数值	受教育程度	人	数值
住房建成年代	户	数值	学业完成情况	人	数值
主要炊事燃料	户	数值	工作情况	人	数值
住房有无自来水	户	数值	行业	人	数值
住房有无厨房	户	数值	职业	人	数值
住房有无厕所	户	数值	未工作原因	人	数值
住房有无洗澡设施	户	数值	三个月内是否找过工作	人	数值
住房来源	户	数值	能否工作	人	数值
月租费用	户	数值	主要生活来源	人	数值
姓名	人	字符	婚姻状况	人	数值
与户主关系	人	数值	结婚年月	人	数值

续表

项目	采集方式	单位	项目	采集方式	单位
性别	人	数值	生育子女数	人	数值
出生年月	人	数值	生育状况	人	数值
民族	人	数值	身体状况	人	数值

从表6-1可以看到，有些数据的采集方式为调查住户特征信息，有些数据是调查对象个人属性信息。从个体层面分析人口原始数据相对简单，因为对个体属性信息直接统计不涉及个体之间的联系，这类数据使用相对单一。而人口普查是以家庭为单位的调查，原始数据除了收集个人的基本属性，还有与户主的关系，这与孤立的个人信息数据不同，家庭内部和不同家庭人口之间的关系研究要复杂得多，既有夫妻关系，也有亲子关系，还有亲属关系，同时，还涉及代际关系等。为了深入研究人口普查的家庭人口信息，往往需要对家庭户结构进行分类研究，这就需要依据与户主的关系来重构复杂的人与人之间的关系。

从2010年第六次全国人口普查与户主关系的构成看，与户主的关系包括户主、配偶、子女、父母、配偶父母、祖父母、媳婿、孙子女、兄弟姐妹和其他。

根据个人与户主关系代码、性别、婚姻关系以及结婚年月等对家庭户人口之间的关系进行匹配，匹配的方法通常是先对家庭户人口状况进行标识，再根据生成标识的组合，识别不同类型的家庭结构或家庭成员身份。标识方法有两类，一类是生成代码，如配偶代码、父母代码等；另一类是标识代际和家庭结构，目的是识别家庭户类型，如核心家庭、无子女家庭、联合家庭等。

6.1.1　家庭人口成员身份标识

由于不同家庭户主的出生队列和性别不同，而作为户主的前提条件又没有统一、明确的标准，因此，在研究家庭特征的过程中，根据需要可以从不同的角度进行标识和统计分析，这就需要对原始数据进行重新编码和对家庭成员关系进行识别。

在家庭人口登记过程中，由于相互关系具有非常复杂的特点，因此，家庭成员之间关系的确定往往是围绕户主展开的。从户主的角度出发，可以对户主以外的家庭成员之间的直接或间接关系进行再标识。比如，可以进行配偶、亲子、代际标识等。虽然从其他家庭成员的角度看，可以对家庭成员的身份进行重新标识，但由于调查登记是以户主为中心的，在确定家庭成员之间的关系时，以户主为中介的逻辑推断结果更具有唯一性。考虑到家庭成员之间的关系是依赖间接逻辑推理形成的，因此，有可能存在无法识别或强行识别而引起的偏差或误判。

6.1.1.1 配偶标识

人口普查夫妻关系标识可以分为三种形式，一是通过户主与配偶的关系直接标识夫妻；二是根据与户主的关系为父母、岳父母、公婆、媳、婿，以及登记人口的性别、婚姻状况来判断夫妻关系；三是根据婚姻状况、性别和结婚时间进行夫妻关系标识。在具体夫妻关系标识过程中，往往通过原始数据中个人的唯一号码进行相互标识。

6.1.1.2 亲子标识

人口普查中的亲子关系标识要比直接提供的与户主关系确定的范围大。对亲子关系的认定可以有五种途径。一是通过户主与其子女的关系直接认定；二是通过户主的配偶与户主的子女的关系进行认定；三是户主父母与户主的兄弟姐妹，认定为亲子关系；四是通过户主的子女、媳婿与孙（外）子女延伸认定；五是借助户主的父亲与祖父母，或者母亲与（外）祖父母进行代际认定。

6.1.1.3 代际标识

人口普查通过与户主的关系向上可以识别两代，即户主的父母、岳父母一代和户主的祖父母一代；向下也可以识别两代，即户主的子女、儿媳女婿和户主的孙子女（外孙子女）；户主祖父母一代不一定可以精确识别，原因是祖父母与外祖父母、配偶祖父母无法区分。户主的孙子女一代也一样，无法准确区分孙子女或外孙子女。可见，虽然通过家庭关系登记可以识别五代人，但能够精确识别的只有父母、岳父母、公婆、子女、媳、婿、兄弟姐妹，其他家庭关系可能会误判。

总之，从代际标识的角度看，不同代际的人口属性标识相对容易和准确，而家庭关系则相对复杂。即使有些夫妻关系的相互认定相对复杂，但可以通过结婚时间来弥补编码识别的不足，而亲子关系比较复杂，是因为隔代的编码混杂在一起。比如，祖父母和外祖父母、孙子女与外孙子女，这些代码没有细分，使得亲子标识和匹配可能误判。

6.1.2　家庭人口数据结构

为了描述复杂的代际和家庭关系，需要对家庭成员属性进行定义，以便根据原始人口登记信息生成满足家庭结构研究所需要的家庭成员属性定义和数据结构。

从家庭户结构数据来看，人口普查基础数据包括定义家庭户编号（Id_fam）、个人编号（Id_Card）、与户主关系（relat）、性别（sex）、出生年（birthY）、出生月（birthM）、婚姻状况（marray）、结婚年（marriageY）和结婚月（marriageM）。

在家庭户家庭成员个人属性和家庭关系信息基础上，可以对家庭成员生成代际和家庭户类型分类所需的基础信息，生成代际关系信息包括：母亲个人编号（moth_id）、父亲个人编号（fat_id）、配偶个人编号（HusWif）、家庭户类型（fam_TP）、家庭成员数（No_fam）、家庭人口代数（No_gen）、户主同代（gen000）、户主同代—兄弟姐妹（gen001）、祖父母代（up20G）、父母代（up10_10G）、岳父母代（up10_01G）、孙子女与外孙子女代（down20G）、子女代（down10_10G）、子女配偶代（down10_01G）、本代夫妻对数标识（No_couple_G000）、本代兄弟姐妹夫妻对数标识（No_couple_G001）、父母代夫妻对数（No_couple_up01）、祖父母代夫妻对数（No_couple_up02）、子代夫妻对数（No_couple_down01）、孙子女代夫妻对数（No_couple_down02）。

同样，在家庭户家庭成员个人属性和家庭关系信息基础上，可以对家庭成员生成同住人口基础信息。生成同住人口信息包括：是否有配偶同住（live_spouse）、是否有祖父外祖父同住（live_Grand_fat）、是否有祖母外祖母同住（live_Grand_mot）、是否有父亲同住（live_fat）、是否有母亲同住（live_mot）、是否有公公同住（live_fat01_inlaw）、是否有婆婆同住（live_mot01_inlaw）、是否有岳父同住（live_fat02_inlaw）、是否有岳母同住（live_mot02_inlaw）、是否有儿子同住（live_son）、是否有儿媳同住（live_daut_inlaw）、是否有女婿同住（live_son_inlaw）、是否有女儿同住（live_daut）、是否有孙子、外孙同住（live_grand_son）、是否有孙女、外孙女同住（live_grand_daut）、是否有兄弟同住（live_brother）、是否有姐妹同住（live_sister）、是否有兄弟配偶及其他同住（live_broth_inlaw）、是否有姐妹配偶及其他同住（live_sist_inlaw）。

根据家庭户人口的相互关系和同住情况，可以对家庭户结构和分类生成新的人口属性信息，以此为基础判断家庭类型和特征，对人口普查直接调查项目和生成家庭人口信息的数据结构定义见程序6-1。

程序6-1　家庭人口数据结构定义

```
//------------------------------------------------------------
#ifndef Data_Define_Unit1H
#define Data_Define_Unit1H
//------------------------------------------------------------
#endif

typedef struct pop_relat
{
 long  Id_fam;//家庭户编号
 long  Id_Card;//个人编号
 int  relat;//与户主关系
 int  sex; //性别
 int  birthY; //出生年
 int  birthM; //出生月
 int  marray; //婚姻状况
 int  marriageY; //结婚年
 int  marriageM; //结婚月
 long  moth_id; //母亲个人编号
 long  fat_id; //父亲个人编号
 long  HusWif; //配偶个人编号
 int  fam_TP; //家庭户类型
 int  No_fam; //家庭成员数
 int  No_gen; //家庭人口代数
 int  gen000; //户主同代
 int  gen001; //户主同代-兄弟姐妹
 int  up20G; //祖父母代
 int  up10_10G; //父母代
 int  up10_01G; //岳父母代
 int  down20G; //孙子女外孙子女代
 int  down10_10G; //子女代
 int  down10_01G; //子女配偶代
 int  No_couple_G000;//本代夫妻对数
```

```
  int  No_couple_G001;//本代夫妻对数
  int  No_couple_up01;//父母代夫妻对数
  int  No_couple_up02;//祖父母代夫妻对数
  int  No_couple_down01;//子代夫妻对数
  int  No_couple_down02;//孙子代代夫妻对数
  int  live_spouse;//是否有配偶同住
  int  live_Grand_fat; //是否有祖父外祖父同住
  int  live_Grand_mot; //是否有祖母外祖母同住
  int  live_fat; //是否有父亲同住
  int  live_mot; //是否有母亲同住
  int  live_fat01_inlaw; //是否有公公同住
  int  live_mot01_inlaw; //是否有婆婆同住
  int  live_fat02_inlaw; //是否有岳父同住
  int  live_mot02_inlaw; //是否有岳母同住
  int  live_son; //是否有儿子同住
  int  live_daut_inlaw;//是否有儿媳同住
  int  live_son_inlaw; //是否有女婿同住
  int  live_daut; //是否有女儿同住
  int  live_grand_son; //是否有孙子、外孙同住
  int  live_grand_daut; //是否有孙女、外孙女同住
  int  live_brother; //是否有兄弟同住
  int  live_sister; //是否有姐妹同住
  int  live_broth_inlaw;//是否有兄弟配偶及其他同住
  int  live_sist_inlaw; //是否有姐妹配偶及其他同住
}Pop_fam;
```

6.1.3　家庭类型划分

家庭户规模和代际人口构成是家庭户的重要特征。按人数或代数统计人口的家庭户特征相对容易，因为不涉及复杂的关系和家庭成员构成。

家庭户类型包括夫妇核心家庭、标准核心家庭、主干家庭、联合家庭、单身家庭和单亲家庭等（见表6-2）。

表6–2 不同家庭类型人口构成

家庭类型	代数	夫妇数（对）	人口数
夫妇核心家庭	1代	1	夫妇（2人）
标准核心家庭	2代	1	夫妇及未婚子女（>=3人）
主干家庭类型I	3代	>=1	夫妇、夫妇父母、未婚子女（>=4）
主干家庭类型II	3代	>=2	三代、子代只有一对夫妇(>=4)
主干家庭类型III	3代	>=2	夫妇(>=4)
联合家庭I	1代	>=2	一代两对及两对夫妇（>=4）
联合家庭II	2代	>=2	两代三对及以上夫妇(>=6)
单亲家庭	2代	0	>=2人
隔代家庭	3代	>=0	>=2人
单人家庭	1代	0	1人

从表6-2可以看到，家庭户类型划分涉及代数、夫妇数（对）和人口数三个维度，因此，通过对人口的属性标识，才能实现对家庭户类型的划分。当然，不同的研究有不同的家庭类型划分方法。比如，核心家庭可以进一步划分为扩大核心家庭①、直系家庭②，其中包括二代直系家庭、三代直系家庭、隔代直系家庭等。不同家庭类型划分的目的是为了反映家庭结构的类型特征和变动趋势。本章采用表6-2的划分方法。

6.2 家庭人口数据库软件开发

由于家庭人口的复杂性和调查基础数据或多或少存在的缺陷，使得从原始数据出发研究家庭人口特征、变动趋势成为一个非常复杂的研究任务。为了解决家庭人口基础数据准备的困难和标准化研究流程，家庭人口数据库软件需要具备的功能包括以下几点。

第一，家庭人口编码。原始基础信息无法直接进行家庭类型的划分，需要进行二次编码处理。其目的是根据人口和户编码，确定以户主为中心，其他家庭成员之间的关系。

① 指夫妇及其子女之外加上未婚兄弟姐妹组成的家庭。

② 指夫妇同一个已婚子女及其孙子女组成的家庭。

第二，家庭类型编码。从表6-2不同家庭类型人口构成可以看到，原始的家庭成员人口和家庭关系编码并不能直接确认家庭类型，需要根据人口的数量、关系、代际结构等进行二次编码才能用于家庭结构或类型划分或进一步研究使用。

第三，界面设计。为适应不同的人口基础信息编码方案，需要用户灵活地对调查数据进行定义，这就需要软件能够提供交互对话界面，来完成编码方案的自定义。

第四，结果存储。结果存储的方式有两种，一种是将家庭户类型统计结果另存数据文件；另一种是增加一个家庭结构划分属性，用于存储人口的家庭结构属性。

6.2.1　界面设计

为了实现以人口普查原始个案数据为基础，对家庭关系进行标识和匹配功能，同时兼顾其他大规模抽样调查数据的家庭成员和家庭类型研究的需要，对家庭成员亲子关系匹配（含夫妻关系）是必不可少的。图6-1是家庭人口数据库中家庭成员、家庭关系数据处理功能，其中包括亲子关系匹配菜单。

图6-1　亲子关系匹配菜单

6.2.1.1 家庭关系编码自定义

由于原始数据亲子关系匹配定义涉及的变量包括家庭户编码、个人编码、家庭关系等（见图6-2），同时对于家庭关系编码来说，不同调查的编码方式可能有所不同。因此，需要应用程序具备编码的重新定义功能，具体亲子关系匹配窗体构成见图6-2。

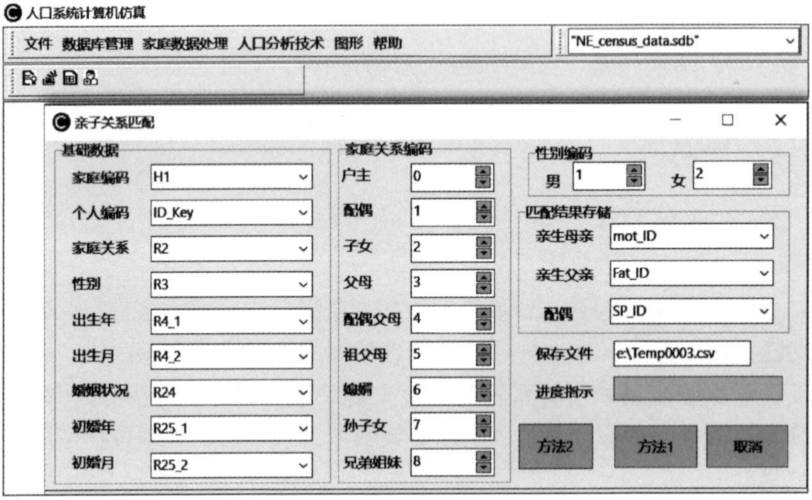

图6-2 亲子关系匹配界面

6.2.1.2 家庭人口基础变量初始化和选择

点击亲子关系匹配菜单栏，对亲子关系匹配窗体（Mother_Child_Form1），初始化的内容主要是变量的选择，也就是基础数据管理模块部分的一系列组合框（ComboBox）控件。组合框变量选择来自已经创建的DataModule1中的数据表字段。

程序6-2 亲子匹配界面初始化

```
void __fastcall TMainMenu_Form1::N2Click(TObject *Sender)
{
     if (No_of_frm==0)
     {
          ShowMessage("没有打开的数据库或文件不存在！ ");
          return;
     }
```

```
            // TMother_Child_Form1 *Mother_Child_Form1;
              Mother_Child_Form1= new TMother_Child_
Form1(Application);

              int i;
              DataModule1->FDTable1->Active=true;

              for (i = 0; i <DataModule1->FDTable1->FieldCount;
i++) {
      Mother_Child_Form1->ComboBox1->Items->Add(DataModule1->
FDTable1->Fields->Fields[i]->FieldName);
      Mother_Child_Form1->ComboBox2->Items->Add(DataModule1->
FDTable1->Fields->Fields[i]->FieldName);
      Mother_Child_Form1->ComboBox3->Items->Add(DataModule1->
FDTable1->Fields->Fields[i]->FieldName);
      Mother_Child_Form1->ComboBox4->Items->Add(DataModule1->
FDTable1->Fields->Fields[i]->FieldName);
      Mother_Child_Form1->ComboBox5->Items->Add(DataModule1->
FDTable1->Fields->Fields[i]->FieldName);
      Mother_Child_Form1->ComboBox6->Items->Add(DataModule1->
FDTable1->Fields->Fields[i]->FieldName);
      Mother_Child_Form1->ComboBox7->Items->Add(DataModule1->
FDTable1->Fields->Fields[i]->FieldName);
      Mother_Child_Form1->ComboBox8->Items->Add(DataModule1->
FDTable1->Fields->Fields[i]->FieldName);
      Mother_Child_Form1->ComboBox9->Items->Add(DataModule1->
FDTable1->Fields->Fields[i]->FieldName);
      Mother_Child_Form1->ComboBox10->Items->Add(DataModule1->
FDTable1->Fields->Fields[i]->FieldName);
      Mother_Child_Form1->ComboBox11->Items->Add(DataModule1->
FDTable1->Fields->Fields[i]->FieldName);
      Mother_Child_Form1->ComboBox12->Items->Add(DataModule1->
FDTable1->Fields->Fields[i]->FieldName);
              }
              Mother_Child_Form1->ShowModal();
    }
```

6.2.2 夫妻匹配

从家庭人口数据库的基本结构来看，夫妻关系匹配是相对简单和容易识别的。户主与配偶匹配不仅是家庭关系匹配中最简单、直接的，也是所有其他夫妻匹配的基础或关键。在确定户主及其配偶的基础上，再进行其他关系匹配。由于人口普查或全员人口信息系统等数据量一般较大，所以，在按家庭户及家庭成员关系匹配过程，需要考虑数据量的大小和计算机可用内存的大小。

在家庭人口数据库夫妻匹配过程中，可以考虑两种不同的数据处理方式。第一种是按户读取数据进行匹配，并在匹配过程中按户将匹配结果存入磁盘文件；第二种是一次性将全部数据读入结构体数组进行匹配，然后将结果写出。第一种方式适用于大数据条件下的数据处理，第二种方式仅适用于数据量相对小一些的数据处理。两种方式的差别在于数据的使用或处理比较复杂问题时，内存操作速度远远快于磁盘的读写。

根据家庭人口数据库中“与户主关系”进行夫妻匹配应用程序开发需要解决以下问题。

第一，将匹配结果存储，既可以创建新的变量来存储匹配结果，也可以将匹配结果另存为其他文件。程序6-4和程序6-6都是采取另存为其他文件的方式。输出结果文件语句为：

```
    ofstream fout(Edit1->Text.c_str());
```

第二，按户读取本户全部家庭成员信息。将数据表家庭成员相关字段信息读入到Micro_Base_pop结构体数组中，结构体数组默认家庭户成员最大值为300，具体程序如下：

```
    Micro_Base_pop[pkk].Id_fam=DataModule1->FDQuery1->
FieldByName(ComboBox1->Text)->AsLargeInt;
    Micro_Base_pop[pkk].Id_Card=DataModule1->FDQuery1->
FieldByName(ComboBox2->Text)->AsLargeInt;
    Micro_Base_pop[pkk].relat=DataModule1->FDQuery1->
FieldByName(ComboBox3->Text)->AsInteger;
    Micro_Base_pop[pkk].sex=DataModule1->FDQuery1->
FieldByName(ComboBox4->Text)->AsInteger;
    Micro_Base_pop[pkk].birthY=DataModule1->FDQuery1->
FieldByName(ComboBox5->Text)->AsInteger;
```

```
    Micro_Base_pop[pkk].birthM=DataModule1->FDQuery1->
FieldByName(ComboBox6->Text)->AsInteger;
    Micro_Base_pop[pkk].marray=DataModule1->FDQuery1->
FieldByName(ComboBox10->Text)->AsInteger;
    Micro_Base_pop[pkk].marriageY=DataModule1->FDQuery1->
FieldByName(ComboBox11->Text)->AsInteger;
    Micro_Base_pop[pkk].marriageM=DataModule1->FDQuery1->
FieldByName(ComboBox12->Text)->AsInteger;
```

第三，户主夫妻匹配。根据家庭人口数据库夫妻关系进行标识，标识人群有三类。第一类是通过户主与配偶的关系可以直接标识夫妻；第二类是根据与户主的关系为父母、岳父母、公婆、媳、婿以及登记人口的性别、婚姻状况来判断夫妻关系；第三类可以根据婚姻状况、性别和结婚时间进行夫妻关系标识。以户主及配偶匹配为例，如果户主是男性，则提取个人标识编号，并赋予变量temp_Hus；如果户主是女性，则提取个人标识编号，并赋予变量temp_wif；同样根据与户主关系为配偶及相应的性别，对temp_Hus或temp_wif进行赋值，这样就完成了户主及配偶编号的夫妻识别及匹配。具体见程序6-3。

程序6-3　户主及户主配偶个人编号提取

```
    for (k = 0; k <No_of_fam; k++)        {
      temp_fam[k].No_fam=end_fam;
      //亲子匹配查询开始
      if (temp_fam[k].relat==relat0 && temp_fam[k].sex==male_
sex) {
        //调查对象及其配偶编号
        temp_Hus=temp_fam[k].Id_Card;
        }
      if (temp_fam[k].relat==relat0 && temp_fam[k].sex==fem_
sex) {
        temp_wif=temp_fam[k].Id_Card;
        }
        if (temp_fam[k].relat==relat1 && temp_fam[k].
sex==male_sex)      {
           temp_Hus=temp_fam[k].Id_Card;
        }
```

```
        if (temp_fam[k].relat==relat1 && temp_fam[k].sex==fem_
sex) {
            temp_wif=temp_fam[k].Id_Card;
        }
    }//end for k
```

第四，其他家庭成员与配偶进行相互匹配。除了户主及其配偶，其他家庭成员夫妻匹配属于间接的关系匹配，也就是进行第二类和第三类家庭成员之间的夫妻匹配。对于其他夫妻匹配方法，如户主的父亲与母亲、户主的子女与配偶等匹配，具体方法见程序6-4和程序6-6。

程序6-4　亲子关系匹配（方法1）

```
    void __fastcall TMother_Child_Form1::BitBtn1Click(TObject
*Sender)
    {
      ofstream fout(Edit1->Text.c_str());
      fout<<"家庭编号"<<","<<"个人编号"<<","<<"与户主关系"<<",";
      fout<<"性别"<<","<<"配偶编号"<<","<<"父亲编号"<<",";
      fout<<"母亲编号"<<","<<"出生年"<<","<<"出生月"<<",";
      fout<<"婚姻状况"<<","<<"结婚年"<<","<<"结婚月"<<",";
      fout<<"本户人数"<<"\n";

    int i,j,end_fam;

    int No_of_fam ;
    long temp,temp2 ;

    Pop_fam temp_fam[300];   //一个普查小区300人以内规模，涵盖集体
户最大人数
    Pop_fam Micro_Base_pop[300];

    int k ;
    int temp_Hus ;
    int temp_wif ;
    int temp_No_person;
    int temp_father;
```

```
    int temp_mother;
    int temp_fat_inlaw ;
    int temp_mot_inlaw;
    int  relat0,relat1,relat2,relat3,relat4,relat5,relat6,relat7,
relat8;
    int up2_fat; //父母、岳父母
    int up2_mot;
    int down2_fat;//孙子女父母
    int down2_mot;

    int temp_G2Hus;
    int temp_G2wif;
    int g2huswif;
    int only_inhome;
    int male_sex,fem_sex;
    int pk;
    int temp_up01Hus;
    int temp_up01wif;
    int temp_up02Hus ;
    int temp_up02wif;

          ProgressBar1->Position=20;

          relat0=SpinEdit1->Value;
          relat1=SpinEdit2->Value;
          relat2=SpinEdit3->Value;
          relat3=SpinEdit4->Value;
          relat4=SpinEdit5->Value;
          relat5=SpinEdit6->Value;
          relat6=SpinEdit7->Value;
          relat7=SpinEdit8->Value;
          relat8=SpinEdit9->Value;

          male_sex=SpinEdit10->Value;
          fem_sex=SpinEdit11->Value;

             DataModule1->FDQuery1->Active=false;      //打开数
据库 FDQuery1
```

```
            DataModule1->FDQuery1->SQL->Clear();
            DataModule1->FDQuery1->SQL->Add("select * from "+
MainMenu_Form1->ComboBox1->Text);
            DataModule1->FDQuery1->Open();

        int Micro_Base_No_of_Pop;

       DataModule1->FDQuery1->Active=true;

       DataModule1->FDQuery1->Last();
        //目的是读取整个数据库的长度，避免将缓存数据的长度当作全库的
长度

       Micro_Base_No_of_Pop=DataModule1->FDQuery1->RecordCount;
//数据库的长度

        Label17->Caption="匹配进度";
        Label17->Refresh();

      DataModule1->FDQuery1->First();
      int pkk;
      pkk=0;
      No_of_fam=0;

      //数据读取开始
       for (i = 0; i <=Micro_Base_No_of_Pop; i++)
           {
              Micro_Base_pop[pkk].marray=-1;
              Micro_Base_pop[pkk].marriageY=-1;
              Micro_Base_pop[pkk].marriageM=-1;
    Micro_Base_pop[pkk].Id_fam=DataModule1->FDQuery1->
FieldByName(ComboBox1->Text)->AsLargeInt;
    Micro_Base_pop[pkk].Id_Card=DataModule1->FDQuery1->
FieldByName(ComboBox2->Text)->AsLargeInt;
    Micro_Base_pop[pkk].relat=DataModule1->FDQuery1->
FieldByName(ComboBox3->Text)->AsInteger;
```

```
    Micro_Base_pop[pkk].sex=DataModule1->FDQuery1->
FieldByName(ComboBox4->Text)->AsInteger;
    Micro_Base_pop[pkk].birthY=DataModule1->FDQuery1->
FieldByName(ComboBox5->Text)->AsInteger;
    Micro_Base_pop[pkk].birthM=DataModule1->FDQuery1->
FieldByName(ComboBox6->Text)->AsInteger;
    Micro_Base_pop[pkk].marray=DataModule1->FDQuery1->
FieldByName(ComboBox10->Text)->AsInteger;
    Micro_Base_pop[pkk].marriageY=DataModule1->FDQuery1->
FieldByName(ComboBox11->Text)->AsInteger;
    Micro_Base_pop[pkk].marriageM=DataModule1->FDQuery1->
FieldByName(ComboBox12->Text)->AsInteger;
       Micro_Base_pop[pkk].moth_id=-1;
       Micro_Base_pop[pkk].fat_id=-1;
       Micro_Base_pop[pkk].HusWif=-1;
       Micro_Base_pop[pkk].fam_TP=-1;

          temp_fam[pkk].Id_fam= Micro_Base_pop[pkk].Id_fam;
          temp_fam[pkk].Id_Card= Micro_Base_pop[pkk].Id_
Card;
          temp_fam[pkk].relat= Micro_Base_pop[pkk].relat;
          temp_fam[pkk].sex= Micro_Base_pop[pkk].sex;
          temp_fam[pkk].birthY= Micro_Base_pop[pkk].birthY;
          temp_fam[pkk].birthM= Micro_Base_pop[pkk].birthM;
          temp_fam[pkk].marray= Micro_Base_pop[pkk].marray;
          temp_fam[pkk].marriageY= Micro_Base_pop[pkk].
marriageY;
          temp_fam[pkk].marriageM= Micro_Base_pop[pkk].
marriageM;

          temp=Micro_Base_pop[pkk].Id_fam;

          DataModule1->FDQuery1->Next();

          pkk++;

          Micro_Base_pop[pkk].Id_fam=-1;
```

```
        Micro_Base_pop[pkk].Id_fam=DataModule1->FDQuery1->
FieldByName(ComboBox1->Text)->AsInteger;
        temp2=Micro_Base_pop[pkk].Id_fam;

        if (temp!=temp2||DataModule1->FDQuery1->Eof==true)
{
            No_of_fam=0;
            end_fam=pkk;
            No_of_fam=end_fam;

            pkk=0;
                temp_Hus=-1;
                temp_wif=-1;
                temp_up01Hus=-1;
                temp_up01wif=-1;
                temp_up02Hus=-1;
                temp_up02wif=-1;

                temp_G2Hus=-1;
                temp_G2wif=-1;
                g2huswif=-1;
                only_inhome=-1;

                temp_father=-1;
                temp_mother=-1;
                temp_fat_inlaw=-1; //岳父母、公婆
                temp_mot_inlaw=-1; //岳父母、公婆
                up2_fat=-1;//祖父
                up2_mot=-1;//祖母

                down2_fat=-1; //孙子女父
                down2_mot=-1; //孙子女母

          //查找户内所有父母编号
          for (k = 0; k <No_of_fam; k++)        {
                temp_fam[k].No_fam=end_fam;
                //亲子匹配查询开始
```

```
                    if (temp_fam[k].relat==relat0 && temp_
fam[k].sex==male_sex)      {
                        //调查对象及其配偶编号
                        temp_Hus=temp_fam[k].Id_Card;
                    }

                    if (temp_fam[k].relat==relat0 && temp_
fam[k].sex==fem_sex)      {
                    temp_wif=temp_fam[k].Id_Card;
                    }

                    if (temp_fam[k].relat==relat1 && temp_
fam[k].sex==male_sex)      {
                        temp_Hus=temp_fam[k].Id_Card;
                    }

                    if (temp_fam[k].relat==relat1 && temp_
fam[k].sex==fem_sex)      {
                        temp_wif=temp_fam[k].Id_Card;
                    }

                    if (temp_fam[k].relat==relat3 && temp_
fam[k].sex==male_sex)  { //父母
                        temp_up01Hus=temp_fam[k].Id_Card;
                    }

                    if (temp_fam[k].relat==relat3 && temp_
fam[k].sex==fem_sex)      {
                        temp_up01wif=temp_fam[k].Id_Card;
                    }

                    if (temp_fam[k].relat==relat5 && temp_
fam[k].sex==male_sex) {  //祖父母
                        temp_up02Hus=temp_fam[k].Id_Card;
                    }
                    if (temp_fam[k].relat==relat5 && temp_
fam[k].sex==fem_sex)      {
```

```
                        temp_up02wif=temp_fam[k].Id_Card;
                  }

                  if (temp_fam[k].relat==relat6 && temp_
fam[k].sex==male_sex) {
                        //调查对象子女配偶编号
                        temp_G2Hus=temp_fam[k].Id_Card;
                        g2huswif=1; //确保有媳、婿
                        only_inhome++;
                  }

                  if (temp_fam[k].relat==relat6 && temp_
fam[k].sex==fem_sex)    {
                        temp_G2wif=temp_fam[k].Id_Card;
                        g2huswif=1;
                        only_inhome++;
                  }

                  if (temp_fam[k].relat==relat2 && temp_
fam[k].sex==male_sex)   {
                        temp_G2Hus=temp_fam[k].Id_Card;
                        only_inhome++;    //确保户主只有一个子女及
配偶
                  }

                  if (temp_fam[k].relat==relat2 && temp_
fam[k].sex==fem_sex)    {
                        temp_G2wif=temp_fam[k].Id_Card;
                        only_inhome++;
                  }

                  if (temp_fam[k].relat==relat3 && temp_
fam[k].sex==male_sex) {
                        //调查对象父母编号
                        temp_father=temp_fam[k].Id_Card;
                  }
```

```
                    if (temp_fam[k].relat==relat3 && temp_
fam[k].sex==fem_sex)      {
                        temp_mother=temp_fam[k].Id_Card;
                    }

                    if (temp_fam[k].relat==relat4 && temp_
fam[k].sex==male_sex)  {
                        //调查对象配偶岳父母、公婆编号
                        temp_fat_inlaw=temp_fam[k].Id_Card;
                    }

                    if (temp_fam[k].relat==relat4 && temp_
fam[k].sex==fem_sex) {
                        temp_mot_inlaw=temp_fam[k].Id_Card;
                    }

                    if (temp_fam[k].relat==relat5 && temp_
fam[k].sex==male_sex) {
                        //调查对象祖父母编号
                        up2_fat=temp_fam[k].Id_Card;
                    }

                    if (temp_fam[k].relat==relat5 && temp_
fam[k].sex==fem_sex)  {
                        //调查对象外祖父母编号
                        up2_mot=temp_fam[k].Id_Card;
                    }

                    if (temp_fam[k].relat==relat6 && temp_
fam[k].sex==male_sex)  {
                        //调查对象孙子女父母编号
                        down2_fat=temp_fam[k].Id_Card;
                    }

                    if (temp_fam[k].relat==relat6 && temp_
fam[k].sex==fem_sex)  {
                        //调查对象孙子女父母编号
                        down2_mot=temp_fam[k].Id_Card;
```

```
                }

                if  (temp_fam[k].relat==relat2  &&  temp_
fam[k].sex==male_sex)  {
                        //调查对象孙子女父母编号
                        down2_fat=temp_fam[k].Id_Card;
                }

                if  (temp_fam[k].relat==relat2  &&  temp_
fam[k].sex==fem_sex)  {
                        //调查对象孙子女父母编号
                        down2_mot=temp_fam[k].Id_Card;
                }
                        //亲子匹配查询结束

                }//end k

                for (k = 0; k <No_of_fam; k++)   {
                    temp_fam[k].HusWif=-1;
                    temp_fam[k].fat_id=-1;
                    temp_fam[k].moth_id=-1;

                if  (temp_fam[k].relat==relat0  &&  temp_
fam[k].sex==male_sex)  {
                        //匹配调查对象的配偶编号
                        temp_fam[k].HusWif=temp_wif;
                }

                if (temp_fam[k].relat==relat0 && temp_fam[k].
sex==fem_sex)  {
                        temp_fam[k].HusWif=temp_Hus;
                }

                if  (temp_fam[k].relat==relat1  &&  temp_
fam[k].sex==male_sex)     {
                        temp_fam[k].HusWif=temp_wif;
                }
```

```
                if  (temp_fam[k].relat==relat1  &&  temp_
fam[k].sex==fem_sex)       {
                    temp_fam[k].HusWif=temp_Hus;
                }

                if  (temp_fam[k].relat==relat3  &&  temp_
fam[k].sex==male_sex)      {
                    temp_fam[k].HusWif=temp_up01wif;
                }

                if  (temp_fam[k].relat==relat3  &&  temp_
fam[k].sex==fem_sex)       {
                    temp_fam[k].HusWif=temp_up01Hus;
                }

                if  (temp_fam[k].relat==relat5  &&  temp_
fam[k].sex==male_sex)      {
                    temp_fam[k].HusWif=temp_up02wif;
                }

                if  (temp_fam[k].relat==relat5  &&  temp_
fam[k].sex==fem_sex)       {
                    temp_fam[k].HusWif=temp_up02Hus;
                }

                if  (temp_fam[k].relat==relat2  &&  temp_
fam[k].sex==male_sex && g2huswif==1 && only_inhome==1) {
                    //匹配调查对象的子女的配偶编号
                    temp_fam[k].HusWif=temp_G2wif;
                }

                if  (temp_fam[k].relat==relat2  &&  temp_
fam[k].sex==fem_sex && g2huswif==1 && only_inhome==1) {
                    //only_inhome 1 个户内子女
                    temp_fam[k].HusWif=temp_G2Hus;
                }
```

```
                    if (temp_fam[k].relat==relat6 && temp_
fam[k].sex==male_sex && g2huswif==1 && only_inhome==1) {
                        temp_fam[k].HusWif=temp_G2wif;
                    }

                    if (temp_fam[k].relat==relat6 && temp_
fam[k].sex==fem_sex && g2huswif==1 && only_inhome==1) {
                        temp_fam[k].HusWif=temp_G2Hus;
                    }

                    if (temp_fam[k].relat==relat2) {   //匹配调查
子女的父母编号
                        temp_fam[k].fat_id=temp_Hus;
                        temp_fam[k].moth_id=temp_wif;
                    }

                    if (temp_fam[k].relat==relat0 || temp_
fam[k].relat==relat8) {
                        //匹配调查对象父母编号和兄弟姐妹父母
                        temp_fam[k].fat_id=temp_father;
                        temp_fam[k].moth_id=temp_mother;
                    }

                    if (temp_fam[k].relat==relat1) { //调查对象匹
配岳父母或公婆编号
                        temp_fam[k].fat_id=temp_fat_inlaw;
                        temp_fam[k].moth_id=temp_mot_inlaw;
                    }

                    if (temp_fam[k].relat==relat3) {
                        //调查对象匹配父母的父母编号（祖父母、外祖父
母）
                        temp_fam[k].fat_id=up2_fat;
                        temp_fam[k].moth_id=up2_mot;
                    }

                    if (temp_fam[k].relat==relat7 && g2huswif<=1
&& only_inhome<=1) {
```

```
            //调查对象匹配孙子女、外孙子女父母编号
                //确保一对子女夫妇的孙子女
                temp_fam[k].fat_id=down2_fat;
                temp_fam[k].moth_id=down2_mot;
                }

            }

            //结婚年月相同匹配
                for (k = 0; k <No_of_fam-1; k++)

                {
                for (pk = k+1; pk < No_of_fam; pk++)

                    {
                    if (temp_fam[k].relat>relat1 &&
temp_fam[k].marriageY>0 && temp_fam[k].marriageY==temp_fam[pk].
marriageY && temp_fam[k].marriageM==temp_fam[pk].marriageM &&
temp_fam[k].sex!=temp_fam[pk].sex) {
                temp_fam[k].HusWif=temp_fam[pk].Id_
Card;
                temp_fam[pk].HusWif=temp_fam[k].Id_
Card;//配对夫妻
                    } //end if

                } //end pk
            }//end k

        for (k = 0; k <No_of_fam; k++) { //按户写出数据
    fout<<temp_fam[k].Id_fam<<","<<temp_fam[k].Id_
Card<<","<<temp_fam[k].relat<<",";
    fout<<temp_fam[k].sex<<","<<temp_fam[k].
HusWif<<","<<temp_fam[k].fat_id<<",";
    fout<<temp_fam[k].moth_id<<","<<temp_fam[k].
birthY<<","<<temp_fam[k].birthM<<",";
    fout<<temp_fam[k].marray<<","<<temp_fam[k].
marriageY<<","<<temp_fam[k].marriageM<<",";
```

```
                              fout<<temp_fam[k].No_fam<<"\n";
                            }//end k

        }// end if

            ProgressBar1->Position=round(100*(i+1)/(Micro_
Base_No_of_Pop));

      }  //end i

      fout.close();

      Label17->Caption="运算结束！";

      Button1->Enabled=true;
    //-----------------------------------------------------
    }
```

程序6-4是采取边读取家庭户数据边进行匹配，然后将匹配结果通过fout写到CSV数据文件中。这种匹配方法不需要计算机配备非常大的内存，而且可以匹配的数据的大小取决于计算机磁盘存储器的大小，因此可以非常大。下面通过亲子匹配展示另外一种将全部数据读入结构体数组中，然后进行匹配的方法。

6.2.3 亲子匹配

亲子信息不仅可以用于家庭人口结构、类型分析，还可以用于其他人口指标的推算或间接估计。比如，母子匹配的结果可以用于重构育龄妇女的生育史和历史生育水平的间接估计，可见，家庭人口数据库中通过家庭关系信息匹配亲子关系是人口状态、结构及特征深入数据分析的基础。

亲子匹配要比夫妻匹配复杂得多，因为在家庭人口数据库中，家庭成员的关系登记信息是围绕户主的，在亲子关系识别过程中，主要存在以下几种途径。第一种途径是户主与户主子女，认定为亲子关系；第二种途径是通过户主的配偶和户主的子女，认定为亲子关系；第三种途径是户主的父母与户主的兄弟姐妹，认定为亲子关系；由于都是可以一一对应的，因此，这三种途径的亲子关系识别不会发生误判。第四种途径是户主的子女、媳婿与孙（外）子女，可能认定为亲子关系；第五种途径是户主的父亲与祖父母，或者母亲与（外）祖父母可能认定为亲子关系。这两种途径与前面三种途径完全不同，有可能误判。为了进一步确认亲子的对应关系，可以通过其他附加条件实现尽可能精准识别。比如，附加条件为下一代只有一对子女夫妇，那么，孙子女为子女的子女的可能性大增。或者考虑子女中育龄妇女的生育子女数与户内10岁及以下孙子女数量匹配。程序6-4和程序6-6并未涉及这些更加复杂的匹配。

为了将全部人口读入动态结构体数组，首先需要确定结构体数组的大小，而确定结构体数组的大小的依据是数据表全部数据的记录数，即数据表中的人口数，因此，需要首先获得数据表的记录总量。由于FDQuery查询数据一次查询的数量是限定的，因此，需要将指针移动到最后，然后提取数据的数据量，具体程序如下：

```
    DataModule1->FDQuery1->Active=true;
    DataModule1->FDQuery1->Last();
    Micro_Base_No_of_Pop=DataModule1->FDQuery1->RecordCount;
//数据库的长度
```

上述操作的目的是读取整个数据库的长度，避免将缓存数据的长度当作全库的长度。结构体动态数组的定义方法为：

```
    vector<Pop_fam> Micro_Base_pop(Micro_Base_No_of_Pop);
//动态数组
```

对个体原始数据进行标识后，将夫妻、亲子匹配结果个案数据写到数据文件的具体写法见程序6-5。

程序6-5　夫妻、亲子匹配结果存储

```
    for (k = 0; k <Micro_Base_No_of_Pop; k++) //按户依次写出全
部数据
                                {
    fout<<Micro_Base_pop[k].Id_fam<<","<<Micro_Base_pop[k].
Id_Card<<","<<Micro_Base_pop[k].relat<<",";
```

```
    fout<<Micro_Base_pop[k].sex<<","<<Micro_Base_pop[k].
HusWif<<","<<Micro_Base_pop[k].fat_id<<",";
    fout<<Micro_Base_pop[k].moth_id<<","<<Micro_Base_pop[k].
birthY<<","<<Micro_Base_pop[k].birthM<<",";
    fout<<Micro_Base_pop[k].marray<<","<<Micro_Base_pop[k].
marriageY<<","<<Micro_Base_pop[k].marriageM<<",";
            fout<<Micro_Base_pop[k].No_fam<<"\n";
       }//end k
```

采用动态数据的方法，可以一次性将所有匹配数据写出到CSV格式的数据文件中，这样对于写出的文件可以进行家庭户结构的深入分析。

程序6-6 亲子关系匹配（方法2）

```
    void __fastcall TMother_Child_Form1::Button1Click(TObject
*Sender)
    {
      ofstream fout(Edit1->Text.c_str());

      fout<<"家庭编号"<<","<<"个人编号"<<","<<"与户主关系"<<",";
      fout<<"性别"<<","<<"配偶编号"<<","<<"父亲编号"<<",";
      fout<<"母亲编号"<<","<<"出生年"<<","<<"出生月"<<",";
      fout<<"婚姻状况"<<","<<"结婚年"<<","<<"结婚月"<<",";
      fout<<"本户人数"<<"\n";

      int i,j,end_fam;

      int No_of_fam ;
      long temp,temp2 ;

      Pop_fam temp_fam[300];   //一个普查小区300人以内规模，涵盖集
体户最大人数

      int k ;
      int temp_Hus ;
      int temp_wif ;
      int temp_No_person;
```

```
        int temp_father;
        int temp_mother;
        int temp_fat_inlaw ;
        int temp_mot_inlaw;
         int relat0,relat1,relat2,relat3,relat4,relat5,relat6,relat7,
relat8;
        int up2_fat; //父母、岳父母
        int up2_mot;
        int down2_fat;//孙子女父母
        int down2_mot;

        int temp_G2Hus;
        int temp_G2wif;
        int g2huswif;
        int only_inhome;
        int male_sex,fem_sex;
        int pk;
        int temp_up01Hus;
        int temp_up01wif;
        int temp_up02Hus ;
        int temp_up02wif;

               ProgressBar1->Position=20;

               relat0=SpinEdit1->Value;
               relat1=SpinEdit2->Value;
               relat2=SpinEdit3->Value;
               relat3=SpinEdit4->Value;
               relat4=SpinEdit5->Value;
               relat5=SpinEdit6->Value;
               relat6=SpinEdit7->Value;
               relat7=SpinEdit8->Value;
               relat8=SpinEdit9->Value;

               male_sex=SpinEdit10->Value;
               fem_sex=SpinEdit11->Value;
```

```
                    DataModule1->FDQuery1->Active=false;     //打开数据库 FDQuery1
                    DataModule1->FDQuery1->SQL->Clear();
                    DataModule1->FDQuery1->SQL->Add("select * from "+MainMenu_Form1->ComboBox1->Text);
                    DataModule1->FDQuery1->Open();

        int Micro_Base_No_of_Pop;

       DataModule1->FDQuery1->Active=true;

        DataModule1->FDQuery1->Last();    //目的是读取整个数据库的长度，避免将缓存数据的长度当作全库的长度

       Micro_Base_No_of_Pop=DataModule1->FDQuery1->RecordCount; //数据库的长度

        Label17->Caption="读取进度";
        Label17->Refresh();

        DataModule1->FDQuery1->First();
      int pkk;

      pkk=0;
      No_of_fam=0;
    //       total_wirte=0;

      vector<Pop_fam> Micro_Base_pop(Micro_Base_No_of_Pop); //动态数组

      //数据读取开始
      for (i = 0; i <Micro_Base_No_of_Pop; i++)
            {
               Micro_Base_pop[i].marray=-1;
               Micro_Base_pop[i].marriageY=-1;
               Micro_Base_pop[i].marriageM=-1;
```

```
    Micro_Base_pop[i].Id_fam=DataModule1->FDQuery1->
FieldByName(ComboBox1->Text)->AsLargeInt;
    Micro_Base_pop[i].Id_Card=DataModule1->FDQuery1->
FieldByName(ComboBox2->Text)->AsLargeInt;
    Micro_Base_pop[i].relat=DataModule1->FDQuery1->
FieldByName(ComboBox3->Text)->AsInteger;
    Micro_Base_pop[i].sex=DataModule1->FDQuery1->
FieldByName(ComboBox4->Text)->AsInteger;
    Micro_Base_pop[i].birthY=DataModule1->FDQuery1->
FieldByName(ComboBox5->Text)->AsInteger;
    Micro_Base_pop[i].birthM=DataModule1->FDQuery1->
FieldByName(ComboBox6->Text)->AsInteger;
    Micro_Base_pop[i].marray=DataModule1->FDQuery1->
FieldByName(ComboBox10->Text)->AsInteger;
    Micro_Base_pop[i].marriageY=DataModule1->FDQuery1->
FieldByName(ComboBox11->Text)->AsInteger;
    Micro_Base_pop[i].marriageM=DataModule1->FDQuery1->
FieldByName(ComboBox12->Text)->AsInteger;
              Micro_Base_pop[i].moth_id=-1;
              Micro_Base_pop[i].fat_id=-1;
              Micro_Base_pop[i].HusWif=-1;
              Micro_Base_pop[i].fam_TP=-1;

              DataModule1->FDQuery1->Next();

              ProgressBar1->Position=round(100*(i+1)/(Micro_
Base_No_of_Pop));
           }   //数据读取结束

           int start_fam;

        temp=Micro_Base_pop[0].Id_fam;
        No_of_fam=0;
        j=0;
        start_fam=j;

              Label17->Caption="匹配进度";
              Label17->Refresh();
```

```
        for (i = 0; i <Micro_Base_No_of_Pop; i++)      {
                temp_fam[No_of_fam].Id_fam= Micro_Base_pop[j].Id_
fam;
                temp_fam[No_of_fam].Id_Card= Micro_Base_pop[j].
Id_Card;
                temp_fam[No_of_fam].relat= Micro_Base_pop[j].
relat;
                temp_fam[No_of_fam].sex= Micro_Base_pop[j].sex;
                temp_fam[No_of_fam].birthY= Micro_Base_pop[j].
birthY;
                temp_fam[No_of_fam].birthM= Micro_Base_pop[j].
birthM;
                temp_fam[No_of_fam].marray= Micro_Base_pop[j].
marray;
                temp_fam[No_of_fam].marriageY= Micro_Base_pop[j].
marriageY;
                temp_fam[No_of_fam].marriageM= Micro_Base_pop[j].
marriageM;

                j=i+1;

         if (Micro_Base_pop[j].Id_fam==temp) {
                  No_of_fam++;
                  temp=Micro_Base_pop[j].Id_fam;
                 }

                if (Micro_Base_pop[j].Id_fam!=temp||i==Micro_Base_
No_of_Pop)      {
                         end_fam=j-1;;
                         start_fam=j-No_of_fam-1;

                                 temp_Hus=-1;
                                 temp_wif=-1;
                                 temp_up01Hus=-1;
                                 temp_up01wif=-1;
                                 temp_up02Hus=-1;
```

```
                        temp_up02wif=-1;

                        temp_G2Hus=-1;
                        temp_G2wif=-1;
                        g2huswif=-1;
                        only_inhome=-1;

                        temp_father=-1;
                        temp_mother=-1;
                        temp_fat_inlaw=-1; //岳父母、公婆
                        temp_mot_inlaw=-1; //岳父母、公婆
                        up2_fat=-1;//祖父
                        up2_mot=-1;//祖母

                        down2_fat=-1; //孙子女父
                        down2_mot=-1; //孙子女母

    for (k = 0; k <=No_of_fam; k++)    //查找户内所有父母编号
                {
                    //亲子匹配查询开始
    if (temp_fam[k].relat==relat0 && temp_fam[k].sex==male_
sex) {
        //调查对象及其配偶编号
        temp_Hus=temp_fam[k].Id_Card;
    }
    if (temp_fam[k].relat==relat0 && temp_fam[k].sex==fem_
sex) {
        temp_wif=temp_fam[k].Id_Card;
    }
    if (temp_fam[k].relat==relat1 && temp_fam[k].sex==male_
sex) {
        temp_Hus=temp_fam[k].Id_Card;
    }
    if (temp_fam[k].relat==relat1 && temp_fam[k].sex==fem_
sex) {
        temp_wif=temp_fam[k].Id_Card;
    }
```

```
    if (temp_fam[k].relat==relat3 && temp_fam[k].sex==male_
sex) {  //父母
        temp_up01Hus=temp_fam[k].Id_Card;
    }
    if (temp_fam[k].relat==relat3 && temp_fam[k].sex==fem_
sex) {
        temp_up01wif=temp_fam[k].Id_Card;
    }
    if (temp_fam[k].relat==relat5 && temp_fam[k].sex==male_
sex) { //祖父母
        temp_up02Hus=temp_fam[k].Id_Card;
    }
    if (temp_fam[k].relat==relat5 && temp_fam[k].sex==fem_
sex) {
        temp_up02wif=temp_fam[k].Id_Card;
    }
    if (temp_fam[k].relat==relat6 && temp_fam[k].sex==male_
sex) { //调查对象子女配偶编号
        temp_G2Hus=temp_fam[k].Id_Card;
        g2huswif=1; //确保有媳、婿
        only_inhome++;
    }
    if (temp_fam[k].relat==relat6 && temp_fam[k].sex==fem_
sex) {
        temp_G2wif=temp_fam[k].Id_Card;
        g2huswif=1;
        only_inhome++;
    }
     if (temp_fam[k].relat==relat2 && temp_fam[k].sex==male_
sex) {
        temp_G2Hus=temp_fam[k].Id_Card;
        only_inhome++;  //确保户主只有一个子女及配偶
    }
    if (temp_fam[k].relat==relat2 && temp_fam[k].sex==fem_
sex) {
        temp_G2wif=temp_fam[k].Id_Card;
        only_inhome++;
    }
```

```
    if (temp_fam[k].relat==relat3 && temp_fam[k].sex==male_
sex) { //调查对象父母编号
            temp_father=temp_fam[k].Id_Card;
    }
    if (temp_fam[k].relat==relat3 && temp_fam[k].sex==fem_
sex) {
          temp_mother=temp_fam[k].Id_Card;
    }
    if (temp_fam[k].relat==relat4 && temp_fam[k].sex==male_
sex) { //调查对象配偶岳父母、公婆编号
          temp_fat_inlaw=temp_fam[k].Id_Card;
    }
    if (temp_fam[k].relat==relat4 && temp_fam[k].sex==fem_
sex) {
          temp_mot_inlaw=temp_fam[k].Id_Card;
    }
    if (temp_fam[k].relat==relat5 && temp_fam[k].sex==male_
sex) { //调查对象祖父母编号
          up2_fat=temp_fam[k].Id_Card;
    }
    if (temp_fam[k].relat==relat5 && temp_fam[k].sex==fem_
sex) {//调查对象外祖父母编号
          up2_mot=temp_fam[k].Id_Card;
    }
    if (temp_fam[k].relat==relat6 && temp_fam[k].sex==male_
sex) { //调查对象孙子女父母编号
          down2_fat=temp_fam[k].Id_Card;
    }
    if (temp_fam[k].relat==relat6 && temp_fam[k].sex==fem_
sex) { //调查对象孙子女父母编号
          down2_mot=temp_fam[k].Id_Card;
    }
    if (temp_fam[k].relat==relat2 && temp_fam[k].sex==male_
sex) { //调查对象孙子女父母编号
          down2_fat=temp_fam[k].Id_Card;
    }
    if (temp_fam[k].relat==relat2 && temp_fam[k].sex==fem_
sex) { //调查对象孙子女父母编号
```

```
            down2_mot=temp_fam[k].Id_Card;
      }
                              //亲子匹配查询结束

                        }//end k

                        for (k = 0; k <=No_of_fam; k++) {
                              temp_fam[k].HusWif=-1;
                              temp_fam[k].fat_id=-1;
                              temp_fam[k].moth_id=-1;

                              temp_fam[k].No_fam=No_of_fam+1;

                              if (i==Micro_Base_No_of_Pop) {
                                    temp_fam[k].No_fam=No_of_fam;
                              }

      if (temp_fam[k].relat==relat0 && temp_fam[k].sex==male_
sex) {//匹配调查对象的配偶编号
            temp_fam[k].HusWif=temp_wif;
      }
      if (temp_fam[k].relat==relat0 && temp_fam[k].sex==fem_
sex) {
            temp_fam[k].HusWif=temp_Hus;
      }
      if (temp_fam[k].relat==relat1 && temp_fam[k].sex==male_
sex) {
            temp_fam[k].HusWif=temp_wif;
      }
      if (temp_fam[k].relat==relat1 && temp_fam[k].sex==fem_
sex) {
            temp_fam[k].HusWif=temp_Hus;
      }
      if (temp_fam[k].relat==relat3 && temp_fam[k].sex==male_
sex) {
            temp_fam[k].HusWif=temp_up01wif;
      }
```

```
        if (temp_fam[k].relat==relat3 && temp_fam[k].sex==fem_
sex) {
                temp_fam[k].HusWif=temp_up01Hus;
        }
        if (temp_fam[k].relat==relat5 && temp_fam[k].sex==male_
sex) {
                temp_fam[k].HusWif=temp_up02wif;
        }
        if (temp_fam[k].relat==relat5 && temp_fam[k].sex==fem_
sex) {
                temp_fam[k].HusWif=temp_up02Hus;
        }
        if (temp_fam[k].relat==relat2 && temp_fam[k].sex==male_
sex && g2huswif==1 && only_inhome==1)   { //匹配调查对象的子女的
配偶编号
                temp_fam[k].HusWif=temp_G2wif;
        }
        if (temp_fam[k].relat==relat2 && temp_fam[k].sex==fem_
sex && g2huswif==1 && only_inhome==1)   { //only_inhome 1个户
内子女
                temp_fam[k].HusWif=temp_G2Hus;
        }
        if (temp_fam[k].relat==relat6 && temp_fam[k].sex==male_
sex && g2huswif==1 && only_inhome==1)   {
                temp_fam[k].HusWif=temp_G2wif;
        }
        if (temp_fam[k].relat==relat6 && temp_fam[k].sex==fem_
sex && g2huswif==1 && only_inhome==1) {
                temp_fam[k].HusWif=temp_G2Hus;
        }
        if (temp_fam[k].relat==relat2) {  //匹配调查子女的父母编号
                temp_fam[k].fat_id=temp_Hus;
                temp_fam[k].moth_id=temp_wif;
        }
        if (temp_fam[k].relat==relat0 || temp_fam[k].
relat==relat8) { //匹配调查对象父母编号和兄弟姐妹父母
                temp_fam[k].fat_id=temp_father;
                temp_fam[k].moth_id=temp_mother;
```

```
        }
        if (temp_fam[k].relat==relat1) { //调查对象匹配岳父母或公婆编号
                temp_fam[k].fat_id=temp_fat_inlaw;
                temp_fam[k].moth_id=temp_mot_inlaw;
        }
        if (temp_fam[k].relat==relat3) { //调查对象匹配父母的父母编号(祖父母、外祖父母)
                temp_fam[k].fat_id=up2_fat;
                temp_fam[k].moth_id=up2_mot;
        }
        if (temp_fam[k].relat==relat7 && g2huswif<=1 && only_inhome<=1) { //调查对象匹配孙子女、外孙子女父母编号
                                //确保一对子女夫妇的孙子女
                temp_fam[k].fat_id=down2_fat;
                temp_fam[k].moth_id=down2_mot;
        }

    }

                                //结婚年月相同匹配
                                 for (k = 0; k <=No_of_fam-1; k++)
                                 {
                                   for (pk = k+1; pk <=No_of_fam; pk++)
                                   {
                                  if (temp_fam[k].relat>relat1 && temp_fam[k].marriageY>0 && temp_fam[k].marriageY==temp_fam[pk].marriageY && temp_fam[k].marriageM==temp_fam[pk].marriageM && temp_fam[k].sex!=temp_fam[pk].sex) {
                                 temp_fam[k].HusWif=temp_fam[pk].Id_Card;
                                 temp_fam[pk].HusWif=temp_fam[k].Id_Card;//配对夫妻
                                         } //end if

                                   } //end pk
                              }//end k
```

```
                temp_No_person=0;

                for (k=start_fam;k<=end_fam;k++ )      {
                    Micro_Base_pop[k].moth_id=temp_fam[temp_
No_person].moth_id;
                    Micro_Base_pop[k].fat_id=temp_fam[temp_No_
person].fat_id;
                    Micro_Base_pop[k].HusWif=temp_fam[temp_No_
person].HusWif;
                    Micro_Base_pop[k].No_fam=temp_fam[temp_No_
person].No_fam;
                    temp_No_person++;
                }
              temp=Micro_Base_pop[j].Id_fam;
              No_of_fam=0;

          }// end if

              ProgressBar1->Position=round(100*(i+1)/(Micro_
Base_No_of_Pop));

        }  //end i

              for (k = 0; k <Micro_Base_No_of_Pop; k++) { //按
户依次写出全部数据

    fout<<Micro_Base_pop[k].Id_fam<<","<<Micro_Base_pop[k].
Id_Card<<","<<Micro_Base_pop[k].relat<<",";
    fout<<Micro_Base_pop[k].sex<<","<<Micro_Base_pop[k].
HusWif<<","<<Micro_Base_pop[k].fat_id<<",";
    fout<<Micro_Base_pop[k].moth_id<<","<<Micro_Base_pop[k].
birthY<<","<<Micro_Base_pop[k].birthM<<",";
    fout<<Micro_Base_pop[k].marray<<","<<Micro_Base_pop[k].
marriageY<<","<<Micro_Base_pop[k].marriageM<<",";
                    fout<<Micro_Base_pop[k].No_fam<<"\n";
                  }//end k
```

```
    fout.close();

    Label17->Caption="运算结束! ";

    Button1->Enabled=true;
//------------------------------------------------------------
}
```

对比程序6-4和程序6-6可以看到，两种匹配方法在数据量不大的情况下没有什么差别，但随着数据量的增加，程序6-6有可能无法完成全部匹配任务。为了完成更大数据的匹配，可以采取程序6-4的方法，或者对数据库中的数据表根据条件进行分割，也就是对程序6-6进行修改和完善，这样在程序实现上并不困难，只是相对麻烦一些。当然，还可以结合两种匹配的优点，每次读取若干家庭户进行匹配，再将匹配结果写出，重复上述过程，发挥两种匹配方法的优点，使数据处理效率更高。

6.3 家庭人口数据库应用实例

为了展示家庭人口数据库家庭成员结构分析，以2010年第六次全国人口普查某地区原始样本数据为例，通过家庭人口之间的关系，进一步挖掘家庭人口数据库的基础信息。该数据库只是一个软件功能展示的案例，数据库总人口为101942人，其中，男性为51394人，女性为50548人；总户数为35309户，其中，家庭户人口为98794人，集体户人口为3148人。家庭人口之间的家庭关系基本情况见表6-3。

表6-3 家庭人口数据库基本情况

关系	男性（人）	女性（人）	合计（人）	占比（%）
户主	29218	5716	34934	34.3
配偶	1616	25199	26815	26.3
子女	14577	10505	25082	24.6

续表

关系	男性（人）	女性（人）	合计（人）	占比（%）
父母	956	1917	2873	2.8
配偶父母	88	192	280	0.3
祖父母	14	34	48	0.0
媳/婿	285	2947	3232	3.2
孙子女	2379	2083	4462	4.4
兄弟姐妹	393	297	690	0.7
其他	1868	1658	3526	3.5
总计	51394	50548	101942	100

从表6-3可以看到，男性户主为29218人，女性户主为5716人，男性户主占83.63%，女性户主仅占16.37%。与户主关系为配偶的男性为1616人，女性为25199人，男性为户主配偶的比例为6.03%，女性为72.13%，由此可见，家庭人口中男性和女性为户主的比例存在较大差距。其他家庭关系也有类似的特征。考虑到婚姻状态（如离婚、丧偶）以及代际差异等情况，家庭人口数据库在家庭结构特征、类型研究过程中所面临的基础数据匹配或处理是比较复杂的。下面以该人口数据库为例，进一步挖掘户内夫妻和亲子关系匹配，从而为家庭人口结构研究奠定基础。

6.3.1　夫妻匹配

通过运行程序6-4或程序6-6，可以进行夫妻、亲子匹配，匹配后的数据结构见表6-4。

表6–4　**家庭人口数据库夫妻、亲子匹配结果**

家庭编号	个人编号	与户主关系	性别	配偶编号	父亲编号	母亲编号	出生年	出生月	婚姻状况	结婚年	结婚月	本户人数
50417	1	0	2	-1	-1	-1	1969	8	2	1989	4	2
50417	2	2	2	-1	-1	1	1990	4	1	-1	-1	2
50418	3	0	1	-1	-1	4	1960	10	3	1988	6	3

续表

家庭编号	个人编号	与户主关系	性别	配偶编号	父亲编号	母亲编号	出生年	出生月	婚姻状况	结婚年	结婚月	本户人数
50418	4	3	2	-1	-1	-1	1935	7	4	1957	6	3
50418	5	9	1	-1	-1	-1	1985	1	1	-1	-1	3
50419	6	0	1	-1	-1	-1	1981	7	1	-1	-1	1
50420	7	0	1	8	-1	-1	1934	3	2	1956	6	2
50420	8	1	2	7	-1	-1	1939	1	2	1956	6	2
50421	9	0	2	-1	-1	-1	1929	11	2	1950	1	2
50421	10	9	2	-1	-1	-1	1958	3	2	1984	11	2
50422	11	0	1	12	-1	-1	1960	7	2	1987	10	3
50422	12	1	2	11	-1	-1	1963	11	2	1987	10	3
50422	13	2	1	-1	11	12	1988	8	1	-1	-1	3
50423	14	0	1	15	-1	-1	1950	8	2	1978	11	2
50423	15	1	2	14	-1	-1	1953	11	2	1978	11	2
50424	16	0	1	17	-1	-1	1960	4	2	1989	4	3
50424	17	1	2	16	-1	-1	1966	5	2	1989	4	3
50424	18	2	1	-1	16	17	1991	9	1	-1	-1	3

对表6-4家庭人口数据库夫妻匹配结果进行统计汇总可以看到，户主及配偶可以成功匹配的个案26668人，户主未匹配到配偶的8266人，原因是无配偶或配偶在本家庭户中没有登记。除了户主与配偶相互匹配，户主子女在户内匹配到配偶的为3170人（见表6-5）。值得注意的是，全部家庭人口数据匹配配偶的总量为61149人，而对于夫妻匹配来说，由于只有找到配偶才能夫妻同时进行标注，因此人口应该是成对出现的。根据这个特征，发现存在奇数匹配人口的家庭人口为：户主父母、兄弟姐妹、户主媳/婿，说明这些人口可能存在间接匹配的误判问题，这需要在家庭人口数据库研究中加以注意，或者对程序6-4或程序6-6进行改进，使改进后的程序对可能误判的情况予以逻辑排除。

表6–5　　夫妻匹配情况　　单位：人

与户主关系	未匹配	匹配	总计
户主	8266	26668	34934
配偶	148	26668	26816
子女	21912	3170	25082
父母	1666	1207	2873
配偶父母	182	98	280
祖父母	36	12	48
媳/婿	153	3079	3232
孙子女	4428	34	4462
兄弟姐妹	625	65	690
其他	3378	148	3526
总计	40794	61149	101943

6.3.2　亲子匹配

与夫妻匹配不同，与父亲匹配的人口数小于与母亲匹配的人口数。从样本数据来看，与父亲匹配的子女为26989人，与母亲匹配的人口为28674人（见表6-6）。家庭关系为子女的与父母匹配的比例远高于其他家庭关系，子女与父亲匹配的人口为22912人，与母亲匹配的人口为23514人，这充分反映了家庭人口的居住特征和人口结构特征。

表6–6　　亲子匹配情况　　单位：人

与户主关系	与父亲匹配情况			与母亲匹配情况		
	未匹配	匹配	总计	未匹配	匹配	总计
户主	34009	925	34934	33078	1856	34934
配偶	26741	75	26816	26648	168	26816
子女	2170	22912	25082	1568	23514	25082
父母	2862	11	2873	2855	18	2873
配偶父母	280	0	280	280	0	280
祖父母	48	0	48	48	0	48
媳/婿	3232	0	3232	3232	0	3232

续表

与户主关系	与父亲匹配情况			与母亲匹配情况		
	未匹配	匹配	总计	未匹配	匹配	总计
孙子女	1493	2969	4462	1544	2918	4462
兄弟姐妹	593	97	690	490	200	690
其他	3526	0	3526	3526	0	3526
总计	74954	26989	101943	73269	28674	101943

通过夫妻匹配和亲子匹配的结果可以看到，家庭人口数据库中直接登记的户主与配偶，户主与子女、户主配偶与子女这三类直接的家庭人口关系的匹配比例更高，且理论上不存在逻辑误判，因此这些直接的关系匹配在家庭人口数据库数据信息深入挖掘过程中非常重要。

第7章　生命表构建方法与应用研究

1662年，格兰特的《关于死亡表的自然和政治观察》作为第一部人口著作诞生[①]，标志着人口研究进入科学轨道和现代人口统计学研究的开始。生命表不仅是人口统计科学研究的基础，也是相关科学研究的重要工具。随着数据收集能力和分析手段的不断进步，生命表分析方法也有很大的发展。传统的生命表构建主要采用汇总数据，而随着现代信息收集能力的提升，基于原始个案大数据或实时个案信息实时构建生命表或存活分析技术变得越来越重要，应用场景也越来越复杂多样。

7.1　基于汇总数据的完全生命表软件开发

基础数据不同，计算方法不同，软件开发的底层逻辑和基本架构也不同。由于汇总数据是在原始个案信息基础上形成的，因此在软件开发过程中省略了数据汇总的过程。

7.1.1　计算方法

基于汇总数据开发完全生命表软件的算法通常是以年龄别死亡率为基础，但生命表的计算通常需要以下七个步骤。

第一步，估算事件发生风险率${}_nm_x$，即年龄别死亡率。

年龄别死亡率为：${}_nm_x=\dfrac{{}_nD_x}{\frac{1}{2}n\left[N_x+N_{x+n}\right]}$。其中，$x$为年龄，$n$为年龄

---

① Smith D.，Keyfitz N.，1977，*Mathematical Demography*，Springer-Verlag，p.1.

组间距，${}_nD_x$为［x，x+n］岁死亡人口数，开放年龄组为：$m_{\omega^+}=\dfrac{D_{\omega^+}}{N_{\omega^+}}$。

第二步，计算年龄别死亡发生概率${}_nq_x$。

从年龄别死亡率${}_nm_x$出发，${}_nq_x=1-e^{-n\times{}_nm_x}$，其中${}_nm_x$为年龄在［x，x+n）区间内的死亡率，即年龄别死亡率。根据不同的假设条件，对${}_nq_x$与${}_nm_x$之间的关系有几种不同的算法，${}_nq_x=1-e^{-n\times{}_nm_x}$算法假定年龄别死亡概率是非线性的。如果是线性的假定：${}_nq_x=\dfrac{2n\times{}_nm_x}{2+n{}_nm_x}$，或考虑到死亡人口的存活时间：${}_nq_x=\dfrac{n\times{}_nm_x}{1+(n-{}_na_x){}_nm_x}$；需要注意的是${}_nq_x$为时期年龄别死亡概率，与队列时点概率的区别。

若死亡随时间均匀变化即均匀假设，在$N_x=N_{x+1}$条件下，那么将会有$d1=d2$；则：${}_nm_x=2\times\dfrac{{}_nq_x}{\dfrac{2-(d3+d2)}{N_x}}$①；继续化简为：${}_nm_x=2\times\dfrac{{}_nq_x}{2-{}_nq_x}$。

第三步，计算生命表死亡事件发生数${}_nd_x$。

假定$l_0=1$，即队列初始（0岁）存活概率为1，计算的l_x为x岁的存活概率。或者将$l_0=10000$人，l_0为初始队列人数，那么，l_x为x岁存活人数，即初始队列经历了x年后存活的人口数。然后，进行递推运算，得到基于死亡事件发生概率计算生命表死亡事件发生数${}_nd_x$，${}_nd_x=l_x\times{}_nq_x$；其中，${}_nd_x$为年龄在（x，x+n）区间内的死亡事件发生数，是假想队列按${}_nq_x$死亡概率条件下死亡的人数，l_x为x岁的存活人数。

第四步，计算其余各岁的尚存活人口数l_x：$l_{x+n}=l_x-{}_nd_x$；其中，l_{x+n}为$x+n$岁的存活人数。

第五步，计算存活人年数${}_nL_x$。

计算x岁到$x+n$岁之间的处于初始状态的人年数${}_nL_x$，即存活人年数。${}_nL_x=n\times l_{x+n}+{}_na_x(l_x-l_{x+n})$；其中，${}_na_x$是那些在年龄区间［$x$，$x+n$］内经历所研究人口事件的人，在$x$岁以后平均存活人数与若未经历该人口事件状态（初始状态的人年数）的比例。以死亡事件为例，是死亡人口在年龄区间［x，$x+n$）内的存活人年数占x岁相同数量存活人口在［x，$x+n$）内的存活人年数的比例。之所以需要${}_na_x$，是由于将连续模型${}_nL_x=\int_x^{x+n}l(a)\,da$转化为离散模型时，需要估计区间［$x$，$x+n$）内的存活人年数，${}_nL_x=n\times l_{x+n}+{}_na_x(l_x-$

① $d1$、$d2$和$d3$为不同队列的死亡人口数量。

l_{x+n}）只是一个离散的近似计算。

第六步，计算剩余存活人年数 T（x）。

计算 x 岁以后仍处于初始状态的人年数，即仍处于存活状态的人年数 T（x），也就是剩余存活人年数：$T(x) = \sum_{y=x}^{w-n} {}_nL_y + L_{w^+}$；其中，$\omega^+$ 为所考虑的最大年龄。

第七步，计算 x 岁时的平均预期寿命 e（x）。

x 岁时的平均预期寿命为：$e(x) = \frac{T(x)}{l_x}$；最大开放年龄组为：$e_\omega = \frac{1}{m_{\omega^+}}$；$\frac{d_{\omega^+}}{L_{\omega^+}} = m_{\omega^+} = \frac{D_{\omega^+}}{P_{\omega^+}}$；$l_{\omega^+} = d_{\omega^+}$；$L_{\omega^+} = \frac{l_{\omega^+}}{m_{\omega^+}}$；其中，$\omega+$ 为开放年龄组。

基于汇总数据生命表构建的本质是对假想队列的理解和存活到不同年龄人口的存活概率或队列人数的推算，最终将累计存活人年数 T（x）除以各岁的尚存活人口数 lx 得到不同年龄平均预期存活时间即平均预期寿命。

7.1.2　界面设计与功能

完全生命表分析软件界面设计和功能包括数据读取与参数设置、计算结果的数据显示与保存、图形显示三个方面。

第一，数据读取、参数设置功能的软件界面和功能实现。完全生命表是以单岁分组的年龄别死亡率为基础，需要选择的参数是不同性别的 ax 取值。具体界面包括年龄别死亡率、ax 取值、性别和数据类型（见图 7-1）。年龄别死亡率采用 TComboBox 控件（见程序 7-1），数据字段读取来自数据模块，ax 取值虽然也是采用 TComboBox 控件的项目栏进行选定，但具体取值是编写在程序中的，当然也可以采取数据表提供数据的方式。性别和数据类型则采用 TRadioButton 控件，对应的功能由计算机程序实现。

第二，计算结果数值显示、保存功能软件界面及其功能实现。计算结果通过字符网格 TStringGrid 控件来进行显示（见图 7-2）。需要显示的完全生命表输入数据和计算结果包括：（1）年龄；（2）年龄别死亡率 Mx；（3）年龄别死亡概率 Qx；（4）队存活概率或假想队列存活人数 lx；（5）队列死亡人口数 dx；（6）队列存活人年数 Lx；（7）队列累计剩余存活人年数 Tx；（8）平均预期寿命 e_x。

第三，计算结果图形显示软件界面及其功能实现。图形显示的功能是用于显示图 7-2 生命表计算结果中选定数据列，采用 TChart 控件中创建 TFastLineSeries 类对象，图形显示方式见图 7-3。

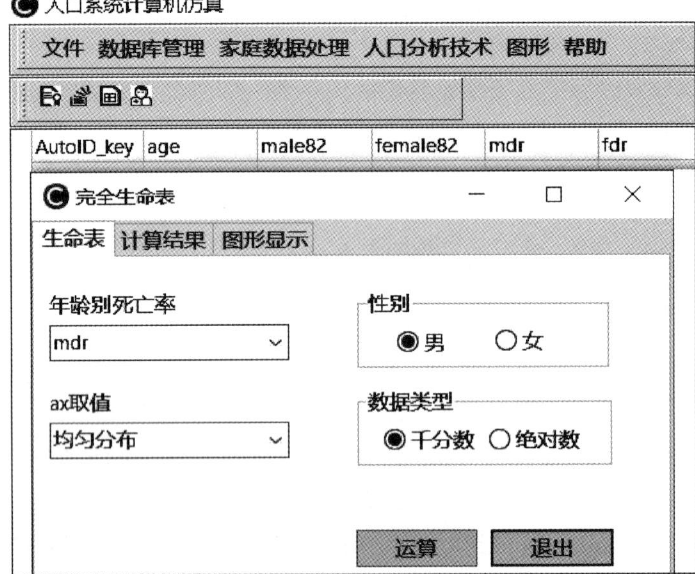

图7-1 生命表数据读取

人口系统计算机仿真

文件 数据库管理 家庭数据处理 人口分析技术 图形 帮助

AutoID_key age male82 female82 mdr fdr

完全生命表

生命表 计算结果 图形显示

年龄	Mx	Qx	lx	dx
0	0.0337000004	0.0331384539	1	0.03
1	0.0071000000	0.0070748329	0.9668615460	0.00
2	0.0046000001	0.0045894384	0.9600211381	0.00
3	0.0027999999	0.0027960538	0.9556151628	0.00
4	0.0021999999	0.0021975636	0.9529432058	0.00
5	0.0019000000	0.0018981695	0.9508490562	0.00

图形显示 保存数据

图7-2 生命表计算结果

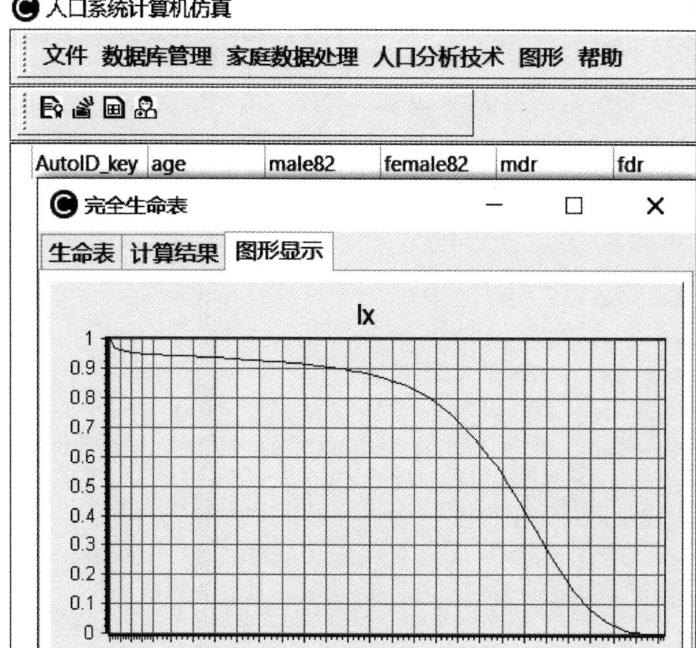

图 7-3　生命表图形显示

7.1.3　程序实现

基于汇总数据的生命表软件开发主要程序有界面控件及数组定义、生命表参数选择和生命表计算结果的图形显示。

界面控件及数组定义程序的主要内容是控件设计和数组定义方法。由于通常人口汇总数据单岁年龄组的个数小于101，因此相关变量的数据定义为200个元素应该绰绰有余（见程序7-1）。当然，在设计过程中，也可以采用动态数据，数组元素的数量通过控件提供，使软件更具有灵活性。

程序 7-1　界面控件及数组定义

```
//---------------------------------------------------------

#ifndef Life_Table_Unit1H
#define Life_Table_Unit1H
```

```
//---------------------------------------------------------
#include <System.Classes.hpp>
#include <Vcl.Controls.hpp>
#include <Vcl.StdCtrls.hpp>
#include <Vcl.Forms.hpp>
#include <Vcl.ExtCtrls.hpp>
#include <Vcl.ComCtrls.hpp>
#include <Vcl.Grids.hpp>
#include <Vcl.Dialogs.hpp>
#include <VCLTee.Chart.hpp>
#include <VclTee.TeeGDIPlus.hpp>
#include <VCLTee.TeEngine.hpp>
#include <VCLTee.TeeProcs.hpp>
#include <VCLTee.Series.hpp>
//---------------------------------------------------------
class TLife_Table_Form1 : public TForm
{
__published:    // IDE-managed Components
 TPageControl *PageControl1;
 TTabSheet *TabSheet1;
 TTabSheet *TabSheet2;
 TButton *Button1;
 TButton *Button2;
 TComboBox *ComboBox1;
 TLabel *Label1;
 TComboBox *ComboBox2;
 TLabel *Label2;
 TRadioButton *RadioButton1;
 TRadioButton *RadioButton2;
 TGroupBox *GroupBox1;
 TChart *Chart1;
 TSaveDialog *SaveDialog1;
 TTabSheet *TabSheet3;
 TStringGrid *StringGrid1;
 TButton *Button5;
 TButton *Button6;
 TGroupBox *GroupBox2;
 TRadioButton *RadioButton3;
```

```
      TRadioButton *RadioButton4;
      void __fastcall Button1Click(TObject *Sender);
      void __fastcall Button3Click(TObject *Sender);
      void __fastcall ComboBox1Change(TObject *Sender);
      void __fastcall Button2Click(TObject *Sender);
      void __fastcall StringGrid1SelectCell(TObject *Sender,
int ACol, int ARow, bool &CanSelect);
      void __fastcall Button5Click(TObject *Sender);

    private:// User declarations
    public:// User declarations
      __fastcall TLife_Table_Form1(TComponent* Owner);
        int age_groups;
      float ax[200];
      float mx[200];
      float qx[200];
      float dx[200];
      float lx[200];
      float Lx[200];
      float Tx[200];
      float Ex[200];
      int Current_ACol;
      int Current_ARow;
    };
    //---------------------------------------------------------------
    extern PACKAGE TLife_Table_Form1 *Life_Table_Form1;
    //---------------------------------------------------------------
    #endif
```

生命表计算方法程序只提供了参数ax为均匀分布的选项（见程序7-2），程序7-2除了生命表根据选定的变量和参数进行计算，还将计算结果显示在字符串网格Life_Table_Form1->StringGrid1中。

程序 7-2　生命表计算方法

```
    void __fastcall TLife_Table_Form1::Button2Click(TObject *Sender)
    {
```

```
      int i;
      float temp;
      int j;

       if (Life_Table_Form1->RadioButton1->Checked==true) {//男
性ax
      if (Life_Table_Form1->ComboBox2->Text=="均匀分布"||Life_
Table_Form1->ComboBox2->ItemIndex==0) {
             Life_Table_Form1->ax[0]=0.375;
             Life_Table_Form1->ax[1]=0.375;
             Life_Table_Form1->ax[2]=0.375;
             Life_Table_Form1->ax[3]=0.375;
             Life_Table_Form1->ax[4]=0.375;
        for (i = 5; i < Life_Table_Form1->age_groups; i++) {
              Life_Table_Form1->ax[i]=0.5;
        }
      }//end 均匀分布
       }

       if (Life_Table_Form1->RadioButton2->Checked==true) {//女
性ax
      if (Life_Table_Form1->ComboBox2->Text=="均匀分布"||Life_
Table_Form1->ComboBox2->ItemIndex==0) {
             Life_Table_Form1->ax[0]=0.375;
             Life_Table_Form1->ax[1]=0.375;
             Life_Table_Form1->ax[2]=0.375;
             Life_Table_Form1->ax[3]=0.375;
             Life_Table_Form1->ax[4]=0.375;
        for (i = 5; i < Life_Table_Form1->age_groups; i++) {
             Life_Table_Form1->ax[i]=0.5;
        }
      }//end 均匀分布
       }

        if (Life_Table_Form1->RadioButton3->Checked==true) {//千
分数
        for (i = 0; i < Life_Table_Form1->age_groups; i++) {
```

```
            Life_Table_Form1->mx[i]=Life_Table_Form1->
mx[i]/1000;
        }
        }

        for (i = 0; i < Life_Table_Form1->age_groups; i++) {
            Life_Table_Form1->qx[i]=1-exp(-Life_Table_Form1->
mx[i]);
        }

        Life_Table_Form1->qx[Life_Table_Form1->age_groups-1]=1;
        Life_Table_Form1->lx[0]=1;

        for (i = 0; i < Life_Table_Form1->age_groups; i++) {
            Life_Table_Form1->dx[i]=Life_Table_Form1->
lx[i]*Life_Table_Form1->qx[i];
            Life_Table_Form1->lx[i+1]=Life_Table_Form1->
lx[i]-Life_Table_Form1->dx[i];
        }

        for (i = 0; i < Life_Table_Form1->age_groups-1; i++) {
            Life_Table_Form1->Lx[i]=Life_Table_Form1->
lx[i+1]+Life_Table_Form1->ax[i]*(Life_Table_Form1->lx[i]-
Life_Table_Form1->lx[i+1]);
        }
            Life_Table_Form1->Lx[Life_Table_Form1->age_groups-
1]=Life_Table_Form1->lx[Life_Table_Form1->age_groups-1]/Life_
Table_Form1->mx[Life_Table_Form1->age_groups-1];
        //开放组
        for (i = 0; i < Life_Table_Form1->age_groups; i++) {
         temp=0;
         for (j = i; j < Life_Table_Form1->age_groups; j++) {
            temp=temp+Life_Table_Form1->Lx[j];
            Life_Table_Form1->Tx[i]=temp;
         }

         Life_Table_Form1->Ex[i]=Life_Table_Form1->Tx[i]/Life_
Table_Form1->lx[i];
```

```
    }

    for (i = 0; i < Life_Table_Form1->age_groups; i++) {
   Life_Table_Form1->StringGrid1->Cells[1][i+1]=FloatToStr(Life_
Table_Form1->mx[i]);
   Life_Table_Form1->StringGrid1->Cells[2][i+1]=FloatToStr(Life_
Table_Form1->qx[i]);
   Life_Table_Form1->StringGrid1->Cells[3][i+1]=FloatToStr(Life_
Table_Form1->lx[i]);
   Life_Table_Form1->StringGrid1->Cells[4][i+1]=FloatToStr(Life_
Table_Form1->dx[i]);
   Life_Table_Form1->StringGrid1->Cells[5][i+1]=FloatToStr(Life_
Table_Form1->Lx[i]);
   Life_Table_Form1->StringGrid1->Cells[6][i+1]=FloatToStr(Life_
Table_Form1->Tx[i]);
   Life_Table_Form1->StringGrid1->Cells[7][i+1]=FloatToStr(Life_
Table_Form1->Ex[i]);
    }

     Life_Table_Form1->PageControl1->ActivePageIndex=1;
  }
  //---------------------------------------------------------
```

为了在图形中显示选定的计算结果数据项，需要使用TLife_Table_Form1::StringGrid1SelectCell(TObject *Sender, int ACol,int ARow,bool &CanSelect)函数提取鼠标选定的当前行（Life_Table_Form1->Current_ARow）和列（Life_Table_Form1->Current_ACol）(见程序7-3)。然后，读取选定的列数据，最后根据读取数据进行图形显示。

程序7-3 生命表计算结果图形显示

```
  void __fastcall TLife_Table_Form1::StringGrid1SelectCell(
TObject *Sender, int ACol,
          int ARow, bool &CanSelect)
  {
```

```
        Life_Table_Form1->Current_ACol=ACol;
        Life_Table_Form1->Current_ARow=ARow;
    }
    //-----------------------------------------------------------

    void __fastcall TLife_Table_Form1::Button5Click(TObject
*Sender)
    {
        int i,j,my_age_groups;
        float temp;
        float Chart_value_Y[200];

        TFastLineSeries *Current_FastLineSeries;
        my_age_groups=Life_Table_Form1->StringGrid1-> RowCount-1;
                Current_FastLineSeries=new TFastLineSeries
(Application);
                Current_FastLineSeries->ParentChart=Life_
Table_Form1->Chart1;
        Life_Table_Form1->Chart1->BottomAxis->LabelsSeparation=
true;//避免坐标标识数据拥挤
                Life_Table_Form1->Chart1->Title->Font->Size=12;
                Life_Table_Form1->Chart1->View3D=false;
                Life_Table_Form1->Chart1->Title->Font->Color=
clBlack;
                Life_Table_Form1->Chart1->Title->Text->Clear();

    Life_Table_Form1->Chart1->Title->Text->Add(Life_Table_
Form1->StringGrid1->Cells[Life_Table_Form1->Current_ACol]
[0]);

                Current_FastLineSeries->Legend->Visible=false;
                 temp=0;
                 for (i = 0; i < my_age_groups; i++) {
      Chart_value_Y[i]=StrToFloat(Life_Table_Form1->
StringGrid1->Cells[Life_Table_Form1->Current_ACol][i+1]);
      temp=temp+StrToFloat(Life_Table_Form1->StringGrid1->
Cells[Life_Table_Form1->Current_ACol][i+1]);
                 }
```

```
            for (i = 0; i < my_age_groups; i++) {
                    Current_FastLineSeries->AddY(Chart_
value_Y[i],IntToStr(i),clRed);
            }

            Life_Table_Form1->PageControl1->
ActivePageIndex=2;
    }
    //--------------------------------------------------------
```

程序7-1、程序7-2和程序7-3实现了基于汇总数据的完全生命表软件开发的数据读取、参数选择、计算结果数据显示和图形显示功能，对目前的主要功能还可以根据需要进行完善。比如，采用动态数组定义基础数据和运算结果以及采用数据表格提供参数ax等。

7.1.4 应用实例

生命表研究的关键是可靠的基础数据，而生命表计算的重要结果是年龄别存活曲线和平均预期寿命。年龄别存活曲线的形状和曲线下的面积决定了不同年龄平均预期寿命（余寿）的长短。

根据中国2000年、2010年和2020年全国人口普查年龄别死亡率数据，构建中国男性和女性生命表，对ax的取值为最简单的均匀分布，年龄别存活曲线和平均预期寿命见图7-4。

图7-4只提供了最基本的生命表特征信息，对于生命表存活曲线lx还可以进一步深入挖掘，如队列存活概率的差距或年龄别存活概率的变化特征等。

图7-5是平均预期寿命的变化趋势，其提供的数据也可以进行深入的研究。比如，不同人口普查出生人口平均预期寿命的变化、老年人口平均预期寿命变化及其性别差异等，这些关键数据不仅是死亡水平或健康状况的重要指标，也是社会保障系统构建、运行和监测的重要依据，其应用价值在社会经济相关研究中的意义不言而喻。

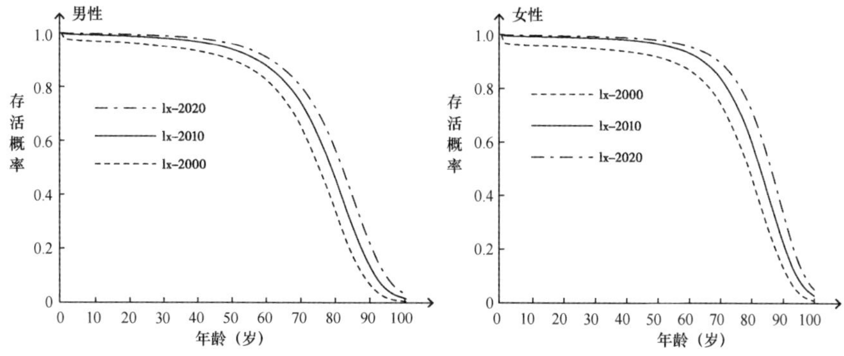

图 7-4　2000 年、2010 年、2020 年全国人口普查生命表存活曲线 lx

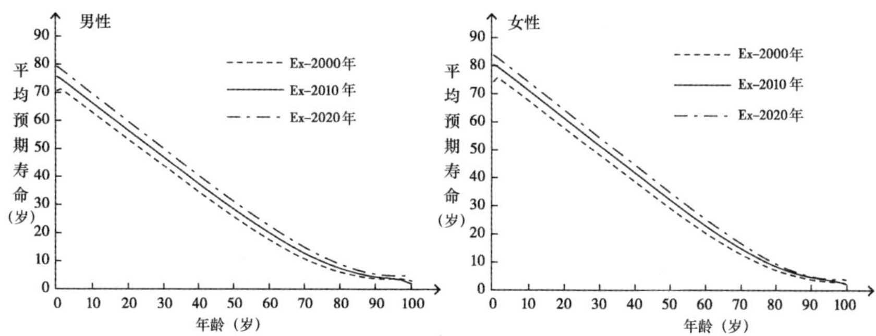

图 7-5　2000 年、2010 年、2020 年全国人口普查平均预期寿命变化

7.2　基于个案数据生命表软件设计

基于个案数据的生命表构建的基本原理与汇总数据类似，但不同之处是以原始数据为基础的数据汇总只是一个生命表数据处理的第一步，需要考虑数据便捷的汇总办法与进一步计算进行对接。虽然基于原始个案数据的生命表软件更具有普适性，但为了叙述方便，将个案事件的发生或删失退出视为广义的持续存活或“死亡”。

7.2.1　计算方法

基于个案数据的生命表构造需要计算的主要指标包括：存活函数计算

（Calculation of Survival Functions）、存活概率的标准误（Standard Error of Probability Surviving）和中位存活时间（Median Survival Time）等。根据生命表指标的计算顺序，可以划分为以下十二个步骤。

第一步，计算存活人数。$l_i=l_{i-1}-c_{i-1}-d_{i-1}$；其中$i$为时间间隔，$l_i$为生命表存活人数，$C_i$为第$i$个时间间隔内的删失数，$d_i$为第$i$个时间间隔内的事件发生数或死亡数。每一个时间间隔$i$是指时间区间为落入时点$t_i$与时点$t_{i+1}$之间，可以表示为$t_i \leqslant x_i < t_{i+1}$。

第二步，计算事件历险人数。$r_i = \dfrac{l_i - c_i}{2}$。

第三步，计算事件发生比例。$q_i = \dfrac{d_i}{r_i}$。

第四步，计算存活比例。$p_i=1-q_i$。

第五步，计算结束观察时累计存活比例。$P_i=P_{i-1}p_i$；其中$P_0=1$；

第六步，计算存活概率密度函数。$f_i = \dfrac{P_{i-1} - P_i}{h_i}$；其中$h_i$为第$i$个时间间隔的宽度。

第七步，计算事件（死亡）风险率。$\lambda_i = \dfrac{2q_i}{h_i \times (1 + p_i)}$。

第八步，计算存活概率的标准误。$se(P_i) = P_i \sqrt{\sum_{j=1}^{i} \dfrac{q_i}{r_i \times P_i}}$。

第九步，计算概率密度标准误。$se(f_i) = P_i\left(\dfrac{q_i}{h_i}\right)\sqrt{\sum_{j=1}^{i-1} \dfrac{q_i}{r_i \times p_i} + \dfrac{p_i}{r_i \times p_i}}$，其中$se(f_1) = P_1\left(\dfrac{q_1}{h_1}\right)\sqrt{\dfrac{p_1}{r_1 \times p_1}}$。

第十步，计算事件（死亡）风险率标准误。$se(\lambda_i)=\sqrt{\dfrac{\lambda_i^{\ 2}}{r_i \times q_i}\times\{1 - \left(\dfrac{\lambda_i \times h_i}{2}\right)^2\}}$。

第十一步，计算中位存活时间。$MD = (t)_i + \left(\dfrac{h_{i-1} \times (P_{i-1} - 0.5)}{P_{i-1} - P_i}\right)$。

第十二步，计算预期平均存活时间。由于P_i相当于汇总数据生命表的l_x，因此，平均预期存活时间的计算与汇总数据生命表类似。

通过以上步骤可以得到生命表的主要统计指标，而从以上步骤可以看出，基于原始个案数据得生命表构建更具有广泛的应用场景。比如，时间间隔细分在实时人口大数据分析过程中具备更强的数据挖掘能力和需要更强的算力，为实时AI生存分析和机器学习奠定基础。

7.2.2　界面设计与功能

基于原始个案数据生命表分析软件界面设计和主要功能包括数据读取、计算结果数值显示与保存。

第一，数据读取包括时间变量和状态变量。时间变量指存活时间，状态变量则是状态转换的个案（见图 7-6）。此外，界面设计还包括状态变量的数值含义。比如，1 为状态终止，2 为退出观察。根据时间变量读取数据，可以自动比较整个观察原始个案时间变量的最大值和最小值。用户可以设置原始个案观察记录的时间间隔或区间。

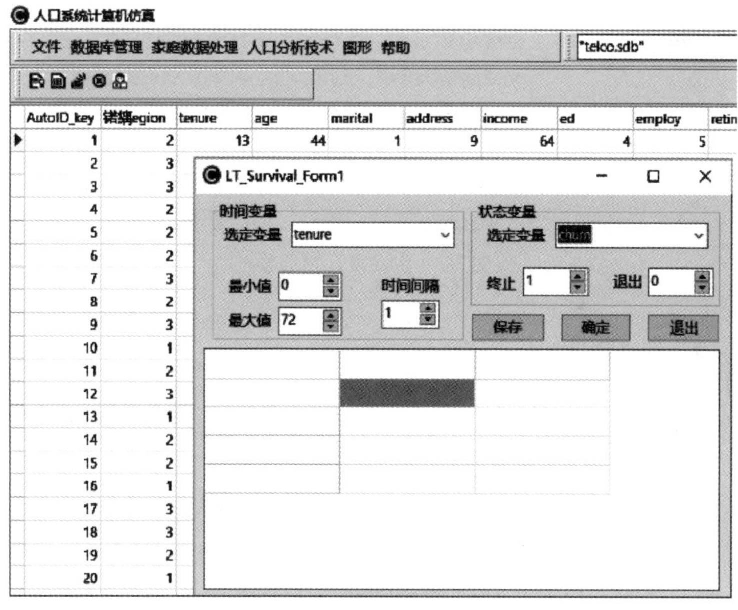

图 7-6　生命表数据读取

第二，计算结果数值显示、保存功能软件界面和软件功能实现。计算结果通过字符网格 TStringGrid 控件来进行显示（见图 7-7）。需要显示的生命表计算结果较多，包括第一列进入时间间隔数量（l_i）、第二列终止事件数（d_i）、第三列退出数（C_i）、第四列风险数（r_i）、第五列事件发生比例或终止比例（q_i）、第六列生存比例（p_i）、第七列累计生存比例（P_i）、第八列累计生存比例标准误［se（P_i）］、第九列风险率（λ_i）、第十列风险率标准误［se（λ_i）］、第十一列存活概率密度（f_i）、第十二列平均预期时间（e_x）。

除了通过字符串网格进行计算结果显示，还可进行图形显示，具体实现方法为选定网格数据作图，这里不再进行界面设计展示。

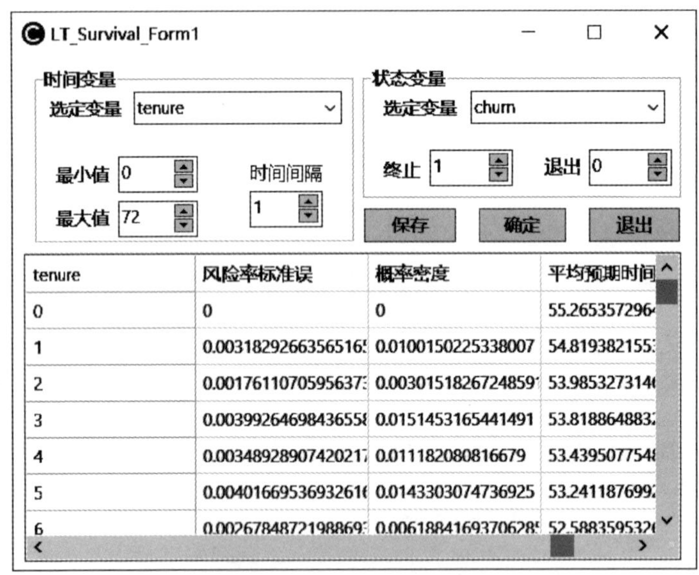

图 7-7　生命表计算结果

7.2.3　程序实现

基于原始个案数据的生命表软件开发主要程序有界面控件定义、生命表计算方法和计算结果数据显示。

与基于汇总数据的生命表开发软件不同，基于原始个案数据生命表的适用范围更大，汇总数据生命表是解决人口存活函数和平均预期寿命计算问题，由于通常人口汇总数据单岁年龄组的个数小于101，因此，相关变量的数据定义为200个元素已经足够（见程序7-1）。基于原始个案数据的生命表采用不同的定义方法，在设计过程中，没有在界面设计单元定义数组，界面设计部分只定义需要使用的控件。具体界面控件定义见程序7-4。

程序 7-4　界面控件构成与定义

```
//-----------------------------------------------------------

#ifndef LT_Survival_Unit1H
#define LT_Survival_Unit1H
```

```
//---------------------------------------------------------------------------
#include <System.Classes.hpp>
#include <Vcl.Controls.hpp>
#include <Vcl.StdCtrls.hpp>
#include <Vcl.Forms.hpp>
#include <Vcl.ExtCtrls.hpp>
#include <Vcl.Samples.Spin.hpp>
#include <Vcl.Grids.hpp>
#include <Data.DB.hpp>
#include <Vcl.DBGrids.hpp>
#include <Vcl.Dialogs.hpp>
//---------------------------------------------------------------------------
class TLT_Survival_Form1 : public TForm
{
__published:    // IDE-managed Components
 TPanel *Panel1;
 TGroupBox *GroupBox1;
 TLabel *Label4;
 TLabel *Label5;
 TLabel *Label1;
 TComboBox *ComboBox1;
 TSpinEdit *SpinEdit1;
 TSpinEdit *SpinEdit2;
 TGroupBox *GroupBox2;
 TLabel *Label2;
 TLabel *Label3;
 TLabel *Label6;
 TComboBox *ComboBox2;
 TSpinEdit *SpinEdit3;
 TSpinEdit *SpinEdit4;
 TButton *Button2;
 TButton *Button1;
 TStringGrid *StringGrid1;
 TLabel *Label7;
 TSpinEdit *SpinEdit5;
 TButton *Button3;
 TSaveDialog *SaveDialog1;
 void __fastcall Button2Click(TObject *Sender);
```

```
    void __fastcall ComboBox1Change(TObject *Sender);
    void __fastcall Button1Click(TObject *Sender);
    void __fastcall Button3Click(TObject *Sender);
   private:  // User declarations
   public:  // User declarations
    __fastcall TLT_Survival_Form1(TComponent* Owner);
   };
   //----------------------------------------------------------
   extern PACKAGE TLT_Survival_Form1 *LT_Survival_Form1;
   //----------------------------------------------------------
   #endif
```

基于原始个案数据构建生命表需要解决的问题除了生命表的统计指标计算，还需要解决基础数据的统计汇总问题。个案数据汇总采用SQL语句：

```
   String aa_SQL;
                   DataModule1->FDQuery1->Active=false;
                   DataModule1->FDQuery1->SQL->Clear();
                   aa_SQL="select  "+LT_Survival_Form1->
ComboBox1->Text+" as time01,"+LT_Survival_Form1->ComboBox2->
Text+",count("+IntToStr(LT_Survival_Form1->SpinEdit3->
Value)+") as time02"+" from "+MainMenu_Form1->ComboBox1->
Text+ "group by "+LT_Survival_Form1->ComboBox1->Text+","+LT_
Survival_Form1->ComboBox2->Text;//分类汇总SLQ语句生成
                   DataModule1->FDQuery1->SQL->Add(aa_SQL);
                   DataModule1->FDQuery1->Open();
                   DataModule1->FDQuery1->Active=true;
```

以上动态生成的SQL语句执行的结果是按照给定的变量进行交叉汇总。

在个案基础数据汇总结果的基础上，按照生命表时间变量和事件发生或退出进行二次数据汇总整理，目的是使变量的存储方式更符合下一步计算的需要，首先按观察数据存活时间和时间间隔定义数据分组，具体方法如下：

```
        for (i = 0; i < duration_No; i++) {
                my_LT_Pop[i].low =current_temp;
                temp=my_LT_Pop[i].low;
                current_temp=current_temp+temp_step;
                my_LT_Pop[i].upper =current_temp;
                my_LT_Pop[i].hi=my_LT_Pop[i].upper-my_LT_Pop[i].
low;
        } //按存活时间定义分组
```

将数据按存活时间分组定义的基础上，对事件发生或退出观察个案进行分组汇总，方法如下：

```
        for (i = 0; i < duration_No; i++) {
           my_LT_Pop[i].No_dead=0;
           my_LT_Pop[i].No_Censor=0;
           DataModule1->FDQuery1->First();
           for (j = 0; j < DataModule1->FDQuery1->RecordCount;
j++) {
              if (DataModule1->FDQuery1->FieldByName("time01")->
AsFloat>=my_LT_Pop[i].low && DataModule1->FDQuery1->
FieldByName("time01")->AsFloat<my_LT_Pop[i].upper) {
                 if(DataModule1->FDQuery1->FieldByName(LT_
Survival_Form1->ComboBox2->Text)->AsInteger==LT_Survival_
Form1->SpinEdit3->Value) {
                    my_LT_Pop[i].No_dead=my_LT_Pop[i].No_dead+
DataModule1-> FDQuery1->FieldByName("time02")->AsFloat;
                             } //按年龄组统计终止人口数据
                 if(DataModule1->FDQuery1->FieldByName(LT_Survival_
Form1->ComboBox2->Text)->AsInteger==LT_Survival_Form1->SpinEdit4->
Value) {
                    my_LT_Pop[i].No_Censor=my_LT_Pop[i].No_Censor+
DataModule1->FDQuery1->FieldByName("time02")->AsFloat;
                 } //按年龄组统计退出、删失人口数据
                 }
                 DataModule1->FDQuery1->Next();
           }
        }//数据库分组汇总
```

这里需要注意的是，与人口的完全生命表年龄组大小通常在101个以内不同，基于个案原始数据生命表观测数据的时间间隔和时间长度是不能预知的，分组数据大小有可能不限于200个，因此，这里采用动态结构体数组的方式进行存储数据，结构体定义如下：

```
typedef struct LT_table
{
    double TPop_Ob;//观察人口
    double No_dead;//死亡
    double No_Censor;//删失
    double low;
    double upper;
    double lxi;
    double Blx;
    double Tx;
    double ex;
    double di;
    double ci;
    double ri;
    double qi;
    double pi;
    double big_pi;
    double hi;
    double lamdai;
    double fi;
    double se_bigPi;
    double se_lamdai;
    double se_fi;
}LT_pop;
```

原始个案数据交叉汇总和进一步按照存活时间进行二次汇总之后，接下来的计算就比较简单了。完整的计算机程序见程序7-5。

程序7-5 生命表相关指标计算

```
    void __fastcall TLT_Survival_Form1::Button1Click(TObject
*Sender)
    {
```

```
    double temp,temp_max,temp_min,current_temp,temp_step;
    int i,j,duration_No; temp=(LT_Survival_Form1->SpinEdit2->
Value-LT_Survival_Form1->SpinEdit1->Value)/LT_Survival_Form1->
SpinEdit5->Value;

    temp_step=LT_Survival_Form1->SpinEdit5->Value;
    duration_No=ceil(temp)+1;
    vector<double>duration_group(duration_No);
    vector<LT_pop>my_LT_Pop(duration_No);
    current_temp=0;

    for (i = 0; i < duration_No; i++) {
      my_LT_Pop[i].low =current_temp;
      temp=my_LT_Pop[i].low;
      current_temp=current_temp+temp_step;
      my_LT_Pop[i].upper =current_temp;
      my_LT_Pop[i].hi=my_LT_Pop[i].upper-my_LT_Pop[i].low;
    } //按存活时间定义分组
     String aa_SQL;
          DataModule1->FDQuery1->Active=false;
  //也可用FDQuey读取数据，特别是大量数据的情况下，Query的方式读取
效率更高
           DataModule1->FDQuery1->SQL->Clear();
           aa_SQL="select "+LT_Survival_Form1-> ComboBox1->
Text+" as time01,"+LT_Survival_Form1->ComboBox2->
Text+",count("+IntToStr(LT_Survival_Form1->SpinEdit3->Value)+")
as time02"+" from "+MainMenu_Form1->ComboBox1->Text+ "group
by "+LT_Survival_Form1->ComboBox1->Text+","+LT_Survival_Form1->
ComboBox2->Text;
           DataModule1->FDQuery1->SQL->Add(aa_SQL);
           DataModule1->FDQuery1->Open();
           DataModule1->FDQuery1->Active=true;
           DataModule1->FDQuery1->Last();
  //目的是读取整个数据库的长度，避免将缓存数据的长度当作全库的长度
           DataModule1->FDQuery1->First();

     for (i = 0; i < duration_No; i++) {
          my_LT_Pop[i].No_dead=0;
```

```
            my_LT_Pop[i].No_Censor=0;
            DataModule1->FDQuery1->First();
            for (j = 0; j < DataModule1->FDQuery1->
RecordCount; j++) {
              if (DataModule1->FDQuery1->FieldByName("time01")->
AsFloat>=my_LT_Pop[i].low && DataModule1->FDQuery1->
FieldByName("time01")->AsFloat<my_LT_Pop[i].upper) {
              if (DataModule1->FDQuery1->FieldByName(LT_
Survival_Form1->ComboBox2->Text)->AsInteger==LT_Survival_
Form1->SpinEdit3->Value) {
                  my_LT_Pop[i].No_dead=my_LT_Pop[i].No_
dead+DataModule1->FDQuery1->FieldByName("time02")->AsFloat;
                  } //按年龄组统计终止人口数据
                  if(DataModule1->FDQuery1-> FieldByName(LT_
Survival_Form1->ComboBox2->Text)-> AsInteger==LT_Survival_
Form1->SpinEdit4->Value) {
                   my_LT_Pop[i].No_Censor=my_LT_Pop[i].No_
Censor+DataModule1->FDQuery1->FieldByName("time02")->AsFloat;
                   } //按年龄组统计退出、删失人口数据
        }
        DataModule1->FDQuery1->Next();
      }
      }//数据库分组汇总
      for (i = 0; i < duration_No; i++) {
           my_LT_Pop[i].TPop_Ob=0;
           my_LT_Pop[i].TPop_Ob=my_LT_Pop[i].No_dead+my_LT_
Pop[i].No_Censor;
      }//计算年龄别死亡率和删失率
      double cohort_total;
            cohort_total=0;
            for (i = 0; i < duration_No; i++) {
             cohort_total=cohort_total+my_LT_Pop[i].TPop_Ob;
            }
        my_LT_Pop[0].lxi=cohort_total;
      for (i = 1; i < duration_No; i++) {
            my_LT_Pop[i].lxi=my_LT_Pop[i-1].lxi-my_LT_
Pop[i-1].No_dead-my_LT_Pop[i-1].No_Censor;
      }
```

```
        for (i = 0; i < duration_No; i++) {
                my_LT_Pop[i].ri=my_LT_Pop[i].lxi-my_LT_Pop[i].
No_Censor/2;
        }
        for (i = 0; i < duration_No; i++) {
                my_LT_Pop[i].qi=my_LT_Pop[i].No_dead/my_LT_
Pop[i].ri;
                my_LT_Pop[i].pi=1-my_LT_Pop[i].qi;
        }
        my_LT_Pop[0].big_pi=1;
        for (i = 1; i < duration_No; i++) {
                my_LT_Pop[i].big_pi=my_LT_Pop[i-1].big_pi*my_LT_
Pop[i].pi;
        }
        for (i = 0; i < duration_No; i++) {
                my_LT_Pop[i].lamdai=2*my_LT_Pop[i].qi/(my_LT_
Pop[i].hi*(1+my_LT_Pop[i].pi));
        }
        for (i = 1; i < duration_No; i++) {
                my_LT_Pop[i].fi=(my_LT_Pop[i-1].big_pi-my_LT_
Pop[i].big_pi)/(my_LT_Pop[i].hi);
        }
        for (i = 0; i < duration_No; i++) {
              temp=0;
              for (j = 0; j <=i; j++) {
                temp=temp+my_LT_Pop[j].qi/(my_LT_Pop[j].pi*my_
LT_Pop[j].ri);
              }
              my_LT_Pop[i].se_bigPi=my_LT_Pop[i].big_
pi*sqrt(temp);
        }
        for (i = 0; i < duration_No; i++) {
              if (my_LT_Pop[i].qi!=0) {
                temp=pow(my_LT_Pop[i].lamdai,2);
                temp=temp/(my_LT_Pop[i].ri*my_LT_Pop[i].qi);
                current_temp=my_LT_Pop[i].lamdai*my_LT_Pop[i].
hi/2;
```

```
                my_LT_Pop[i].se_lamdai=sqrt(temp*(1-pow(current_
temp,2)));
            }
            if (my_LT_Pop[i].qi==0) {
                my_LT_Pop[i].se_lamdai=0;
            }
        }
        int tt;
        LT_Survival_Form1->StringGrid1->RowCount=1;
        tt=LT_Survival_Form1->StringGrid1->RowCount-1;
        LT_Survival_Form1->StringGrid1->ColCount=13;
                LT_Survival_Form1->StringGrid1->Cells[0][tt]=LT_
Survival_Form1->ComboBox1->Text;
                LT_Survival_Form1->StringGrid1->Cells[1][tt]="进
入时间间隔数量";
                LT_Survival_Form1->StringGrid1->Cells[2][tt]="终
止事件数";
                LT_Survival_Form1->StringGrid1->Cells[3][tt]="退
出数";
                LT_Survival_Form1->StringGrid1->Cells[4][tt]="风
险数";
                LT_Survival_Form1->StringGrid1->Cells[5][tt]="终
止比例";
                LT_Survival_Form1->StringGrid1->Cells[6][tt]="生
存比例";
                LT_Survival_Form1->StringGrid1->Cells[7][tt]="累
计生存比例";
                LT_Survival_Form1->StringGrid1->Cells[8][tt]="累
计生存比例标准误";
                LT_Survival_Form1->StringGrid1->Cells[9][tt]="风
险率";
                LT_Survival_Form1->StringGrid1->Cells[10][tt]=
"风险率标准误";
                LT_Survival_Form1->StringGrid1->Cells[11][tt]=
"概率密度";
                LT_Survival_Form1->StringGrid1->Cells[12][tt]=
"平均预期时间";
```

```
    tt++;

     for (i = 0; i < duration_No; i++) {
             LT_Survival_Form1->StringGrid1->Cells[0][i+tt]=
FloatToStr(i);
             LT_Survival_Form1->StringGrid1->Cells[1][i+tt]=
FloatToStr(my_LT_Pop[i].lxi);
             LT_Survival_Form1->StringGrid1->Cells[2][i+tt]=
FloatToStr(my_LT_Pop[i].No_dead);
             LT_Survival_Form1->StringGrid1->Cells[3][i+tt]=
FloatToStr(my_LT_Pop[i].No_Censor);
             LT_Survival_Form1->StringGrid1->Cells[4][i+tt]=
FloatToStr(my_LT_Pop[i].ri);
             LT_Survival_Form1->StringGrid1->Cells[5][i+tt]=
FloatToStr(my_LT_Pop[i].qi);
             LT_Survival_Form1->StringGrid1->Cells[6][i+tt]=
FloatToStr(my_LT_Pop[i].pi);
             LT_Survival_Form1->StringGrid1->Cells[7][i+tt]=
FloatToStr(my_LT_Pop[i].big_pi);
             LT_Survival_Form1->StringGrid1->Cells[8][i+tt]=
FloatToStr(my_LT_Pop[i].se_bigPi);
             LT_Survival_Form1->StringGrid1->Cells[9][i+tt]=
FloatToStr(my_LT_Pop[i].lamdai);
             LT_Survival_Form1->StringGrid1->Cells[10][i+tt]=
FloatToStr(my_LT_Pop[i].se_lamdai);
             LT_Survival_Form1->StringGrid1->Cells[11][i+tt]=
FloatToStr(my_LT_Pop[i].fi);
             LT_Survival_Form1->StringGrid1->RowCount++;
     }
   }
   //-------------------------------------------------------
```

基于原始个案数据生命表计算结果保存就是对字符串网格数据的保存方法，已经反复多次用到这个保存方法，具体完整程序见程序 7-6。

程序7-6 计算结果保存

```
    void __fastcall TLT_Survival_Form1::Button3Click(TObject
*Sender)
    {
      int i,j;
      String current_filename;
      LT_Survival_Form1->SaveDialog1->Execute();
       current_filename=LT_Survival_Form1->SaveDialog1->
FileName;
       int fp=FileCreate(current_filename+".csv");
       String aa=",";
       String rn="\n";

      for (i =0; i <LT_Survival_Form1->StringGrid1->RowCount;
i++) {
         for (j = 0; j <LT_Survival_Form1->StringGrid1->
ColCount; j++) {
             FileWrite(fp,LT_Survival_Form1->StringGrid1->
Cells[j][i].c_str(),2*LT_Survival_Form1->StringGrid1->
Cells[j][i].Length());
             FileWrite(fp,aa.c_str(),aa.Length());
         }
         FileWrite(fp,rn.c_str(),rn.Length());
    }
    FileClose(fp);
    }
```

7.2.4 应用案例

基于原始个案数据生命表的基础数据量往往较大和持续观察时间较长，因此，找到适合的实际应用案例并不容易。本案例来自SPSS软件提供的生存分析案例观察数据之一（文件名为telco.sav），该数据由1000个观察数据组成，观察时间为72个月。将telco.sav文件转换为CSV格式，再由CSV格式导入SQLite数据库，然后进行分析。

选定telco文件服务时间变量tenure，状态转换变量churn，可以计算生命表的相关指标（见附表 7-3 和附表 7-4）。

根据计算结果可以对生命表的重要指标作图显示（见图 7-8）。图 7-8 是平均存活时间和累计存活比例，平均存活时间相当于平均预期存活时间的估计，该曲线反映了不同个案未来平均预期存活时间的变化趋势；累计存活比例可以理解为有个案删失退出和终止条件下的存活概率曲线。

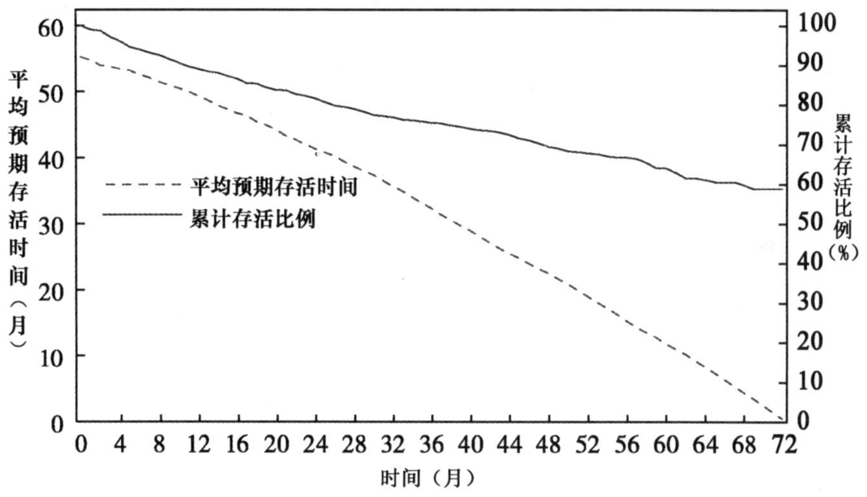

图 7-8　平均预期存活时间与累计存活比例

总之，通过生命表的构建，特别是存活函数的估计，可以直观地反映存活概率随时间变化的过程，通过统计指标平均预期存活时间，可以看到存活函数曲线差异的综合结果。无论是汇总数据生命表构建，还是基于原始个案数据的生命表，都是处理状态转换问题，基于个案数据生命表需要将终止和删失一并考虑，而完全生命表通常只考虑事件终止，即“死亡”，而不考虑“删失”问题，更具有一般性，把状态转换问题视为广义的“死亡”，使生命表或存活分析具有更广泛的应用场景。

附表 7-1　2020 年全国人口普查男性完全生命表

年龄	Mx	Qx	lx	dx	Lx	Tx	Ex
0	0.001662	0.001660	1.000000	0.001660	0.998962	79.239594	79.239594
1	0.000422	0.000422	0.998340	0.000421	0.998076	78.240631	78.370766
2	0.000296	0.000296	0.997918	0.000295	0.997734	77.242554	77.403702

续表

年龄	Mx	Qx	lx	dx	Lx	Tx	Ex
3	0.000223	0.000223	0.997623	0.000222	0.997484	76.244827	76.426506
4	0.000203	0.000203	0.997400	0.000202	0.997274	75.247337	75.443459
5	0.000173	0.000173	0.997198	0.000172	0.997112	74.250061	74.458702
6	0.000160	0.000160	0.997026	0.000159	0.996946	73.252953	73.471481
7	0.000151	0.000151	0.996866	0.000151	0.996791	72.256004	72.483139
8	0.000145	0.000145	0.996716	0.000145	0.996643	71.259209	71.494026
9	0.000149	0.000149	0.996571	0.000148	0.996496	70.262566	70.504356
10	0.000163	0.000163	0.996422	0.000163	0.996341	69.266068	69.514771
11	0.000171	0.000171	0.996260	0.000170	0.996174	68.269722	68.526039
12	0.000193	0.000193	0.996089	0.000192	0.995993	67.273552	67.537682
13	0.000251	0.000251	0.995897	0.000250	0.995772	66.277557	66.550621
14	0.000297	0.000297	0.995647	0.000295	0.995500	65.281792	65.567192
15	0.000333	0.000333	0.995352	0.000332	0.995186	64.286293	64.586494
16	0.000347	0.000347	0.995020	0.000346	0.994848	63.291103	63.607849
17	0.000356	0.000356	0.994675	0.000354	0.994498	62.296253	62.629772
18	0.000393	0.000393	0.994321	0.000391	0.994126	61.301758	61.651875
19	0.000376	0.000376	0.993930	0.000374	0.993743	60.307632	60.675907
20	0.000416	0.000416	0.993556	0.000413	0.993350	59.313889	59.698559
21	0.000425	0.000425	0.993143	0.000422	0.992933	58.320538	58.723171
22	0.000430	0.000430	0.992722	0.000427	0.992508	57.327606	57.747910
23	0.000447	0.000447	0.992295	0.000444	0.992073	56.335098	56.772530
24	0.000459	0.000459	0.991851	0.000455	0.991624	55.343025	55.797707
25	0.000494	0.000494	0.991396	0.000489	0.991152	54.351402	54.823078
26	0.000514	0.000514	0.990907	0.000510	0.990652	53.360249	53.849907
27	0.000532	0.000532	0.990397	0.000527	0.990134	52.369598	52.877357
28	0.000561	0.000561	0.989870	0.000556	0.989593	51.379463	51.905243
29	0.000560	0.000560	0.989315	0.000554	0.989038	50.389870	50.934113
30	0.000611	0.000610	0.988760	0.000604	0.988459	49.400837	49.962395
31	0.000651	0.000651	0.988157	0.000643	0.987835	48.412376	48.992607
32	0.000688	0.000688	0.987514	0.000679	0.987174	47.424541	48.024181

续表

年龄	Mx	Qx	lx	dx	Lx	Tx	Ex
33	0.000777	0.000777	0.986834	0.000766	0.986451	46.437370	47.056908
34	0.000833	0.000833	0.986068	0.000821	0.985657	45.450916	46.093086
35	0.000901	0.000901	0.985247	0.000888	0.984803	44.465260	45.131084
36	0.000985	0.000985	0.984359	0.000970	0.983874	43.480457	44.171333
37	0.001087	0.001087	0.983390	0.001069	0.982855	42.496582	43.214390
38	0.001184	0.001184	0.982321	0.001163	0.981740	41.513729	42.260857
39	0.001357	0.001356	0.981158	0.001331	0.980493	40.531986	41.310337
40	0.001431	0.001430	0.979828	0.001402	0.979127	39.551495	40.365768
41	0.001626	0.001625	0.978426	0.001590	0.977631	38.572365	39.422871
42	0.001774	0.001773	0.976837	0.001732	0.975971	37.594734	38.486206
43	0.001932	0.001930	0.975105	0.001882	0.974164	36.618767	37.553669
44	0.002100	0.002098	0.973223	0.002042	0.972202	35.644604	36.625320
45	0.002300	0.002297	0.971181	0.002231	0.970066	34.672398	35.701275
46	0.002471	0.002468	0.968950	0.002392	0.967754	33.702335	34.782318
47	0.002686	0.002682	0.966559	0.002593	0.965262	32.734585	33.867146
48	0.002858	0.002854	0.963966	0.002752	0.962590	31.769323	32.956886
49	0.003162	0.003157	0.961215	0.003034	0.959697	30.806730	32.049793
50	0.003483	0.003477	0.958180	0.003332	0.956514	29.847033	31.149708
51	0.003693	0.003686	0.954849	0.003520	0.953089	28.890518	30.256647
52	0.004244	0.004235	0.951329	0.004029	0.949314	27.937431	29.366737
53	0.004549	0.004539	0.947300	0.004300	0.945150	26.988115	28.489519
54	0.004849	0.004837	0.943000	0.004562	0.940719	26.042965	27.617142
55	0.005371	0.005356	0.938438	0.005027	0.935925	25.102245	26.748951
56	0.005856	0.005839	0.933412	0.005450	0.930687	24.166319	25.890305
57	0.006251	0.006232	0.927962	0.005783	0.925070	23.235634	25.039427
58	0.007451	0.007424	0.922179	0.006846	0.918756	22.310564	24.193312
59	0.007808	0.007777	0.915333	0.007119	0.911774	21.391806	23.370516
60	0.008645	0.008608	0.908214	0.007818	0.904305	20.480032	22.549782
61	0.009268	0.009225	0.900397	0.008306	0.896244	19.575729	21.741228
62	0.009847	0.009799	0.892091	0.008741	0.887720	18.679485	20.939001

续表

年龄	Mx	Qx	lx	dx	Lx	Tx	Ex
63	0.011017	0.010956	0.883349	0.009678	0.878510	17.791765	20.141260
64	0.012042	0.011970	0.873671	0.010458	0.868442	16.913254	19.358833
65	0.012783	0.012701	0.863213	0.010964	0.857731	16.044815	18.587317
66	0.014278	0.014176	0.852249	0.012082	0.846208	15.187085	17.820009
67	0.015554	0.015434	0.840167	0.012967	0.833684	14.340877	17.069071
68	0.017649	0.017494	0.827201	0.014471	0.819965	13.507194	16.328802
69	0.019031	0.018851	0.812730	0.015321	0.805069	12.687228	15.610640
70	0.020884	0.020667	0.797409	0.016480	0.789169	11.882159	14.900967
71	0.024153	0.023864	0.780928	0.018636	0.771611	11.092992	14.204875
72	0.026200	0.025860	0.762293	0.019713	0.752436	10.321381	13.539919
73	0.028775	0.028365	0.742580	0.021063	0.732048	9.568944	12.886084
74	0.031779	0.031279	0.721516	0.022569	0.710232	8.836895	12.247670
75	0.035902	0.035265	0.698948	0.024649	0.686623	8.126661	11.626993
76	0.039109	0.038354	0.674299	0.025862	0.661368	7.440038	11.033734
77	0.043632	0.042694	0.648437	0.027684	0.634595	6.778670	10.453858
78	0.048591	0.047430	0.620753	0.029442	0.606032	6.144074	9.897779
79	0.054693	0.053224	0.591311	0.031472	0.575575	5.538043	9.365709
80	0.060792	0.058981	0.559839	0.033020	0.543329	4.962469	8.864103
81	0.067441	0.065217	0.526819	0.034358	0.509640	4.419140	8.388347
82	0.075621	0.072833	0.492461	0.035867	0.474528	3.909500	7.938694
83	0.083990	0.080560	0.456594	0.036783	0.438202	3.434972	7.523035
84	0.091134	0.087105	0.419811	0.036568	0.401527	2.996770	7.138382
85	0.101759	0.096753	0.383243	0.037080	0.364703	2.595243	6.771792
86	0.108946	0.103221	0.346163	0.035731	0.328298	2.230540	6.443606
87	0.123995	0.116615	0.310432	0.036201	0.292331	1.902242	6.127727
88	0.128811	0.120860	0.274231	0.033144	0.257659	1.609910	5.870642
89	0.139380	0.130103	0.241087	0.031366	0.225404	1.352252	5.608973
90	0.157299	0.145552	0.209721	0.030525	0.194459	1.126847	5.373074
91	0.168926	0.155428	0.179196	0.027852	0.165270	0.932389	5.203183
92	0.179621	0.164413	0.151344	0.024883	0.138902	0.767119	5.068720

续表

年龄	Mx	Qx	lx	dx	Lx	Tx	Ex
93	0.189403	0.172547	0.126461	0.021820	0.115551	0.628217	4.967677
94	0.197961	0.179598	0.104640	0.018793	0.095244	0.512666	4.899313
95	0.209432	0.188955	0.085847	0.016221	0.077737	0.417422	4.862387
96	0.209419	0.188945	0.069626	0.013155	0.063048	0.339686	4.878723
97	0.205370	0.185654	0.056470	0.010484	0.051229	0.276637	4.898798
98	0.204063	0.184589	0.045987	0.008489	0.041742	0.225409	4.901632
99	0.198327	0.179898	0.037498	0.006746	0.034125	0.183667	4.898055
100	0.205642	1.000000	0.030752	0.030752	0.149542	0.149542	4.862816

附表7-2　　2020年全国人口普查女性完全生命表

年龄	Mx	Qx	lx	dx	Lx	Tx	Ex
0	0.001379	0.001378	1.000000	0.001378	0.998622	83.761826	83.761826
1	0.000350	0.000350	0.998622	0.000349	0.998272	82.763206	82.877419
2	0.000228	0.000228	0.998272	0.000227	0.998045	81.764938	81.906433
3	0.000175	0.000175	0.998045	0.000175	0.997870	80.766899	80.925102
4	0.000156	0.000156	0.997870	0.000156	0.997715	79.769035	79.939270
5	0.000137	0.000137	0.997715	0.000136	0.997578	78.771317	78.951752
6	0.000126	0.000126	0.997578	0.000126	0.997452	77.773735	77.962540
7	0.000113	0.000113	0.997452	0.000112	0.997340	76.776276	76.972366
8	0.000115	0.000115	0.997340	0.000114	0.997226	75.778938	75.981041
9	0.000104	0.000104	0.997226	0.000104	0.997122	74.781715	74.989754
10	0.000119	0.000119	0.997122	0.000118	0.997004	73.784584	73.997536
11	0.000131	0.000131	0.997004	0.000131	0.996873	72.787582	73.006317
12	0.000151	0.000151	0.996873	0.000151	0.996722	71.790710	72.015900
13	0.000176	0.000176	0.996722	0.000175	0.996547	70.793983	71.026779
14	0.000183	0.000183	0.996547	0.000182	0.996365	69.797432	70.039253
15	0.000192	0.000192	0.996365	0.000191	0.996174	68.801056	69.052040
16	0.000202	0.000202	0.996174	0.000201	0.995973	67.804886	68.065277
17	0.000195	0.000195	0.995973	0.000194	0.995779	66.808914	67.079041
18	0.000208	0.000208	0.995779	0.000207	0.995572	65.813133	66.092125

续表

年龄	Mx	Qx	lx	dx	Lx	Tx	Ex
19	0.000197	0.000197	0.995572	0.000197	0.995375	64.817558	65.105858
20	0.000200	0.000200	0.995375	0.000200	0.995176	63.822193	64.118721
21	0.000198	0.000198	0.995176	0.000197	0.994979	62.827015	63.131577
22	0.000217	0.000217	0.994979	0.000216	0.994763	61.832035	62.144070
23	0.000208	0.000208	0.994763	0.000207	0.994555	60.837273	61.157581
24	0.000219	0.000219	0.994555	0.000218	0.994338	59.842716	60.170319
25	0.000223	0.000223	0.994338	0.000222	0.994116	58.848381	59.183502
26	0.000221	0.000221	0.994116	0.000220	0.993897	57.854267	58.196693
27	0.000235	0.000235	0.993897	0.000233	0.993663	56.860371	57.209545
28	0.000239	0.000239	0.993663	0.000238	0.993425	55.866711	56.222977
29	0.000237	0.000237	0.993425	0.000236	0.993190	54.873283	55.236443
30	0.000262	0.000262	0.993190	0.000260	0.992930	53.880093	54.249542
31	0.000279	0.000279	0.992930	0.000277	0.992653	52.887161	53.263748
32	0.000285	0.000285	0.992653	0.000283	0.992370	51.894512	52.278629
33	0.000327	0.000327	0.992370	0.000324	0.992045	50.902142	51.293526
34	0.000346	0.000346	0.992045	0.000343	0.991702	49.910099	50.310295
35	0.000374	0.000374	0.991702	0.000371	0.991331	48.918396	49.327709
36	0.000398	0.000398	0.991331	0.000394	0.990937	47.927067	48.346188
37	0.000434	0.000434	0.990937	0.000430	0.990507	46.936131	47.365414
38	0.000456	0.000456	0.990507	0.000452	0.990055	45.945621	46.385986
39	0.000521	0.000521	0.990055	0.000515	0.989540	44.955566	45.407146
40	0.000549	0.000548	0.989540	0.000543	0.988997	43.966026	44.430794
41	0.000628	0.000628	0.988997	0.000621	0.988376	42.977028	43.455170
42	0.000683	0.000683	0.988376	0.000675	0.987701	41.988655	42.482487
43	0.000748	0.000748	0.987701	0.000739	0.986962	41.000954	41.511509
44	0.000831	0.000831	0.986962	0.000820	0.986142	40.013988	40.542587
45	0.000934	0.000934	0.986142	0.000921	0.985221	39.027851	39.576309
46	0.001012	0.001011	0.985221	0.000996	0.984225	38.042633	38.613297
47	0.001105	0.001105	0.984225	0.001087	0.983138	37.058411	37.652378
48	0.001236	0.001235	0.983138	0.001214	0.981923	36.075272	36.694019

续表

年龄	Mx	Qx	lx	dx	Lx	Tx	Ex
49	0.001362	0.001361	0.981923	0.001336	0.980587	35.093346	35.739395
50	0.001508	0.001507	0.980587	0.001478	0.979109	34.112755	34.788094
51	0.001631	0.001630	0.979109	0.001595	0.977514	33.133640	33.840591
52	0.001892	0.001890	0.977514	0.001847	0.975666	32.156124	32.895824
53	0.002016	0.002014	0.975666	0.001965	0.973701	31.180458	31.958113
54	0.002170	0.002167	0.973701	0.002110	0.971591	30.206757	31.022606
55	0.002354	0.002351	0.971591	0.002284	0.969307	29.235165	30.089985
56	0.002556	0.002553	0.969307	0.002474	0.966833	28.265858	29.160887
57	0.002730	0.002726	0.966833	0.002636	0.964197	27.299026	28.235519
58	0.003226	0.003220	0.964197	0.003105	0.961092	26.334831	27.312712
59	0.003318	0.003313	0.961092	0.003184	0.957908	25.373741	26.400959
60	0.003739	0.003732	0.957908	0.003575	0.954333	24.415833	25.488707
61	0.004154	0.004145	0.954333	0.003956	0.950377	23.461502	24.584190
62	0.004514	0.004504	0.950377	0.004281	0.946097	22.511124	23.686516
63	0.005091	0.005078	0.946097	0.004804	0.941292	21.565027	22.793684
64	0.005705	0.005689	0.941292	0.005355	0.935937	20.623735	21.910021
65	0.006239	0.006219	0.935937	0.005821	0.930116	19.687798	21.035383
66	0.007079	0.007055	0.930116	0.006562	0.923555	18.757681	20.167028
67	0.007952	0.007921	0.923555	0.007315	0.916240	17.834127	19.310308
68	0.009260	0.009218	0.916240	0.008446	0.907794	16.917887	18.464476
69	0.010283	0.010231	0.907794	0.009287	0.898507	16.010094	17.636261
70	0.011600	0.011533	0.898507	0.010363	0.888144	15.111588	16.818558
71	0.013458	0.013367	0.888144	0.011872	0.876272	14.223444	16.014797
72	0.015178	0.015064	0.876272	0.013200	0.863072	13.347173	15.231775
73	0.017142	0.016996	0.863072	0.014669	0.848403	12.484100	14.464732
74	0.019346	0.019160	0.848403	0.016256	0.832147	11.635696	13.714823
75	0.022434	0.022184	0.832147	0.018460	0.813687	10.803550	12.982737
76	0.024864	0.024557	0.813687	0.019982	0.793705	9.989862	12.277276
77	0.028145	0.027753	0.793705	0.022027	0.771678	9.196157	11.586363
78	0.031835	0.031333	0.771678	0.024179	0.747499	8.424477	10.917091

续表

年龄	Mx	Qx	lx	dx	Lx	Tx	Ex
79	0.037017	0.036340	0.747499	0.027164	0.720334	7.676978	10.270226
80	0.042003	0.041133	0.720334	0.029629	0.690705	6.956644	9.657520
81	0.047403	0.046297	0.690705	0.031978	0.658727	6.265939	9.071799
82	0.054689	0.053221	0.658727	0.035058	0.623670	5.607212	8.512188
83	0.061316	0.059474	0.623670	0.037092	0.586578	4.983542	7.990677
84	0.067654	0.065416	0.586578	0.038372	0.548206	4.396965	7.495964
85	0.076624	0.073762	0.548206	0.040437	0.507769	3.848759	7.020644
86	0.084321	0.080864	0.507769	0.041060	0.466709	3.340989	6.579739
87	0.098091	0.093434	0.466709	0.043606	0.423103	2.874280	6.158611
88	0.106102	0.100667	0.423103	0.042593	0.380510	2.451178	5.793337
89	0.117507	0.110866	0.380510	0.042186	0.338325	2.070667	5.441816
90	0.135467	0.126692	0.338325	0.042863	0.295462	1.732342	5.120353
91	0.148289	0.137818	0.295462	0.040720	0.254742	1.436881	4.863169
92	0.161045	0.148746	0.254742	0.037892	0.216850	1.182139	4.640536
93	0.175803	0.161217	0.216850	0.034960	0.181890	0.965289	4.451412
94	0.188252	0.171594	0.181890	0.031211	0.150679	0.783399	4.306988
95	0.195960	0.177955	0.150679	0.026814	0.123865	0.632720	4.199131
96	0.205424	0.185698	0.123865	0.023001	0.100863	0.508855	4.108151
97	0.215836	0.194133	0.100863	0.019581	0.081282	0.407992	4.044998
98	0.223261	0.200094	0.081282	0.016264	0.065018	0.326709	4.019434
99	0.212521	0.191456	0.065018	0.012448	0.052570	0.261691	4.024885
100	0.251386	1.000000	0.052570	0.052570	0.209121	0.209121	3.977944

附表7-3 原始个案数据生命表（一）

持续时间（月）	观察数量（个）	终止事件数（个）	退出数（个）	风险数（个）	终止比例	存活比例
0	1000	0	0	1000	0.0000	1.0000
1	1000	10	3	999	0.0100	0.9900

续表

持续时间（月）	观察数量（个）	终止事件数（个）	退出数（个）	风险数（个）	终止比例	存活比例
2	987	3	4	985	0.0030	0.9970
3	980	15	5	978	0.0153	0.9847
4	960	11	8	956	0.0115	0.9885
5	941	14	5	939	0.0149	0.9851
6	922	6	9	918	0.0065	0.9935
7	907	8	10	902	0.0089	0.9911
8	889	6	8	885	0.0068	0.9932
9	875	9	6	872	0.0103	0.9897
10	860	9	9	856	0.0105	0.9895
11	842	9	3	841	0.0107	0.9893
12	830	5	6	827	0.0060	0.9940
13	819	6	13	813	0.0074	0.9926
14	800	4	9	796	0.0050	0.9950
15	787	7	7	784	0.0089	0.9911
16	773	6	13	767	0.0078	0.9922
17	754	10	7	751	0.0133	0.9867
18	737	1	12	731	0.0014	0.9986
19	724	8	9	720	0.0111	0.9889
20	707	5	14	700	0.0071	0.9929
21	688	1	5	686	0.0015	0.9985
22	682	7	12	676	0.0104	0.9896
23	663	4	10	658	0.0061	0.9939
24	649	5	15	642	0.0078	0.9922
25	629	7	8	625	0.0112	0.9888
26	614	7	8	610	0.0115	0.9885
27	599	2	6	596	0.0034	0.9966

续表

持续时间（月）	观察数量（个）	终止事件数（个）	退出数（个）	风险数（个）	终止比例	存活比例
28	591	4	11	586	0.0068	0.9932
29	576	5	8	572	0.0087	0.9913
30	563	6	5	561	0.0107	0.9893
31	552	2	9	548	0.0037	0.9963
32	541	2	12	535	0.0037	0.9963
33	527	4	14	520	0.0077	0.9923
34	509	1	13	503	0.0020	0.9980
35	495	2	11	490	0.0041	0.9959
36	482	2	5	480	0.0042	0.9958
37	475	1	13	469	0.0021	0.9979
38	461	3	14	454	0.0066	0.9934
39	444	2	10	439	0.0046	0.9954
40	432	3	5	430	0.0070	0.9930
41	424	2	9	420	0.0048	0.9952
42	413	1	17	405	0.0025	0.9975
43	395	2	6	392	0.0051	0.9949
44	387	3	8	383	0.0078	0.9922
45	376	5	13	370	0.0135	0.9865
46	358	2	8	354	0.0056	0.9944
47	348	4	3	347	0.0115	0.9885
48	341	4	16	333	0.0120	0.9880
49	321	2	10	316	0.0063	0.9937
50	309	3	14	302	0.0099	0.9901
51	292	1	9	288	0.0035	0.9965
52	282	1	12	276	0.0036	0.9964
53	269	1	12	263	0.0038	0.9962

续表

持续时间（月）	观察数量（个）	终止事件数（个）	退出数（个）	风险数（个）	终止比例	存活比例
54	256	2	12	250	0.0080	0.9920
55	242	1	11	237	0.0042	0.9958
56	230	0	14	223	0.0000	1.0000
57	216	1	8	212	0.0047	0.9953
58	207	3	7	204	0.0147	0.9853
59	197	4	8	193	0.0207	0.9793
60	185	0	18	176	0.0000	1.0000
61	167	3	13	161	0.0187	0.9813
62	151	3	8	147	0.0204	0.9796
63	140	0	6	137	0.0000	1.0000
64	134	1	10	129	0.0078	0.9922
65	123	1	16	115	0.0087	0.9913
66	106	0	8	102	0.0000	1.0000
67	98	0	16	90	0.0000	1.0000
68	82	1	8	78	0.0128	0.9872
69	73	1	13	67	0.0150	0.9850
70	59	0	11	54	0.0000	1.0000
71	48	0	17	40	0.0000	1.0000
72	31	0	31	16	0.0000	1.0000

附表 7–4　　原始个案数据生命表（二）

持续时间（月）	累计存活比例	累计存活比例标准误	风险率	风险率标准误	概率密度	平均预期存活时间
0	1.0000	0.0000	0.0000	0.0000	0.0000	55.2654
1	0.9900	0.0032	0.0101	0.0032	0.0100	54.8194
2	0.9870	0.0036	0.0031	0.0018	0.0030	53.9853
3	0.9718	0.0052	0.0155	0.0040	0.0151	53.8189

续表

持续时间（月）	累计存活比例	累计存活比例标准误	风险率	风险率标准误	概率密度	平均预期存活时间
4	0.9606	0.0062	0.0116	0.0035	0.0112	53.4395
5	0.9463	0.0072	0.0150	0.0040	0.0143	53.2412
6	0.9401	0.0076	0.0066	0.0027	0.0062	52.5884
7	0.9318	0.0080	0.0089	0.0031	0.0083	52.0545
8	0.9255	0.0084	0.0068	0.0028	0.0063	51.4064
9	0.9159	0.0089	0.0104	0.0035	0.0096	50.9373
10	0.9063	0.0094	0.0106	0.0035	0.0096	50.4735
11	0.8966	0.0098	0.0108	0.0036	0.0097	50.0144
12	0.8912	0.0100	0.0061	0.0027	0.0054	49.3156
13	0.8846	0.0103	0.0074	0.0030	0.0066	48.6788
14	0.8801	0.0105	0.0050	0.0025	0.0044	47.9223
15	0.8723	0.0108	0.0090	0.0034	0.0079	47.3498
16	0.8654	0.0111	0.0079	0.0032	0.0068	46.7194
17	0.8539	0.0115	0.0134	0.0042	0.0115	46.3435
18	0.8527	0.0116	0.0014	0.0014	0.0012	45.4063
19	0.8433	0.0119	0.0112	0.0040	0.0095	44.9113
20	0.8372	0.0121	0.0072	0.0032	0.0060	44.2308
21	0.8360	0.0122	0.0015	0.0015	0.0012	43.2947
22	0.8274	0.0125	0.0104	0.0039	0.0087	42.7424
23	0.8223	0.0127	0.0061	0.0030	0.0050	42.0008
24	0.8159	0.0129	0.0078	0.0035	0.0064	41.3268
25	0.8068	0.0132	0.0113	0.0043	0.0091	40.7892
26	0.7975	0.0135	0.0115	0.0044	0.0093	40.2569
27	0.7948	0.0136	0.0034	0.0024	0.0027	39.3908
28	0.7894	0.0138	0.0069	0.0034	0.0054	38.6583
29	0.7825	0.0140	0.0088	0.0039	0.0069	37.9948
30	0.7741	0.0142	0.0108	0.0044	0.0084	37.4005
31	0.7713	0.0143	0.0037	0.0026	0.0028	36.5358
32	0.7684	0.0144	0.0037	0.0026	0.0029	35.6710

续表

持续时间（月）	累计存活比例	累计存活比例标准误	风险率	风险率标准误	概率密度	平均预期存活时间
33	0.7625	0.0146	0.0077	0.0039	0.0059	34.9437
34	0.7610	0.0147	0.0020	0.0020	0.0015	34.0124
35	0.7579	0.0148	0.0041	0.0029	0.0031	33.1499
36	0.7547	0.0149	0.0042	0.0030	0.0032	32.2866
37	0.7531	0.0149	0.0021	0.0021	0.0016	31.3546
38	0.7481	0.0151	0.0066	0.0038	0.0050	30.5598
39	0.7447	0.0152	0.0046	0.0032	0.0034	29.6974
40	0.7395	0.0154	0.0070	0.0040	0.0052	28.9028
41	0.7360	0.0155	0.0048	0.0034	0.0035	28.0389
42	0.7342	0.0156	0.0025	0.0025	0.0018	27.1071
43	0.7304	0.0157	0.0051	0.0036	0.0037	26.2436
44	0.7247	0.0160	0.0079	0.0045	0.0057	25.4468
45	0.7149	0.0163	0.0136	0.0061	0.0098	24.7890
46	0.7109	0.0165	0.0057	0.0040	0.0040	23.9270
47	0.7027	0.0168	0.0116	0.0058	0.0082	23.2006
48	0.6942	0.0171	0.0121	0.0060	0.0084	22.4766
49	0.6898	0.0173	0.0063	0.0045	0.0044	21.6166
50	0.6830	0.0176	0.0100	0.0058	0.0069	20.8284
51	0.6806	0.0177	0.0035	0.0035	0.0024	19.8994
52	0.6781	0.0178	0.0036	0.0036	0.0025	18.9699
53	0.6756	0.0179	0.0038	0.0038	0.0026	18.0404
54	0.6702	0.0182	0.0080	0.0057	0.0054	17.1819
55	0.6673	0.0183	0.0042	0.0042	0.0028	16.2527
56	0.6673	0.0183	0.0000	0.0000	0.0000	15.2527
57	0.6642	0.0185	0.0047	0.0047	0.0031	14.3227
58	0.6544	0.0191	0.0149	0.0086	0.0098	13.5295
59	0.6408	0.0198	0.0209	0.0105	0.0136	12.8052
60	0.6408	0.0198	0.0000	0.0000	0.0000	11.8052
61	0.6288	0.0206	0.0189	0.0109	0.0120	11.0206

续表

持续时间（月）	累计存活比例	累计存活比例标准误	风险率	风险率标准误	概率密度	平均预期存活时间
62	0.6160	0.0215	0.0206	0.0119	0.0128	10.2397
63	0.6160	0.0215	0.0000	0.0000	0.0000	9.2397
64	0.6112	0.0219	0.0078	0.0078	0.0048	8.3080
65	0.6059	0.0223	0.0087	0.0087	0.0053	7.3765
66	0.6059	0.0223	0.0000	0.0000	0.0000	6.3765
67	0.6059	0.0223	0.0000	0.0000	0.0000	5.3765
68	0.5981	0.0233	0.0129	0.0129	0.0078	4.4398
69	0.5892	0.0247	0.0152	0.0152	0.0090	3.5000
70	0.5892	0.0247	0.0000	0.0000	0.0000	2.5000
71	0.5892	0.0247	0.0000	0.0000	0.0000	1.5000
72	0.5892	0.0247	0.0000	0.0000	0.0000	0.5000

第8章　平均预期寿命预测方法与应用研究[①]

8.1　研究意义

平均预期寿命不仅是人口科学研究的重要指标，也是很多相关科学研究关注的重要内容。平均预期寿命之所以重要，一方面平均预期寿命是健康水平的重要测量指标；另一方面平均预期寿命也是社会发展和科技进步的标志。在人类社会发展史上，人命关天，对寿命的关注远远超过其他许多事物的关注。从1662年格兰特提出生命表开始，平均预期寿命的基本概念和测量体系逐步成为人口科学、社会保障、卫生健康等领域的许多基础研究不可或缺的分析工具。长期以来，平均预期寿命不仅是联合国开发计划署人类发展指数（HDI）构建的三大重要基础变量之一，也是中国国民经济和社会发展规划的关键性指标。

8.1.1　研究背景

2016年10月，中共中央、国务院印发了《“健康中国2030”规划纲要》。2017年10月，党的十九大报告明确提出实施健康中国战略。2019年11月，中共中央、国务院印发了《国家积极应对人口老龄化中长期规划》。2020年10月，《中国共产党第十九届中央委员会第五次全体会议公报》首次提出实施积极应对人口老龄化国家战略。2022年10月，党的二十大报告

① 本章的主要内容来自王广州《中国人口平均预期寿命预测及其面临的问题研究》，《人口与经济》2021年第6期。

进一步提出推进健康中国建设。这一系列重大决策部署表明，无论是健康中国战略、积极应对人口老龄化国家战略还是推进健康中国建设都离不开对未来健康水平战略目标的监测评估，而平均预期寿命正是连接和判断两大国家战略实施进展情况的重要统计指标和分析工具。

除了国家重大发展战略，随着社会经济的发展和数据采集能力的提高，国民经济和社会发展规划对平均预期寿命的重视程度不断提高。早在“十二五”规划中，人均预期寿命[①]就被列入重要的规划目标，规划提出到2015年人均预期寿命达到74.5岁，但2015年实际人均预期寿命为76.34岁[②]，远远超过规划目标的要求。“十三五”规划将人均预期寿命列为预期性指标，未明确提出具体的目标值[③]。“十四五”规划同样将人均预期寿命列为预期性指标，对2025年的目标也未提出具体的要求。虽然对平均预期寿命不断增长的目标和方向不变，但具体到未来社会经济发展能够使得平均预期寿命有多大的变化，却是一个非常困难的研究问题，特别是不同区域或省际间如何设定规划目标困难重重。目标太低，很快实现了；目标太高，又无法判断是否能够达到，很难区分是预测出现偏差还是基础数据问题导致的误判。

2000年以来，人口普查直接计算的平均预期寿命与国家统计局对外公布的平均预期寿命之间的差距越来越大。比如，国家统计局公布的2010年平均预期寿命男性为72.4岁，女性为77.4岁，而根据2010年第六次全国人口普查直接计算的男性、女性平均预期寿命分别为75.6岁和80.4岁；又如国家统计局公布的2020年男性平均预期寿命为75.4岁，女性为80.9岁，而根据2020年第七次全国人口普查直接计算的男性、女性平均预期寿命分别为79.2岁和84.3岁，由此可见，根据人口普查数据直接计算与国家统计局官方发布的数据之间差距越来越大。

由于数据之间的差距或矛盾导致的一个突出问题是平均预期寿命规划目标难以确定。首先，对平均预期寿命的状况水平测量结果存在较大争议，尤其是婴儿死亡率数据质量问题突出[④]，在人口规模较少或调查样本不足的

---

① 出生人口平均预期寿命或平均预期寿命简化为人均预期寿命。

② 数据来源：《中华人民共和国国民经济和社会发展第十三个五年规划纲要》。

③ 数据来源：《中华人民共和国国民经济和社会发展第十四个五年规划和2035年远景目标纲要》。2019年实际数据为77.3岁。

④ 黄荣清、曾宪新：《“六普”报告的婴儿死亡率误差和实际水平的估计》，《人口研究》2013年第2期；黄润龙：《1991~2014年我国婴儿死亡率变化及其影响因素》，《人口与社会》2016年第3期。

情况下，死亡数据可能存在较大偏差；其次，对平均预期寿命预测结果的可靠性存在疑问，究竟应该直接通过时间序列数据对平均预期寿命进行模型外推，还是通过预测年龄别死亡率再推算平均预期寿命[①]？因此，科学测量和准确预测平均预期寿命的基本状况和变化趋势，不仅具有科学研究价值，也具有现实意义。

8.1.2　文献综述

平均预期寿命既是人口分析的关键指标之一，又是人口预测模型的基础参数。对平均预期寿命的预测直接关系到人口预测模型的质量。平均预期寿命参数估计方法与通常预测既有相同的一面，又有不同的一面。相同之处是可以采用历史数据建立回归模型，然后进行趋势外推。不同之处是不同人口所处的发展阶段不同，可以通过已有其他人口作为基础数据进行回归建模，然后进行参数预测，如模型生命表方法就属于这类应用。这个做法通常是解决现有人口基础数据质量不高或时间序列数据相对较少的问题。

平均预期寿命预测包括两部分：一是对年龄别死亡率的预测，二是根据预测的年龄别死亡率建立相应的生命表，从而得到平均预期寿命的预测结果。平均预期寿命的预测首先需要解决年龄别死亡率的预测问题，通常采用Lee-Carter模型[②]。Lee-Carter模型是该领域研究最典型的方法，对死亡率随机预测研究影响深远，世界各国相关应用和方法改进文献不计其数[③]。

---

① Oeppen J.and Vaupel J.W.，2002，“Broken Limits to Life Expectancy”，*Science*，No.296，pp.1029~1031；Lee R.D.，“Mortality Forecasts and Linear Life Expectancy Trends”，https://escholarship.org/uc/item/3sd9m7d5.

② Lee R.D.and Carter L.R.，1992，“Modeling and Forecasting U.S.Mortality”，*Journal of the American Statistical Association*，Vol.87，No.419，pp.659~671.

③ Carter L.R.，1996，“Forecasting U.S.Mortality：A Comparison of Box-Jenkins ARIMA and Structural Time Series Models”，*Sociological Quarterly*，Vol.37，No.1，pp.127~144；Booth H.，2006，“Demographic Forecasting：1980 to 2005 in Review”，*International Journal of Forecasting*，Vol.22，No.3，pp.547~581；Ignatavičiūtė E.，Mikalauskaitė-Arminienė R.and Šiaulys J.，2012，“Lee-Carter Mortality Forecasting”，*Lithuanian Journal of Statistics*，Vol.51，No.1，pp.22~35；张秋芸：《Lee-Carter模型在死亡率预测中的应用》，《统计学与应用》2015年第3期；Neves C.，Fernandes C.and Hoeltgebaum H.，2017，“Five Different Distributions for the Lee-Carter Model of Mortality Forecasting：A Comparison Using GAS Models”，*Insurance：Mathematics and Economics*，Vol.75，pp.48~57。

回顾中国预期寿命研究的历史，由于基础数据主要来源于人口普查、1%人口抽样调查和年度1‰人口变动调查，其质量和数量都受到很大限制，因此多数应用是根据模型生命表进行经验估计。2000年，特别是2010年以来，随着基础数据的不断丰富，年龄别死亡率的预测研究取得明显进展，相关应用研究大量涌现①。然而，对于平均预期寿命的预测仍主要采用Lee-Carter模型，且多数研究仅限于对中国年龄别死亡率预测方法的基础性应用。虽然有学者研究认为，在中国死亡率数据相对匮乏的背景下，以Lee-Carter模型为框架的随机死亡率预测模型效果欠佳②，但对预测效果欠佳的具体情况和面临的问题缺少详尽的描述。也有研究使用Lee-Carter模型为框架的随机死亡率预测模型，仅采用1992~2002年（不含1995年）的有限数据，却得出Lee-Carter模型对中国死亡率数据拟合效果较好的结论③。此外，还有一些研究提出有限数据死亡率的建模方法和中国的具体应用④。随着死亡率数据的增加，预测模型效果是否有所改善，效果如何，都需要认真研究和深入探讨。另外，Lee-Carter模型在中国具体应用过程中很少涉及对不同年龄预期寿命预测结果的深入讨论或对预测结果的实证检验。

有研究认为，利用人口统计数据建立Lee-Carter死亡率模型方法对预测误差的控制通常采用简单外推，存在系统的低估偏差⑤。即使是对k_t的分布进行区间估计的方法，由于基础模型在很大程度上决定了模型误差的大小，因此需要进一步改进模型。特别是在应用过程中，反而忽略了基础数据本身问题对预测偏差的影响。2019年Camarda提出通过对基础数据进行平滑的方法来控制数据的偏差⑥。总之，提升预测结果的科学性、可靠性的

---

① 卢仿先、尹莎：《Lee-Carter方法在预测中国人口死亡率中的应用》，《保险职业学院学报》2005年第6期。

② 王晓军、任文东：《有限数据下Lee-Carter模型在人口死亡率预测中的应用》，《统计研究》2012年第6期。

③ 李志生、刘恒甲：《Lee-Carter死亡率模型的估计与应用——基于中国人口数据的分析》，《中国人口科学》2010年第3期。

④ 韩猛、王晓军：《Lee-Carter模型在中国城市人口死亡率预测中的应用与改进》，《保险研究》2010年第10期；王晓军、任文东：《有限数据下Lee-Carter模型在人口死亡率预测中的应用》，《统计研究》2012年第6期。

⑤ 吴晓坤、李姚洁：《Lee-Carter模型外推预测死亡率及偏差纠正》，《统计与决策》2016年第20期。

⑥ Camarda C.G., 2019, "Smooth Constrained Mortality Forecasting", *Demographic Research*, Vol.41, No.38, pp.1091~1130.

关键在于改善数据的质量和优化预测方法，这需要从理论和实践两个方面进行努力。

8.2 Lee-Carter模型算法

虽然目前国内有许多学者采用中国或国外数据对Lee-Carter模型进行相关应用研究，但绝大多数研究直接套用国外学者编制的R语言程序，既未对算法的实际计算过程和所有细节进行重复演算或验证，也未对Lee-Carter① 文献进行仔细的重复检验，同时，在研究过程中，还存在为了追求模型拟合“效果”舍弃重要可获得数据的现象。

本书采用C++和Python语言对相关研究进行重复检验，并对计算过程的细节进行尽可能完整的描述，旨在检验Lee-Carter模型的同时，补充现有文献对关键算法的模糊表述，修正相关研究潜在的缺陷或错误。

Lee-Carter 模型参数估计主要采用经典的SVD分解法、加权最小二乘法和极大似然估计法。在只有年龄别死亡率时间序列数据的情况下，也可以使用最小二乘法进行参数估计。

8.2.1 经典Lee-Carter模型算法

经典Lee-Carter模型算法的公式为：

$$\ln(m_{x,t})=\alpha_x+\beta_x k_t+\varepsilon_{x,t}$$

其中，$m_{x,t}$为t年的年龄别死亡率，α_x为年龄x死亡率的对数平均水平，k_t为人口死亡率随时间变化的速度，β_x为年龄因子对k_t的敏感度，$\varepsilon_{x,t}$为随机误差项。

具体算法的步骤如下：

第一步，$\hat{\alpha}_x=\dfrac{1}{T}\sum_{t}^{T}\ln(m_{x,t})$。

第二步，令 $Z(x,t)=\ln(m_{x,t})-\hat{\alpha}_x$，对矩阵 $Z(x,t)=$

① Lee R.D.and Carter L.R.，1992，“Modeling and Forecasting U.S.Mortality”，*Journal of the American Statistical Association*，Vol.87，No.419，pp.659~671.

$\begin{pmatrix} Z_{0,1} & \cdots & Z_{0,T} \\ \vdots & \ddots & \vdots \\ Z_{A,1} & \cdots & Z_{A,T} \end{pmatrix}$进行SVD分解，$Z(x, t)=VLU'$；V的第一列用于估计$\beta_x$。

第三步，$\beta_x = [\beta_0 \beta_1 \cdots \beta_A]' = \dfrac{V_1}{\sum_{j=0}^{A} v_{1,j}}$；$K_t = [k_1 k_2 \cdots k_T]' = \lambda_1 (\sum_{j=0}^{A} v_1, j) u_1$；其中$u_1 = [u_{1,1} u_{1,2} \dots u_{1,T}]$即$U$的第一列，$v_1 = [v_{1,0} v_{1,1} \dots v_{1,A}]'$即$V$的第一行，$\lambda_1$为$L$的第一个奇异值，也是最大的奇异值。

第四步，令$f(k_t) = \sum_x P_{x,t} e^{\hat{\alpha}_x + \hat{\beta}_x \hat{k}_t} - \sum_x d_{x,t}$；为了满足在特定的参数$\alpha_x$和$\beta_x$条件下，特定年龄别人口的死亡人数，对$k_t$进一步调整估计。在给定精度条件下进行迭代，估计方法为牛顿下山法（Newton-Raphson）进行迭代。即：

$$K_t^{(n+1)} = \frac{k_t^{(n)} - f(k_t^{(n)})}{f'(k_t^{(n)})}$$

$$\hat{k}_t^{(n+1)} = \hat{k}_t^{(n)} - \frac{\sum_x P_{x,t} e^{\hat{\alpha}_x + \hat{\beta}_x \hat{k}_t^{(n)}} - \sum_x d_{x,t}}{\sum_x \hat{\beta}_x P_{x,t} e^{\hat{\alpha}_x + \hat{\beta}_x \hat{k}_t^{(n)}}}$$

8.2.2　加权最小二乘法

使用最小二乘法估计经典Lee-Carter模型参数时，需要对以下式进行最小化：$\min \sum_{x,t} d_{x,t} [\ln(m_{x,t}) - \alpha_x - \beta_x k_t]^2$，满足条件$\sum_x \beta_x = 1$，$\sum_t^T k_t = 0$；$d_{x,t}$为死亡人口数。

通过对表达式$\min \sum_{x,t} d_{x,t} [\ln(m_{x,t}) - \alpha_x - \beta_x k_t]^2$分别求关于$\alpha_x$、$\beta_x$和$k_t$的一阶导数，并令其等于0，可以得到求解参数$\alpha_x$、$\beta_x$和$k_t$估计值的计算公式为：

$$\hat{\alpha}_x = \frac{\sum_{t=1}^{T} d_{x,t} [\ln(m_{x,t}) - \hat{\beta}_x \hat{k}_t]}{\sum_t d_{x,t}}$$

$$\hat{\beta}_x = \frac{\sum_{t=1}^{T} d_{x,t} \hat{k}_t [\ln(m_{x,t}) - \hat{\alpha}_x]}{\sum_{t=1}^{T} d_{x,t} \hat{k}_t^2}$$

$$\hat{k}_t = \frac{\sum_{t=1}^{T} d_{x,t} \hat{\beta}_x [\ln(m_{x,t}) - \hat{\alpha}_x]}{\sum_{t=1}^{T} d_{x,t} \hat{\beta}_x^2}$$

通过迭代方法可以求出α_x、β_x和k_t的估计值。

具体迭代的方法是：首先选取α_x、β_x和k_t的初值；把初值依次带入上述三个公式的右边，得到α_x、β_x和k_t的新估计值，再用新的估计值重复上述计算，直到新的估计值与前一个估计值的偏差足够小①。

对于初值的直接求解方法为：

$$\ln(m_{x,t}) = \alpha_x + \beta_x k_t + \varepsilon_{x,t}$$

其中，$m_{x,t}$为t年x岁的年龄别死亡率，α_x为年龄x死亡率的对数平均水平，k_t为人口死亡率随时间变化的速度，即时间因子，β_x为年龄对k_t的敏感度，即年龄因子，$\varepsilon_{x,t}$为随机误差项。左侧为观察值，右侧为待估计参数，由于右侧没有观察值，如果不加任何约束条件，则参数β_x和k_t有无数解。为得到唯一确定的参数估计值，加入约束条件$\sum_{x} \beta_x = 1$以及$\sum_{t}^{T} k_t = 0$。$\sum_{t}^{T} k_t = 0$是保证参数α_x的平均值的含义，即$\alpha_x = \frac{1}{T}\sum_{t}^{T} \ln(m_{x,t})$。

模型求解方法如下：

第一步：令$\alpha_x = \frac{1}{T}\sum_{t}^{T} \ln(m_{x,t})$；$m_{x,t}$可以用矩阵表示，如$\begin{pmatrix} m_{1,1} & \cdots & m_{1,t} \\ \vdots & \ddots & \vdots \\ m_{x,1} & \cdots & m_{x,t} \end{pmatrix}$，其中，$x$为年龄组，$x$=0，…，100岁，$t$为年数，$t$=1，…，$T$年。

第二步，将$\ln(m_{x,t}) = \alpha_x + \beta_x k_t$对年龄$x$求和，得到$k_t$的估计值，$\hat{k}_t = \sum_{x} \ln(m_{x,t}) - \hat{\alpha}_x$。

第三步，用年龄别死亡人数$d_{x,t}$的倒数加权，使得残差平方和最小，$min \sum_{x,t} d_{x,t}[\ln(m_{x,t}) - \hat{\alpha}_x - \hat{\beta}_x k_t]^2$，求解参数$\hat{\beta}_x = \sum_{t=1}^{T} d_{x,t} k_t [\ln(m_{x,t}) -$

① 孙佳美：《生命表编制理论与实验》，天津：南开大学出版社，2013，第122~126、132页。

$\hat{\alpha}_x]/\sum_{t=1}^{T} d_{x,t} k_t^2$。

8.2.3　极大似然估计法

假定死亡人数服从泊松分布（Poisson分布），x岁发生死亡概率为：

$$P_x(d) = e^{-\lambda} \frac{\lambda^d}{d!}$$

泊松分布的似然函数为：

$$L(x, t) = \prod_{t=1}^{T} e^{-\lambda_{x,t}} \frac{\lambda_{x,t}{}^{d_{x,t}}}{d_{x,t}!}$$

利用最大似然法进行参数估计，对数似然函数为：

$$L(\alpha_x, \beta_x, k_t) = \sum_{t=1}^{T} [d_{x,t} \ln(\lambda_{x,t}) - \lambda_{x,t} - \ln(d_{x,t}!)]$$

其中，$\lambda_{x,t}=P_{x,t}exp(\alpha_x+\beta_x k_t)$；$P_{x,t}$为时间$t$、年龄为$x$的人口数（死亡暴露人口数），$d_{x,t}$为时间$t$、年龄为$x$的死亡人口数。

根据最大似然估计原理和牛顿下山法求解参数α_x、β_x和k_t，参数的最大似然估计迭代算法为：

$$\theta^{(t+1)} = \theta^{(t)} - \frac{l'(\theta^{(t)})}{l''(\theta^{(t)})}$$

参数α_x、β_x和k_t的最大似然估计具体迭代算法表达式为：

$$\hat{\alpha}_x^{(n+1)} = \hat{\alpha}_x^{(n)} - \frac{\sum_{t=1}^{T}(d_{x,t} - \hat{d}_{x,t}^{(n)})}{-\sum_{t=1}^{T} \hat{d}_{x,t}^{(n)}}$$

$$\hat{\beta}_x^{(n+1)} = \hat{\beta}_x^{(n)}, \quad \hat{k}_x^{(n+1)} = \hat{k}_x^{(n)}$$

$$\hat{k}_t^{(n+2)} = \hat{k}_t^{(n+1)} - \frac{\sum_{t=1}^{T}(d_{x,t} - \hat{d}_{x,t}^{(n+1)})\hat{\beta}_x^{(n+1)}}{-\sum_{t=1}^{T} \hat{d}_{x,t}^{(n+1)}(\hat{\beta}_x^{(n+1)})^2}$$

$$\hat{\alpha}_x^{(n+2)} = \hat{\alpha}_x^{(n+1)}, \quad \hat{\beta}_x^{(n+2)} = \hat{\beta}_x^{(n+1)}$$

$$\hat{\beta}_x^{(n+3)} = \hat{\beta}_x^{(n+2)} - \frac{\sum_{t=1}^{T}(d_{x,t} - \hat{d}_{x,t}^{(n+2)})\hat{k}_x^{(n+2)}}{-\sum_{t=1}^{T} \hat{d}_{x,t}^{(n+2)}(\hat{k}_x^{(n+2)})^2}$$

$$\hat{\alpha}_x^{(n+3)} = \hat{\alpha}_x^{(n+2)}, \quad \hat{k}_x^{(n+3)} = \hat{k}_x^{(n+2)}$$

其中，$\hat{d}_{x,t}^{(n)}$表示第n步迭代得到的死亡人数估计值，即：

$$\hat{d}_{x,t}^{(n)} = P_{x,t} exp\ (\hat{\alpha}_x^{(n)} + \hat{\beta}_x^{(n)}\ \hat{k}_x^{(n)})$$

通过Lee-Carter模型可以预测未来的$m_{x,t}$，在此基础上可以建立对平均预期寿命的预测。虽然生命表是平均预期寿命估计的标准化方法，但由于采用的基础数据不同，生命表可以分为简略生命表和完全生命表两种。完全生命表以单岁年龄分组为基础数据，而简略生命表则主要是采用5岁年龄分组数据。由于受数据质量的限制，本章采用简略生命表进行预期寿命的估计，具体算法详见已有文献①。

总之，采用Lee-Carter模型进行平均预期寿命预测需要完成以下四个步骤：第一步，基于历史数据对α_x、β_x和k_t进行参数估计；第二步，对k_t进行预测，可以采用时间序列回归或自回归模型；第三步，对年龄别死亡率进行预测，使用α_x、β_x和预测的k_t对$m_{x,t}$进行预测；第四步，通过预测$m_{x,t}$得到平均预期寿命预测结果。

8.3　Lee-Carter 模型软件开发

由于Lee-Carter模型是基于时间序列年龄别死亡率的参数估计和预测模型，因此，需要处理和计算的数据包含两部分，一部分是基于历史数据的参数估计，另一部分是基于参数的年龄别死亡率预测。在此基础上构建相应的生命表，从而实现对平均预期寿命预测的目的。

8.3.1　Lee-Carter 模型软件界面

Lee-Carter模型软件界面包含四个部分的数据或参数估计方法选择。第一部分是基础数据读取，需要选定基础数据年份、死亡人口数和平均人口数；第二部分是Lee-Carter模型使用基础数据的起止年份和预测年份；第三部分是Lee-Carter模型参数估计方法；第四部分是基础数据的年龄分组为单岁组还是5岁组，这里5岁组默认将0~4岁划分为0岁和1~4岁两个年龄组。Lee-Carter模型软件界面如图8-1所示，与图8-1软件界面相对应的控件定义见程序8-1。

① 王广州：《Python人口统计》，广州：广东高等教育出版社，2019，第87~97页。

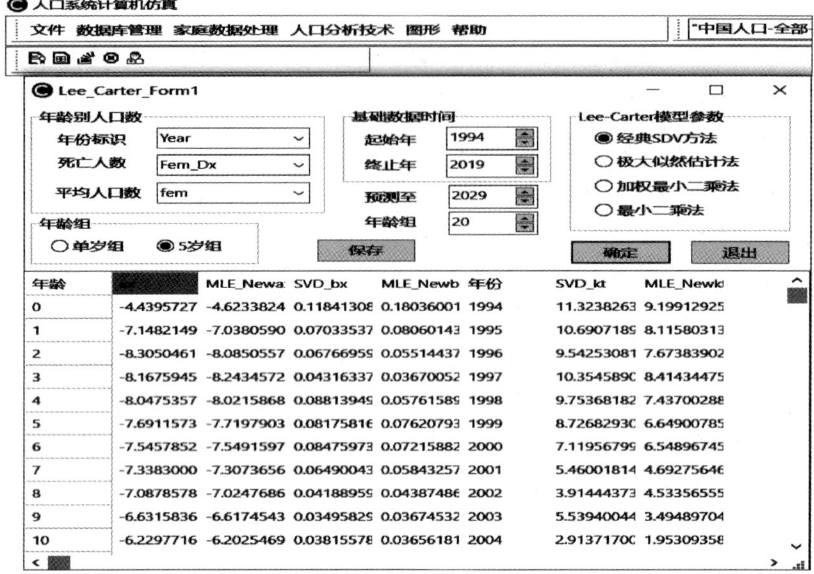

图 8-1　Lee–Carter 模型参数估计界面

程序 8-1　Lee–Carter 模型界面设计

```
//---------------------------------------------------------------

#ifndef Lee_Carter_Unit1H
#define Lee_Carter_Unit1H
//---------------------------------------------------------------
#include <System.Classes.hpp>
#include <Vcl.Controls.hpp>
#include <Vcl.StdCtrls.hpp>
#include <Vcl.Forms.hpp>
#include <Vcl.ExtCtrls.hpp>
#include <Vcl.Samples.Spin.hpp>
#include <Vcl.Grids.hpp>
#include <Vcl.Dialogs.hpp>

//---------------------------------------------------------------
class TLee_Carter_Form1 : public TForm
{
__published:    // IDE-managed Components
  TPanel *Panel1;
```

```
  TGroupBox *GroupBox1;
  TLabel *Label1;
  TComboBox *ComboBox1;
  TLabel *Label2;
  TComboBox *ComboBox2;
  TGroupBox *GroupBox3;
  TRadioButton *RadioButton3;
  TRadioButton *RadioButton4;
  TRadioButton *RadioButton5;
  TGroupBox *GroupBox4;
  TRadioButton *RadioButton6;
  TRadioButton *RadioButton7;
  TButton *Button1;
  TButton *Button2;
  TGroupBox *GroupBox6;
  TLabel *Label3;
  TLabel *Label4;
  TSpinEdit *SpinEdit1;
  TSpinEdit *SpinEdit2;
  TButton *Button3;
  TStringGrid *StringGrid1;
  TSaveDialog *SaveDialog1;
  TLabel *Label7;
  TComboBox *ComboBox3;
  TRadioButton *RadioButton1;
  TLabel *Label5;
  TSpinEdit *SpinEdit3;
  TLabel *Label6;
  TSpinEdit *SpinEdit4;
  void __fastcall Button3Click(TObject *Sender);
  void __fastcall Button2Click(TObject *Sender);
  void __fastcall ComboBox1Change(TObject *Sender);
  void __fastcall Button1Click(TObject *Sender);
private: // User declarations
public:         // User declarations
  __fastcall TLee_Carter_Form1(TComponent* Owner);
  int age_groups;
     int Each_AgeGroup;
```

```
};
//------------------------------------------------------------
extern PACKAGE TLee_Carter_Form1 *Lee_Carter_Form1;
//------------------------------------------------------------
#endif
```

8.3.2 Lee-Carter 模型程序设计

Lee-Carter模型平均预期寿命预测由历史数据Lee-Carter模型构建、参数估计与模型参数预测、年龄别死亡率预测和基于预测结果的生命表构建四个部分组成。为了实现上述步骤，计算机软件设计需要考虑三个方面的功能设计。

首先，从基础数据管理看，由于基础数据是时间序列的年龄别死亡率、死亡数等，在程序设计中至少需要对相关数据采用二维数组的组织和管理，当然，也可以考虑设计一个结构体数组。

其次，从算法的设计看，需要考虑算法的复杂性问题。Lee-Carter模型构建涉及矩阵运算，矩阵运算的难点是矩阵的SVD分解，此外算法还涉及回归模型的参数估计及预测。

最后，从中间和最终结果的存储和使用的角度看，Lee-Carter模型及生命表的指标的主要结果往往需要进行再分析或图形显示，因此，需要考虑软件应用的扩展性。

基于以上Lee-Carter模型构建的软件特征和实际需要，其计算程序和关键步骤如下。

第一，通过基础数据计算mxt。mxt[i][j]=Dpop[i][j]/Tpop[i][j]；其中，Dpop为死亡人口数，Tpop为平均人口数，i、j分别为年份和年龄组下标。

第二，根据mxt计算ax。ax[j]=ax[j]+log(mxt[i][j])/base_years；其中，base_years为基础数据的数量。

第三，求temp_kxt[i][j]。temp_kxt[i][j]=log(mxt[i][j])-ax[j]。

第四，对temp_kxt[i][j]进行SVD分解。svd(A,2,U,S,V); //SVD分解。

第五，求SVD_bx[i]。SVD_bx[i]=V[0][i]; SVD_bx[i]=

SVD_ bx[i] /SVD_temp。

第六，求SVD_kt[j]。SVD_kt[j]=S[0]*SVD_temp*U[0][j]。

第七，用极大似然估计，可对ax、bx和kt进行调整。

Lee-Carter模型参数估计程序见程序8-2。

程序 8-2　Lee–Carter模型参数估计

```
    void __fastcall TLee_Carter_Form1::Button1Click(TObject
*Sender)

    {
      int i,j;
      int pk,pl;
      int base_years;
      base_years=SpinEdit2->Value-SpinEdit1->Value+1;
      Lee_Carter_Form1->age_groups=DataModule1->FDTable1->
RecordCount;

      vector<vector<double>>mxt(Lee_Carter_Form1->age_groups);
      vector<vector<double>>Tpop(Lee_Carter_Form1->age_groups);
      vector<vector<double>>Dpop(Lee_Carter_Form1->age_groups);

      for (i=0; i < base_years; i++){
                     mxt[i].resize(Lee_Carter_Form1->Each_
AgeGroup);//重新调整二维数组
                     Tpop[i].resize(Lee_Carter_Form1->Each_
AgeGroup);//重新调整二维数组
                     Dpop[i].resize(Lee_Carter_Form1->Each_
AgeGroup);//重新调整二维数组
      }

      DataModule1->FDTable1->First();

      for (i = 0; i <base_years; i++) {
             for (j=0; j < Lee_Carter_Form1->Each_AgeGroup; j++) {
             Dpop[i][j]=DataModule1->FDTable1->FieldByName
(Lee_Carter_Form1->ComboBox2->Text)->AsFloat;
```

```
            Tpop[i][j]=DataModule1->FDTable1->FieldByName
(Lee_Carter_Form1->ComboBox3->Text)->AsFloat;
            DataModule1->FDTable1->Next();   //变量名称核对
           }
       }

    for (i = 0; i < base_years ; i++) {
      for (j=0; j < Lee_Carter_Form1->Each_AgeGroup; j++) {
        mxt[i][j]=Dpop[i][j]/Tpop[i][j];
        if (Dpop[i][j]<=0||Tpop[i][j]<=0) {
                mxt[i][j]=0;  //检查基础数据，保证数据合理性
        }
        }
    }
    vector<double>ax(Lee_Carter_Form1->Each_AgeGroup);// Lee-
Carter模型ax
    vector<double>SVD_bx(Lee_Carter_Form1->Each_AgeGroup); //
Lee-Carter模型bx
    vector<double>SVD_kt(base_years); // Lee-Carter模型kt
    vector<vector<double>>temp_kxt(Lee_Carter_Form1->age_
groups); // Lee-Carter模型kt迭代算法临时结果

    for (i=0; i < base_years; i++){
       temp_kxt[i].resize(Lee_Carter_Form1->Each_AgeGroup);//重
新调整二维数组
    }

    for (j=0; j < Lee_Carter_Form1->Each_AgeGroup; j++) {
       for (i = 0; i < base_years ; i++) {
          if (mxt[i][j]>0) {
             ax[j]=ax[j]+log(mxt[i][j])/base_years;
          }
          else
          {
             ax[j]=0;  //保证数据合理性
          }
       }
    }
```

```
for (j=0; j < Lee_Carter_Form1->Each_AgeGroup; j++) {
   for (i = 0; i < base_years ; i++) {
      temp_kxt[i][j]=log(mxt[i][j])-ax[j];  //计算方法核对
      }
 }

 int m=base_years;
 int n=Lee_Carter_Form1->Each_AgeGroup;
 vector<vector<double> > A;

 A.resize(m);
 for(int i=0;i<m;i++){
        A[i].resize(n);
        for(int j=0;j<n;j++)
        A[i][j]=temp_kxt[i][j];
 }

 int ppk;
   if (Lee_Carter_Form1->Each_AgeGroup>base_years) {
   ppk=Lee_Carter_Form1->Each_AgeGroup;
   }
          else
    {
        ppk=base_years;
   }

        vector<vector<double> > U;
        vector<double> S;
        vector<vector<double> > V;
               svd(A,2,U,S,V); //SVD分解
        double SVD_temp;
        SVD_temp=0;

  for (i = 0; i < Lee_Carter_Form1->Each_AgeGroup; i++) {
               SVD_bx[i]=V[0][i];
        SVD_temp=SVD_temp+SVD_bx[i];
         }
```

```
            for (i = 0; i < Lee_Carter_Form1->Each_AgeGroup; i++) {
                 SVD_bx[i]=SVD_bx[i]/SVD_temp;
            }

    for (j = 0; j < base_years; j++) {
           SVD_kt[j]=S[0]*SVD_temp*U[0][j];
      }
    //####泊松分布假设 极大似然估计 开始
      vector<double>MLE_ax(Lee_Carter_Form1->Each_AgeGroup);
      vector<double>MLE_bx(Lee_Carter_Form1->Each_AgeGroup);
      vector<double>MLE_TdeltDx(Lee_Carter_Form1->Each_AgeGroup);
      vector<double>MLE_tempTDx(Lee_Carter_Form1->Each_AgeGroup);
      vector<double>MLE_Tdeltbx(Lee_Carter_Form1->Each_AgeGroup);
      vector<double>MLE_tempTbx(Lee_Carter_Form1->Each_AgeGroup);
      vector<double>MLE_Newax(Lee_Carter_Form1->Each_AgeGroup);
      vector<double>MLE_tempax(Lee_Carter_Form1->Each_AgeGroup);
      vector<double>MLE_Newbx(Lee_Carter_Form1->Each_AgeGroup);
      vector<double>MLE_tempbx(Lee_Carter_Form1->Each_AgeGroup);

     for (i = 0; i < Lee_Carter_Form1->Each_AgeGroup; i++) {
       MLE_ax[i]=0;
       MLE_bx[i]=0;
       MLE_TdeltDx[i]=0;
       MLE_tempTDx[i]=0;
       MLE_Tdeltbx[i]=0;
       MLE_tempTbx[i]=0;
       MLE_Newax[i]=0;
       MLE_tempax[i]=0;
       MLE_Newbx[i]=0;
       MLE_tempbx[i]=0;
     }

     vector<double>MLE_kt(base_years);
     vector<double>MLE_Tkt(base_years);
     vector<double>MLE_Newkt(base_years);
     vector<double>MLE_tempkt(base_years);
     vector<double>MLE_Sumkt(base_years);
```

```
  vector<double>MLE_TerroDx(base_years);

  for (i = 0; i < base_years; i++) {
    MLE_Tkt[i]=0;
    MLE_kt[i]=0;
    MLE_Newkt[i]=0;
    MLE_tempkt[i]=0;
    MLE_Sumkt[i]=0;
    MLE_TerroDx[i]=0;
  }

 for (i = 0; i < Lee_Carter_Form1->Each_AgeGroup; i++) {
    MLE_tempax[i]=ax[i];
    MLE_tempbx[i]=SVD_bx[i];
 }

 for (j = 0; j < base_years; j++) {
    MLE_tempkt[j]=SVD_kt[j];
 }
  //##参数迭代开始
  float pka;
  float epsk;
  float temp_E;
  pka=0;
  epsk=100.0;

 while(epsk>=0.00001&&pka<10000)
 {
  pka=pka+1;
  for (i = 0; i < Lee_Carter_Form1->Each_AgeGroup; i++) {
         MLE_TdeltDx[i]=0.0;
         MLE_tempTDx[i]=0.0;
  }
  for (i = 0; i < Lee_Carter_Form1->Each_AgeGroup; i++) {
         for (j = 0; j < base_years; j++) {
           MLE_TdeltDx[i]=MLE_TdeltDx[i]+Dpop[j][i]-
Tpop[j][i]*exp(MLE_tempax[i]+MLE_tempbx[i]*MLE_tempkt[j]);// #
exp 默认为以 e 为底
```

```
                MLE_tempTDx[i]=MLE_tempTDx[i]+Tpop[j][i]*
exp(MLE_tempax[i]+MLE_tempbx[i]*MLE_tempkt[j]);
            }
        }
        for (i = 0; i < Lee_Carter_Form1->Each_AgeGroup; i++) {
                MLE_Newax[i]=MLE_tempax[i]+MLE_TdeltDx[i]/MLE_
tempTDx[i];//###参数ax
        }
        for (j = 0; j < base_years; j++) {
                MLE_Tkt[j]=0.0;
                MLE_Sumkt[j]=0.0;
        }
        for (j = 0; j < base_years; j++) {
                for (i = 0; i < Lee_Carter_Form1->Each_AgeGroup; i++) {
                 MLE_Tkt[j]=MLE_Tkt[j]+MLE_tempbx[i]*(Dpop[j][i]-
Tpop[j][i]*exp(MLE_Newax[i]+MLE_tempbx[i]*MLE_tempkt[j]));// #
exp默认为以e为底
                 MLE_Sumkt[j]=MLE_Sumkt[j]+Tpop[j][i]*exp(MLE_
Newax[i]+MLE_tempbx[i]*MLE_tempkt[j])*MLE_tempbx[i]*MLE_
tempbx[i];
                }
        }
        for (j = 0; j < base_years; j++) {
                MLE_Newkt[j]=MLE_tempkt[j]+MLE_Tkt[j]/MLE_
Sumkt[j];//###参数kt
        }
        for (i = 0; i < Lee_Carter_Form1->Each_AgeGroup; i++) {
                MLE_Tdeltbx[i]=0.0;
                MLE_tempTbx[i]=0.0;
        }
        for (i = 0; i < Lee_Carter_Form1->Each_AgeGroup; i++) {
                for (j = 0; j < base_years; j++) {
                 MLE_Tdeltbx[i]=MLE_Tdeltbx[i]+MLE_
Newkt[j]*(Dpop[j][i]-Tpop[j][i]*exp(MLE_Newax[i]+MLE_
tempbx[i]*MLE_Newkt[j]));// # exp默认为以e为底
                 MLE_tempTbx[i]=MLE_tempTbx[i]+Tpop[j][i]*
exp(MLE_Newax[i]+MLE_tempbx[i]*MLE_Newkt[j])*MLE_
Newkt[j]*MLE_Newkt[j];
```

```
                }
        }
        for (i = 0; i < Lee_Carter_Form1->Each_AgeGroup; i++) {
                if (MLE_tempTbx[i]==0) {
                    MLE_Newbx[i]=MLE_tempbx[i];
                }
                if (MLE_tempTbx[i]!=0) {
                    MLE_Newbx[i]=MLE_tempbx[i]+MLE_Tdeltbx[i]/MLE_
tempTbx[i];//###参数bx
                }
        }
          //###迭代参数更新
        for (i = 0; i < Lee_Carter_Form1->Each_AgeGroup; i++) {
                MLE_tempax[i]=MLE_Newax[i];
                MLE_tempbx[i]=MLE_Newbx[i];
        }
        for (j = 0; j < base_years; j++) {
                MLE_tempkt[j]=MLE_Newkt[j];
        }
        temp_E=0.0;//#与目标的差距delta
        for (j = 0; j < base_years; j++) {
                MLE_TerroDx[j]=0.0;
        }
        for (j = 0; j < base_years; j++) {
                for (i = 0; i < Lee_Carter_Form1->Each_AgeGroup;
i++) { //ilc package方法迭代
                  MLE_TerroDx[j]=MLE_TerroDx[j]+(Dpop[j][i]-
Tpop[j][i]*exp(MLE_tempax[i]+MLE_tempbx[i]*MLE_tempkt[j]));//
# exp 默认为以e为底
                        }
                }
        for (j = 0; j < base_years; j++) {
          temp_E=temp_E+MLE_TerroDx[j];
        }
          epsk=abs(temp_E);//#判断误差大小 ####极大似然估计
      };
      //###参数迭代结束
      //####泊松分布假设 极大似然估计 结束
```

```
        float temp;
         temp=0;
      //###ilc package方法 进行参数尺度调整
        for (i = 0; i < Lee_Carter_Form1->Each_AgeGroup; i++) {
//ilc package方法 进行迭代
              temp=temp+MLE_Newbx[i];
       }
       for (i = 0; i < Lee_Carter_Form1->Each_AgeGroup; i++) {
//ilc package方法 进行迭代
              MLE_Newbx[i]=MLE_Newbx[i]/temp;
       }

              for (j = 0; j < base_years; j++) {
              MLE_Newkt[j]=temp*MLE_Newkt[j];
       }
         Lee_Carter_Form1->StringGrid1->RowCount=2;
         Lee_Carter_Form1->StringGrid1->Cells[0][0] = "年龄";
         Lee_Carter_Form1->StringGrid1->Cells[1][0] = "ax";
        Lee_Carter_Form1->StringGrid1->Cells[2][0]  =  "MLE_
Newax";
         Lee_Carter_Form1->StringGrid1->Cells[3][0] = "SVD_bx";
          Lee_Carter_Form1->StringGrid1->Cells[4][0]  =  "MLE_
Newbx";
         Lee_Carter_Form1->StringGrid1->Cells[5][0] = "年份";
         Lee_Carter_Form1->StringGrid1->Cells[6][0] = "SVD_kt";
        Lee_Carter_Form1->StringGrid1->Cells[7][0]  =  "MLE_
Newkt";
               for (i = 0; i <ppk; i++) {
               Lee_Carter_Form1->StringGrid1->RowCount=Lee_
Carter_Form1->StringGrid1->RowCount+1;
        }
               for  (i  =  0;  i  <Lee_Carter_Form1->Each_AgeGroup;
i++) {
               Lee_Carter_Form1->StringGrid1->Cells[0][i+1]=
FloatToStr(i);
               Lee_Carter_Form1->StringGrid1->Cells[1][i+1]=
FloatToStr(ax[i]);
```

```
            Lee_Carter_Form1->StringGrid1->Cells[2][i+1]=
FloatToStr(MLE_Newax[i]);
            Lee_Carter_Form1->StringGrid1->Cells[3][i+1]=
FloatToStr(SVD_bx[i]);
            Lee_Carter_Form1->StringGrid1->Cells[4][i+1]=
FloatToStr(MLE_Newbx[i]);
            }

            for (i = 0; i < base_years; i++) {
            Lee_Carter_Form1->StringGrid1->Cells[5][i+1]=
IntToStr(i+SpinEdit1->Value);
            Lee_Carter_Form1->StringGrid1->Cells[6][i+1]=
FloatToStr(SVD_kt[i]);
            Lee_Carter_Form1->StringGrid1->Cells[7][i+1]=
FloatToStr(MLE_Newkt[i]);
      }
    }
    //---------------------------------------------------------
```

8.4　中国人口平均预期寿命预测

8.4.1　数据来源与面临的问题

中国历史上虽然具有悠久的人口登记传统，但规范的现代人口基础数据收集始于中华人民共和国成立后。从死亡率变动模型研究的角度看，可供使用的中国人口死亡数据存在以下几个方面的问题。

第一，死亡数据比较缺乏。虽然1953年全国人口普查以来，开展过多次全国人口普查、1%人口抽样调查和年度1‰人口变动抽样调查，但与其他数据相比，死亡方面的数据仍显匮乏。比如，1982年以前的人口普查未收集死亡数据。1982年全国人口普查首次系统收集年龄别人口死亡数据，但1982年全国人口普查死亡数据与年龄结构时点数据存在半年时差，导致在数据的使用过程中面临诸多困难。尽管1986年开始公布年龄结构及其年龄别死亡人口数，但从时间序列和对研究年龄别死亡率变动规律而言，目前收集的死亡人口数据仍比较缺乏。特别是，由于时间序列模型是对不规则因素进行分析，所以样本点不能过少，至少应该在30个以上①，但目前的死亡数据还不能满足这一点。

第二，公布数据标准化程度不高。比如，1986年及以后公布的死亡人口状况数据有些年份公布的年龄组截至100岁及以上（100^+），有些年份的年龄组截至85岁及以上（85^+），还有些年份的年龄组截至90岁及以上（90^+）。且不论数据质量如何，这种不一致性使数据使用过程中面临时间序列数据缺失或完整性问题。

第三，单岁年龄组数据缺失问题越来越突出。由于年度人口变动抽样调查的抽样比在1‰左右，而死亡是一个小概率事件，特别是死亡率较低或人口数据较少的个别单岁年龄组，经常出现抽样死亡人口数为0的情况，随着年龄别死亡率下降，这个问题将愈发凸显。

第四，数据质量问题不同程度地存在。对中国婴儿死亡率数据质量问题和漏报问题的研究由来已久。国家卫生统计公布的婴儿死亡率一直高于国家统计局人口普查或抽样调查公布的数据，且二者的差距不断扩大。比如，国家统计局人口抽样调查公布的1994年婴儿死亡率为38.79‰，《中国卫生统计年鉴》公布的婴儿死亡率为39.9‰，二者相差1‰左右，相对误差不到3%。国家统计局公布的2000年全国人口普查中，婴儿死亡率为26.90‰②，而《中国卫生统计年鉴》公布的2000年婴儿死亡率为32.2‰，二者的差距扩大到5‰以上，相对误差近20%。国家统计局人口普查公布的2010年婴儿死亡率为3.82‰，《中国卫生统计年鉴》公布的2010年婴儿死亡率为13.1‰，二者的差距达到3.43倍。可见，随着婴儿死亡率的下降，国家统计局人口调查数据与国家卫生统计公布数据之间的差距越来越大，这必然影响到对模型估计可靠性的判断。因此，采用国家统计局人口普查或抽样调查公布的年龄别死亡数据进行模型的拟合时，需要特别注意对预期寿命高估和模型过度拟合所带来的更大误差或错误风险。

由于受数据的连续性和可获得性的限制，本章采用1994~2019年全国人口普查、1%人口抽样调查和年度1‰人口变动抽样调查数据。其中，1996年数据的年龄分组为0~85^+，为了与多数年份人口变动抽样调查数据年龄组（0~90^+）一致，将人口普查、1%人口抽样调查中90岁及以上人口

① 孙佳美：《生命表编制理论与实验》，天津：南开大学出版社，2013，第122~126、132页。

② 第五次全国人口普查死亡数据修正后计算，修正后2000年婴儿死亡率为28.41‰，参见国家人口计生委发展规划与信息司、中国人口与发展研究中心编《人口和计划生育常用数据手册（2018）》，北京：中国人口出版社，2019。

数据合并，同时对1996年85~89岁和90岁及以上数据进行估计。为了避免单岁年龄组数据缺失或数据不稳定问题，采用5岁组数据。此外，对0~4岁年龄组进一步细分为0岁和1~4岁两个年龄组，对90岁及以上数据进行合并。

采用Lee-Carter模型进行中国平均预期寿命预测的关键是通过时间序列历史数据对参数ax、bx和kt进行估计，特别是对kt的估计和预测。下面将通过实际数据对模型的估计结果进行检验，并以此为基础对中国人口平均预期寿命预测结果进行分析。

8.4.2　Lee-Carter模型参数估计

首先看α_x的估计结果。由于年龄别死亡率的性别差异较大，因此，a_x性别差异明显。从0岁、1~4岁年龄组开始，α_x的性别差异逐渐增大，35~39岁达到峰值，之后逐渐减小。从80岁开始二者的差距明显缩小。另外，采用极大似然估计法对α_x进行重新估计，但估计结果与SVD法估计的结果差别不大（见图8-2）。

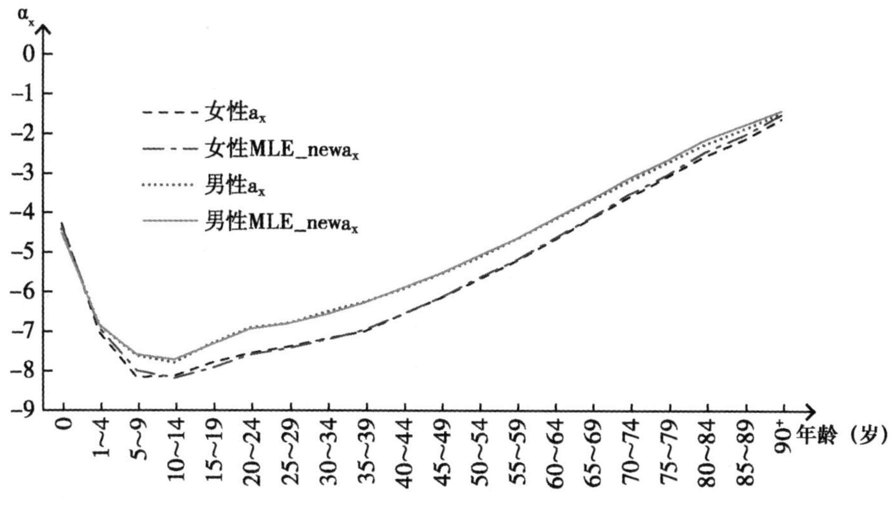

图8-2　中国人口死亡率Lee-Carter预测模型参数α_x估计

其次看β_x的估计结果。比较不同方法对bx的估计发现，经典的Lee-Carter模型SVD分解得到的β_x与极大似然估计或加权最小二乘法之间存在明显差异，主要表现在三个方面。一是性别差异，其中女性的差异更为明显；二是年龄差异，主要表现在0岁、10~34岁；三是方法差异，SVD法估计的0岁β_x明显低于其他两种方法，而10~34岁则高于其他两种方法（见图8-3）。

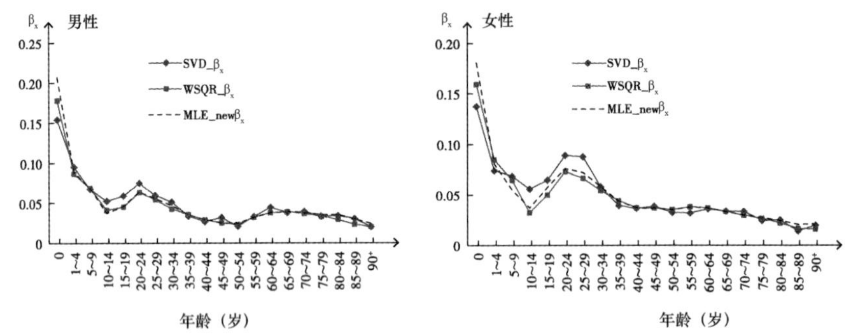

图8-3　中国人口死亡率Lee-Carter预测模型参数β_x估计

最后看k_t的估计结果。从三种方法差异较大的时期来看，2005~2015年三种方法估计的参数k_t差异较大，而1994~2005年三种方法估计的k_t差异相对较小。另外，从男性和女性人口三种方法估计k_t的差异看，男性差异比女性更明显（见图8-4）。

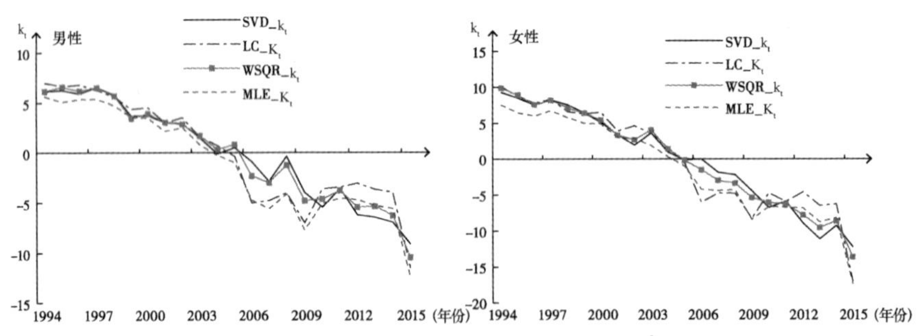

图8-4　中国人口死亡率Lee-Carter预测模型参数k_t估计

总之，不同方法估计的α_x的差异相对较小，而不同方法估计的β_x和k_t差异相对较大，这表明在Lee-Carter模型参数估计过程中，β_x和k_t作为模型参数是模型构建的关键，也是导致基础模型差异的主要原因。换言之，死亡率随时间变化的时期因子k_t和年龄因子β_x估计对模型产生重要的影响。

8.4.3 预测可靠性检验

为了检验中国人口平均预期寿命预测方法的可靠性，根据1994~2015年调查数据建立预测模型，然后根据模型预测2016~2019年中国人口平均预期寿命，再将预测结果与实际调查数计算的平均预期寿命进行比较，这个比较的前提是假定国家统计局基础调查数据反映的趋势和模式可靠。

8.4.3.1　回归模型

Lee-Carter模型用于年龄别死亡率预测主要是估计k_t，本章采用经典的Lee-Carter模型对α_x、β_x和k_t进行估计，并通过一元线性回归方法建立时间与k_t的相互关系，回归模型参数见表8-1。从表8-1可以看到，1994~2015年中国人口无论男性还是女性，历史数据k_t与时间高度相关。男性相关系数为92.4%，女性为94.2%。可见，女性的相关系数略高于男性。从自变量回归系数看，女性k_t随时间下降的速度为–1.0424，比男性的–0.7497更快，也就是说，现有历史数据女性年龄别死亡率的时期敏感性高于男性，即在平均预期寿命的提高过程中女性更快一些。

表8–1　**1994~2015年参数K_t线性回归模型**

模型		未标准化系数		标准化系数	t	显著性	R	R^2
		B	标准误差	Beta				
男性	(常量)	7.8530	0.8490	—	9.2502	0.0000	0.924	0.854
	年份	–0.7497	0.0692	–0.9243	–10.8330	0.0000		
女性	(常量)	10.8989	1.0211	—	10.6738	0.0000	0.942	0.887
	年份	–1.0424	0.0832	–0.9418	–12.5235	0.0000		

8.4.3.2　历史数据拟合

为了充分显示模型对历史数据的拟合效果，下面从年龄别死亡率和人口平均预期寿命两个方面进行分析。

首先看死亡率的拟合。从总体上看，对于不同年份，无论男性还是女性，年龄别死亡率拟合数据与实际调查数据的年龄别变化趋势非常一致（见图8-5）。

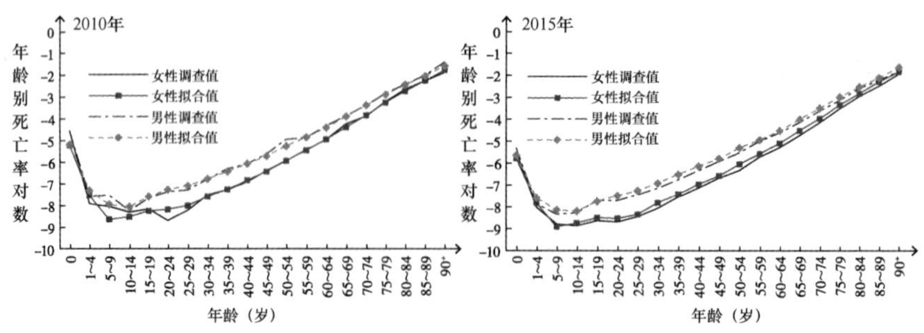

图8-5　年龄别死亡率对数曲线变化趋势拟合

从时期的角度看，除了人口普查和1%人口抽样调查的相对误差较小，1994~2015年随着死亡水平的降低，各年龄组年龄别死亡率相对误差呈上升的趋势（见表8-2）。1994年各年龄组年龄别死亡率平均相对误差男性为10.63%，女性为18.42%，2015年分别上升到17.73%和18.31%。各年龄组年龄别死亡率平均相对误差时期变化的特征是，在波动中上升的过程中，人口普查年份各年龄组年龄别死亡率平均相对误差较低，2000年男性为5.13%，女性为8.80%，2010年男性为7.43%，女性为7.84%，明显低于全国1%人口抽样调查年份各年龄组年龄别死亡率平均相对误差。1995年男性为6.03%，女性为7.89%，2005年男性为10.11%，女性为4.30%。同样，人口普查和1%人口抽样调查年份的各年龄组年龄别死亡率平均相对误差明显低于1‰人口变动抽样调查（见表8-2）。

表8-2　**1994~2015年模型拟合平均相对误差**　单位：%

年份	死亡率		平均预期寿命		年份	死亡率		平均预期寿命	
	男性	女性	男性	女性		男性	女性	男性	女性
1994	10.63	18.42	0.60	1.31	2005	10.11	4.30	0.87	0.42
1995	6.03	7.89	0.91	0.92	2006	18.44	21.76	9.05	7.23
1996	9.74	15.53	1.01	0.63	2007	19.07	14.38	4.91	3.97
1997	11.18	8.50	2.97	1.34	2008	15.86	14.96	5.35	2.91
1998	8.48	11.81	2.01	0.88	2009	13.86	14.29	7.12	4.82
1999	11.59	11.29	0.79	1.61	2010	7.43	7.84	1.53	2.37
2000	5.13	8.80	3.08	3.82	2011	13.07	16.17	3.22	1.11
2001	8.48	10.18	0.93	0.81	2012	18.11	22.34	5.6	4.50
2002	9.83	18.23	3.06	2.61	2013	13.84	26.05	4.65	2.80
2003	8.96	14.34	3.16	5.41	2014	16.54	18.04	6.45	4.85
2004	10.41	12.34	2.35	0.74	2015	17.73	18.31	5.18	5.05

从队列的角度看，不同时期各队列死亡率平均相对误差较小的年龄组为35~84岁，男性和女性各队列死亡率平均相对误差在11%以内，拟合较差的是0岁组（见表8-3），男性0岁组平均相对误差超过20%，女性0岁组平均相对误差超过30%。1994~2015年0岁人口死亡率呈明显的大起大落（见图8-6），其中，有9年的0岁死亡率比上一年的水平上升，如1997年、2006年、2008年和2011年0岁人口死亡率明显上升，2008年上升可能与汶川地震有关，但其他年份难以解释。此外，从男性和女性各年龄组的拟合数据来看，女性拟合效果比男性差，原因是女性的死亡率较低，测量的相对误差更大。

表8-3　**1994~2015年模型拟合年龄别死亡率与平均预期寿命平均相对误差**　单位：%

年龄组	死亡率		平均预期寿命		年龄组	死亡率		平均预期寿命	
	男	女	男	女		男	女	男	女
0	21.30	30.06	0.97	0.94	45~49	6.16	7.94	2.10	1.67
1~4	19.84	21.65	0.89	0.78	50~54	10.48	9.62	2.44	1.91
5~9	18.02	24.45	0.92	0.83	55~59	8.72	9.51	2.77	2.16
10~14	22.50	21.73	1.00	0.88	60~64	8.29	8.77	3.20	2.50
15~19	17.08	21.52	1.08	0.95	65~69	6.56	7.26	3.64	2.87
20~24	15.46	18.48	1.14	1.01	70~74	6.30	5.53	4.51	3.42
25~29	11.78	20.87	1.26	1.12	75~79	7.10	6.59	5.58	4.47
30~34	10.85	14.74	1.40	1.21	80~84	8.98	7.77	7.66	5.95
35~39	7.94	18.49	1.60	1.35	85~89	11.94	10.67	10.26	7.77
40~44	6.91	10.25	1.82	1.49	90⁺	14.27	11.16	13.80	11.36

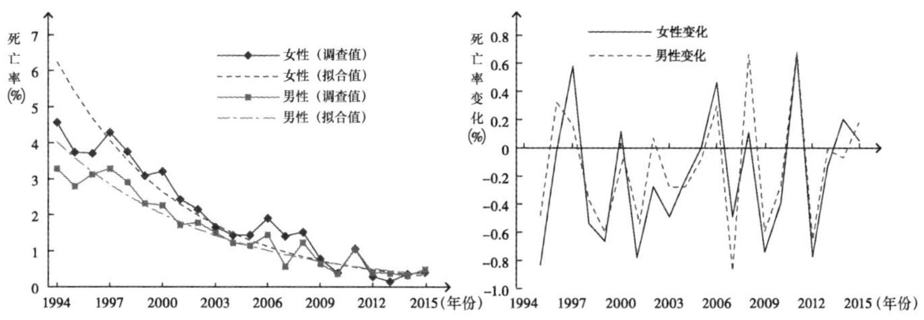

图8-6　0岁人口死亡率变化趋势

不同年龄的死亡率存在明显差异，从年龄别死亡率与平均预期寿命之间关系来看，低年龄组年龄别死亡率对出生人口平均预期寿命的影响更大，其他年龄组只影响平均预期寿命的余寿。虽然在年龄别死亡率变化过程中，0岁人口的死亡率远低于老年人口，但0岁人口死亡率的变动会影响其他各个年龄的平均预期寿命。0岁人口死亡率的大起大落必然引起出生人口平均预期寿命的波动。因此，0岁人口死亡率的数据质量和模型拟合在平均预期寿命推算和预测过程中非常重要。

出生人口平均预期寿命是预期寿命最重要的指标，需要进行深入细致的分析。虽然男性和女性的出生人口平均预期寿命存在一定的差距，但模型推算预期寿命与实际调查预期寿命的相对误差均在2.05%以内，其中一半以上的年份在1.0%以内，绝大多数年份在1.5%以内（见图8-7）。相对误差较大的年份为1995年、2000年、2006年、2014年和2015年。男性出生人口平均预期寿命的平均相对误差为0.7184岁，女性平均相对误差为0.7282岁。从出生人口平均预期寿命的变化趋势来看，随着时间的变化，个别年份平均预期寿命大幅上升或下降，尤其是大幅下降违背平均预期寿命的变化规律，大幅下降的年份是1997年、2008年和2010年。大幅上升的年份是2006年、2001年、2009年和2015年等。根据世界各国平均预期寿命变化的历史数据，在没有战争、大范围自然灾害、瘟疫或饥饿的情况下，平均预期寿命通常不会出现大幅下降。同样，没有疾病防治水平突破性进展或营养健康水平的明显改善，平均预期寿命大幅提升是不太可能的，这些异常波动反映出基础数据在模型建立过程中可能存在问题或缺陷。

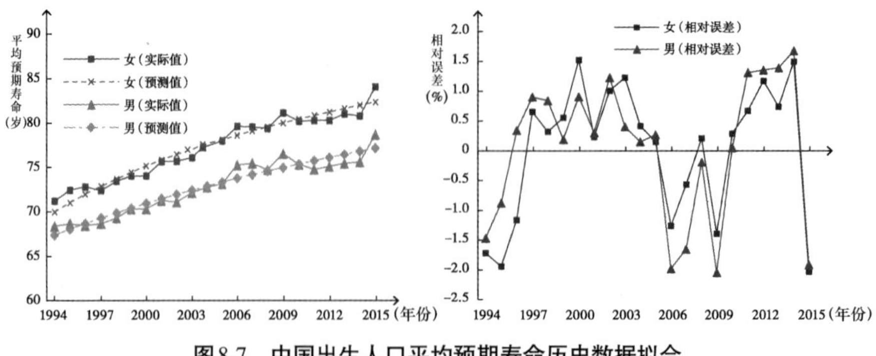

图8-7　中国出生人口平均预期寿命历史数据拟合

为了反映模型拟合情况，可以从时期和队列两个方面进行观察。从时期（各年度）的角度观察模型拟合各队列（年龄组）平均预期寿命的平均相对误差的大小，从队列（各年龄组）的角度观察各时期（年度）平均相对误差的大小。

从时期的角度看，除了人口普查和1%人口抽样调查的相对误差较小，1994~2015年随着预期寿命的提高，各年龄组平均预期寿命的相对误差呈现出不断增加的趋势（见表8-2）。1994年各年龄组平均预期寿命的平均相对误差男性为0.6%，女性为1.31%，2015年分别上升到5.18%和5.05%，其中2006年的平均相对误差最大，男性为9.05%，女性为7.23%。在误差波动上升的过程中，1%人口抽样调查和人口普查年份各年龄组平均预期寿命的平均相对误差较低，如2005年男性为0.87%、女性为0.42%，2010年男性为1.53%、女性为2.37%。

从队列的角度看，0岁人口平均预期寿命的平均相对误差最小，男性为0.97%，女性为0.94%，随着年龄的增加，无论男性还是女性平均预期寿命的平均相对误差均呈不断增大的趋势，90岁及以上男性和女性分别增加到13.80%和11.36%。增加的原因在于平均预期寿命生命表中T（x）是剩余存活人年数，由于0岁人口平均预期寿命的是各队列死亡概率或存活人年数累计结果的反映，因此，由于各队列误差相抵的原因，累计的误差相对较小。根据这个特性，在平均预期寿命预测结果的使用过程中需要注意的是，虽然随着年龄增加，年龄别平均预期寿命不断下降，预测的绝对误差可能保持不变或不断减小，但相对误差逐渐增大的特征和性质不变。

8.4.3.3　模型预测与实际调查对比

历史上数据建模和对模型的检验只是检验了Lee-Carter模型对中国人口平均预期寿命研究历史数据拟合的可靠性和存在的问题。为了进一步检验Lee-Carter模型在中国平均预期寿命预测的可靠性，可以根据历史数据建立的模型进行预测，并与实际数据结果进行比较。

首先看年龄别死亡率预测的情况。男性年龄别死亡率模型预测值比实际调查年龄别死亡率高的年龄组主要是1~40岁，0岁人口的预测值明显低于调查值（见图8-8）。2016年预测数据的差距最为明显，其他年份的数据相对好一些。女性与男性不同，2016年和2018年15~19岁、2019年5~9岁年龄组出现了调查异常值。可见，随着死亡水平的下降，1‰人口变动抽样调查年龄别死亡率数据将越来越多地面临这个测量问题。

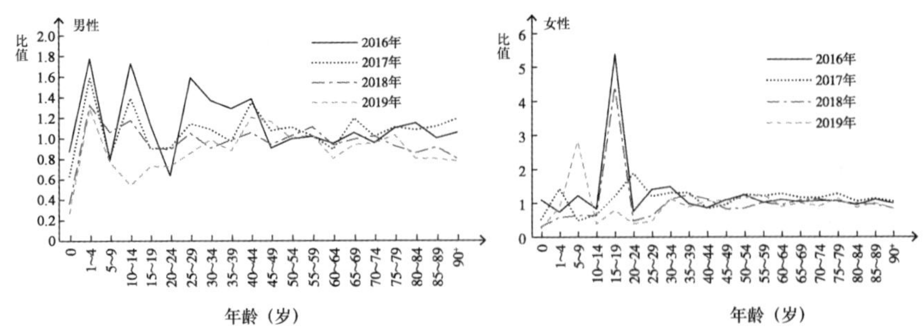

图8-8 2016~2019年年龄别死亡率预测值与调查值对比

其次检验平均预期寿命。根据1994~2015年数据建立回归模型，对2016~2019年中国人口平均预期寿命进行预测，预测结果见表8-4。从表8-4可见，通过回归模型计算年龄别死亡率然后建立简略生命表，得到的平均预期寿命预测值与实际调查值计算的平均预期寿命的相对误差在2.1%以内，总体上，男性的相对误差比女性相对误差大。特别需要指出的是，2018年和2019年实际调查值计算的平均预期寿命低于预测值，而且出现连续下降的趋势。男性2019年平均预期寿命实际调查计算结果比2017年低1.77岁，女性低1.56岁，这一大幅下降与通常的预期寿命变动规律是矛盾的。

表8–4 出生人口平均预期寿命模型预测与实际数据对比

年份	实际值（岁）		预测值（均值）(岁)		相对误差(%)	
	男	女	男	女	男	女
2016	78.10	83.21	77.55	82.73	-0.71	-0.57
2017	78.74	84.30	77.89	83.08	-1.08	-1.44
2018	77.31	82.64	78.23	83.42	1.18	0.95
2019	76.97	82.74	78.56	83.76	2.07	1.24

总之，虽然不同年龄死亡率预测结果与调查值之间存在的差距不同，而且40岁人口的波动较大，但由于误差相抵的原因，出生人口的平均预期寿命与实际调查推算值之间误差的范围在2%以内。模型预测与调查值之间的差别一方面反映了模型拟合需要改进的问题，另一方面说明数据质量本身面临的困难和导致的问题。如果调查数据精度很高，就不太可能出现平均预期寿命的大幅下降或上升，也不太可能出现婴儿死亡率的大幅上升。考虑到与国家卫生统计婴儿死亡率的一致性，在基础数据和模型应用

过程中，需要对基础数据、模型的偏差方向有一个基本的判断和正确的理解。

8.4.4 平均预期寿命预测

根据1994~2015年基础数据和Lee-Carter模型参数估计，对未来中国人口年龄别死亡率进行预测，然后得到不同年龄的平均预期寿命。在生命表构建的指标中，出生人口平均预期寿命、老年人口平均预期寿命以及高龄老人平均预期寿命是非常重要的指标。关于老年人口的界定，考虑到中国法定退休年龄，提供60岁和65岁两个统计口径。虽然预测模型可以提供平均预期寿命的95%置信区间，但考虑到死亡人口漏报对死亡率低估和国家统计局调查数据的偏差问题，实际平均预期寿命预测结果高估的可能性较大。因此，平均预期寿命预测结果在预测值的下限和均值之间的可能性更大。下面将分别对男性和女性平均预期寿命的预测结果进行分析。

8.4.4.1 男性平均预期寿命

首先，从男性出生人口的平均预期寿命的预测下限来看，2020年预测的下限为76.35岁，预计2030年将提高到79.11岁，10年提高2.76岁，平均每年提高0.28岁。60岁男性人口平均预期寿命从2020年的20.72岁提高到22.63岁，提高1.91岁。80岁男性人口平均预期寿命从2020年的8.01岁提高到2030年的9.11岁，提高1.1岁。从平均预期寿命的构成和变化看，2020年男性60岁平均预期寿命占出生人口预期寿命的27.28%，2030年提升到28.61%；80岁平均预期寿命占出生人口预期寿命的10.58%，2030年提升到11.52%。由此可见，男性60岁平均预期寿命提高的幅度占出生人口预期寿命提升比例的69.20%，而且平均预期寿命的提高主要是60岁及以上人口提升更加迅速。

其次，从男性出生人口的平均预期寿命的预测均值来看，2020年预测的均值为78.89岁，2030年提高到82.01岁，提高3.12岁，平均每年提高0.31岁；60岁男性人口平均预期寿命从2020年的22.47岁提高到24.87岁，提高2.40岁；80岁男性人口平均预期寿命从2020年的8.87岁提高到2030年的10.47岁，提高1.46岁。同样，从平均预期寿命构成的比例及其变化来看，2020年男性60岁平均预期寿命占出生人口预期寿命的28.48%，2030年提升到30.33%；80岁平均预期寿命占出生人口预期寿命的11.42%，2030年提升到12.77%。尽管男性人口预测均值相对下限而言变化幅度略大，但二者的结构变动特征不变。

最后，从均值与下限差距来看，2020年预测的均值与下限相差2.54岁，2030年扩大到2.9岁。从平均预期寿命历史变化的平均速度来看，预测的下限与均值二者的差距相当于平均预期寿命提高需要8~9年。

表8-5　　中国男性平均预期寿命预测　　单位：岁

年份	均值				下限			
	0岁	60岁	65岁	80岁	0岁	60岁	65岁	80岁
2019	78.56	22.23	18.21	8.87	76.06	20.53	16.68	7.90
2020	78.89	22.47	18.43	9.01	76.35	20.72	16.85	8.01
2021	79.21	22.71	18.65	9.15	76.64	20.91	17.02	8.11
2022	79.53	22.95	18.87	9.29	76.93	21.10	17.19	8.22
2023	79.85	23.19	19.08	9.44	77.22	21.29	17.36	8.33
2024	80.17	23.43	19.30	9.58	77.50	21.48	17.53	8.44
2025	80.48	23.67	19.52	9.73	77.77	21.67	17.71	8.55
2026	80.79	23.91	19.74	9.87	78.05	21.86	17.88	8.66
2027	81.10	24.15	19.97	10.02	78.32	22.06	18.06	8.77
2028	81.41	24.39	20.19	10.17	78.58	22.25	18.23	8.88
2029	81.71	24.63	20.41	10.32	78.85	22.44	18.40	8.99
2030	82.01	24.87	20.63	10.47	79.11	22.63	18.58	9.11

8.4.4.2　女性平均预期寿命

女性和男性平均预期寿命的最大差别是女性出生人口平均预期寿命明显高于男性。增长速度通常也是女性快于男性，其结果是随着预期寿命的提升，二者的差距扩大。

首先，从女性出生人口的平均预期寿命的预测下限来看，2020年预测下限为81.87岁，预计2030年提高到84.74岁，比2020年提高2.87岁，平均每年提高0.29岁。60岁女性人口平均预期寿命从2020年的24.30岁提高到2030年的26.39岁，10年间提高2.09岁。80岁女性人口平均预期寿命从2020年的9.70岁提高到2030年的11.00岁，提高1.3岁。与男性相比，女性提高的幅度更大，出生人口平均预期寿命下限的差距从2020年的5.52年提高到2030年的5.63年。从平均预期寿命构成的比例来看，2020年女性60岁平均预期寿命占出生人口预期寿命的29.68%，2030年提升到30.99%；80岁平均预期寿命占出生人口预期寿命的11.85%，2030年提升到12.86%。从提高的幅度来看，女性人口60岁平均预期寿命提升幅度占出生人口预期寿命提升幅度的72.82%。

其次，从女性出生人口的平均预期寿命的预测均值来看，2020年预测的均值为84.1岁，2030年提高到87.25岁，提高3.15岁，平均每年提高0.32岁；60岁女性人口平均预期寿命从2020年的25.89岁提高到2030年的28.45岁，10年提高2.56岁；80岁女性人口平均预期寿命从2020年的10.68岁提高到2030年的12.41岁，提高1.73岁。同样，从平均预期寿命构成的比例和变化来看，2020年女性60岁平均预期寿命占出生人口预期寿命的30.78%，2030年提升到32.61%；80岁平均预期寿命占出生人口预期寿命的12.84%，2030年提升到14.23%；与男性类似，预测下限相对于均值来说变化幅度略小，但女性人口二者的结构变动特征不变，且平均预期寿命的提高主要是60岁及以上人口提升更加迅速。

最后，从均值与下限差距来看，2020年预测的均值与下限相差2.23岁，2030年扩大到2.51岁。从女性人口平均预期寿命变化的历史速度来看，二者的差距相当于7~8年的增长幅度，女性比男性略快。

表8-6　**中国女性平均预期寿命预测**　单位：岁

年份	均值				下限			
	0岁	60岁	65岁	80岁	0岁	60岁	65岁	80岁
2019	83.76	25.64	21.28	10.52	81.55	24.09	19.85	9.58
2020	84.10	25.89	21.51	10.68	81.87	24.30	20.04	9.70
2021	84.43	26.14	21.75	10.84	82.18	24.51	20.23	9.82
2022	84.75	26.40	21.99	11.00	82.48	24.72	20.42	9.95
2023	85.07	26.65	22.22	11.17	82.78	24.92	20.62	10.07
2024	85.39	26.90	22.46	11.34	83.07	25.13	20.81	10.20
2025	85.70	27.16	22.70	11.51	83.36	25.34	21.00	10.33
2026	86.02	27.41	22.94	11.68	83.64	25.55	21.20	10.46
2027	86.33	27.67	23.18	11.86	83.92	25.76	21.39	10.59
2028	86.64	27.93	23.43	12.04	84.20	25.97	21.59	10.72
2029	86.94	28.19	23.67	12.22	84.47	26.18	21.78	10.86
2030	87.25	28.45	23.92	12.41	84.74	26.39	21.98	11.00

总之，死亡人口的数据质量问题是影响未来平均预期寿命预测的基础

性因素，与其他数据不同，死亡人口漏报的可能性远大于重报，而且不太可能存在利益驱动的多报。因此，目前收集到的死亡人口数据低估的可能性大于高估的可能性。特别是《中国卫生统计年鉴》公布的婴儿死亡率不仅一直高于国家统计局人口普查和抽样调查推算的数据，而且二者无论是绝对差距还是相对差距都随着死亡水平下降而逐渐扩大。考虑到低龄人口死亡是一个小概率事件，因此，分子漏报对死亡率或死亡概率的计算十分敏感，且具有死亡水平越低，漏报对相对误差影响越大的特点。因此，采用现有数据及其所构建的模型为基础，对未来中国人口平均预期寿命预测结果的估计处于均值与下限之间，甚至更接近下限。

8.4.5 研究结论与讨论

中国人口平均预期寿命预测不仅是人口科学研究的难题，也是相关应用研究的难题。研究困难既涉及基础数据的质量问题，也涉及模型实际应用的问题。通过对中国1994年以来死亡基础数据的研究和Lee-Carter死亡率模型应用，本章得出以下几个基本结论。

第一，虽然中国死亡数据收集能力有了改进和提升，但死亡数据质量和数据之间的冲突与矛盾依然存在。国家统计局时间序列数据与国家卫生统计公布数据之间的差距加大。

第二，虽然男性死亡率相对较高，但与男性的数据质量相比，女性调查数据的相对误差可能更大。随着死亡水平的下降，1994年以来1‰人口变动抽样调查年龄别死亡率数据面临越来越严重的数据质量问题。

第三，Lee-Carter死亡率模型在中国年龄别死亡率平均相对误差较小的年龄组为35~84岁，拟合较差的是0岁组。由于0岁人口死亡率的变动会影响其他各个年龄的平均预期寿命，0岁人口死亡率的大起大落必然引起出生人口平均预期寿命的波动。因此，0岁人口死亡率的数据质量和模型拟合结果在平均预期寿命推算、预测过程中至关重要。

第四，Lee-Carter死亡率模型在中国年龄别死亡率预测过程中，需要对基础数据进行深入研究和必要的调整，模型应用的关键既有基础数据质量问题，也有模型构建问题。考虑到中国历史数据的数据质量问题，在没有科学调整数据的前提下，建模时需要考虑并防止模型对基础数据的过度拟合。由于死亡人口重报，特别是多报的可能性很小，因此，现有数据和模型对平均预期寿命的估计肯定是高估。

第五，尽管中国人口死亡历史数据存在缺陷，但由于年龄别死亡率数据误差相抵，使出生人口预期寿命的推算结果的误差明显下降。因此，在数据应用过程中，对不同年龄人口的平均预期寿命的相对误差或绝对误差需要区别对待。

虽然Lee-Carter死亡率模型在世界各国死亡率预测中应用广泛，在中国也有基础研究和实际应用价值，但在模型的应用过程中，需要充分考虑基础数据的来源和数据质量的差异。由于高龄人口年龄别人口数较少，观察数据稳定性和数据质量问题突出，特别是长期预测。随着预期寿命的不断提高，现有90岁及以上或100岁及以上数据明显缺乏或粗略，因此，长期预测可能面临现有基础数据和模型应用的缺陷或问题。此外，为了解决低龄模型估计误差和婴儿死亡率数据质量带来的误差，提高数据的稳定性，往往采用时间序列数据平滑、贝叶斯估计等方法，这些方法理论上会对统计推断和模型应用的改进有较大帮助，但需要防止人为过度拟合的问题。因此，针对中国平均预期寿命预测面临的问题，今后还需要更多的理论、方法和实证研究加以完善。

总之，本章的主要目的是在中国现有数据条件下应用Lee-Carter模型面临的问题和挑战，尝试或探索对中国人口平均预期寿命的变化趋势和水平进行估计，从而形成与经验估计或趋势外推结果的对照和互验，避免在中国平均预期寿命实际变化趋势或水平研究过程中由于研究者仅凭主观想象或判断可能导致的严重偏差与误判。

第9章　老年人口健康预期寿命预测方法与应用研究[①]

从平均预期寿命测量的人口学含义来看，可以把平均预期寿命理解为生命长度的测量，也可以视为对健康水平的测量。健康预期寿命是在平均预期寿命基础上发展起来的重要概念和测量方法，其内涵是在生命长度测量基础上对生命质量的测量。从群体健康水平和健康损失变动的过程来看，老年人口健康水平变动是一个历史积累过程，随着年龄从低龄向高龄的转变，整体健康水平下降既是必然的，也是比较显著的，因此，科学判断老年人口的平均健康预期寿命变化趋势和主要特征不仅具有理论意义，也具有应用价值。

9.1　研究背景与研究问题

2017年10月，党的十九大报告首次提出实施健康中国战略；2020年10月，《中国共产党第十九届中央委员会第五次全体会议公报》进一步提出实施积极应对人口老龄化国家战略；2022年10月，党的二十大报告再次提出推进健康中国建设。这些重大战略部署充分表明，科学预判中国社会经济发展面临人口快速老龄化的挑战，不断提升、强化和落实健康中国建设战略目标具有重大现实意义。

对于个体来说，生老病死是自然规律。随着年龄的增长，总体上健康

① 本章主要内容来自王广州《中国老年人口健康预期寿命研究》,《社会学研究》2022年第3期。

水平呈下降趋势，死亡风险明显增加。对于人口群体来说，随着社会经济发展，老年人口健康水平不断改善。与2010年第六次全国人口普查相比，2015年全国60岁老年人口健康水平有所提高。比如，2015年60岁生活不能自理的比例为6.49‰，略低于2010年的水平；80岁老年人口生活不能自理的比例下降到5.85%，明显低于2010年（10.48%）；90岁老年人口生活不能自理的比例也有所下降，为17.39%，同样低于2010年第六次全国人口普查的21.99%。由此可见，在老年人口的生命历程中，随着平均预期寿命的增加，健康水平的提升直接关系到老年人口的生活质量和养老状况。在全社会人口快速老化的过程中，老年人口的健康水平还关系到社会经济系统的安全运行①。

2010 年全国人口普查调查的 60 岁及以上生活不能自理老人的总量为523.35万人，占老年人口的2.95%。2015 年全国60岁及以上生活不能自理老人的总量为576.49万人，占老年人口的2.60%。考虑到不同年龄老年人口生活不能自理比例的差异，即使年龄别生活不能自理的比例不变，随着老龄化程度的加深和人口年龄构成的高龄化，老年人口的健康状况和健康水平将直接影响人口整体的养老负担②。

众所周知，中国长期处于低生育水平，人口总量随时有可能进入快速负增长③，未来中国人口结构变动及人口老龄化社会健康水平变化将成为社会经济发展面临的突出矛盾和主要问题。为了集中、优化有限资源，促进社会经济健康、快速发展，亟需对医疗、公共卫生、照料负担进行深入研究，并对老龄化社会面临的挑战进行前瞻性预判。因此，无论是健康中国战略，还是积极应对人口老龄化国家战略，甚至巩固脱贫成果，都离不开对未来健康水平战略目标的监测与评估。科学测量和准确预测健康预期寿命、平均生活不能自理预期时间的基本状况和变化趋势，不仅具有科学研究价值，也具有重要的现实意义。

国外对老年人口健康生命表的研究主要采用多状态健康生命表方法④

① 廖少宏、王广州《中国老年人口失能状况与变动趋势》，《中国人口科学》2021年第1期。

② 王广州：《中国生活不能自理老人总量与结构研究》，《当代中国研究》2019年第2期；庄绪荣、张丽萍：《失能老人养老状况分析》，《人口学刊》2016年第3期。

③ 王广州：《中国走出低生育率陷阱的难点与策略》，《学术探索》2021年第10期；王广州：《中国人口平均预期寿命预测及其面临的问题研究》，《人口与经济》2021年第6期。

④ Land K.C.，Guralnik J.M.and Blazer D.G.，1994，“Estimating Increment-decrement Life Tables with Multiple Covariates from Panel Data：The Case of Active Life Expectancy”，*Demography*，Vol.31，No.2.

或沙列文（Sullivan）方法[①]，由于健康预期寿命是建立在生命表基础上的预期寿命研究，受死亡数据的可获得性等因素的影响，中国具有理论和实际应用价值的研究相对较少，尤其是关于健康预期寿命的研究更是屈指可数，且研究方法以沙列文方法为主。随着健康中国战略的实施，相应的研究得到重视和关注，研究文献不断丰富[②]，但研究内容仍存在一定的局限性，研究方法也相对粗糙。国外对健康预期寿命的预测主要采用Lee-Carter模型与沙列文方法相结合[③]。与国外相比，国内研究相对滞后，对预期寿命进行的预测[④]也只是刚刚开始，而对于健康预期寿命的预测目前还未见公开发表的研究成果。

9.2 研究方法

从研究方法来看，对身体健康水平的测量既可以从患病状况的角度进行研究，也可以从患病结果的角度展开研究。目前的大规模抽样调查往往采用ADL的测量方法或类似于ADL量表的测量[⑤]，本章健康预期寿命的概念和计算方法等可以参考已有文献[⑥]。健康预期寿命预测需要解决平均预期寿命预测和健康状况预测两个难题。平均预期寿命预测既可以通过时间序列模型预测[⑦]，也可以通过模型生命表等方法进行类比推断，还可以采用年

① Crimmins E.M., Saito Y.and Ingegneri D., 1997, "Trends in Disability-free Life Expectancy in the United States 1970-90", *Population and Development Review*, Vol.23, No.3.

② 顾大男：《老年人健康变动趋势和预测方法国际研究动态》，《中国人口科学》2005年第3期；胡广宇、谢学勤：《健康期望寿命指标分类及评价比较》，《中国社会医学杂志》2012年第3期；李成福、刘鸿雁、梁颖等：《健康预期寿命国际比较及中国健康预期寿命预测研究》，《人口学刊》2018年第1期。

③ Majer I.M., Stevens R., Nusselder W.J., et al., 2013, "Modeling and Forecasting Health Expectancy: Theoretical Framework and Application", *Demography*, Vol.50, No.2.

④ 王广州：《中国走出低生育率陷阱的难点与策略》，《学术探索》2021年第10期；王广州：《中国人口平均预期寿命预测及其面临的问题研究》，《人口与经济》2021年第6期。

⑤ 张文娟、魏蒙：《中国老年人的失能水平到底有多高？——多个数据来源的比较》，《人口研究》2015年第3期；张文娟、魏蒙：《中国老年人的失能水平和时间估计——基于合并数据的分析》，《人口研究》2015年第5期。

⑥ 王广州：《中国生活不能自理老人总量与结构研究》，《中国研究》2019年第2期。

⑦ Lee, R.D., "Mortality Forecasts and Linear Life Expectancy Trends", https://escholarship.org/uc/item/3sd9m7d5; Oeppen J.and Vaupel J.W., 2002, "Broken Limits to Life Expectancy", *Science*, 296.

龄别死亡率预测方法进行预测。就健康状况预测而言，要准确预测未来老年人口年龄别存活概率、健康和生活不能自理的比例，首先需要解决未来生命表构建的问题，而对未来老年人口健康预期寿命统计推断需要解决的困难主要是年龄别死亡率预测和老年人口年龄别健康或生活不能自理比例的预测，这也是人口科学研究的重点和难点问题。

9.2.1　老年人口年龄别死亡率预测

对于平均预期寿命预测来说，死亡率预测只是预期寿命预测的第一步，在死亡率预测的基础上还需要构建生命表，从而实现对平均预期寿命预测的目的。目前对年龄别死亡率预测广泛应用的预测方法是Lee-Carter死亡率预测模型，世界各国相关研究文献数不胜数，该模型对死亡率预测方法的发展产生了深刻的影响[①]。

Lee-Carter模型参数估计主要采用经典的SVD分解法[②]、加权最小二乘法和极大似然估计法[③]。在只有年龄别死亡率时间序列数据的情况下，可以使用最小二乘法进行参数估计。本章采用经典的Lee-Carter模型算法，具体算法详见已有文献[④]。

经典的死亡人口研究通常对年龄别死亡率进行对数变换线性化处理，特别是老年人口死亡率曲线与Gompertz曲线非常接近，因此，假定随着年龄的提高，老年人口年龄别死亡率取对数后近似为直线，便可以用回归模

---

① 卢仿先、尹莎：《Lee-Carter方法在预测中国人口死亡率中的应用》，《保险职业学院学报》2005年第6期；韩猛、王晓军：《Lee-Carter模型在中国城市人口死亡率预测中的应用与改进》，《保险研究》2010年第10期；李志生、刘恒甲：《Lee-Carter死亡率模型的估计与应用——基于中国人口数据的分析》，《中国人口科学》2010年第3期；王晓军、任文东：《有限数据下Lee-Carter模型在人口死亡率预测中的应用》，《统计研究》2012年第6期；Wilmoth J.R.，1996，"Mortality Projections for Japan：A Comparison of Four Methods"，in Caselli G.，Lopez A.（eds），*Health and Mortality among Elderly Populations*，Oxford University Press，Oxford，pp.266~287；Ignatavičiūtė E.，Mikalauskaitė-Arminienė R.and Šiaulys J.，2012，"Lee-Carter Mortality Forecasting"，*Lithuanian Journal of Statistics*，Vol.51，No.1；Neves C.，Fernandes C.and Hoeltgebaum H.，2017，"Five Different Distributions for the Lee-Carter Model of Mortality Forecasting：A Comparison Using GAS Models"，*Insurance：Mathematics and Economics*，Vol.75，No.C。

② Lee R.D.and Carter L.R.，1992，"Modeling and Forecasting U.S.Mortality"，*Journal of the American Statistical Association*，Vol.87，No.419.

③ 孙佳美：《生命表编制理论与实验》，天津：南开大学出版社，2013。

④ 王广州：《中国走出低生育率陷阱的难点与策略》，《学术探索》2021年第10期；王广州：《中国人口平均预期寿命预测及其面临的问题研究》，《人口与经济》2021年第6期。

型进行年龄别死亡率拟合：

$$\ln(m_{x,t}) = \ln(A) + B\ln(age) + \varepsilon_{x,t}$$

采用与年龄别死亡率曲线类似的方法，可以分析中国老年人口年龄别健康比例与年龄关系。直观地看，90岁及以下老年人口年龄别健康比例的对数曲线近似为一条直线（见图9-1a）。如果将90岁及以上合并或按5岁年龄分组，那么，由于误差相抵或经过平滑后测量随机波动减小，老年人口年龄别健康比例对数曲线则更加接近直线（见图9-1b）。因此，可以利用这个特性对人数很少或小样本数据进行平滑处理。

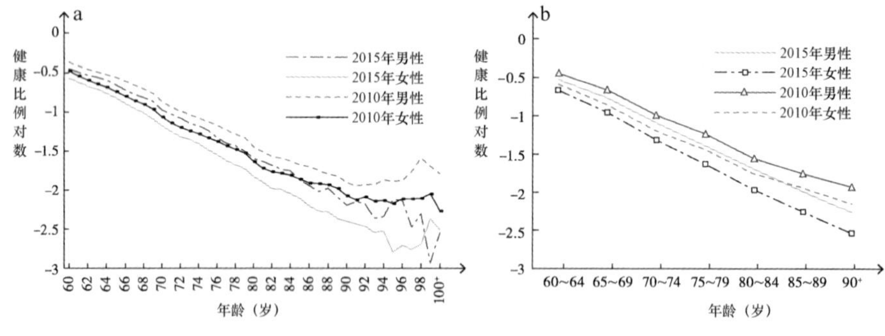

图9-1 老年人口年龄别健康比例对数

由于老年人口健康状况与年龄增长有直接关系，如果把死亡视为健康的终点，那么在健康状况变化过程中，可以通过年龄别健康老人或生活不能自理比例与老年人口死亡率之间的关系，建立数学或统计模型进行推算，这样就可以在Lee-Carter模型预测死亡率的基础上，通过对老年人口年龄别死亡率预测，预测年龄别健康老人的比例，然后进一步预测老年人口平均健康预期寿命。

与处于健康状态相比，生活不能自理是一个小概率事件，受老年人口年龄增长和人数减少的影响，面临测量是否稳定的问题。从中国2010年、2015年老年人口年龄别生活不能自理比例的对数曲线来看，由于将90岁及以上年龄组进行合并，因此，无论男性还是女性，老年人口年龄别生活不能自理对数曲线均非常接近直线（见图9-2a）。与单岁年龄组老年人口年龄别生活不能自理对数曲线相比，5岁年龄组更接近直线（见图9-2b）。

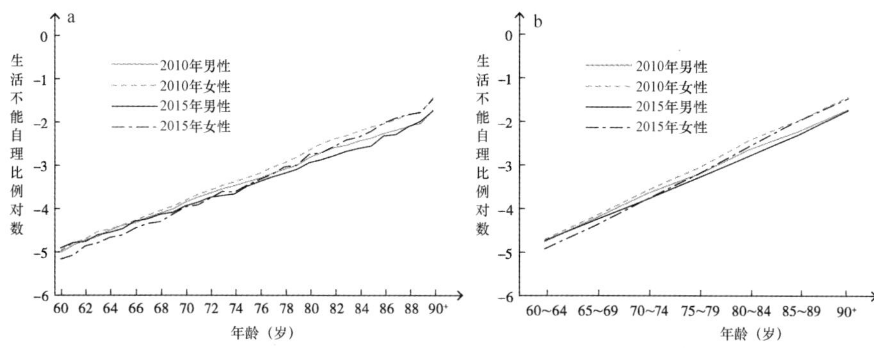

图 9-2　老年人口年龄别生活不能自理比例对数

总之，年龄别老年人口生活不能自理比例对数曲线具有非常接近直线的特点，根据这个特性，可以进行统计建模。通过模型既可以把现有高质量数据作为研究的基础对高龄老人数据进行平滑处理，又可以对一定年龄范围的缺失数据进行插补。

9.2.2　老年人口健康预期寿命或平均生活不能自理时间估计

平均预期寿命不仅是对人群死亡水平的统计综合，也是对人群健康水平的测量，同时还是社会经济发展水平的指示性指标。随着中国人口平均预期寿命的提高，中国人口平均健康预期寿命的基本状况、变化趋势和主要特征都是需要研究的重大现实课题。健康预期寿命的测量既是人口统计学的难题，又是医学的难题。从人口统计的角度来看，健康预期寿命测量是一个多状态的生命表，至少包含健康、不健康和死亡三种状态，且健康与不健康状态之间可以相互转化。然而，如何科学、准确描述健康与不健康状态，在数据获得上面临诸多困难，很多调查数据难以满足对多状态变化过程的测量要求。为了把握研究的本质，合理简化对平均健康预期寿命的估计，比较通用的方法是采用沙列文方法，具体方法详见已有文献①。

---

① Siegel J.S.and Swanson D.A.，2004，*The Methods and Materials of Demography*（Second Edition），Elsevier Academic Press，London.

9.3 数据来源与研究方法检验

9.3.1 数据来源

本章的基础数据主要包括时间序列年龄别死亡数据、年龄别健康老年人口比例和年龄别生活不能自理比例。受死亡数据的连续性和可获得性的限制，本章死亡数据采用1994~2019年全国人口普查、1%人口抽样调查和年度1‰人口变动抽样调查数据。由于1996年年龄别死亡数据的年龄分组为0~85^{+}，考虑到数据的最大限度使用，并与其他年份人口变动抽样调查数据年龄组（0~90^{+}）一致，将人口普查、1%人口抽样调查数据中的90岁及以上人口数据分别进行合并，同时，对1986年85~89岁和90岁及以上数据进行估计。为了避免年度人口变动单岁年龄组数据缺失或数据不稳定问题，本章死亡数据采用5岁年龄分组。对0~4岁年龄组进一步细分为0岁和1~4岁两个年龄组，这也是构建简略生命表的需要。

从健康预期寿命推断的过程看，死亡人口数据质量是平均预期寿命和健康预期寿命研究的基础。对于平均预期寿命来说，虽然0岁人口或婴儿死亡率数据质量直接影响出生人口平均预期寿命的长短，但并不影响老年人口的平均预期寿命。对死亡率数据质量问题的研究和争论由来已久①，以婴儿死亡率数据质量为例，不同来源的数据存在较大差别（见图9-3）。然而，由于年龄别死亡率数据误差相抵，对出生人口预期寿命的推算结果的误差明显下降。因此，在数据应用过程中，对不同年龄人口的平均预期寿命的相对误差或绝对误差需要区别对待。研究表明，Lee-Carter死亡率模型在中国年龄别死亡率平均相对误差较小的年龄组为35~84岁。因此，采用国家统计局人口普查或抽样调查公布的年龄别死亡数据进行模型的拟合时，需要注意对预期寿命高估的可能性远大于低估的风险②。

---

① 黄荣清、曾宪新：《“六普”报告的婴儿死亡率误差和实际水平的估计》，《人口研究》2013年第2期；黄润龙：《1991~2014年我国婴儿死亡率变化及其影响因素》，《人口与社会》2016年第3期。

② 王广州：《中国走出低生育率陷阱的难点与策略》，《学术探索》2021年第10期；王广州：《中国人口平均预期寿命预测及其面临的问题研究》，《人口与经济》2021年第6期。

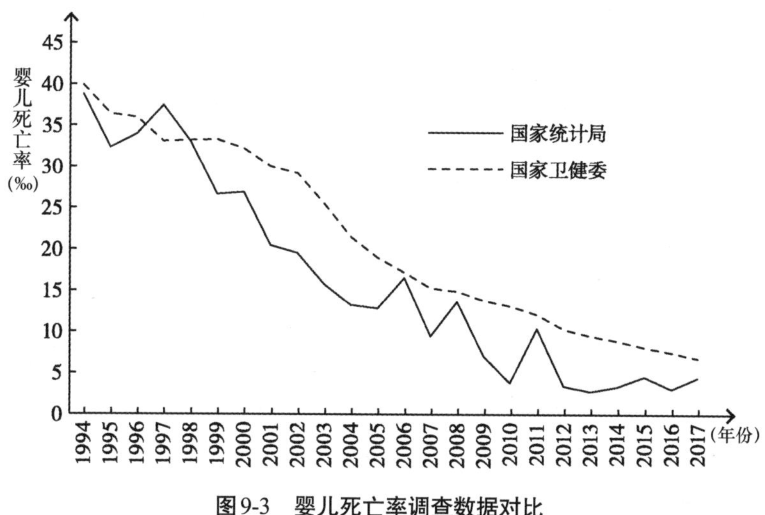

图9-3　婴儿死亡率调查数据对比

对于老年人口健康比例和年龄别生活不能自理比例数据，本章采用2010年全国人口普查和2015年全国1%人口抽样调查。为了与老年人口年龄别死亡率相对应，回归模型采用5岁年龄分组，并将90岁及以上年龄组合并。

2010年全国人口普查数据显示，全国60岁老年人口生活不能自理的比例为6.76‰，80岁老年人口生活不能自理的比例为6.49%，比60岁高近10倍，90岁老年人口生活不能自理的比例达到18.56%，比80岁高近3倍。可见，老年人口健康水平呈现非线性变化特征。

9.3.2　研究方法检验

9.3.2.1　年龄别健康比例与年龄别死亡率之间的相互关系模型拟合效果分析

由于老年人口年龄别死亡率和年龄别健康比例的对数变换后均接近直线，因此可以通过回归模型建立二者之间的关系。下面将对回归模型的拟合情况进行分析。

第一，从老年人口年龄别健康比例与年龄别死亡率的关系来看，无论男性还是女性，二者的相关系数均在−0.99以上，呈高度负相关，且回归拟合的效果非常好（见表9-1、图9-4）。

第二，从回归模型来看，男女之间的斜率差别不大，主要是时期水平的差异。说明死亡率的变化与健康状况的变化主要受时期因素的影响。

表9-1 **老年人口5岁组年龄别死亡率与健康回归模型**

回归模型		未标准化系数		标准化系数Beta	t	显著性	B的95.0%置信区间	
因变量	自变量	B	标准误差				下限	上限
Ln(2010男性健康比例)	(常量)	−2.645	0.029	—	−90.14	0.00	−2.72	−2.569
	Ln(2010男性死亡率)	−0.514	0.01	−0.999	−52.904	0.00	−0.539	−0.489
Ln(2015男性健康比例)	(常量)	−3.185	0.042	—	−75.251	0.00	−3.294	−3.076
	Ln(2015男性死亡率)	−0.588	0.013	−0.999	−45.868	0.00	−0.621	−0.555
Ln(2010女性健康比例)	(常量)	−2.841	0.032	—	−89.319	0.00	−2.922	−2.759
	Ln(2010女死亡率)	−0.462	0.009	−0.999	−49.351	0.00	−0.486	−0.438
Ln(2015女性健康比例)	(常量)	−3.455	0.023		−152.522	0.00	−3.513	−3.397
	Ln(2015女死亡率)	−0.534	0.006	−1.00	−88.465	0.00	−0.549	−0.518

第三，从拟合值与调查值的直观图形来看，即使是单岁分组，用年龄别死亡率来拟合年龄别健康比例，调查值与模型拟合值非常接近（见图9-4a、b、c）。从5岁组拟合值的绝对误差来看，2015年1%人口抽样调查数据男性老年人口年龄别健康比例的绝对误在2%以内，女性在1%以内，男性的绝对误差明显大于女性（见图9-4d）。

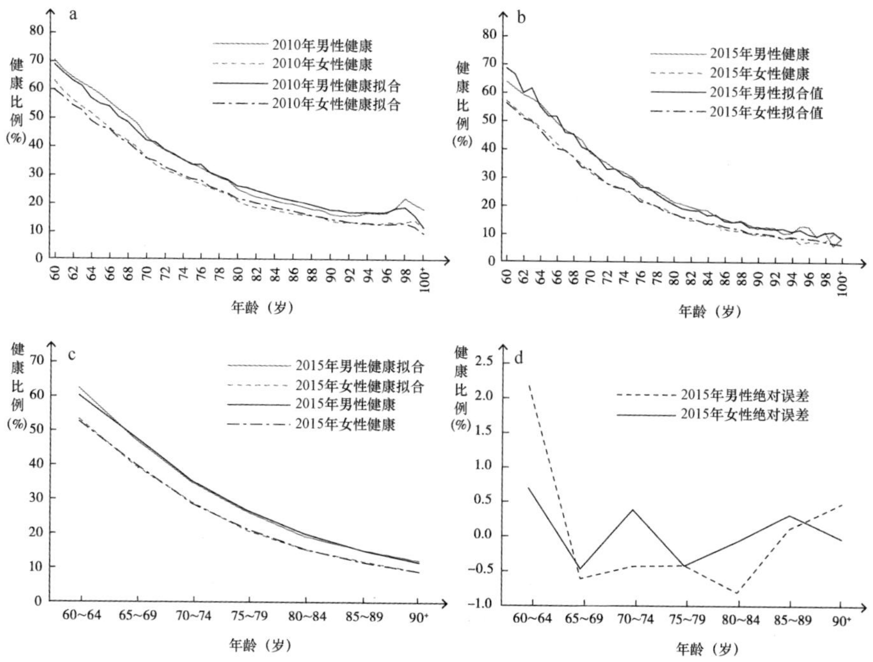

图9-4　老年人口年龄别健康比例模型拟合效果

第四，从相对误差来看，单岁组年龄别模型拟合值平均相对误差明显大于5岁组。2010年男性单岁年龄别健康比例拟合值的平均相对误差为5.91%，女性为4.18%，2015年男性单岁年龄别健康比例拟合值的平均相对误差为6.55%，女性为5.23%。可见，2010年全国人口普查拟合平均相对误差比2015年略小。5岁组的情况明显改善。2010年男性5岁年龄别健康比例拟合值的平均相对误差为1.86%，女性为1.94%，2015年男性5岁组年龄别健康比例拟合值的平均相对误差为2.36%，女性为1.37%。对比单岁组与5岁组的平均相对误差，5岁组平均相对误差下降一半以上。

表9–2　　　　老年人口健康比例模型拟合相对误差　　　　单位：%

年龄组	2010年		2015年	
	男	女	男	女
单岁组	5.91	4.18	6.55	5.23
5岁组	1.86	1.94	2.36	1.37

注：$\mathrm{Re}=(\sum_{n=1}^{T}\frac{|dis'x-disx|}{disx})/n$，disx为观察值，dis′x为模型估计值。

总之，年龄别老年人口健康状况与年龄高度负相关，而且年龄别死亡率对年龄别老年人口健康比例的模型拟合效果较好，特别是考虑到5岁组误差相抵的因素，5岁组模型对老年人口年龄别健康比例的估计误差更小。因此，根据年龄别死亡率与年龄别健康比例回归模型预测年龄别老年人口健康比例，能够使健康预期寿命的估计误差下降。

9.3.2.2　老年人口年龄别死亡率与生活不能自理比例的关系模型拟合效果分析

由于老年人口年龄别死亡率和年龄别生活不能自理比例的对数变换后同样具有接近直线的特点，因此可以通过回归模型建立二者之间的关系，下面将对回归模型拟合情况进行分析。

第一，老年人口年龄别健康比例与年龄别死亡率之间的关系类似，从模型拟合效果来看，无论男性还是女性老年人口的年龄别死亡率与生活不能自理比例的关系都非常密切，二者呈高度正相关，相关系数均在0.99以上，同样回归拟合的效果也非常好（见表9-3）。

第二，从回归模型拟合的性别差异来看，男女之间的斜率非常接近，时期之间的差别不大（1.001~1.035）。男女和时期之间主要是水平差异，说明死亡率的变化与生活不能自理状况的变化主要是时期水平变化。

第三，从模型拟合的绝对误差来看，2010年和2015年无论男女，老年人口年龄别生活不能自理比例在80岁及以下都拟合得非常好（见图9-5）。2015年80岁以上的拟合效果相对差一些。

第四，从模型拟合的相对误差来看，2015年的相对误差比2010年增大，且男性的相对误差大于女性。虽然5岁分组与单岁组相比没有明显的改善，但女性的误差改善明显优于男性。

表9-3　**老年人口5岁组年龄别死亡率与生活不能自理回归模型**

回归模型		未标准化系数		标准化系数	t	显著性	B的95.0%置信区间	
因变量	自变量	B	标准误差	Beta			下限	上限
Ln(2010男生活不能自理)	（常量）	−0.228	0.026	—	−8.691	0.00	−0.282	−0.174
	Ln(2010男性死亡率)	1.043	0.008	0.999	125.479	0.00	1.026	1.059
Ln(2015男生活不能自理)	（常量）	−0.106	0.058	—	−1.816	0.08	−0.225	0.013
	Ln(2015男性死亡率)	1.010	0.017	0.996	59.493	0.00	0.975	1.044
Ln(2010女性生活不能自理)	（常量）	0.166	0.026	—	6.346	0.00	0.113	0.220
	Ln(2010女死亡率)	1.001	0.007	0.999	136.227	0.00	0.986	1.016
Ln(2015女性生活不能自理)	（常量）	0.514	0.052	—	9.865	0.00	0.407	0.620
	Ln(2015女死亡率)	1.035	0.013	0.998	77.987	0.00	1.008	1.062

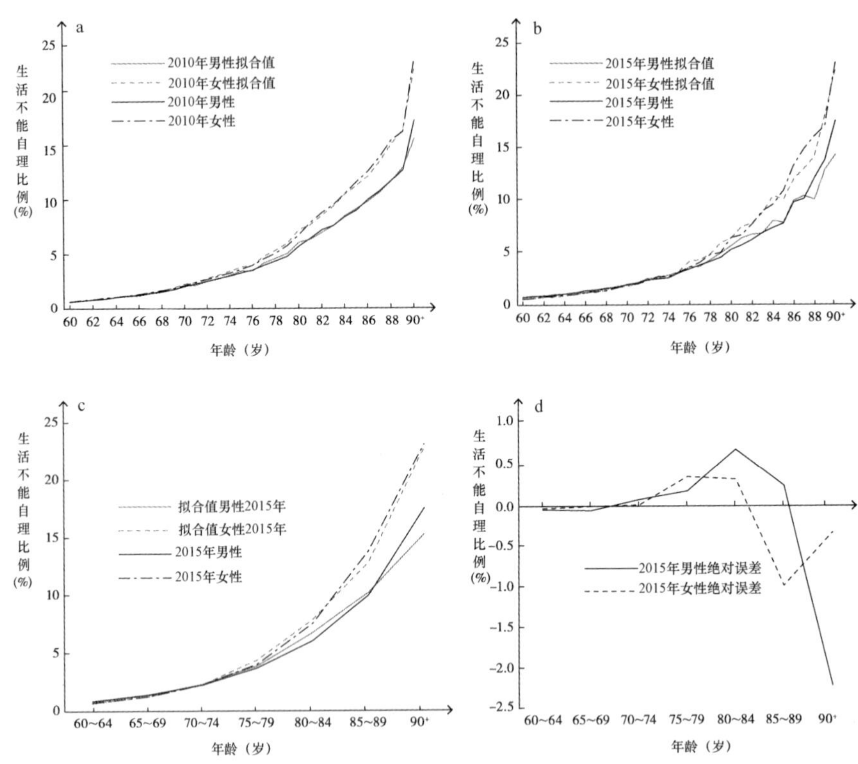

图9-5　老年人口年龄别生活不能自理比例模型拟合效果

表9-4　**老年人口生活不能自理比例模型拟合相对误差**　单位：%

年龄组	2010年		2015年	
	男	女	男	女
单岁组	3.17	3.36	6.14	5.88
5岁组	3.23	2.58	6.36	3.87

注：$Re=(\sum_{n=1}^{T}\frac{|dis'x-disx|}{disx})/n$，$disx$为观察值，$dis'x$为模型估计值。

与老年人口年龄别健康比例类似，由于年龄别老年生活不能自理比例对数曲线也具有非常接近直线的特点，根据这个特性，既可以通过现有高质量数据对高龄老人数据进行平滑处理，也可以通过非线性曲线的线性化进行线性回归建模。据此，可以使用年龄别死亡率与年龄别生活不能自理回归模型预测年龄别生活不能自理比例。

9.4 老年人口平均预期寿命与健康预期寿命预测

9.4.1 老年人口平均预期寿命预测

根据Lee-Carter死亡率预测模型预测老年人口的年龄别死亡率，预测结果显示，根据年龄别死亡率的变化趋势，2020~2030年老年人口年龄别死亡率下降趋势明显，无论男性还是女性老年人口，高龄老人年龄别死亡率下降的幅度远大于低龄老人。预计男性60~64岁老年人口死亡率从2020年的9.18‰下降到2030年的6.58‰，下降2.60个千分点；女性60~64岁老年人口死亡率从2020年的5.14‰下降到2030年的3.54‰，下降1.60个千分点。男性80~84岁老年人口死亡率从2020年的70.28‰下降到2030年的54.41‰，下降15.87个千分点；女性80~84岁老年人口死亡率从2020年的51.82‰下降到2030年的39.96‰，下降11.85个千分点（见图9-6）。

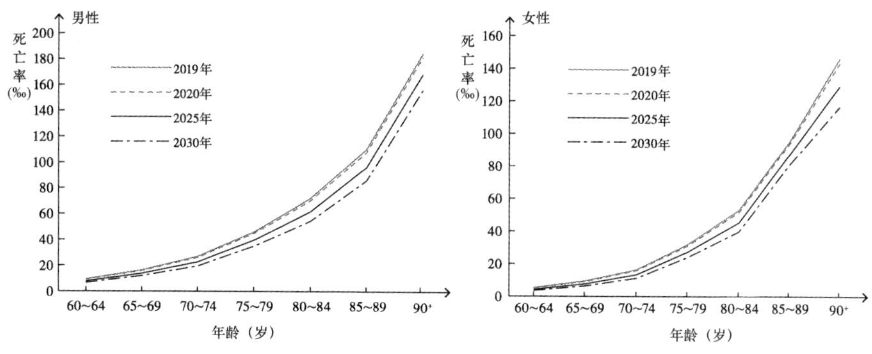

图9-6 老年人口年龄别死亡率预测（均值）

年龄别死亡率的下降不仅影响老年人口平均预期寿命，也影响老年人口的健康预期寿命。根据Lee-Carter死亡率预测模型预测结果，在此基础上可以推算未来中国老年人口的平均预期寿命，推算结果见表9-5和表9-6。下面对中国老年人口平均预期寿命的基本状况进行分析。

首先，从男性预测均值看，2020年男性60岁人口平均预期寿命为22.47年，预计2030年达到24.87年，增长2.40年，平均每年增长0.24年。80岁高龄老人2020年平均预期寿命为9.01年，预计2030年为10.47年，增长1.46年，平均每年增长0.15年。考虑到中国死亡数据质量的漏报问题，特别是婴儿死亡率被高估的情况，统计模型的下限可能更接近实际的预期寿命。从预测的下限来看，2020年男性60岁人口平均预期寿命为20.72年，预计2030年达到22.63年，增长1.91年，平均每年增长0.19年。80岁高龄老人2020年平均预期寿命为8.01年，预计2030年为9.11年，增长1.10年，平均每年增长0.11年。比较预测均值和预测的下限，可见下限增长的速度比均值低，总体上低40%左右。

表9-5 中国男性平均预期寿命预测 单位：年

年份	均值			下限*（95%）		
	0岁	60岁	80岁	0岁	60岁	80岁
2019	78.56	22.23	8.87	76.06	20.53	7.90
2020	78.89	22.47	9.01	76.35	20.72	8.01
2021	79.21	22.71	9.15	76.64	20.91	8.11
2022	79.53	22.95	9.29	76.93	21.10	8.22
2023	79.85	23.19	9.44	77.22	21.29	8.33
2024	80.17	23.43	9.58	77.50	21.48	8.44
2025	80.48	23.67	9.73	77.77	21.67	8.55
2026	80.79	23.91	9.87	78.05	21.86	8.66
2027	81.10	24.15	10.02	78.32	22.06	8.77
2028	81.41	24.39	10.17	78.58	22.25	8.88
2029	81.71	24.63	10.32	78.85	22.44	8.99
2030	82.01	24.87	10.47	79.11	22.63	9.11

注：*指与年龄别死亡率上限相对应。

其次，从女性预测均值看，2020年女性60岁人口平均预期寿命为25.89年，预计2030年达到28.45年，增长2.56年，平均每年增长0.26年。80岁高龄老人2020年平均预期寿命为10.67年，预计2030年为12.41年，增长1.74年，平均每年增长0.17年。同样，考虑到中国死亡数据质量存在漏报和婴儿死亡率被高估的问题，女性老年人口平均预期寿命预测的下限可能更接近实际的预期寿命。从预测的下限来看，2020年女性60岁人口平均预期寿命为24.30年，预计2030年达到26.39年，增长1.99年，平均每年增长0.20年。80岁高龄老人2020年平均预期寿命为9.70年，预计2030年为

11.00年，增长1.30年，平均每年增长0.13年。比较预测均值和预测的下限可以看出，下限增长的速度比均值低，总体上低20%~25%。

表9-6　　中国女性平均预期寿命预测　　单位：年

年份	均值			下限*（95%）		
	0岁	60岁	80岁	0岁	60岁	80岁
2019	83.76	25.64	10.52	81.55	24.09	9.58
2020	84.10	25.89	10.68	81.87	24.30	9.70
2021	84.43	26.14	10.84	82.18	24.51	9.82
2022	84.75	26.40	11.00	82.48	24.72	9.95
2023	85.07	26.65	11.17	82.78	24.92	10.07
2024	85.39	26.90	11.34	83.07	25.13	10.20
2025	85.70	27.16	11.51	83.36	25.34	10.33
2026	86.02	27.41	11.68	83.64	25.55	10.46
2027	86.33	27.67	11.86	83.92	25.76	10.59
2028	86.64	27.93	12.04	84.20	25.97	10.72
2029	86.94	28.19	12.22	84.47	26.18	10.86
2030	87.25	28.45	12.41	84.74	26.39	11.00

注：*指与年龄别死亡率上限相对应。

从男性和女性老年人口平均预期寿命的变化特征来看，2020年60岁男性老年人口平均预期寿命比女性低3.4~3.6年，预计2030年二者的差距扩大到3.6~3.8年。80岁男性老年人口平均预期寿命比女性低1.6年左右，2030年二者的差距扩大到1.9年左右。

9.4.2　老年人口平均健康预期寿命预测

老年人口平均健康预期寿命与平均预期寿命密切相关。沙列文方法估算健康预期寿命是在年龄别存活人年数和年龄别健康比例的基础上进行推算，因此，预测未来老年人口平均健康预期寿命需要预测年龄别存活人年数和年龄别健康比例。根据年龄别死亡率预测结果和回归模型，预测中国老年人口年龄别健康比例，结果见图9-7。从图9-7可以看到，2020~2030年无论男性还是女性，老年人口年龄别健康比例均不断提高。2020年男性60~64岁老年人口健康比例为65.27%，预计2030年提高到79.37%，健康比例提高14.10个百分点。女性老年人口年龄别健康比例提高的情况也类似，2020年女性60~64岁老年人口健康比例为52.70%，预计2030年提高到64.30%，健康比例提高11.60个百分点。2020年男性80~84岁老年人口健康比例为19.72%，预计2030年提高到22.92%，健康比例提高3.20个百分点。2020年女性80~84岁老年人口健康比例为15.35%，预计2030年提高到17.63%，健康比例提高2.28个百分点。由此可见，低龄老人健康比例提升的幅度超过高龄老人，男性老年人口健康比例提升幅度超过女性老年人口。

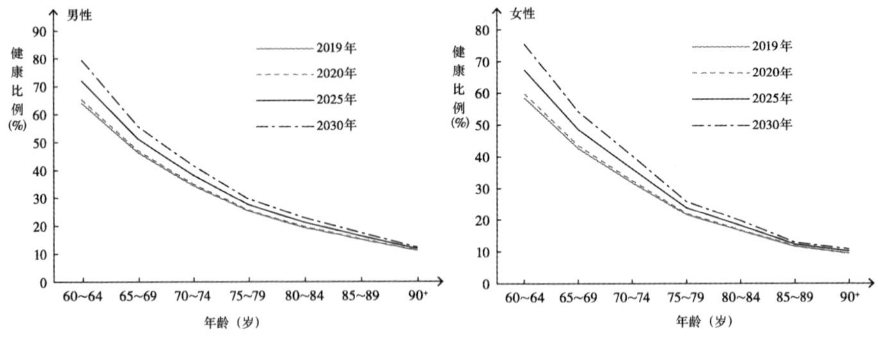

图9-7　老年人口年龄别健康比例预测（均值）

老年人口平均健康预期寿命与平均预期寿命密切相关。下面将从健康预期寿命变化的幅度和所占比例两个方面进行分析。

首先看男性老年人口的平均健康预期寿命（见表9-7）。从老年人口平均预期寿命均值所对应的男性老年人口平均预期寿命，2020年男性60岁老年人口平均健康预期寿命为8.54年，预计2030年男性60岁老年人口平均健康预期寿命为10.72年，比2020年增长2.17年，平均每年增长0.22年。从健康预期寿命占平均预期寿命的比例来看，2020年男性60岁老年人口平均健康预期寿命占预期寿命的比例在38.00%，预计2030年提升到43.09%。

表9–7　**男性老年人口平均预期健康预期寿命预测**

年份	平均健康预期寿命（年）				平均健康预期寿命所占比例（%）			
	均值		下限*（95%）		均值		下限*(95%)	
	60岁	80岁	60岁	80岁	60岁	80岁	60岁	80岁
2019	8.34	1.43	7.03	1.18	37.52	16.14	34.25	14.91
2020	8.54	1.47	7.17	1.20	38.00	16.31	34.61	15.04

续表

年份	平均健康预期寿命（年）				平均健康预期寿命所占比例（%）			
	均值		下限*（95%）		均值		下限*(95%)	
	60岁	80岁	60岁	80岁	60岁	80岁	60岁	80岁
2021	8.74	1.51	7.31	1.23	38.48	16.49	34.97	15.19
2022	8.94	1.55	7.45	1.26	38.96	16.67	35.33	15.32
2023	9.15	1.59	7.60	1.29	39.46	16.84	35.69	15.45
2024	9.36	1.63	7.75	1.32	39.96	17.04	36.06	15.59
2025	9.58	1.67	7.90	1.34	40.46	17.21	36.44	15.73
2026	9.80	1.72	8.05	1.37	40.97	17.41	36.82	15.87
2027	10.02	1.76	8.20	1.40	41.49	17.59	37.18	16.01
2028	10.25	1.81	8.36	1.43	42.02	17.78	37.57	16.16
2029	10.48	1.85	8.52	1.47	42.55	17.97	37.96	16.30
2030	10.72	1.90	8.68	1.50	43.09	18.16	38.35	16.44

注：*指与年龄别死亡率上限相对应。

其次看女性老年人口平均健康预期寿命（见表9-8）。从老年人口平均预期寿命均值所对应的女性老年人口平均健康预期寿命来看，2020年女性60岁老年人口平均健康预期寿命为7.45年，预计2030年女性60岁老年人口平均健康预期寿命为9.31年，比2020年增长2.02年，平均每年增长0.20年。从健康预期寿命占平均预期寿命的比例来看，2020年女性60岁老年人口平均健康预期寿命占预期寿命的比例为28.42%，预计2030年上升到32.71%。

表9–8　**女性老年人口平均预期健康预期寿命预测**

年份	平均健康预期寿命（年）				平均健康预期寿命所占比例（%）			
	均值		下限*（95%）		均值		下限*（95%）	
	60岁	80岁	60岁	80岁	60岁	80岁	60岁	80岁
2019	7.29	1.27	6.32	1.09	28.42	12.04	26.22	11.38
2020	7.45	1.30	6.44	1.11	28.79	12.14	26.51	11.47
2021	7.63	1.33	6.57	1.14	29.17	12.25	26.80	11.56
2022	7.80	1.36	6.70	1.16	29.54	12.37	27.09	11.64
2023	7.97	1.39	6.83	1.18	29.92	12.47	27.39	11.74
2024	8.15	1.43	6.96	1.21	30.31	12.58	27.69	11.82

续表

年份	平均健康预期寿命（年）				平均健康预期寿命所占比例（%）			
	均值		下限*（95%）		均值		下限*（95%）	
	60岁	80岁	60岁	80岁	60岁	80岁	60岁	80岁
2025	8.34	1.46	7.09	1.23	30.70	12.70	27.99	11.91
2026	8.52	1.50	7.23	1.26	31.10	12.82	28.29	12.00
2027	8.71	1.53	7.37	1.28	31.49	12.93	28.59	12.09
2028	8.91	1.57	7.51	1.31	31.89	13.04	28.90	12.19
2029	9.10	1.61	7.65	1.33	32.30	13.16	29.21	12.27
2030	9.31	1.65	7.79	1.36	32.71	13.27	29.53	12.36

注：*指与年龄别死亡率上限相对应。

对比男性老年人口与女性老年人口的健康预期寿命可以发现，由于预期寿命的差距和未来预期寿命差距的扩大，60岁男性老年人口健康预期寿命与女性的差距不大，二者的差距在0.30岁以内；80岁男性老年人口健康预期寿命与女性的差距也较小，二者的差距在0.05岁以内。女性老年人口健康预期寿命占预期寿命的比例明显低于男性老年人口。表明在预期寿命的增长过程中，虽然健康预期寿命占比总体上升，但男女之间的差距依然明显。根据生物学规律，从婴儿死亡率开始，总体上男性死亡率高于女性，男性平均预期寿命明显低于女性。对于健康预期寿命来说，根据不同社会经济发展阶段的疾病扩张、疾病压缩和动态平衡假说①，中国男性整体社会经济地位（如就业或社会保障水平）优于女性，因此，在维持健康的过程中男性具有相对优势。

9.4.3　老年人口平均预期生活不能自理时间预测

在积极应对中国老龄化战略的框架下，对老年人口平均预期生活不能自理时间研究更具有现实和战略意义。老年人口生活不能自理的总量和结构变化特征直接影响个人、家庭和社会的养老负担。在目前的社会经济发展水平和科学技术条件下，只要老年人口生活能够自理，老年人口和人口老龄化问题都可以通过个人、家庭和社会化服务来解决。

随着年龄的增长，老年人口生活不能自理的比例提高。同样，根据

① 范宇新、陈鹤、郭帅：《疾病扩张、疾病压缩和动态平衡假说：国际经验及思考》，《医学与哲学》2019年第2期。

年龄别死亡率预测结果和回归模型，对中国老年人口生活不能自理的比例进行预测，结果见图9-8。图9-8显示，2020~2030年，无论男性还是女性老年人口生活不能自理的比例均不断下降。2020年，60~64岁男性和女性老年人口生活不能自理的比例分别为7.63‰和7.15‰，预计2030年分别下降到5.39‰和4.86‰，分别下降2.24个千分点和2.29个千分点。2020年男性80~84岁老年人口生活不能自理的比例为64.01‰，预计2030年下降到48.99‰，下降15.03个千分点。2020年女性80~84岁老年人口生活不能自理的比例为78.11‰，预计2030年下降到59.69‰，下降18.41个千分点。由此可见，低龄老人生活不能自理比例的升幅远低于高龄老人，女性老年人口生活不能自理的比例降幅超过男性老年人口。

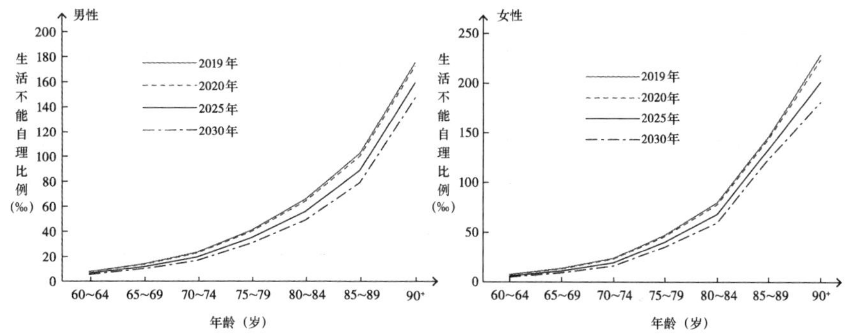

图9-8　老年人口年龄别生活不能自理预测（均值）

虽然随着平均预期寿命的提高，未来老年人口年龄别生活不能自理的比例将下降，但平均预期生活不能自理时间具有较强的刚性。下面从平均预期生活不能自理时间变化的特点和所占比例两个方面进行分析。

首先考察男性老年人口的平均预期生活不能自理时间（见表9-9）。从老年人口平均预期寿命均值所对应的男性老年人口平均预期生活不能自理时间来看，2020年男性60岁老年人口平均预期生活不能自理时间为0.90年。预计2030年仍为0.90年，虽然10年间男性老年人口平均预期寿命有所提升，但平均预期生活不能自理时间并未明显下降，而是基本保持不变，可见临终生活不能自理时间的刚性非常强。从平均预期生活不能自理时间占平均预期寿命均值的比例来看，2020年男性60岁老年人口该比例为3.99%，预计2030年下降到3.60%；2020年男性80岁老年人口该比例为10.18%，预计2030年下降到8.75%。

表9-9 **男性老年人口平均预期生活不能自理时间预测**

年份	平均预期生活不能自理时间（年）				平均预期生活不能自理时间所占比例（%）			
	均值		下限*（95%）		均值		下限*（95%）	
	60岁	80岁	60岁	80岁	60岁	80岁	60岁	80岁
2019	0.8955	0.9176	0.8952	0.9193	4.03	10.34	4.36	11.64
2020	0.8956	0.9174	0.8952	0.9191	3.99	10.18	4.32	11.47
2021	0.8957	0.9172	0.8953	0.9188	3.94	10.02	4.28	11.33
2022	0.8958	0.9171	0.8953	0.9186	3.90	9.87	4.24	11.18
2023	0.8958	0.9169	0.8953	0.9185	3.86	9.71	4.21	11.03
2024	0.8959	0.9167	0.8954	0.9183	3.82	9.57	4.17	10.88
2025	0.8960	0.9165	0.8954	0.9181	3.79	9.42	4.13	10.74
2026	0.8961	0.9164	0.8954	0.9179	3.75	9.28	4.10	10.60
2027	0.8962	0.9162	0.8955	0.9178	3.71	9.14	4.06	10.47
2028	0.8963	0.9160	0.8955	0.9176	3.67	9.01	4.02	10.33
2029	0.8964	0.9159	0.8956	0.9174	3.64	8.88	3.99	10.20
2030	0.8964	0.9157	0.8957	0.9173	3.60	8.75	3.96	10.07

注：*指与年龄别死亡率上限相对应。

其次考察女性老年人口的平均预期生活不能自理时间（见表9-10）。从老年人口平均预期寿命均值所对应的女性老年人口平均预期生活不能自理时间来看，2020年女性60岁老年人口平均预期生活不能自理时间为1.50年，预计2030年仍然保持在1.50年，与2020年相比基本没有变化。从女性60岁老年人口平均预期生活不能自理时间占平均预期寿命的比例来看，2020年女性60岁老年人口该比例为5.80%，预计2030年下降到5.28%。2020年80岁女性老年人口该比例为14.26%，预计2030年下降到12.24%。

表9-10 **女性老年人口平均预期生活不能自理时间预测**

年份	平均预期生活不能自理时间（年）				平均预期生活不能自理时间所占比例（%）			
	均值		下限*（95%）		均值		下限*（95%）	
	60岁	80岁	60岁	80岁	60岁	80岁	60岁	80岁
2019	1.5009	1.5236	1.5003	1.5255	5.85	14.48	6.23	15.92
2020	1.5010	1.5232	1.5004	1.5252	5.80	14.26	6.17	15.72
2021	1.5010	1.5229	1.5005	1.5250	5.74	14.05	6.12	15.53

续表

年份	平均预期生活不能自理时间（年）				平均预期生活不能自理时间所占比例（%）			
	均值		下限*（95%）		均值		下限*（95%）	
	60岁	80岁	60岁	80岁	60岁	80岁	60岁	80岁
2022	1.5011	1.5226	1.5006	1.5247	5.69	13.84	6.07	15.32
2023	1.5011	1.5222	1.5007	1.5245	5.63	13.63	6.02	15.14
2024	1.5011	1.5218	1.5007	1.5242	5.58	13.42	5.97	14.94
2025	1.5011	1.5215	1.5008	1.5240	5.53	13.22	5.92	14.75
2026	1.5011	1.5211	1.5009	1.5237	5.48	13.02	5.87	14.57
2027	1.5011	1.5207	1.5009	1.5234	5.43	12.82	5.83	14.39
2028	1.5011	1.5203	1.5010	1.5231	5.37	12.63	5.78	14.21
2029	1.5010	1.5199	1.5010	1.5229	5.32	12.44	5.73	14.02
2030	1.5010	1.5195	1.5011	1.5226	5.28	12.24	5.69	13.84

注：*指与年龄别死亡率上限相对应。

对比男性老年人口和女性老年人口的平均预期生活不能自理时间可以发现，尽管预期寿命存在差距，而且未来预期寿命的差距继续扩大，但无论男性还是女性老年人口平均预期生活不能自理时间均具有很强的刚性。女性老年人口平均预期生活不能自理时间与男性的差距始终保持不变，60岁女性老年人口平均预期生活不能自理时间是男性的1.7倍左右，80岁男性老年人口平均预期生活不能自理时间与女性相比，仍为1.7倍左右。可见，由于男性平均预期寿命低于女性，也就是男性老年人口死亡风险明显大于女性，在预期寿命提高的过程中，男性处于生活不能自理的时间远短于女性，说明在健康和死亡的状态转换过程中，男性由健康到死亡的转换概率明显大于女性，而女性处于中间生活不能自理状态的时间远长于男性，也就是由健康到死亡的转换过程相对缓慢，女性老年人口健康的预期寿命相对较短，且生活不能自理的时间远超过男性。

总之，无论平均预期寿命的长短，平均预期生活不能自理时间的刚性都非常强，也就是临终生活不能自理时间具有很强的刚性。

9.5 结论与讨论

老年人口健康状况是老年人口个人、家庭乃至全社会高度关注的问题，特别是在中国人口少子老龄化不断加速的进程中，如何针对中国人口状况和健康水平变化的特点，积极应对快速老龄化面临的严峻挑战，前瞻性基础研究必不可少。健康预期寿命等基础研究对于全面理解老龄社会的关键和积极应对的着力点至关重要。健康预期寿命不仅是在平均预期寿命基础上发展而来的重要概念和测量方法，也是测量中国人口健康水平、人群与区域差距的重要工具，对预判和监测未来中国老年人口的健康水平和存在的问题，以及实施和落实积极应对老龄化国家战略的具有重大的理论价值和现实意义。对健康预期寿命的预测需要解决平均预期寿命预测和健康状况预测两个难题。本章以1994~2019年全国人口普查、1%人口抽样调查和年度1‰人口变动抽样调查数据为基础，采用Lee-Carter死亡率预测模型和沙列文方法对中国老年人口平均健康预期寿命和平均生活不能自理时间进行预测，通过研究得出以下基本结论。

第一，年龄别死亡率与年龄增长有直接关系，老年人口年龄别死亡率取对数后近似为直线。如果将90岁及以上数据合并或按5岁年龄分组，那么，由于误差相抵或经过平滑后测量随机波动减小，老年人口年龄别健康比例对数曲线更加接近直线。利用这个特性可以对人数很少或小样本数据进行平滑处理。

第二，年龄别老年人口健康状况与年龄高度负相关，老年人口年龄别死亡率与生活不能自理比例对数也具有接近直线的特点。考虑到5岁组误差相抵的因素，5岁组模型对老年人口年龄别健康或生活不能自理比例的估计误差更小。因此，根据年龄别死亡率可以预测年龄别老年人口健康比例和年龄别生活不能自理比例。

第三，根据年龄别死亡率的变化趋势，预计2020~2030年老年人口年龄别死亡率下降趋势明显，且高龄老人年龄别死亡率下降的幅度远大于低龄老人。年龄别死亡率的下降不仅影响老年人口平均预期寿命，也影响老年人口的健康预期寿命。

第四，低龄老人健康比例的提升幅度远远超过高龄老人，女性老年人口健康比例的提升幅度超过男性老年人口。2020年60岁男性老年人口平均健康预期寿命为8.54年，预计2030年增至10.72年，平均每年增长0.20年。2020年女性60岁老年人口平均健康预期寿命为7.45年，预计2030年增至9.31年，平均每年增长0.20年。

第五，低龄老人生活不能自理的比例下降幅度远低于高龄老人，女性老年人口生活不能自理的比例下降幅度超过男性老年人口。尽管存在预期寿命的差距以及未来预期寿命差距的扩大，但无论男性还是女性老年人口平均预期生活不能自理时间都具有很强的刚性。2020~2030年男性老年人口平均预期生活不能自理时间一直保持在0.9年左右，女性老年人口则一直保持在1.50年左右。

总之，根据老年人口健康预期寿命和平均预期生活不能自理时间的变化趋势和发展规律，面对低生育率条件下中国人口的快速少子高龄化进程，必须高度关注两部分弱势群体的养老问题。一是女性老年人口的养老问题。由于女性老年人口平均预期寿命比男性长，而中国目前“女小男大”的婚姻模式必然导致老年女性丧偶比例远远高于男性，同时，女性老年人口平均预期生活不能自理时间是男性的1.7倍，因此女性老年人口面临“一年半，怎么办？”的问题。二是独生子女父母和无子女老人的养老问题。中国独生子女家庭规模已超过1.5亿，虽然“全面两孩”和“全面三孩”政策将会减少一部分独生子女家庭，但目前中国的总和生育率低于1.3，标志着中国育龄妇女生育水平已经进入超低阶段。由于生育水平持续低迷，无子女、独生子女和“失独”家庭的增长趋势难以在短时间内逆转①，因此未来这类家庭的养老问题将日益严峻。

最后需要说明的是，数据质量问题可能导致平均预期寿命被高估，但总体的相对关系和误差相抵，使估计误差明显降低，因此估计值的下限可能更接近实际水平。

---

① 王广州：《中国走出低生育率陷阱的难点与策略》，《学术探索》2021年第10期；王广州：《中国人口平均预期寿命预测及其面临的问题研究》，《人口与经济》2021年第6期。

第10章　多状态就业生命表构建方法与应用研究

多状态生命表是对单递减生命表的拓展，应用更加广泛。由于对状态生命表的构建需要较为复杂的基础数据，受传统的数据收集方法和成本的限制，适合研究多状态生命表的基础数据比较匮乏。然而，随着信息技术的快速发展，特别是大数据时代的到来，人口数据收集能力和信息处理能力大幅提升，这不仅为全面、细致研究人口状态转换测量提供了方便，也为深入研究人口内在规律和变动特征提供了技术保障。

10.1　研究问题

就业是最大的民生，就业问题不仅是一个经济问题，也是关乎中国社会经济发展和人民幸福的重大问题。科学测量就业状况及其变化趋势是就业需求和失业监测预警机制研究的基础。劳动年龄人口的增加或减少，就业岗位的稀缺与过剩，就业形势的好与坏，就业数量的多少与质量的高低，始终是社会经济协调发展的重要标志，直接关系到国家的长治久安和科学发展。作为反映经济测量的“晴雨表”和指示性指标，对就业状况时期变化的测量通常采用劳动参与率、就业率和失业率等综合指标。由于进入、退出劳动力市场和实现就业存在明显甚至特定的模式，如年龄模式和产业结构等，因此，劳动参与率、就业率、失业率必然受年龄和性别结构变动或模式改变的影响，在指标进行横向或纵向比较时，需要区分结构变动与水平变动，消除结构性差异带来的测量扭曲问题①。虽然对指标进行科

① 王广州：《中国劳动力就业状况及变化特征研究》，《中国人口科学》2020年第2期。

学的标准化或分解是消除结构性差异所带来测量扭曲问题的简单方法，但标准化和指标分解只能反映测量指标在比较过程中的相对水平的高低，不能完整描述指标的变化特征和人口学含义。

为了测量不同人口队列就业水平时期变化的影响，构建就业生命表是一种重要的分析技术。由于就业状态至少存在就业、非就业和死亡三种状态，因此需要构造多状态或简化生命表才能对就业状况进行测量。多状态生命表构造比传统生命表要复杂得多，其复杂的原因一方面是计算方法比较复杂，由于计算方法复杂，一些文献或经典教材或多或少地出现不同程度的错误①；另一方面是基础数据受限，发表的研究案例不完整，也很难检验②。受数据的限制，以往中国就业生命表的构造大多采取传统单递减生命表等简化方法③，目前还没有构建出完整的多状态就业生命表。由于传统简化的就业生命表缺少对就业与不就业状态转换的测量，因此，这类简化与科学测量就业状态还存在一定差距。新时期面对经济高质量发展和人口结构的转变，构建多状态就业生命表可以为深入研究就业形势变化的长期趋势与内在规律、科学分析和前瞻预判就业面临的重大挑战提供分析工具，不仅具有学术价值，而且对监测、预警就业面临的突出问题或发展方向具有现实意义。

10.2　就业状况测量方法

就业状况测量是就业问题研究的基础，无论是劳动力供需现状研究，还是就业形势判断或变化趋势预测都离不开科学的测量方法或预测模型。由于劳动力就业受年龄、教育和健康等因素的影响，往往存在明显的时期

---

① Preston S.H.，Heuveline P.and Guillot M.，2000，*Demography-Measuring and Modeling Population Processes*，Blackwell Publishers Inc；曾毅等：《人口分析方法与应用》，北京：北京大学出版社，2011，第 75~81 页。

② Namboodiri K.and Suchindran C.M.，1987，*Life Table Techniques and Their Applications*，Academic Press.Inc；曾毅：《多增一减生命表的构造方法及其在中国妇女婚姻研究中的应用》，《人口研究》1987 第 3 期。

③ 丁仁船：《我国城镇人口劳动生命表》，《西北人口》2008 年第 2 期；黄荣清、李世红：《中国劳动力生命表的编制》，《人口与经济》1999 年第 4 期；蒋正华：《中国人口与就业研究的基础工具——中国劳动生命表的编制》，《中国人口科学》1990 年第 5 期；刘金菊：《2000~2010 年中国人口的工作预期寿命》，《人口学刊》2015 年第 6 期；王广州：《中国劳动力就业状况及变化特征研究》，《中国人口科学》2020 年第 2 期。

和进度效应，统计指标测量的科学内涵、敏感性以及适用性需要严格界定。在以往对劳动力供给和需求研究过程中，很少讨论测量指标使用或比较时的科学性、实用性和可能存在的问题。由于对测量指标和模型的误解，经常发生时期测量指标与预测模型的误用问题。例如，有研究将劳动参与率与就业率、劳动年龄人口与就业人口混为一谈①；还有研究将假想队列年龄别人口预测模型与时期受教育指标等混用②。针对目前劳动力就业测量中存在的问题，本章将从指标的分解、年龄结构标准化测量以及工作生命表构建方法等方面讨论就业状况测量方法，重点探讨中国劳动力就业的年龄模式和平均预期工作时间等基础测量问题。

10.2.1　人口构成分解

根据劳动年龄人口进入劳动力市场的就业属性，人口构成可以划分为三个层次。第一个层次是劳动年龄人口；第二个层次是经济活动人口，即劳动力供给状况；第三个层次是就业人口（见图10-1）。从三个层次目标人群的逻辑关系来看，劳动年龄人口是劳动力供给和就业人口的基础，是人口总量结构的重要组成部分；劳动力供给的总量和结构取决于年龄别劳动参与率，而劳动参与率的高低受人口的教育状况、工资水平和健康状况等多方面因素的影响；经济活动人口中只有能够与就业岗位匹配的劳动力供给才能实现最终就业。因此，从测量的角度看，就业状况与劳动年龄人口的受教育状况、城乡结构、产业结构等引起就业模式变化的因素密切相连。就业人口的动态变化涉及就业存量人口变化和新增就业人口两个方面，从而形成就业人口的新陈代谢，产业结构升级和不同新经济形态的就业人口。

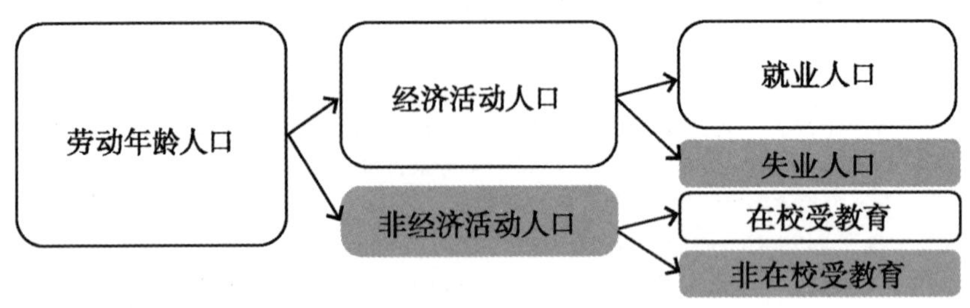

图10-1　劳动力供给及就业人口构成

① 杨艳琳、曹成：《中国人口红利的国际比较与测算》，《江淮论坛》2016年第5期。

② 张一名、张建武：《劳动力供给与需求仿真预测》，北京：经济科学出版社，2014，第66~82页。

10.2.2　综合指标分解

综合测量指标的构建旨在反映研究对象本质特征的差异，而且具有敏感的区分度。对于具体的劳动力就业状态的测量，如果忽略迁移流动的影响，那么在特定劳动年龄人口总量和结构的条件下，从劳动年龄人口到经济活动人口取决于劳动参与率的高低；从经济活动人口到就业人口则取决于就业率的高低。劳动参与率受劳动力的年龄结构和年龄别劳动参与率的双重影响，类似的统计综合指标（如就业率、失业率）也受到相同因素的影响。

以劳动参与率为例，为了充分反映劳动参与率等指标变化的构成，可以对劳动参与率进行分解，具体方法如下①：

$$\Delta = \sum_i C_i^B\left[\frac{M_i^B + M_i^A}{2}\right] - \sum_i C_i^A\left[\frac{M_i^B + M_i^A}{2}\right] + \sum_i M_i^B\left[\frac{C_i^A + C_i^B}{2}\right] - \sum_i M_i^A\left[\frac{C_i^A + C_i^B}{2}\right]$$

$$= \sum_i (C_i^B - C_i^A)\Delta\left[\frac{M_i^B + M_i^A}{2}\right] + \sum_i (M_i^B - M_i^A)\Delta\left[\frac{C_i^A + C_i^B}{2}\right]$$

也就是：

Δ=年龄结构之差×［用平均年龄别率加权］+年龄别率之差×［用平均年龄结构加权］

=年龄结构之差对Δ的影响+年龄别率之差对Δ的影响

其中，Δ为被分解指标的变化率，$C^A{}_i$为人口A年龄结构，$C^B{}_i$人口B的年龄结构，$M^A{}_i$为人口A指标M的年龄别比例，$M^B{}_i$为人口B指标M的年龄别比例。从上式可以看到，对综合统计指标变化率Δ进行年龄结构变动和年龄别变化率的分解，从而达到区分综合指标差异来源和影响大小的目的，使统计指标的分析更进一步。

10.2.3　标准化测量指标构造

以往研究劳动力就业问题多聚焦于劳动年龄人口、经济活动人口和就业人口总量与结构为特征。然而，随着产业结构转型升级，就业状况的变

① 王广州：《Python人口统计》，广东高等教育出版社，2019，第76~80页。

化从就业数量向就业质量转变，特别是现代社会科学技术迅猛发展，就业质量、就业稳定性与劳动年龄人口的受教育水平密切相关。因此，仅测量劳动参与率等统计综合指标的变化是远远不够的，这类指标可能会受年龄结构影响发生扭曲或“失真”，产生测量偏差。

为了消除不同年龄结构的影响，对比不同年龄结构条件下劳动年龄人口就业状况变化趋势，从劳动年龄人口就业测量的三个层次出发，测量指标与方法主要包括三个方面：一是通过平均预期受教育年限，间接测量低龄劳动年龄人口劳动力供给模式的时期变化；二是通过平均预期劳动参与年限，测量劳动年龄人口整体劳动力供给水平变化；三是通过平均预期就业年限，测量劳动年龄人口或供给劳动力就业水平的变化。

平均预期受教育年限需要年龄别入学率和退学率或毕业率以及年龄别死亡率等时期测量指标。虽然人口普查和人口抽样调查无法直接满足这个标准化的测量，但可以识别人口的在校状态，通过构建总和受教育年限来粗略估计平均预期受教育年限。指标的构造方法是：总和受教育年限$=\sum_{K-6}^{24}\frac{k\text{岁在校人口数}}{k\text{岁人口数}}$；总和受教育年限假定6岁开始接受教育，到24岁基本完成，取值范围是0~19年。越接近19年，表明人口受教育水平越高。

采用同样的方法，可以构造总和经济活动年限和总和就业年限。总和经济活动年限指标具体构造方法是：总和经济活动年限$=\sum_{K-16}^{64}\frac{k\text{岁经济活动人口}}{k\text{岁人口数}}$；假定16岁开始进入劳动力市场，到65岁退出完成，取值范围是0~49年。越接近49年，表明劳动年龄人口劳动参与水平越高。该指标是对劳动参与率指标进行标准化，是对平均预期劳动参与年限的估计。

总和就业年限指标具体构造方法是：总和就业年限$=\sum_{K-16}^{64}\frac{k\text{岁就业人口数}}{k\text{岁人口数}}$；假定16岁开始就业，65岁退出劳动力市场，取值范围是0~49年。越接近49年，表明劳动力就业越充分。同样，总和就业年限是新构建的消除年龄结构影响的标准化指标，是对平均预期就业年限长短的估计。

从指标的计算方法来看，总和受教育年限、总和经济活动年限及总和就业年限指标都是消除年龄结构影响的标准化指标，是对具有结构特征指标的标准化，从而避免在统计综合指标比较过程中由于明显的年龄结构变化所导致的测量扭曲问题。

10.2.4　工作（在业）生命表

总和就业年限指标是对年龄别在业比例求和，总和受教育年限、总和经济活动年限也与此类似，是对平均终身预期时间的粗略估计，优点是需要的数据和计算的方法相对简单，缺点是缺少对状态转换的细致描述，不是真正意义上的生命表，特别是假定年龄别死亡概率为0，这必然导致对平均预期时间的高估，高估的程度取决于劳动就业人口的年龄别死亡概率和年龄别在业率的变化或模式。此外，为了与劳动参与率、就业率概念对应和统一，需要强调年龄别就业率和年龄别在业率指标界定的区别，二者的分子均为年龄别就业人口，但分母不同，年龄别就业率的分母是年龄别经济活动人口，而年龄别在业率的分母是年龄别人口数。

有关工作生命表的研究可以追溯到1853年，William Farr在《收入与财产税》一文中首次从人力资本探讨个人终身预期净收入的精算现值[①]。1930年Dublin和Lotka进一步拓展了William Farr的研究，提出“人的货币价值”概念[②]。

1950年美国劳工统计局开始编制工作生命表，工作生命表的编制方法依据美国1930~1940生命表和精算表，采用年龄别工作比例指标编制而成，该方法假定劳动力一生只发生一次进入和退出工作状态。在当时，美国工作生命表报告被认为是具有开创性意义的劳动力分析技术[③]，这也就是后来被称为传统模型（Conventional Model）的工作预期寿命估计方法。

1982年美国劳工统计局对原有工作生命表编制数据指标和编制方法进

---

① Farr W.，1853，“The Income and Property Tax”，*Journal of the Statistical Society of London*，Vol.16，No.1，pp.1~44；Millimet D.，Nieswiadomy M.，and Slottje D.，2010，“Detailed Estimation of Worklife Expectancy for the Measurement of Human Capital：Accounting for Marriage and Children”，*Journal of Economic Surveys*，Vol.24，No.2，pp.3310~3361.

② Dublin L.I.and Lotka A.，1930，*The Money Value of Man*，Ronald Press，New York；Millimet D.，Nieswiadomy M.，and Slottje D.，2010，“Detailed Estimation of Worklife Expectancy for the Measurement of Human Capital：Accounting for Marriage and Children”，*Journal of Economic Surveys*，Vol.24，No.2，pp.3310~361；Skoog G.R.and Ciecka J.E.，2016，“Evolution of Worklife Expectancy Measurement”，In Tinari F.（Eds.），*Forensic Economics*，New York：Palgrave Macmillan.

③ Wolfbein S.L.and Wool H.，1950，“Tables of Working Life.The Length of Work Life for Men”，1950 Bulletin 1001：Bureau of Labor Statistics.

行了改进，编制方法改为多状态工作生命表[①]，也就是多增—减工作生命表或马尔可夫过程工作预期寿命表[②]。第一个用多状态马尔可夫过程模型建立工作生命表的学者是Hoem Jan M.，Hoem用1972~1974年丹麦人口数据建立工作生命表[③]。目前，马尔可夫增减模型（MID）是标准的工作预期寿命（WLE）模型，Foster和Skoog给出了该方法的技术细节[④]。马尔可夫增减模型比传统的工作生命表更适合测量劳动力的多状态特征[⑤]，但需要劳动力转移概率和生命表数据才能实现对工作预期寿命的估计。因此，需要劳动力追踪调查和生命表编制数据[⑥]，对数据的数量和质量均有较高的要求。

美国劳工统计局（BLS）自1950年编制公报1001号后一直持续到公报2254号，之后停止发布。停止发布工作生命表的原因是美国劳工统计局工作生命表编制预算取消及数以百计的诉讼律师错误理解和误用美国劳工统计局的工作生命表[⑦]。尽管美国劳工统计局没有继续发布工作生命表公报，但相关科学研究仍然不断深入，研究成果在工作生命表研究方面不断细化，如残疾工作生命表、LPE生命表[⑧]

---

① Smith S.J., 1982, "New Worklife Estimates Reflect Changing Profile of Labor Force", *Monthly Labor Review*, March 1982, Bureau of Labor Statistics, US; Smith S.J., 1986, "Worklife Estimates: Effects of Race and Education", 1986 Bulletin 2254, Bureau of Labor Statistics, US.

② Skoog G.R.and Ciecka J.E., 2016, "Evolution of Worklife Expectancy Measurement", In Tinari F.（Eds.）, *Forensic Economics*, New York: Palgrave Macmillan.

③ Nurminen M.M.and Nurminen T., 2005, "Multistate Worklife Expectancies", *Scandinavian Journal of Work, Environment & Health*, Vol.31, No.3, pp.169~178; Hoem J.M., 1977, "A Markov Chain Model of Working Life Tables", *Scandinavian Actuarial Journal*, Vol.1, pp.1~20.

④ Foster E.M.and Skoog G.R., 2004, "The Markov Assumption for Worklife Expectancy", *Journal of Forensic Economics*, Vol.17, No.2, pp.167~183; Krueger K.V., 2004, "Tables of Inter-year Labor Force Status of the U.S.Population（1998~2004）to Operate the Markov Model of Worklife Expectancy", *Journal of Forensic Economics*, Vol.17, No.3, pp.313~381.

⑤ Schoen R.and Woodrow K., 1980, "Labor Force Status Life Tables for the United States, 1972", *Demography*, Vol.17, No.3, pp.297~322.

⑥ Krueger K.V.and Slesnick F., 2014, "Total Worklife Expectancy", *Journal of Forensic Economics*, Vol.25, No.1, pp.51~70.

⑦ Skoog G.R.and Ciecka J.E., 2016, "Evolution of Worklife Expectancy Measurement", *Forensic Economics*, Vol.3, pp.33~56.

⑧ L为年龄别人口存活概率；P为年龄别人口劳动参与概率；E为年龄别人口就业概率。

等[①]。

虽然工作生命表建立和工作预期寿命测量在劳动力供给、就业基础研究中非常重要，但中国这方面的研究相对较少，目前国内现有文献中沈秋骅[②]、蒋正华[③]是较早研究中国工作生命表问题的，其后的相关研究也不是很多[④]。在国内现有文献中，工作生命表的建立方法是基于传统的工作生命表，采用美国劳工统计局（BLS）1950年编制1001号公报的方法[⑤]。

对比工作生命表构建的马尔可夫模型与传统模型可以断定，由于传统模型状态转换假定终身只有一次进入和一次退出，因此对平均预期工作年限的估计必然存在高估的问题。从测量方法的本质上看，对于同一人口时期测量存在：总和就业年限>传统工作生命表模型的平均预期工作年限>马尔可夫模型的平均预期工作年限。

总之，目前北美（美国和加拿大）工作预期寿命计量经济模型研究处于领先，研究的主要目的是法律赔偿[⑥]。除了美国，世界各国对工作生命表的研究，要么是基于传统的工作生命表[⑦]，要么是基于马尔可夫过程模型。

---

① Millimet D., Nieswiadomy M.and Slottje D., 2010, "Detailed Estimation of Worklife Expectancy for the Measurement of Human Capital: Accounting for Marriage and Children", *Journal of Economic Surveys*, Vol.24, No.2, pp.3310~3361; Ireland T.R., 2009, "Why the Gamboa-Gibson Worklife Expectancy Tables are Without Merit", *Journal of Legal Economics*, Vol.15, No.2, pp.105~109; Ireland T.R., 2010, "Why Markov Process Worklife Expectancy Tables are Usually Superior to the LPE Method", *Journal of Legal Economics*, Vol.16, No.2, pp.95~110; Krueger K.V.and Slesnick F., 2014, "Total Worklife Expectancy", *Journal of Forensic Economics*, Vol.25, No.1, pp.51~70; Foster E.M.and Skoog G.R., 2004, "The Markov Assumption for Worklife Expectancy", *Journal of Forensic Economics*, Vol.17, No.2, pp.167~183; Skoog G.R.and Ciecka J.E., 2016, "Evolution of Worklife Expectancy Measurement", *Forensic Economics*, Vol.3, pp.33~56.

② 沈秋骅:《工作寿命和工作寿命表》,《人口研究》1986年第2期。

③ 蒋正华:《中国人口与就业研究的基础工具——中国劳动生命表的编制》,《中国人口科学》1990年第5期。

④ 黄荣清、李世红:《中国劳动力生命表的编制》,《人口与经济》1999年第4期；丁仁船:《我国城镇人口劳动生命表》,《西北人口》2008年第2期；刘金菊:《2000~2010年中国人口的工作预期寿命》,《人口学刊》2015年第6期。

⑤ Wolfbein S.L.and Wool H., 1950, "Tables of Working Life.The Length of Work Life for Men", 1950 Bulletin 1001: Bureau of Labor Statistics.

⑥ Butt Z., Haberman S.and Verrall R., 2006, "The Impact of Dynamic Multi-state Measurement of Worklife Expectancy on the Loss of Earnings Multipliers in England and Wales", *Journal of the Statistical Society: Series A (Statistics in Society)*, Vol.171, No.4, pp.763~805.

⑦ Park S., 2012, "Estimation of Work-life Expectancy for the elderly by Work-life Table in Korea", Working Paper of International Union for the Scientific Study of Population; Nurminen M.M.and Nurminen T., 2005, "Multistate Worklife Expectancies", *Scandinavian Journal of Work, Environment & Health*, Vol.31, No.3, pp.169~178.

中国就业状况测量方法和分析技术还处于传统的分析模型阶段，对就业状况的测量相对粗放、滞后。

10.3 多状态就业生命表计算方法

目前对就业生命表的研究主要是基于传统的就业生命表[①]和基于马尔可夫过程构建多状态就业生命表。多状态就业生命表与传统的就业生命表相比具有更能准确描述就业状况的变化及特征，具体优势参见相关文献[②]。多状态就业生命表的构建需要就业人口年龄别就业概率以及就业状态转换概率，受调查数据的限制，基于年龄别就业（概）率的就业生命表其实是在传统生命表的基础上加入时期年龄别就业率，是对多状态就业生命表的简化。

基于马尔可夫过程的多状态生命表与普通生命表不同，需要按是否就业或工作区分队列存活概率，表达方式是用上、下标区分。劳动年龄人口就业状态特征分类如表10-1所示。

表10–1 **就业状态特征分类**

起始状态（状态1）	终止状态（状态2）			
	合计	就业（L）	非就业（NL）	死亡（D）
就业（L）	A组	参与（Active）	退出（Exit）	就业人口死亡
非就业（NL）	B组	进入（Entrants）	不参与（Inactive）	非就业人口死亡

资料来源：Smith S.J.，1986，“Worklife Estimates:Effects of Race and Education”，Bulletin 2254，Bureau of Labor Statistics，US。

---

① Park S.，2012，“Estimation of Work-life Expectancy for the elderly by Work-life Table in Korea”，Working Paper of International Union for the Scientific Study of Population；Nurminen M.M.and Nurminen T.，2005，“Multistate Worklife Expectancies”，*Scandinavian Journal of Work*，*Environment & Health*，Vol.31，No.3，pp.169~178.

② Cambois E.，Robine J.and Brouard N.，1999，“Life Expectancies Applied to Specific Statuses.A History of the Indicators and the Methods of Calculation”，*Population*：*An English Selection*，Vol.11，pp.7~34；Nurminen M.，2014，“Measuring Working-life Expectancies：Multistate Vector Regression Approach vs.Prevalence-based Life Table Method”，*Internet Journal of Epidemiology*，Vol.12，No.1.

x岁存活人口时期年龄别由起始状态（状态1）转移到终止状态（状态2）且存活的条件概率为：${}^{1}p^{2}_{x}=(1\text{-}q_{x})\,{}^{1}\pi^{2}_{x}$。其中，${}^{1}\pi^{2}_{x}$为x岁存活人口时期年龄别由状态1转移到状态2的概率，状态1和状态2，也可以标为a和i，上标a、i分别是活动（active）和不活动（inactive）的缩写，即就业和非就业，存在：${}^{i}p^{i}_{x}+{}^{i}p^{a}_{x}+{}^{i}p^{d}_{x}=1$；${}^{a}p^{a}_{x}+{}^{a}p^{i}_{x}+{}^{a}p^{d}_{x}=1$。其中，${}^{i}p^{d}_{x}$为x岁非就业存活人口转移为死亡人口的概率，${}^{a}p^{d}_{x}$为x岁就业存活人口转移为死亡人口的概率，其他变量如${}^{i}p^{i}_{x}$、${}^{i}p^{a}_{x}$等的含义类似。

为了计算平均预期就业年限，需要计算年龄别死亡概率，假定就业和非就业人口年龄别死亡概率相同，即q_x相同。即${}^{i}p^{d}_{x}={}^{a}p^{d}_{x}=q_{x}$。根据表10-1可以计算四种类型状态的转移概率：（1）${}^{a}\hat{\pi}^{a}_{x}=\dfrac{\text{Active}_{x}}{\text{GroupA}_{x}}$；（2）${}^{i}\hat{\pi}^{a}_{x}=\dfrac{\text{entants}_{x}}{\text{GroupB}_{x}}$；（3）${}^{i}\hat{\pi}^{i}_{x}=\dfrac{\text{Inactive}_{x}}{\text{GroupB}_{x}}$；（4）${}^{a}\hat{\pi}^{i}_{x}=\dfrac{\text{Exit}_{x}}{\text{GroupA}_{x}}$。四种类型x岁存活人口时期年龄别状态转移且存活的概率估计：（1）${}^{a}\hat{P}^{a}_{x}=(1-q_{x})\,{}^{a}\hat{\pi}^{a}_{x}$；（2）${}^{a}\hat{P}^{i}_{x}=(1-q_{x})\,{}^{a}\hat{\pi}^{i}_{x}$；（3）${}^{i}\hat{P}^{i}_{x}=(1-q_{x})\,{}^{i}\hat{\pi}^{i}_{x}$；（4）${}^{i}\hat{P}^{a}_{x}=(1-q_{x})\,{}^{i}\hat{\pi}^{a}_{x}$。考虑死亡直接计算相应的概率，即：

$$
\begin{aligned}
{}^{i}p^{i}_{x} &= \frac{\text{Inactive}_{x}-\text{D}^{i}_{x}}{\text{GroupB}_{x}}=\frac{\text{Inactive}_{x}-\text{Inactive}_{x}\times q_{x}}{\text{GroupB}_{x}}\\
&=\frac{\text{Inactive}_{x}\times(1-q_{x})}{\text{GroupB}_{x}}={}^{i}\hat{\pi}^{i}_{x}\times(1-q_{x})
\end{aligned}
$$

其他类型的转移概率的推算，如${}^{a}p^{i}_{x}=\dfrac{\text{Exit}_{x}-\text{D}^{a}_{x}}{\text{GroupA}_{x}}$也一样[①]。

假定${}^{a}l_{x}=0$（假定假想队列起始年龄就业概率为0。）、${}^{i}l_{x}=100000$或${}^{a}l_{x}=0$、${}^{i}l_{x}=1$，可以采用起始年龄就业或非就业人口的比例对${}^{a}l_{x}$和${}^{i}l_{x}$进行分配[②]，合计为100 000或1，其中x为起始劳动年龄。用${}^{a}l_{x}$表示确切年龄为x的就业人口的存活概率或队列存活人数，${}^{i}l_{x}$表示确切年龄为x的非就业人口的存活概率或队列存活人数。l_x为生命表中确切年龄为x岁的存活概率或队列存活人数：$l_{x}={}^{a}l_{x}+{}^{i}l_{x}$；$L^{a}_{x}=\dfrac{{}^{a}l_{x}+{}^{a}l_{x+1}}{2}$；${}^{a}L^{a}_{x}=\dfrac{{}^{a}l^{a}_{x}+{}^{a}l^{a}_{x+1}}{2}$；${}^{i}L^{a}_{x}=\dfrac{{}^{i}l^{a}_{x}+{}^{i}l^{a}_{x}+1}{2}$。$x$岁及以后处于就业状态的人年数：${}^{a}T^{a}_{x}=\sum{}^{a}L^{a}_{x}$。$x$岁时的平均预期就业年限：

① $\hat{\pi}$为π的估计值，$\hat{P}$为P的估计值。

② Hoem J.M.，1977，“A Markov Chain Model of Working Life Tables”，*Scandinavian Actuarial Journal*，Vol.1，pp.1~20.

${}^{a}e_x^a = \frac{{}^{a}T_x^a}{{}^{a}l_x^a + {}^{i}l_x^i}$。由于处于就业状态和非就业状态平均预期就业年限（时间）不同，需要对就业状态和非就业状态平均预期就业年限进行区分，用*aexa*表示确切年龄为x岁处于就业状态人口的平均预期就业年限，用*iexa*表示确切年龄为x岁由非就业人口状态进入就业状态的平均预期时间。

$$\begin{pmatrix} {}^{a}l_{x+1} \\ \hline {}^{i}l_{x+1} \end{pmatrix} = \begin{pmatrix} {}^{a}P_x^a & {}^{i}P_x^a \\ {}^{a}P_x^i & {}^{i}P_x^i \end{pmatrix} \begin{pmatrix} {}^{a}l_x \\ \hline {}^{i}l_x \end{pmatrix}$$

$$e_x = \begin{pmatrix} {}^{a}e_x^a & {}^{i}e_x^a \\ {}^{a}e_x^i & {}^{i}e_x^i \end{pmatrix} = \begin{pmatrix} {}^{a}T_x^a/({}^{a}l_x^a + {}^{i}l_x^i) & {}^{i}T_x^a/({}^{a}l_x^a + {}^{i}l_x^i) \\ {}^{a}T_x^i/({}^{a}l_x^a + {}^{i}l_x^i) & {}^{i}T_x^i/({}^{a}l_x^a + {}^{i}l_x^i) \end{pmatrix}$$

上述模型的具体算法和应用可以参考Foster和Skoog①、Nurminen等②、Skoog和Ciecka③的研究。通过对比就业生命表构建的马尔可夫模型与传统模型可以断定，由于传统模型状态转换假定年龄别就业率的增减作为就业状态进入或退出的依据，因此，对平均预期就业年限的估计必然存在理论上的估计缺陷。从测量方法的本质上看，对于同一人口时期测量总和就业年限存在未考虑死亡退出的问题，而传统工作生命表模型所估计的平均预期就业年限则未考虑就业状态的多次进出问题。

10.4 多状态就业生命表软件设计

与基于汇总数据的完全生命表类似，多状态就业生命表软件也是基于汇总数据的。当然，也可以开发用于原始个案数据分析的多状态就业生命表，只是目前可供使用的基础数据库不易获得，多数数据来自抽样调查。与单递减生命表不同，多状态就业生命表软件的基础数据更复杂。

---

① Foster E.M.and Skoog G.R.，2004，“The Markov Assumption for Worklife Expectancy”，*Journal of Forensic Economics*，Vol.17，No.2，pp.167~183.

② Nurminen M.M.，Heathcote C.R.，Davis B.A.，et al.，2005，“Working Life Expectancies：The Case of Finland 1980~2006”，*Journal of the Royal Statistical Society*：*Series A*（*Statistics in Society*），Vol.168，No.3，pp.567~581.

③ Skoog G.R.and Ciecka J.E.，2016，“Evolution of Worklife Expectancy Measurement”，In Tinari F.（Eds.），*Forensic Economics*，New York：Palgrave Macmillan.

10.4.1　多状态就业生命表软件界面

多状态就业生命表需要的数据输入包括年龄别劳动力不工作到工作的比例、工作到不工作的比例和年龄别死亡率。界面的数据输入采用ComboBox控件来选择数据表中相应的字段，具体界面见图10-2。

图 10-2　多状态就业生命表软件

多状态就业生命表的计算结果较多，这里采用StringGrid控件来显示统计指标的计算结果（见图10-2），多状态就业生命表软件控件定义见程序10-1。

程序 10-1　多状态就业生命表软件界面控件构成

```
//------------------------------------------------------------

#ifndef Work_Life_Unit1H
#define Work_Life_Unit1H
//------------------------------------------------------------
#include <System.Classes.hpp>
#include <Vcl.Controls.hpp>
#include <Vcl.StdCtrls.hpp>
#include <Vcl.Forms.hpp>
```

```
#include <Vcl.ExtCtrls.hpp>
#include <Vcl.Grids.hpp>
#include <Vcl.Samples.Spin.hpp>
#include <Vcl.Dialogs.hpp>
//---------------------------------------------------------------
class TWork_Life_Form1 : public TForm
{
__published:   // IDE-managed Components
 TPanel *Panel1;
 TStringGrid *StringGrid1;
 TGroupBox *GroupBox1;
 TComboBox *ComboBox1;
 TComboBox *ComboBox2;
 TComboBox *ComboBox3;
 TLabel *Label1;
 TLabel *Label2;
 TLabel *Label3;
 TLabel *Label4;
 TSpinEdit *SpinEdit1;
 TButton *Button1;
 TButton *Button2;
 TButton *Button3;
 TGroupBox *GroupBox2;
 TSaveDialog *SaveDialog1;
 void __fastcall Button2Click(TObject *Sender);
 void __fastcall ComboBox1Change(TObject *Sender);
 void __fastcall ComboBox2Change(TObject *Sender);
 void __fastcall ComboBox3Change(TObject *Sender);
 void __fastcall Button3Click(TObject *Sender);
 void __fastcall Button1Click(TObject *Sender);
private:// User declarations
public:        // User declarations
 __fastcall TWork_Life_Form1(TComponent* Owner);

 float work12[200];
 float work21[200];
   float death[200];
};
//---------------------------------------------------------------
```

```
extern PACKAGE TWork_Life_Form1 *Work_Life_Form1;
//------------------------------------------------------------
#endif
```

10.4.2　多状态就业生命表程序设计

多状态就业生命表的构建比普通单递减生命表要复杂得多，二者的相同之处是建立在假象队列的基础上，研究状态转移概率和终身平均预期时间问题，不同之处是状态转移由单一到复杂。这不仅要求基础数据可靠，还要求基础数据的表达方式满足状态转换概率的复杂计算或估计。因此，编制多状态就业生命表计算机程序过程中，需要注意统计指标的计算问题。

第一，对人口状态的标识。如果处于工作状态用下标1来标识，不工作状态用下标2来标识，多状态就业生命表计算结果指标可描述为：处于持续工作状态不变 $work_{11}\_lx$［i］、$work_{11}\_BLx$［i］、$work_{11}\_Tx$［i］、$work_{11}\_Ex$［i］以及由工作到不工作状态转换概率 $trans\_Pop_{12}$［i］；处于持续不工作状态不变 $work_{22}\_lx$［i］、$work_{22}\_BLx$［i］、$work_{22}\_Tx$［i］、$work_{22}\_Ex$［i］以及由不工作到工作状态转换概率 $trans\_Pop_{21}$［i］；由工作到不工作状态转换 $work_{12}\_lx$［i］、$work_{12}\_BLx$［i］、$work_{12}\_Tx$［i］、$work_{12}\_Ex$［i］以及由工作到不工作状态转换概率 $trans\_Pop_{12}$［i］；由不工作到工作状态转换 $work_{21}\_lx$［i］、$work_{21}\_BLx$［i］、$work_{21}\_Tx$［i］、$work_{21}\_Ex$［i］以及由不工作到工作状态转换概率 $trans\_Pop_{21}$［i］。上式中lx、BLx、Tx和Ex的含义与完全生命表类似，为假想队列生命表存活函数、存活人年数、累计剩余存活人年数和（广义）平均预期寿命。

第二，完全生命表或劳动力生命表的构建。劳动年龄人口死亡是完全退出劳动力工作与不工作状态，是马尔可夫过程的吸收状态。既可以建立一个完全生命表来描述处于劳动年龄人口的平均预期时间，也可以从劳动年龄人口或劳动力起始年龄为起点构建生命表，含义是进入劳动年龄处于劳动年龄人口的平均预期时间。

第三，既可以假定进入劳动年龄的人口在进入劳动年龄之前完全处于非工作状态，也可以假定进入最低劳动年龄的人口已有一定的比例人口开始工作，这两种假定计算结果略有不同。

第四，可以把工作状态转换视为广义的死亡，如果从持续工作状态视角看，由工作到不工作的转换可以看作是一种“死亡”；同样，如果从持续不工作视角看，由不工作到工作的转换可以视为是一种“死亡”；这样一个连续不断的过程转换则描述了队列人口年龄别处于不同状态的人数。

总之，在假想队列的基础上，将现有状态转换的观察作为一个描述劳动力处于工作、不工作和死亡的描述，与完全生命表类似，尽管多状态工作生命表的计算过程复杂，只要真正理解生命表构建的基本原理，多状态工作生命表软件编程实现就很容易。

10.5 中国多状态就业生命表研究①

对于多状态就业生命表的构建，基础数据需要满足两个基本条件，一是对当前状态的测量，二是对状态转换的测量。虽然人口与劳动就业统计是国家统计局的统计工作内容之一，且全国性劳动就业调查数据较为丰富，但真正公开的原始样本数据却十分有限，使劳动力的细致分析受到限制。尽管《中国人口与劳动统计年鉴》《中国劳动统计年鉴》和《中国统计年鉴》都有劳动就业相关指标的汇总数据，但最基本的分性别、分城乡和分年龄的劳动力就业人口的数据无法直接获得。

10.5.1 数据来源与存在问题

10.5.1.1. 人口普查和人口变动抽样调查

全国大规模劳动力就业或工作的状况调查的数据主要来源于人口普查、1%人口抽样调查、年度人口变动情况抽样调查和月度劳动力调查，从调查项目的构成来看，不同调查的内容有较大差别。

第一，从调查项目的一致性来看，人口普查和全国1%人口抽样调查的一致性最强。2005年、2010年和2015年对工作状态的测量方法基本相同。除了工作的行业、职业等调查项目，测量工作状态的问题主要有四项，具体测量方法是：第一项，工作情况；第二项，未工作原因；第三项，三个月内是否找过工作；第四项，能否工作（如果有合适的工作能否在两周内开始工作）。与2005年、2010年和2015年调查方法不同，2000年全国

① 本节内容主要来自于王广州《中国劳动力就业状况及变化特征研究》，《中国人口科学》2020年第2期；王广州《新时期劳动年龄人口就业状况——基于多状态就业生命表的分析》，《中国人口科学》2022年第2期。

人口普查要简单得多。2000年全国人口普查与工作状态有关的调查内容只有三项：第一项，是否有工作；第二项，工作时间；第三项，未工作者状况。其中，是否劳动参与的测量是用未工作者状况的第五和第六选项来区分的。

第二，年度人口变动抽样调查对工作状态信息收集的最少，只有一项：上周工作情况（15周岁及以上的人填报）。

第三，月度劳动力调查对劳动力的工作状态信息收集的最为全面，除了劳动力工作身份信息，还有八项关于劳动力工作状态的调查项目。第一项，“您在调查时点前一周是否为取得收入而工作过1小时以上？”第二项，“您在职未上班的主要原因是什么？”第三项，“您已连续未上班多长时间？”第四项，“您目前的工作已干了多长时间？”第五项，“您在调查时点前一周未工作的主要原因是什么？”第六项，“您想工作吗？”第七项，“如有合适的工作，您能在两周内开始工作吗？”第八项，“您调查时点前一周或失去工作前，做什么具体工作？”调查具体研究设计见文献①。

从研究角度看，尽可能全面的信息收集是非常需要的，但受数据收集成本的限制，需要在成本和收益之间进行取舍。从目前全国大规模劳动力就业或工作的状况调查研究需要和现有可获得汇总调查的数据构成来看，还存在以下不足。

第一，人口普查和人口抽样调查汇总数据只能计算劳动年龄人口或年龄别劳动参与率、就业率或失业率指标，无法直接推算劳动力工作状态转换概率。

第二，月度劳动力调查虽然包含比较详细的工作状况调查，但没有公布劳动力工作状态转换的汇总数据。

第三，人口普查、抽样调查和月度劳动力调查均未区分全职还是兼职工作，以及工作时间。

第四，年度调查或月度调查用一周的数据进行标识和代替全年或某个月的就业状况，这种调查方式是否导致工作时间推算偏差还需要深入研究。

总之，研究劳动力就业状况基础调查数据仅用于劳动参与率、就业率和失业率等综合统计测量指标是远远不够的。即便如此，在现有数据基础上，科学测量和正确判断中国劳动力供给和就业形势既面临分析方法的应用问题，又受限于基础数据和公开数据的不足。因此，只能根据现有数据

---

① 国家统计局人口和就业统计司编：《中国人口和就业统计年鉴2019》，北京：中国统计出版社，2020，第375~445页。

粗略分析全国劳动年龄人口整体的就业状况，对于系统、深入研究劳动力就业问题和变动规律仍面临许多实际困难。由于年度人口变动抽样调查难以满足年龄别就业率的推算要求，在现有最新数据的基础上，科学测量就业人口指标和正确判断中国就业形势还面临一些问题，因此，只能通过人口普查、全国1%人口抽样调查或其他全国性样本调查相结合进行相关的研究。

10.5.1.2 全国有代表性的抽样调查

人口普查、全国1%人口抽样调查和年度人口变动抽样调查均未直接提供可用于就业状态转换测量的数据。目前国家统计局还没有能够直接满足构建多状态生命表所需的调查数据，只有中国家庭追踪调查数据（CFPS）能够满足当前就业状态和状态转换的测量。2010~2020年中国家庭追踪调查成人问卷16~64岁调查对象的样本基本情况见表10-2。从表10-2可见，中国家庭追踪调查数据中16~64岁人口的样本量存在较大差异，这些差异显然不完全是人口年龄结构自然变动的结果。从样本总量看，2012年超过3.1万人，2018年以前年份超过2.5万人，而2020年，仅为1.9万人。从样本的性别构成看，2016年前调查样本的性别比在100以内，2016年以后在100以上。从年龄构成看，不同年份调查样本的年龄构成有差异。比如，2018年45~64岁人口比例为47.03%，远高于其他年份调查的比例。考虑到就业率等指标以及多状态生命表构建与性别、年龄关系密切，因此，在统计推断过程中不仅需要加权，还需要标准化对比才能区分结构与水平变动的影响。从调查数据的基本结构、加权后的数据与人口普查数据对比可以发现，中国家庭追踪调查数据是目前国内规模最大和质量较高的社会调查，尤其是2020年调查样本的劳动年龄人口结构与2020年全国人口普查非常接近，对于以往中国家庭追踪数据质量的评价可以参考中国家庭追踪调查数据使用手册或相关研究文献①。

表10–2 **16~64岁人口样本基本情况**

调查年份	样本量（人）	性别比	占比（%）		
			16~24岁	25~44岁	45~64岁
2010	29122	92.45	14.84	41.19	43.97
2012	31099	99.28	18.08	41.61	40.31

① 王广州：《中国老年人口亲子数量与结构计算机仿真分析》，《中国人口科学》2014年第3期；谢宇、胡婧炜、张春泥：《中国家庭追踪调查：理念与实践》，《社会》2014年第2期。

续表

调查年份	样本量（人）	性别比	占比（%）		
			16~24岁	25~44岁	45~64岁
2014	28670	97.98	14.98	40.97	44.05
2016	28123	99.17	13.84	41.29	44.87
2018	25326	101.69	13.25	39.72	47.03
2020	19460	100.91	13.83	43.25	42.92
2010（加权后）	79292.04万	97.70	20.45	44.17	35.39
2010年人口普查	97453.66万	103.56	21.47	45.25	33.28
2020年人口普查	95043.63万	105.57	13.92	42.92	43.16

资料来源：2010~2020年中国家庭追踪调查（CFPS）；2010年第六次全国人口普查数据；《中国统计年鉴2021》；2020年第七次全国人口普查数据。

中国家庭追踪调查（CFPS）对就业状况的测量方法经过几次调查改进逐渐完善，并与国际就业测量方法一致。2010年调查就业状态的测量方法是“您现在有工作吗”，工作含务农和自雇。2012年调查问卷进行了改进，修改后的问卷与国家统计局就业测量基本一致，主要调查项目包括五个问题：（1）“您现在有工作吗”；（2）“过去一周您是否工作了至少1个小时”；（3）“您是不是有工作，但目前正处在临时放假、休病假或其他假期中，或正在在职培训”；（4）“从事个体经营活动，但是目前处于生意淡季，等过一段时间还会继续经营”；（5）“从事农业方面的工作但是目前处于农闲季节”。第二和第三个问题与2010年第六次全国人口普查的调查方法完全相同，这为不同调查之间数据比较和分析提供了方便。2014年及以后除了延续2012年的调查测量方法，对调查内容进一步调整，去掉第一个问题，保留其余四个问题，同时增加了对上次调查工作状态的确认。比如，2014年调查新增对2012年工作状态的确认，这为研究就业与非就业的状态转换提供了方便。从2014年开始，对于就业（工作）状态的测量稳定下来。2016年标准化为当前工作状态确认，即通过四个问题测量就业（工作）状态，并增加第五个问题“过去一月是否找过工作”来测量经济活动人口，也就是如果满足上述五个条件之一，即为经济活动人口。2016年、2018年和2020年调查均采用相同的调查项目。

由于调查问卷测量方法不同，对工作、就业或在业的界定存在差异。比如，“现在是否有工作与过去一周您是否工作了至少1个小时”的结果差异较大。以2012年中国家庭追踪调查数据为例，该问题的年龄别比例与是否有工作的比例明显不同，35岁及以上年龄组二者相差10%以上（见图10-3）。

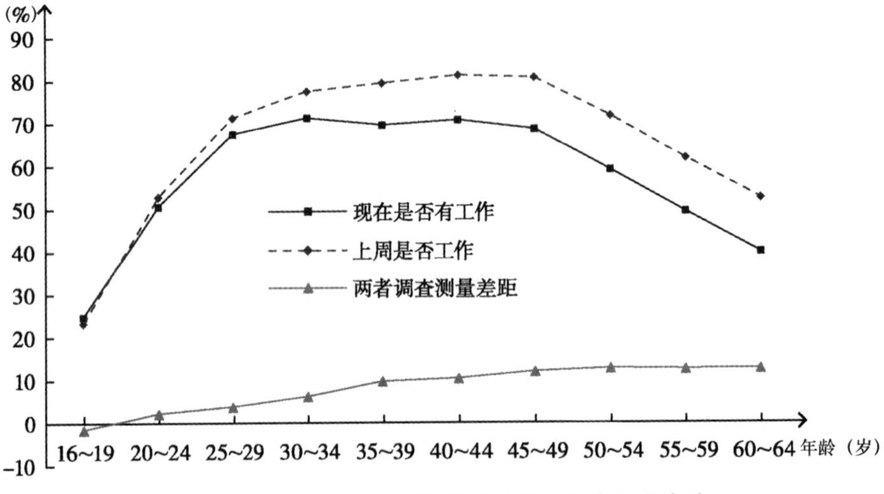

图10-3　2012年中国家庭追踪调查就业调查问题差别

资料来源：2012年中国家庭追踪调查（CFPS）。

由于测量方法不同，对就业（工作）的理解和回答差别较大，调查问题模块出现的顺序和先后情景也会影响测量的系统性偏差。2012年和2014年中国家庭追踪调查对经济活动人口或就业状态的确认内容被放在“当前失业状态确认”部分，而2016年以后的调查将就业（工作）的测量内容置于“当前工作状态确认”部分，两种不同的测量目的和测量模块位置，产生了明显的设计效应。对照测量结果发现，2012年和2014年的年龄别劳动参与率曲线非常接近，且调查结果远离2016年、2018年。同样，与2015年全国1%人口抽样调查、2015年中国社会科学院综合社会状况调查（CSS）相差也较大，特别是45岁及以下年龄组与上述调查差异明显（见图10-4），而2016年中国家庭追踪调查、2015年全国1%人口抽样调查和2015中国社会科学院综合社会状况调查的年龄别劳动参与率非常接近。因此，可以断定设计和调查方式在一定程度上产生了系统性差异。考虑到测量设计的系统性问题，本章对中国家庭追踪调查数据的分析主要采用2016年、2018年和2020年数据。

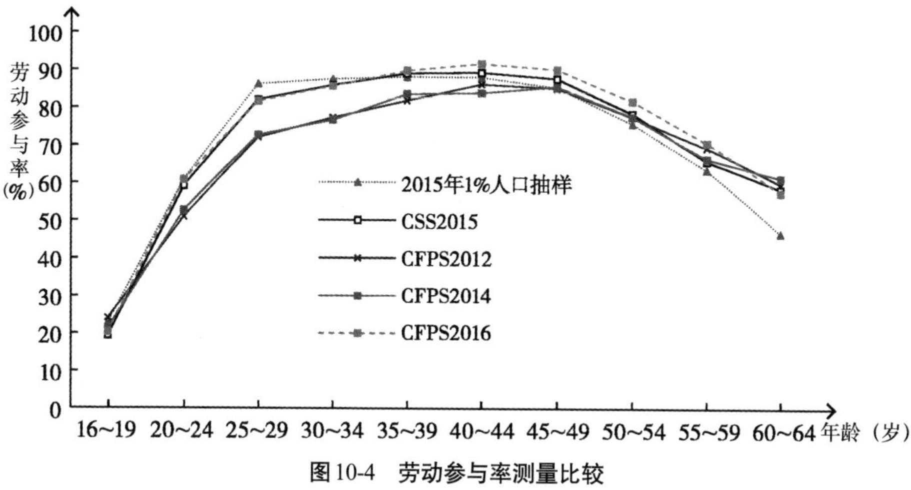

图 10-4 劳动参与率测量比较

资料来源：2012~2016 年中国家庭追踪调查（CFPS）；2015 年中国社会科学院综合社会状况调查（CSS）；2005 年全国 1% 人口抽样调查资料汇总数据。

通过四个问题推断当前工作状态调查的年龄别工作的比例最大，以 2016 年调查为例，2016 年中国家庭追踪调查就业调查中，40~44 岁人口年龄别有工作的比例最高，为 90.88%（样本未加权），比上周是否工作的比例 85.97% 高 4.91 个百分点。从图 10-4 可以看出，除了 25~29 岁及以下年龄组，当前就业状态测量年龄别有工作的比例比上周是否工作的比例高 5 个百分点左右（见图 10-5）。此外，将 2017 年《中国人口与劳动统计年鉴》提供的四个数据汇总表[①]推算 2016 年 16~64 岁劳动年龄人口年龄别在业人口比例与 2016 中国家庭追踪调查数据进行对比，也发现国家统计局公布的调查结果存在问题，主要是 30~34 岁和 40~44 年龄组的在业人口比例远高于 2016 中国家庭追踪调查数据，特别是 40~44 岁年龄组大于 100%，这可能是调查样本数据加权存在明显的缺陷或问题。同样，比较两个数据来源，其他年龄组的差异相对较小。

总之，通过对比分析和调查方式的改进，中国家庭追踪调查（CFPS）数据不仅具有较高的数据质量，同时，不断完善调查设计，调查方法的科学性不断增强。除了该数据，本章还采用中国社会科学院综合社会状况调查（CSS）作为重复检验的数据来源，目的是确认研究结论的可靠性。由于该调查数据中最低年龄为 18 岁，因此，16~19 岁组只包含 18~19 岁。

① 表 1-13 就业基本情况、表 2-3 全国分年龄性别的人口数、表 3-1 全国分地区就业人员受教育程度构成和表 3-5 全国按受教育程度、性别分的就业人员年龄构成。

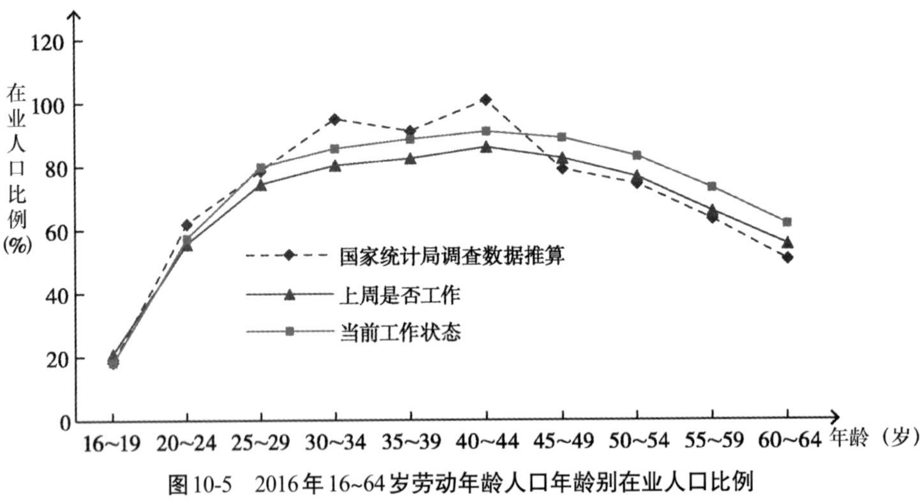

图10-5 2016年16~64岁劳动年龄人口年龄别在业人口比例

资料来源：2016年中国家庭追踪调查（CFPS）；《中国人口与劳动就业统计年鉴2017》。

10.5.2 劳动力就业状况

劳动力就业是劳动力供给和需求相互适应的结果，经典的劳动经济研究认为，劳动力能否实现就业取决于人口基础、劳动参与、劳动时间、劳动工资率以及劳动力需求等。长期以来，中国处于人口快速增长和经济发展水平相对落后的阶段，劳动力供大于求，但随着长期低生育水平和人口总量高峰的到来，人口内部结构变化必然导致劳动力市场供求关系发生转变。

10.5.2.1 2016年经济活动人口总量达到高峰，劳动参与率明显下降

第一，从16岁及以上人口总量来看，根据《中国人口与劳动统计年鉴2019》数据，16岁及以上人口总量从2000年的93946.86万人增加到2018年的114580.16万人，增长20633.3万人，平均每年增长1146.29万人。

第二，从劳动力总量来看，劳动力总量从2000年的73992万人增加到2016年的80694万人，之后开始下降，2018年下降到80567万人，比2016年峰值下降127万。

第三，从就业人口总量来看，虽然《中国人口与劳动统计年鉴》公布的年度就业人员数据远高于人口普查和全国1%人口抽样调查推算的就业人口数，但2010年及以前二者的变化趋势基本一致。前者比后者大概高5.0~7.3个百分点。2015年的情况则不同，二者不仅变化的方向不同，而且差距较大。具体来看，2015年《中国人口与劳动统计年鉴》公布的年度就

业人员总量为77451万人，不仅比2015年全国1%人口抽样调查推算的就业人口数68374.83万人多9076.17万人，二者的差距扩大到11.72%，而且比《中国人口与劳动统计年鉴》公布的2010年年度就业人员总量多1346万人。这个统计变化误差的大小，还有待于从受教育人口的在校情况等方面进一步分析。

第四，从劳动参与率来看，2000年16岁及以上人口劳动参与率为78.76%，2010年下降到71.69%，2015年进一步下降到70.61%，2015~2017年略有波动。然而，2018年又有所下降，降到70.31%，与2000年相比，劳动参与率整体下降8.45个百分点。由此可见，16岁及以上人口劳动参与率呈持续稳定下降的趋势。

表10–3　**中国劳动力就业状况变化**

指标	16岁及以上人口（万人）	劳动力（万人）	劳动参与率（%）	就业人员（万人）	就业人口（万人）
2000	93946.86	73992	78.76	72085	66874.89
2005	101884.94	76120	74.71	74647	70896.25
2010	109346.38	78388	71.69	76105	71547.99
2015	113420.26	80091	70.61	77451	68374.83
2016	113757.88	80694	70.93	77603	—
2017	114213.11	80686	70.65	77640	—
2018	114580.16	80567	70.31	77586	—

资料来源：2000年、2010年全国人口普查；2005年、2015年全国1%人口抽样调查；2019年《中国人口与劳动统计年鉴》。

10.5.2.2　劳动参与率下降的影响因素分解

劳动参与率这一统计综合指标的变化，既受年龄别劳动参与率变化的影响，也受年龄结构变化的影响。通过对劳动参与率指标变化的分解可以发现以下具体特征。

第一，2000~2005年16~64岁人口劳动参与率下降5.30个百分点，其中由于年龄结构原因下降0.96个百分点，而由于年龄别劳动参与率原因下降4.34个百分点。可见，年龄别参与率下降是劳动参与率下降的主要原因，其变化的贡献率占81.81%，年龄结构变化的贡献率为18.19%，且二者对劳动参与率下降作用的方向是相同的（见表10-4）。

第二，2005~2010年劳动参与率下降的幅度远小于上一个5年的下降水平，仅下降1.099个百分点，下降的主要原因仍然是年龄别劳动参与率下降，其变化的贡献率占93.27%，而相比之下年龄结构变化的原因贡献已经很小，贡献率仅为6.73%。

第三，2010~2015年16~64岁人口劳动参与率下降4.65个百分点，与过去10年不同。由于年龄结构原因，劳动参与率上升0.76个百分点，而由于年龄别劳动参与率原因下降5.41个百分点，超出了二者综合影响的水平，这主要是由于二者对劳动参与率下降的作用方向是相反的。具体来说，年龄别劳动参与率下降不仅是劳动力劳动参与率下降的主要原因，而且抵消了一部分年龄结构原因所引起劳动参与率的上升。年龄别劳动参与率下降的贡献率超过100%，贡献率高达116.42%，而年龄结构变化原因的贡献为-16.42%。年龄结构变化抵消了一部分年龄别劳动参与率下降的影响，有利于劳动参与率上升。

表10-4　**中国16~64岁劳动参与率影响因素分解**

年度	劳动参与率变化（百分点）	年龄结构		年龄别劳动参与率	
		影响（百分点）	贡献（%）	影响（百分点）	贡献（%）
2000~2005	-5.30	-0.96	18.19	-4.34	81.81
2005~2010	-1.099	-0.074	6.73	-1.025	93.27
2010~2015	-4.65	0.76	-16.42	-5.41	116.42

10.5.2.3　*25~44岁劳动参与率最高，但目前也下降到90%以下*

随着劳动参与率整体水平下降，不同年龄阶段劳动参与率的下降幅度不同。剔除劳动年龄以外人口劳动参与率的影响，可以从三个方面反映劳动参与率的变化特点。

第一，从16~64岁人口劳动参与率来看（见表10-5），2000~2015年16~64岁劳动年龄人口劳动参与率从83.77%下降到72.78%，下降10.99个百分点，下降程度超过16岁及以上人口的劳动参与率，说明16~64岁劳动年龄人口劳动参与率下降更加显著。换一个测量方法，如果用总和经济活动年限指标来衡量，总和经济活动年限由2000年的39.46年下降到34.34年，下降5.12年。

第二，从劳动参与率最高的25~44岁年龄段来看，劳动参与率由2000年的92.70%下降到2015年的85.72%，下降6.98个百分点。25~44岁年龄段的总和经济活动年限由2000年的18.53年下降到2015年的17.15年，下降1.38年。

表10-5　中国16~64岁劳动力就业状况

年份	人口（万人）	经济活动人口（万人）	劳动参与率（%）		总和经济活动年限（岁）			总和就业年限（岁）		
			16~64	25~44	16~64	16~24	25~44	16~64	16~24	25~44
2000	79631.5	66707.6	83.77	92.70	39.46	6.69	18.53	38.15	6.12	17.94
2005	89905.3	70545.8	78.47	90.29	37.45	5.66	17.97	36.42	5.30	17.48
2010	91990.5	71171.5	77.37	90.19	37.00	4.99	18.02	35.96	4.67	17.54
2015	99030.3	72074.8*	72.78	85.72	34.34	3.96	17.15	32.55	3.47	16.41

注：*根据原始样本数据和汇总数据推算。

资料来源：根据2000年和2010年全国人口普查、2005年和2015年全国1%人口抽样调查数据推算。

第三，从劳动参与率的年龄别水平变化来看，年龄别劳动参与率变化可以划分为三个年龄段，也就是可以用三个分段函数进行描述。16~24岁为教育与就业交织阶段，25~44岁为主要就业阶段和45~64岁为就业与退休交织阶段。用总和经济活动年限来综合体现三个年龄段变化的整体效果时发现，16~24岁阶段的总和经济活动年限由2000年的6.69年，下降到2015年的3.96年，下降2.72年，下降幅度占整个总和经济活动年限下降水平的53.19%。从直观时期变化来看，16~24岁阶段是劳动参与率变化最显著的阶段（见图10-6），也是其他年龄段不可比拟的。

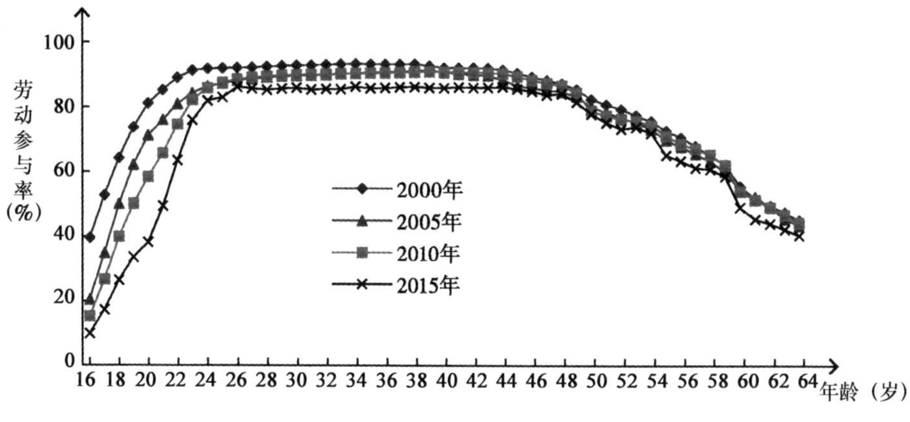

图10-6　年龄别劳动参与率变化

资料来源：根据2000年和2010年全国人口普查、2005年和2015年全国1%人口抽样调查数据推算。

总之，尽管年度劳动统计汇总的就业人口总数可能存在较大偏差，但劳动参与率的变化趋势是一致的。可以肯定，在过去20年里，劳动年龄人口的劳动参与率不断下降，下降的主要原因是年龄别劳动参与率整体上有所下降，其中，16~24岁劳动年龄人口劳动参与率变化最为明显。

10.5.2.4　就业率

劳动参与率的高低决定了在现有劳动年龄人口条件下就业可能性大小，而经济活动人口实际就业则是劳动力市场供需均衡的结果。从抽样调查数据看，中国16~64岁劳动年龄人口就业状况及其变动趋势具有以下几个特征。

第一，2015年以来就业率超过66%。与劳动参与率类似，2015年以来中国社会科学院综合社会状况调查的就业率低于中国家庭追踪调查，但无论哪个数据来源，就业率均在66%以上；劳动参与率、就业率均处于波动中，也没有出现大起大落。从中国家庭追踪调查数据看，2020年16~64岁劳动年龄人口就业率低于2018年，但明显高于2016年。

第二，男性就业率高于女性，且性别差距非常稳定。2016~2020年中国家庭追踪调查调查16~64岁男性就业率与女性就业率的差距在13~17个百分点。中国社会科学院综合社会状况调查同样显示，男性就业率也高于女性，差距在15~22个百分点。2015年全国1%人口抽样调查显示，16~64岁男性劳动年龄人口就业率比女性高17.16个百分点，该差距大于劳动参与率的差距。

第三，标准化的就业率变化趋势与非标准化一致，但变动的区间较小，进一步说明年龄结构对就业率变动会有一定影响。具体来看，2016~2020年中国家庭追踪调查未标准化的就业率处于70.81%~76.22%，而标准化的就业率处于74.75%~76.39%。2015~2021年中国社会科学院综合社会状况调查就业率虽然比中国家庭追踪调查低，但其波动状态类似。值得一提的是，2021年劳动参与率比2019年有所下降，但就业率是上升的，且女性就业率上升幅度大于男性。

10.5.2.5　失业率

就业人口总量、结构既受劳动年龄人口总量、结构的影响，也与就业意愿及劳动力市场的供需关系密切相关。相对于就业率来说，失业率是一个更为敏感的指标，受经济活动人口总量、结构的影响较大。在失业率分析的过程中，需要区分就业模式的结构性变化和失业率水平变动所反映的劳动力市场含义。16~64岁劳动力失业率呈现以下几个主要特征。

表 10–6 16~64 岁劳动年龄人口就业率 单位：%

调查数据	年份	就业率			标准化就业率			失业率		
		全部	男	女	全部	男	女	全部	男	女
CFPS	2016	70.81	78.30	63.42	74.75	82.44	67.15	9.39	10.16	8.40
	2018	76.22	82.98	69.11	76.39	83.01	69.31	2.20	2.19	2.12
	2020	75.49	83.75	67.31	75.10	83.10	67.22	2.75	1.94	3.74
1%人口抽样	2015	68.96	77.38	60.22	68.96	77.38	60.22	7.07	5.89	8.61
CSS	2013	73.85	82.74	64.67	73.16	81.79	64.24	5.03	4.23	6.08
	2015	71.28	80.37	61.85	69.70	78.68	60.36	6.93	5.73	8.51
	2017	66.36	76.91	55.47	64.50	74.54	54.08	9.95	8.35	12.15
	2019	68.84	78.47	58.84	66.86	76.11	57.22	8.62	6.46	11.45
	2021	69.66	78.55	62.87	67.73	77.44	60.65	5.38	4.15	6.52

注：标准化就业率以2015年全国人口1%抽样调查年龄结构为标准。

资料来源：2016~2020年中国家庭追踪调查（CFPS）；2013~2021年中国社会科学院综合社会状况调查（CSS）；2005年全国1%人口抽样调查资料汇总数据。

第一，调查失业率在10%以内。2015年以来中国社会科学院综合社会状况调查的失业率明显高于中国家庭追踪调查，但调查失业率均在10%以内（见图10-7），失业率的变动趋势与劳动参与率、就业率类似，也处于波动中。

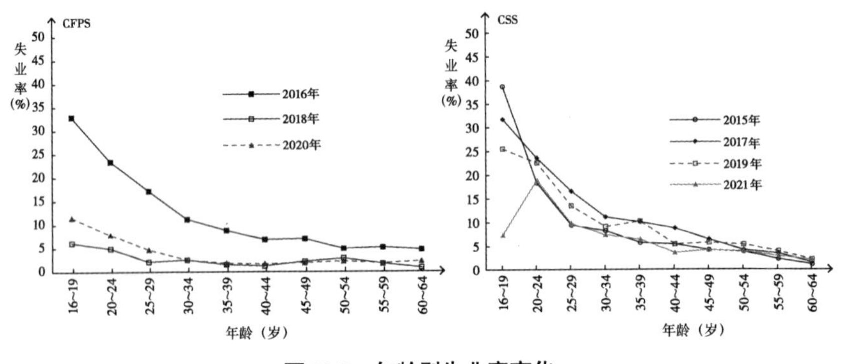

图10-7 年龄别失业率变化

资料来源：2016~2020年中国家庭追踪调查（CFPS）；2015~2021年中国社会科学院综合社会状况调查（CSS）。

第二，失业率存在性别差异，但绝对差距小于就业率的性别差距。从调查数据看，2016~2020年中国家庭追踪调查失业率的性别差距在2个百分点以内，2013~2021年中国社会科学院综合社会状况调查失业率的性别差距在5个百分点以内。

第三，从年龄别失业率的变化看，16~24岁经济活动人口中，年龄越小失业的可能性越大。根据中国家庭追踪调查数据，2016~2020年三次调查年龄别失业率的曲线均类似（见图10-7），16~19岁年龄组经济活动人口失业的比例最大，2016年中国家庭追踪调查16~19岁年龄组失业率超过30%，中国社会科学院综合社会状况调查也类似，2015年、2017年调查16~19岁年龄组失业率也超过30%。随着年龄的增加，年龄别失业率下降，25岁及以上年龄组失业率下降到3%~10%。

10.5.3 就业模式变化

就业模式是指劳动力就业的年龄分布和产业分布。工作时间是劳动力供给与需求研究的重要变量，经典的柯布-道格拉斯生产函数在描述劳动力与经济增长之间的函数关系过程中，忽略了劳动力工作时间的时期差异和队列差异，其实隐含假定劳动力的时期工作时间和队列终身工作时间不变，也就是劳动力的工作人数和工作人年数之间没有差别或测量结果一致。显然，随着就业年龄模式的时期变化，这一简化在劳动力就业测量和测量指标的应用过程中将面临较大风险。

由于受教育程度、劳动力需求和退休制度规定的不同，年龄别在业人口比例表现出明显的年龄、产业和性别差异。本章重点讨论劳动力就业的年龄分布和平均预期工作时间。

10.5.3.1 年龄别在业人口比例整体下降

对比2000~2015年16~64岁年龄别在业人口比例可以发现，2015年年龄别在业人口比例明显低于2010年及以前的年龄别在业比例（见图10-8），表现出进入就业时间明显推迟和年龄别在业人口比例明显降低的特征，这就是所谓的“进度效应”。

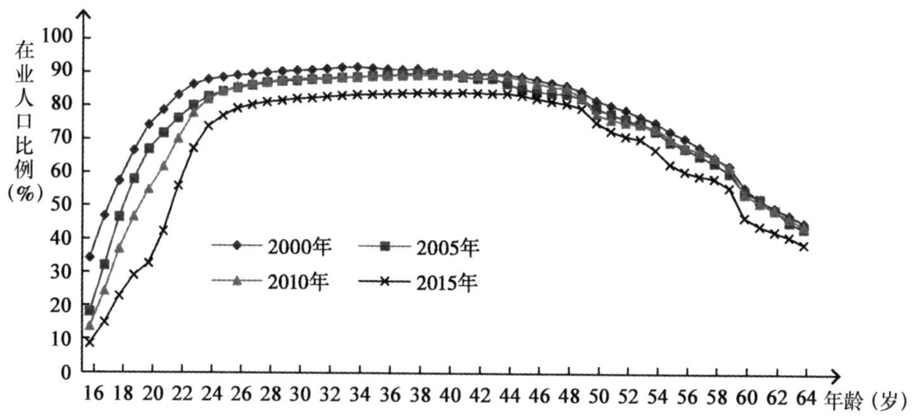

图10-8 年龄别在业人口比例

资料来源：根据2000年和2010年全国人口普查、2005年和2015年全国1%人口抽样调查数据推算。

第一，从总体来看，年龄别在业人口比例整体下降，总和就业年限从2000年的38.15年下降到2015年的32.55年，下降5.60年，下降幅度大于总和经济活动年限（5.12年）的下降幅度（见表10-7）。

第二，从不同年龄阶段变化特征来看，与年龄别劳动参与率的变化特征相同，表现出三个明显的不同阶段。具体来看，16~24岁在业人口比例下降的幅度及其影响最大。16~24岁总和就业年限从2000年的6.12年下降到2015年的3.47年，下降2.65 年，下降水平占整体总和就业年限下降幅度的47.32%。

第三，相比之下，25~44岁、45~64岁劳动年龄人口在业比例变化相对比较稳定。25~44岁人口总和就业年限从2000年的17.94年下降到2015年的16.41年，下降1.53 年，下降水平占整体总和就业年限下降幅度的27.32%。45~64岁人口总和就业年限从2000年的14.09年下降到2015年的12.67年，下降1.42 年，下降水平占整体总和就业年限下降幅度的25.36%。同样是20个年龄组，25~44岁劳动年龄人口年龄别在业比例变化的幅度更大。

表10-7 **中国人口平均预期受教育年限估计**

年度	20岁人口在校率（%）	24岁人口平均受教育年限（年）	总和受教育年限（年）
2000年中国	15.13	9.15	11.06
2005年中国	21.30	9.76	12.30
2010年中国	36.08	10.74	13.07
2015年中国	45.27	11.65	13.52
2020年中国	63.43	12.81	14.63
2000年美国	47.82	13.84	14.72
2005年印度	—	8.27	10.82
2000年日本	61.87	14.00	—

资料来源：国家统计局，2000年、2010年、2020年全国人口普查汇总数据推算；国家统计局，2005年、2015年全国1%人口抽样调查汇总数据推算；Census of Population and Housing，2000［United States］；India Human Development Survey（IHDS），2005；Japan 2000 National Survey on Family and Economic Conditions（NSFEC）。

10.5.3.2 受教育水平迅速提高改变就业模式

对比2000年以来人口普查和1%人口抽样调查年龄别在校率的变化情况可以发现，2020年与2010年的最大差异表现在16~24岁年龄别在校率的变化。比如，2010年20岁人口在校比例为36.08%，2020年上升为63.43%。另外，24岁人口平均受教育年限从2010年的10.74年提高到2020年的12.81年。显然，16~24岁人口在校比例的提高必然影响16~24岁人口年龄别在业人口比例。

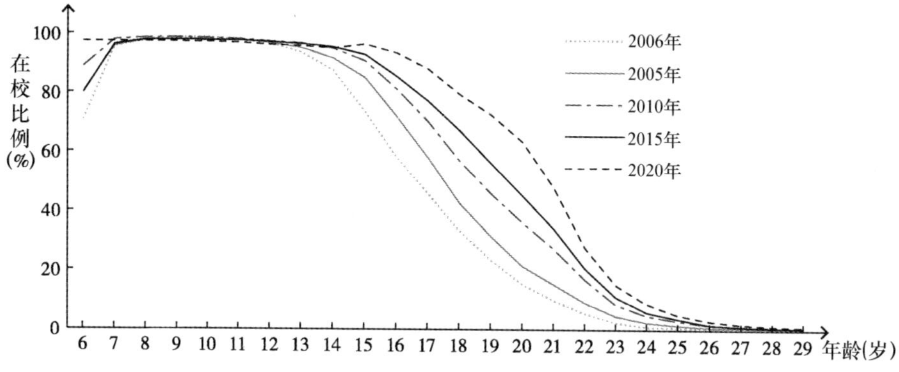

图 10-9　年龄别在校比例变化

资料来源：根据2000年、2010年、2020年全国人口普查，2005年和2015年全国1%人口抽样调查原始样本汇总数据推算。

为了测量年龄别在校比例提高的综合效果，可以通过计算总和受教育年限（6~24岁）来估计平均预期受教育年限。计算结果表明，2020年全国6~24岁人口总和受教育年限为14.63年，比2010年的13.07年提高1.56年，比2000年的11.06年提高3.57年。平均预期受教育年限的提升必然影响劳动力供给的时间和规模，而且总和受教育年限的长短还会影响总和就业年限。

10.5.3.3　年轻劳动力就业问题突出

为了便于细致观察劳动年龄人口的就业问题，可以将年龄别受教育人口及经济活动人口称为社会经济活动人口，将既不参与劳动也不在校受教育人群称为非社会经济活动人口。从非社会经济活动人口的规模变化来看，2000年全国16~64岁劳动年龄人口中非社会经济活动人口为9349.86万人，2005年上升至14093.93万人，2010年非社会经济活动人口略有下降，但仍保持在13735万人左右。然而，2015年比2010年非社会经济活动人口显著上升，达到19961.61万人。

通过计算年龄别社会经济活动人口比例，可以分析年龄别社会经济活动人口的变化特征（见图10-10）。从图10-10可以看到几个突出的节点，其中变化最显著的节点是18~24岁年龄段，具体变化情况表现在两个方面。

第一，从年龄别社会经济活动人口比例来看，2015年年龄别社会经济活动人口比例明显低于2010年，各年龄段下降3~5个百分点。然而，不同年龄阶段存在差异，如18~24岁、55~58岁、60~63岁等。从图10-10可见，各曲线之间出现了几个明显的“缺口”。其中，2015年18~24岁年龄别社会经济活动人口比例明显低于2000年、2005年和2010年，出现一个非常明显的“缺口”。具体来看，与2010年差距最大的是20岁，二者相差10.95个百分点。

第二，从非社会经济活动人口规模来看，2000年18~24岁不在校、不在业非社会经济活动人口为574.78万人，2005年上升到1051.58万人，2010年与2005年相比基本保持稳定，比2005年略有增长，达到1059.61万人。但是，2015年则大幅上升，上升到1757.09万人，这或许是年轻“啃老”人口规模大幅上升，从而形成曲线之间一个明显的“缺口”。

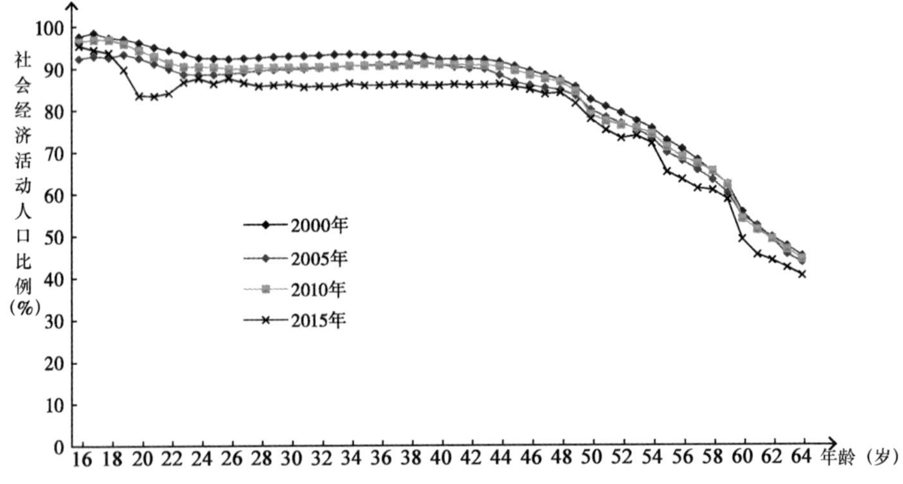

图10-10　年龄别社会经济活动人口比例

资料来源：根据2000年和2010年全国人口普查数据、2005年和2015年全国1%人口抽样调查数据推算。

综上所述，随着劳动力受教育水平提高，劳动力就业的年龄模式发生显著变化。就业人口的突出问题主要表现在“两头”，年轻劳动年龄人口不仅就业模式变化显著，而且就业问题突出，其结果是平均预期工作时间明显缩短，2000~2015年减少6年以上，平均预期工作时间占平均预期余寿的比例下降到50%以下，男女性别差异以及劳动年龄人口平均预期工作时间的缩短，使社会保障制度平稳运行面临的系统性风险不断增大。

10.5.4　就业状态转换比例

为了研究中国劳动年龄人口就业状况的变化，除了采用传统的劳动参与率、就业率和失业率等宏观指标，还对16~64岁劳动年龄人口就业状态转换比例的变化趋势进行分析，旨在研究就业状态的稳定性，特别是通过对年龄别和分性别进行对比分析，与多状态生命表的研究指标或视角一致。考虑到调查样本量的限制和统计推断的实际意义，对老年人口就业状况等更详细的统计分析未纳入研究范围。

劳动参与率、就业率、失业率是静态测量指标，只是对一个时点状态或变动结果的测量。为了研究就业的稳定性和经济活动人口的就业状况还可以通过就业状态转换比例的变化来做进一步分析。由于中国家庭追踪调查既可以通过不同时点样本匹配来分析就业状态的转换比例，也可以直接采用回顾两年前的就业状态来分析就业状况特征的时期变化。就业与非就业状态的转换可以分为：第一种是处于就业状态不变；第二种是处于非就业状态不变；第三种是由非就业到就业状态转换；第四种是由就业到非就业状态转换。下面将根据2016年、2018年和2020年中国家庭追踪调查数据，从总体情况和性别差距两方面分析中国16~64岁劳动年龄人口就业状态转换的基本情况和主要特征。

10.5.4.1　持续就业比例

就业人口能否持续稳定工作反映了劳动力市场的稳定性。从调查数据看，中国劳动年龄人口持续就业比例表现出两个基本特征：一是持续处于就业状态不变的比例不断下降。从中国家庭追踪调查数据看，整体上，2015年以来，16~64岁劳动年龄人口两个时点稳定在就业状态的比例下降。具体来看，2014~2016年16~64岁劳动年龄人口处于持续就业状态的比例为89.49%[①]，2016~2018年均处于就业状态不变的比例下降到89.29%，2018~2020年均处于就业状态不变的比例进一步下降到88.76%（见表10-8）。二是持续就业比例性别差距扩大。2014~2016年16~64岁男性持续处于就业状态的比例为92.28%，女性为86.18%，二者相差6.10个百分点；2016~2018年男性持续处于就业状态的比例上升到93.12%，女性下降为84.92%，二者的差距扩大到超过8个百分点，2018~2020年男性持续处于就业状态的比例进一步上升到93.99%，女性则下降到83.16%，二者差距扩到10.83个百分点。由此可见，中国劳动年龄人口除了持续稳定就业比例下降，男性和女性稳定在就业状态的比例差距扩大。

---

① 假定两个时点状态相同的人口在两个时点之间没有发生状态转换。

表10-8　**16~64岁劳动年龄人口就业状态转换比例**　单位：%

性别	起始＼终止	2014（起始）~2016年（终止）		2016（起始）~2018年（终止）		2018（起始）~2020年（终止）	
		非就业	就业	非就业	就业	非就业	就业
男	非就业	51.19	48.81	38.39	61.61	34.26	65.74
	就业	7.72	92.28	6.88	93.12	6.01	93.99
女	非就业	66.51	33.49	58.43	41.57	56.34	43.66
	就业	13.82	86.18	15.08	84.92	16.84	83.16
合计	非就业	59.98	40.02	48.85	51.15	45.85	54.15
	就业	10.51	89.49	10.71	89.29	11.24	88.76

注：由于调查未提供权重，故未加权。

资料来源：2014~2020年中国家庭追踪调查（CFPS）。

总之，男性处于持续就业状态的比例不仅高于女性，而且不断上升。女性则相反，处于不断下降。由于16~64岁劳动年龄人口男女之间就业状态不变的比例上升和下降幅度影响不同，从而导致性别差距扩大和整体持续就业劳动年龄人口比例下降。

10.5.4.2　持续非就业比例

与劳动年龄人口能否持续稳定就业一样，劳动年龄人口持续非就业的比例也反映出劳动力市场的变动特征。首先，16~64岁劳动年龄人口持续非就业的比例下降。根据中国家庭追踪调查数据，从两个时点稳定在非就业状态的情况看，2014~2016年16~64岁劳动年龄非就业人口持续处于非就业状态的比例为59.98%，2016~2018年下降到48.85%，2018~2020年进一步降至45.85%。其次，性别差距加速扩大。2014~2016年16~64岁男性劳动年龄持续处于非就业状态人口比例为51.19%，女性为66.51%，二者相差15.32个百分点；2016~2018年男性降至38.39%，女性降至58.43%，但二者的差距扩大到超过20个百分点；2018~2020年男性进一步下降到34.26%，女性下降到56.34%，同样，由于男性下降幅度更大，二者的差距进一步扩到22.08个百分点。由此可见，男性持续处于非就业状态的比例不仅远低于女性，而且下降幅度也远超过女性。虽然女性持续处于非就业状态比例也明显下降，且降幅超过10个百分点，但由于男性下降的幅度更大，同时期下降16.93个百分点，从而使持续处于非就业状态可能性的性别差距扩大。

总体上，从就业与非就业状态是否持续的角度看，状态维持稳定的比例下降。无论是两个时点处于就业状态还是非就业状态，也就是没有发生状态转换的比例有所下降。只是下降的幅度不同，持续就业比例下降幅度低于非就业状态下降的比例。

10.5.4.3　由非就业到就业状态（转换）比例

由非就业到就业状态转换比例的高低反映了能否顺利实现就业或再就业的可能性大小，从而反映劳动力市场的活跃程度和稳定水平。从总体上看，2015年以来，由非就业到就业转换的比例不断提高。中国家庭追踪调查数据显示，2014年16~64岁劳动年龄人口非就业状态到2016年进入就业状态转换的比例为40.2%，2016~2018年转换的比例提高到51.15%，2018~2020年转换比例进一步提高到54.15%。从不同性别劳动年龄人口进入就业状态的比例看，无论男性还是女性，进入就业状态的比例都不断提升，相比之下，男性提升的幅度更大。2014~2016年中国家庭追踪调查调查16~64岁男性劳动年龄人口进入就业状态的比例为48.81%，2016~2018

年提高到61.61%，2018~2020年进一步提高到65.74%，男性提高16.93个百分点。与男性类似，2014~2016年女性进入就业状态的比例为33.49%，比男性低15.32个百分点。2016~2018年女性进入就业状态的比例提高到41.57%，2018~2020年进一步提高到43.66%。对比2016~2020年男性和女性进入就业状态比例提高的幅度可以看到，男性提高16.93个百分点，女性提高10.17个百分点。由于男性提升水平远高于女性，从而使男性与女性进入就业可能性的差距扩大。

10.5.5 平均预期就业年限与非就业年限

为了深入分析就业状态稳定性对劳动力市场变动的影响，测量就业状态转换对未来就业状况变化的影响，需要构建综合统计指标来监测、预警不同队列或年龄劳动力的就业变动趋势和内涵。中国家庭追踪调查采用追踪和回顾调查的方式，为构建多状态就业生命表提供了数据基础，但由于该调查周期为两年，因此，本章在使用该调查数据构建多状态就业生命表过程中，采用两岁间隔和单岁间隔数据。无论哪种方式都是假定状态连续变化的线性或非线性平均与一年调查周期的观察结果相同或接近，也就是瞬时转移概率近似恒等。另外，由于死亡是马尔可夫过程的吸收状态，所以死亡意味着完全退出各种状态或过程。考虑到2016~2020年中国家庭追踪调查数据64岁以上的样本量较少，影响测量的稳定性，因此，本章多状态就业生命表观测指标的年龄区间限定在16~64岁，65岁全部退出就业状态，以2020年中国家庭追踪调查数据为例，展示多状态就业生命表中间计算结果。2018~2020年中国男性和女性劳动年龄人口多状态就业生命表计算结果见表10-9和表10-10。限于篇幅，仅对2014~2020年多状态就业生命表进行分析，且重点分析平均预期就业和非就业年限。通过构建多状态就业生命表，得到以下几个基本结论。

10.5.5.1 平均预期就业年限

16~64岁劳动年龄人口平均预期工作年限包含两种类型。一种是16岁及以上劳动年龄人口某个年龄进入就业状态，只发生一次进入和退出就业状态的情况；另一种是16岁及以上劳动年龄人口在16~64岁年龄区间发生多次进入和退出就业状态的情况，这里退出包括死亡退出。平均预期就业年限是指16岁存活人口在16~64岁年龄区间内的平均预期就业时间。根据2016~2020年中国家庭追踪调查数据估计发现：（1）男性劳动年龄人口平均预期就业年限比女性长6~8年，这与平均预期寿命“男短女长”和增加

表 10-9　　2018~2020 年男性劳动年龄人口就业生命表

年龄	$i\hat{\pi}_x a$	$a\hat{\pi}_x i$	D_x	${}^{a}l_x^{a}$	${}^{a}L_x^{a}$	${}^{a}T_x^{a}$	${}^{a}e_x^{a}$	${}^{i}l_x^{i}$	${}^{i}L_x^{i}$	${}^{i}T_x^{i}$	${}^{i}e_x^{i}$
16	0.025641	0.000000	0.000492	0	4999	3678168	36.78	100000	194903	1096372	10.96
18	0.109589	0.000000	0.000576	4999	28671	3673169	36.77	94903	171017	901469	9.02
20	0.173554	0.050000	0.000655	23672	67383	3644498	36.52	76115	132060	730452	7.32
22	0.482143	0.119048	0.000718	43711	112713	3577116	35.89	55945	86456	598392	6.00
24	0.802469	0.028986	0.000802	69003	158389	3464403	34.81	30510	40477	511936	5.14
26	0.875000	0.062500	0.000806	89386	176361	3306014	33.28	9967	22186	471458	4.75
28	0.884615	0.026786	0.000896	86974	179392	3129653	31.55	12219	18817	449272	4.53
30	0.947368	0.012658	0.001000	92418	187947	2950260	29.80	6598	9887	430455	4.35
32	1.000000	0.040230	0.001130	95529	186301	2762314	27.95	3289	11112	420568	4.26
34	0.960000	0.047059	0.001349	90772	179822	2576013	26.13	7823	17102	409456	4.15
36	0.948276	0.023256	0.001502	89050	181672	2396191	24.37	9279	14691	392354	3.99
38	0.929825	0.034965	0.001741	92622	183236	2214518	22.59	5412	12492	377663	3.85
40	0.880952	0.034783	0.002069	90614	180628	2031282	20.79	7080	14356	365171	3.74
42	0.914286	0.036585	0.002517	90014	179333	1850654	19.02	7276	14759	350815	3.61
44	0.920000	0.013514	0.002936	89318	182027	1671321	17.27	7483	11010	336056	3.47
46	0.906977	0.046512	0.003282	92708	179527	1489294	15.48	3526	12313	325046	3.38
48	0.936170	0.049724	0.004294	86818	172112	1309768	13.70	8787	18281	312733	3.27
50	0.850000	0.049505	0.004858	85293	169482	1137656	12.00	9494	19177	294451	3.11

续表

年龄	$i\hat{\pi}_x a$	$a\hat{\pi}_x i$	D_x	${}^{a}l_x^{a}$	${}^{a}L_x^{a}$	${}^{a}T_x^{a}$	${}^{a}e_x^{a}$	${}^{i}l_x^{i}$	${}^{i}L_x^{i}$	${}^{i}T_x^{i}$	${}^{i}e_x^{i}$
52	0.860000	0.037037	0.005510	84188	169392	968174	10.31	9683	17322	275274	2.93
54	0.787234	0.047337	0.006639	85204	167644	798782	8.60	7639	16816	257952	2.78
56	0.765957	0.102439	0.007635	82440	155553	631138	6.89	9178	26295	241136	2.63
58	0.666667	0.080214	0.009359	73113	146638	475585	5.27	17117	32148	214841	2.38
60	0.531250	0.204918	0.011364	73525	130512	328948	3.71	15031	44610	182693	2.06
62	0.395349	0.233577	0.013534	56987	107348	198436	2.29	29579	63473	138083	1.60
64	0.255814	0.278846	0.016968	50361	91087	91087	1.08	33894	74610	74610	0.89

注：个别基础数据由于调查样本量较小，指标波动较大，这里未进行平滑。

资料来源：2020年中国家庭追踪调查（CFPS）。

表10–10　　2018~2020年女性劳动年龄人口就业生命表

年龄	$i\hat{\pi}_x a$	$a\hat{\pi}_x i$	D_x	${}^{a}l_x^a$	${}^{a}L_x^a$	${}^{a}T_x^a$	${}^{a}e_x^a$	${}^{i}l_x^i$	${}^{i}L_x^i$	${}^{i}T_x^i$	${}^{i}e_x^i$
16	0.045161	0.000000	0.000240	0	8636	3016320	30.16	100000	191316	1870962	18.71
18	0.066116	0.666667	0.000256	8636	22219	3007683	30.09	91316	177634	1679647	16.80
20	0.108974	0.105263	0.000281	13583	41483	2985464	29.88	86318	158263	1502013	15.04
22	0.415929	0.172414	0.000314	27900	88277	2943981	29.49	71944	111350	1343750	13.46
24	0.652174	0.203125	0.000343	60377	129268	2855704	28.62	39405	70228	1232401	12.35
26	0.627907	0.161290	0.000358	68891	140781	2726436	27.34	30823	58575	1162173	11.66
28	0.597403	0.162393	0.000385	71890	143138	2585656	25.95	27752	56070	1103598	11.08
30	0.635659	0.245000	0.000457	71248	135207	2442518	24.53	28317	63833	1047528	10.52
32	0.636364	0.165746	0.000491	63959	135378	2307311	23.19	35516	63474	983695	9.89
34	0.650000	0.139535	0.000609	71419	145698	2171933	21.86	27958	52935	920221	9.26
36	0.629630	0.107692	0.000679	74279	151951	2026234	20.41	24977	46426	867287	8.74
38	0.690909	0.123288	0.000786	77672	154312	1874283	18.91	21449	43775	820861	8.28
40	0.744186	0.117117	0.000972	76639	154412	1719971	17.38	22326	43327	777086	7.85
42	0.685714	0.131944	0.001167	77773	152997	1565559	15.85	21001	44319	733759	7.43
44	0.682927	0.100671	0.001407	75225	153888	1412562	14.33	23318	42921	689440	7.00
46	0.680000	0.062857	0.001574	78663	162358	1258674	12.81	19603	33865	646518	6.58
48	0.571429	0.094937	0.002065	83695	162285	1096316	11.19	14262	33226	612653	6.25

续表

50	0.603448	0.104072	0.002467	78590	155317	934031	9.57	18964	39310	579427	5.94
52	0.566038	0.123348	0.002802	76727	150038	778714	8.02	20347	43566	540116	5.56
54	0.481481	0.171569	0.003478	73311	139176	628676	6.51	23219	53217	496550	5.14
56	0.323077	0.217391	0.004050	65864	122251	489500	5.11	29997	68699	443333	4.62
58	0.235955	0.245399	0.005050	56387	104896	367249	3.86	38702	84326	374634	3.94
60	0.275000	0.256410	0.006371	48509	96244	262353	2.79	45624	90831	290308	3.08
62	0.218182	0.336735	0.007848	47734	87318	166110	1.79	45207	97116	199478	2.15
64	0.219178	0.303371	0.010130	39584	78791	78791	0.86	51910	102361	102361	1.12

幅度“男慢女快”的变化的趋势相反。随着年龄的增长，男性和女性平均预期就业年限都单调下降。男性16岁平均预期就业年限为36~38年，女性为30~31.6年；男女平均预期就业年限一直存在明显差距，但随着年龄增长差距逐渐缩小（见图10-11a），36岁缩小到16岁的50%~60%。以2016年调查为例，2016年男女16岁劳动年龄人口平均预期就业年限为37.97年和30.42年，男女之间的差距为7.54年；到36岁男女平均预期就业年限下降至24.40年和20.47年，二者的差距缩小为3.94年，不到16岁的53%。（2）男性劳动年龄人口平均预期就业年限稳定，女性呈不断下降的趋势。对比2014~2016年、2016~2018年和2018~2020年平均预期就业年限可以发现，16岁男性平均预期就业年限分别为37.65年、37.94年和36.78年；女性平均预期就业年限分别为31.60年、30.42年和30.16年，处于明显的下降过程中。

10.5.5.2　平均预期非就业年限

16~64岁劳动年龄人口平均预期非就业年限也是对两种类型的综合测量。一种是16岁及以上劳动年龄人口一直未进入就业状态，直到65岁一直处于非就业状态；另一种是16岁及以上劳动年龄人口在16~64岁年龄区间发生多次进入和退出就业状态的情况。平均预期非就业年限是测量16岁存活人口在16~64岁年龄区间内的平均预期非就业时间。基于2016~2020中国家庭追踪调查数据的测算结果显示，（1）女性劳动年龄人口平均预期非就业年限远远大于男性。男性16岁平均预期非就业年限为9.78~10.96年，女性为17.28~18.71年，女性平均预期非就业年限是男性的两倍左右。男女平均预期非就业年限相对差距最大年龄阶段在22~26岁，在此期间女性平均预期非就业年限是男性的2.1~2.6倍。（2）男性和女性平均预期非就业年限下降最快的阶段是16~22岁。根据中国家庭追踪调查数据，22岁女性平均预期非就业年限是16岁的71%~73%，22岁男性平均预期非就业年限是16岁的54%~59%。22岁以上男性平均预期非就业年限下降速度相对较慢，女性更快一些（见图10-11b）。（3）随着年龄增长，女性劳动年龄人口平均预期非就业年限与男性的差距缩小。虽然二者平均预期非就业年限的绝对差距随年龄增长缩小，但不同年龄阶段缩小的幅度不同。54岁及以前女性平均预期非就业年限是男性的1.8~2.0倍，二者实质性缩小体现在54岁及以上年龄段（见图10-11b）。

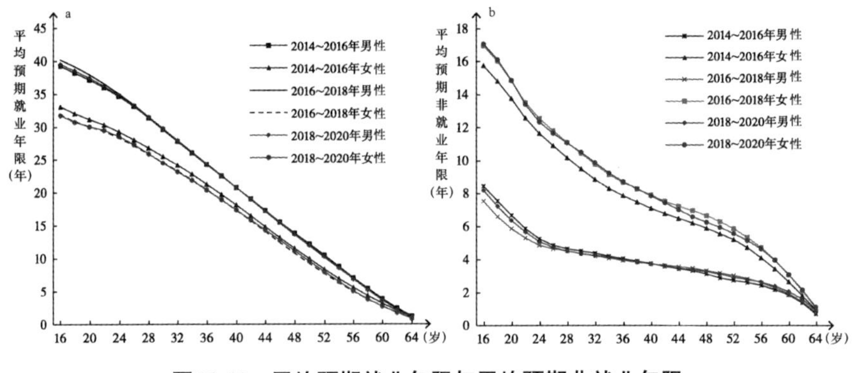

图10-11　平均预期就业年限与平均预期非就业年限

资料来源：2016~2020年中国家庭追踪调查（CFPS）。

通过劳动年龄就业人口状态转换比例、平均预期就业年限与非就业年限等指标分析可以看到，劳动年龄人口进入就业状态后两年内持续就业比例超过88%，而经常发生由就业到非就业状态转换的比例不到15%。就业到非就业状态变化表现出越来越大的性别差异和稳定的年龄模式。16岁人口平均预期就业年限和平均预期非就业年限此消彼长，男性平均预期就业年限相对稳定，女性则明显下降。随着年龄的增长，平均预期就业年限和非就业年限均单调下降。

10.5.6　研究结论与讨论

就业是最大的民生，也是一个非常复杂的研究问题，劳动力供需和就业问题研究的重要意义不言而喻。中国就业状况测量受现有公开数据资源限制，调查数据公开和原始数据开发问题突出，这在一定程度上限制了对劳动力就业问题的深入研究，目前研究方法粗糙、分析技术落后不可避免。

就业生命表可以获得的重要统计指标之一是平均预期就业年限，这也是其他分析技术无法替代的。在中国养老和社会保障政策或制度研究过程中，平均预期就业年限和平均预期寿命一样都是相关精算模型的重要参数，因此科学测算不同队列人口平均预期就业年限，既是提升就业人口养老金缴费等社会保障制度精算水平的关键指标，也是科学监测和预警就业市场重大变化的有效手段。以往中国相关研究仅从平均预期寿命等指标出发，缺少对未来就业水平和预期就业时间的测量，精算模型不仅存在明显的缺陷，而且测算结果也非常粗糙。在现有条件下，本研究试图从劳动力就业的关键研究问题与基础测量方法出发，对中国劳动就业状况及变化特征进行分析，本章主要采用人口普查、1%人口抽样调查和中国家庭追踪调查数据，在对就业率和失业率等指标标准化的基础上，比较就业或非就业状态的变化趋势。然后，根据该调查现有数据构建多状态就业生命表，进一步分析中国16~64岁研究劳动年龄人口就业状况和变动特征，并得到以下主要结论。

第一，16岁及以上劳动力劳动参与率持续下降。21世纪以来，中国16岁及以上劳动力劳动参与率从2000年的78.76%下降到2018年的70.31%。通过人口普查和1%人口抽样调查数据对劳动参与率进行分解发现，劳动参与率下降的主要原因是年龄别劳动参与率的显著下降，远远超过劳动力年龄结构变化的影响。总和经济活动年限从2000年的39.46年下降到2015年的34.34年，其中16~24岁人口的总和经济活动年限显著下降是主要原因。

第二，就业模式年龄阶段特征显著。与年龄别劳动参与率的变化相同，就业模式表现出三个明显不同的年龄阶段，即16~24岁、25~44岁和45~64岁。2000年以来，年龄别在业人口比例整体下降，总和就业年限从2000年的38.15年下降到2015年的32.55年，下降5.60 年，下降幅度大于总和经济活动年限的下降幅度。16~24岁在业人口比例下降幅度及其影响最大，下降水平占整体总和就业年限下降幅度的47.32%。

第三，就业率处于小幅波动之中，但总体相对稳定。2015年以来，16~64岁劳动年龄人口就业率超过66%。2020年和2021年就业率受疫情影响略低于2018年的水平。男性和女性劳动年龄人口的就业率差距较大。男性就业率高于女性。2016~2020年中国家庭追踪调查数据显示，16~64岁男性与女性就业率的差距为13~17个百分点。

第四，2015年以来，男性两年内处于持续就业状态的比例不仅高于女性，而且不断上升。女性的情况正好相反，处于不断下降的过程。由于16~64岁劳动年龄人口男女处于持续就业状态的比例上升和下降的幅度不同，从而导致性别差距扩大和整体持续就业劳动年龄人口比例下降。男性16岁平均预期就业年限为36~38年，女性为30~31.6年，男性劳动年龄人口平均预期就业年限比女性长6~8年。此外，男性劳动年龄人口平均预期就业年限稳定，女性平均预期就业年限则呈现不断下降趋势。

第五，调查失业率在10%以内，16~64岁劳动年龄人口处于持续非就业状态的比例下降。2015年以来，中国社会科学院综合社会状况调查的失业率明显高于中国家庭追踪调查的失业率，但无论是哪个数据来源，调查失业率均在10%以内。与就业率变动趋势类似，失业率也处于波动之中。虽然失业率存在明显的性别差异，但二者的差距远小于就业率的性别差距，失业率的性别差距为2~5个百分点。男性处于持续非就业状态的比例不仅远低于女性，而且下降的幅度也远超过女性。男性16岁平均预期非就业年限为9.78~10.96年，女性为17.28~18.71年，是男性的两倍左右。男性和女性平均预期非就业年限相对差距最大年龄阶段在22~26岁，在此期间女性平均预期非就业年限是男性的2.1~2.6倍。随着年龄增长女性与男性劳动年龄人口平均预期非就业年限的差距逐渐缩小，但不同年龄阶段缩小的幅度不同。54岁及以前女性平均预期非就业年限是男性的1.8~2.0倍，二者实质性缩小体现在54岁及以上年龄段。

第六，劳动年龄人口就业的年龄模式和变动趋势稳定。标准化的就业率变化趋势与非标准化就业率的变动趋势基本一致，但变动的区间要略小。从年龄别失业率的变化看，16~24岁经济活动人口中年龄越小失业的可能性越大。随着年龄的增加，年龄别失业率下降，25岁及以上年龄组失业率下降到3%~10%。

第七，无论男性还是女性，劳动年龄人口由非就业状态到就业状态转换的比例都不断提升，其中男性提升的幅度更大。由于水平和提升速度均为男性远大于女性，从而使男性与女性进入就业可能性的差距扩大。

第八，青年劳动力就业问题突出。2015年18~24岁年龄别社会经济活动人口比例明显低于2000年、2005年和2010年，出现一个明显的“缺口”，与2010年差距最大的是20岁相差10.95个百分点，不在业、不在校青年劳动力就业问题突出。

总之，针对中国劳动力就业测量方法、基础调查数据存在的粗糙、落后等缺陷和问题，本研究在就业综合统计指标分解、标准化测量和工作生命表建立等方面进行改进，指出劳动力工作人数与人年数之间的差异，以及忽略二者的时期、队列显著变化可能带来的研究风险。通过劳动年龄人口就业状态测量可以看到，中国劳动年龄人口平均预期就业年限和平均预期非就业年限此消彼长，男性平均预期就业年限相对稳定，而女性平均预期就业年限的时期变化明显，且就业的稳定性明显低于男性。16岁劳动年龄人口平均预期就业年限性别差距扩大或波动的主要原因是女性平均预期就业年限的减少或波动，但随着年龄增长平均预期就业年限的绝对差距缩小。男性25~44岁平均预期非就业年限非常稳定，而16~22岁无论男性还是女性平均预期非就业年限均下降较快。此外，需要指出的是，由于忽略了就业状态的转换，平均预期就业与非就业年限变化的构成和一些特征被简化，因此，传统简化就业生命表监测、预警就业存在的问题可能会出现偏差，特别是就业年龄和性别特征变化对整体就业形势变化的敏感性有可能被放大或弱化。

最后需要讨论两个方法和数据的问题，一是由于中国家庭追踪调查周期为两年，因此，在构建多状态就业生命表过程中忽略了中间的状态转换，假定中间状态转换的概率等于两年的线性或非线性平均，由此可能会引起一些偏差，但由于平均预期时间推断是建立在假想队列基础上的，因此，不同年龄别概率观察偏差可能存在误差相抵，由此偏差被缩小的可能性比较大；二是对工作与在业没有进行严格区分，如将农业在业人口季节性或经营性歇业、放假等视为有工作即就业，特别是在疫情条件下的被动歇业，由此可能存在高估就业率的风险。鉴于就业研究问题的复杂性，基础数据的可获得性、数据质量以及测量方法的缺陷或问题，本研究对劳动参与率、平均预期工作时间等关键指标可能高估，因此，还需要更完善的数据来源和分析方法进行重复检验和深入研究。

第11章 Kaplan–Meier生存分析方法与应用研究

Kaplan-Meier生存分析是基于个案数据估计存活函数的方法，又称乘积极限法，可以视为广义的生命表，目的是估计平均预期时间和随时间变化发生的存活函数。Kaplan-Meier方法是Kaplan和Meier在1958年提出的，又称Kaplan-Meier存活函数 $\hat{s}(t)$ 估计量[①]。与生命表存活函数方法既有相似之处，又有明显的不同，二者的不同之处在于对观察对象的时间变量分组。相对于生命表存活概率估计，Kaplan-Meier生存分析方法存活概率估计更精确，而且更适合样本不是很大的研究。同样，有时观察对象在特定观察时间内没有发生事件可能发生了“删失”或“失联”。为了叙述方便，将个案事件的发生或删失退出视为广义的持续存活或“死亡”。Kaplan-Meier存活函数用于描述、检验干预组（处理组）与对照组之间存活时间差异以及存活发生概率的时间特征。

11.1 主要指标定义与计算方法

定义 n_i 为 t_i 时点观察个案经历风险数；d_i 为 t_i 时点观察个案失败（死亡）数；λ_i 为［t_i，t_{i+1}］时间区间内观察个案删失数；记：

$n_0=n$；

$n_{i+1}=n_i-d_i-\lambda_i$；i=0，1，2，…，k−1；

---

① Elandt-Johnson R.C.and Johnson N.L.，1980，*Survival Models and Data Analysis*，John Wiley and Sons，pp.173~180.

$t_0=0$；$t_{k+1}=\infty$；$d_0=0$；$\lambda_0=0$。

Kaplan-Meier存活函数估计：

$$\hat{s}(t) = \prod_{t_i<t}\left(1 - \frac{d_i}{n_i}\right)$$

平均存活时间：

$$\hat{\mu} = \sum_{i=0}^{k-1} \hat{s}(t_i^+)(t_{i+1} - t_i)$$

平均存活时间标准差：

$$var(\hat{\mu}) = \sum_{i=1}^{k} \frac{a_i^2 d_i}{n_i(n_i - d_i)}$$

$$a_i = \sum_{l=i}^{k-1} \hat{s}(t_l^+)(t_{l+1} - t_l)$$

Kaplan-Meier生存分析与基于个案原始数据的生命表有较多相似之处，如生存时间变量、事件发生或状态转换变量定义等，而Kaplan-Meier生存分析的不同之处是能够比较不同影响因子的存活函数或平均预期存活时间。

对于存活曲线的标准误可以采用与生命表类似的方法进行估计：

$$se(\hat{s}(t)) = \hat{s}(t)\sqrt{\sum_{j=1}^{i} \frac{1 - \hat{s}(t)}{n_i \times \hat{s}(t)}}$$

此外，因子之间差异显著性检验可以采用χ^2检验。

11.2　界面设计与功能

Kaplan-Meier生存分析的界面设计与基于个案原始数据的生命表的界面设计非常类似，不同之处是不需要定义时间间隔，这使得数据的汇总和分组方法更加简便。然而，由于需要对比不同维度或分类因子条件下的存活函数和平均预期存活时间，其数据管理比较复杂。

Kaplan-Meier生存分析需要定义的变量主要有三个，一是时间变量，二是状态变量及状态变量取值，三是因子变量。具有界面设计控件是通过ComboBox和SpinEdit来实现，变量的选择包括时间变量的选择、状态变量选择和定义以及不同因子比较，Kaplan-Meier生存分析计算结果通过字符串网格来显示（见图11-1），具体控件定义见程序11-1。

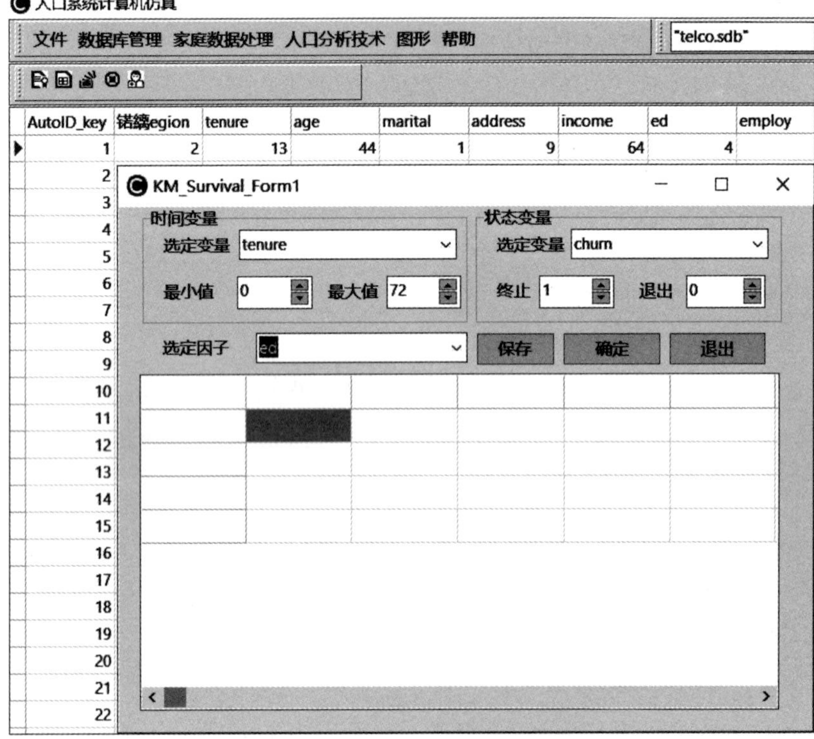

图 11-1 Kaplan–Meier 生存分析数据读取

程序 11-1 Kaplan–Meier 生存分析控件定义

```
//------------------------------------------------------------
#ifndef KM_Survival_Unit1H
#define KM_Survival_Unit1H
//------------------------------------------------------------
#include <System.Classes.hpp>
#include <Vcl.Controls.hpp>
#include <Vcl.StdCtrls.hpp>
#include <Vcl.Forms.hpp>
#include <Vcl.ExtCtrls.hpp>
#include <Vcl.Samples.Spin.hpp>
#include <Data.DB.hpp>
#include <Vcl.DBGrids.hpp>
#include <Vcl.Grids.hpp>
#include <Vcl.Dialogs.hpp>
```

```
//---------------------------------------------------------------
class TKM_Survival_Form1 : public TForm
{
__published:    // IDE-managed Components
  TPanel *Panel1;
  TComboBox *ComboBox1;
  TSpinEdit *SpinEdit1;
  TLabel *Label4;
  TLabel *Label5;
  TSpinEdit *SpinEdit2;
  TGroupBox *GroupBox1;
  TLabel *Label1;
  TGroupBox *GroupBox2;
  TComboBox *ComboBox2;
  TLabel *Label2;
  TLabel *Label3;
  TSpinEdit *SpinEdit3;
  TLabel *Label6;
  TSpinEdit *SpinEdit4;
  TButton *Button1;
  TButton *Button2;
  TComboBox *ComboBox3;
  TLabel *Label7;
  TButton *Button3;
  TSaveDialog *SaveDialog1;
  TStringGrid *StringGrid1;
  void __fastcall Button2Click(TObject *Sender);
  void __fastcall ComboBox1Change(TObject *Sender);
  void __fastcall Button3Click(TObject *Sender);
  void __fastcall Button1Click(TObject *Sender);
private:// User declarations
public:         // User declarations
  __fastcall TKM_Survival_Form1(TComponent* Owner);
};
//---------------------------------------------------------------
extern PACKAGE TKM_Survival_Form1 *KM_Survival_Form1;
//---------------------------------------------------------------
#endif
```

Kaplan-Meier生存分析计算结果显示的内容主要包括两个方面，一方面是根据原始个案数据按不同分类因子的直接汇总结果，包括因子类别、存活时间、存活个案数、事件发生数、个案删失数；另一方面是Kaplan-Meier生存分析统计结果，包括存活函数、存活率标准差、平均预期存活时间和平均存活时间标准差（见图11-2）。

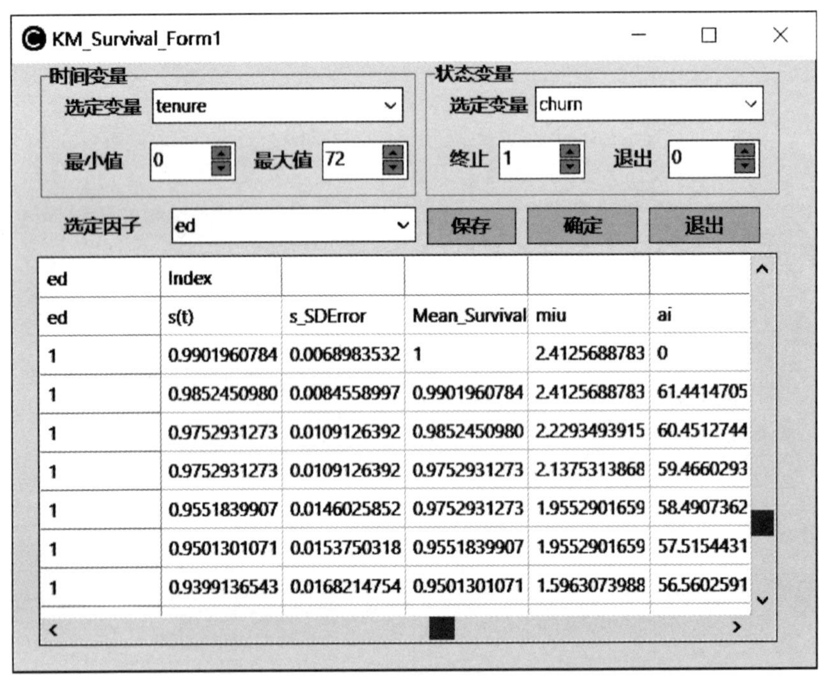

ed	Index				
ed	s(t)	s_SDError	Mean_Survival	miu	ai
1	0.9901960784	0.0068983532	1	2.4125688783	0
1	0.9852450980	0.0084558997	0.9901960784	2.4125688783	61.4414705
1	0.9752931273	0.0109126392	0.9852450980	2.2293493915	60.4512744
1	0.9752931273	0.0109126392	0.9752931273	2.1375313868	59.4660293
1	0.9551839907	0.0146025852	0.9752931273	1.9552901659	58.4907362
1	0.9501301071	0.0153750318	0.9551839907	1.9552901659	57.5154431
1	0.9399136543	0.0168214754	0.9501301071	1.5963073988	56.5602591

图11-2　Kaplan–Meier生存分析计算结果

11.3　程序实现

由于Kaplan-Meier生存分析所需基础数据包括生存时间变量、状态转换变量和分类因子变量，这些变量基础数据是通过对原始个案数据的分类汇总得到。对于每一类汇总都无法设定类别的数量，因此需要根据汇总结果要求进行数据定义。由于Kaplan-Meier生存分析的时间变量没有按时间区间简化分类，而是更加精确，即使是分类汇总，数据量也可能较大，所以需要对数据结构进行科学定义，使统计指标的计算和存储逻辑更清晰。Kaplan-Meier生存分析数据结构包括struct KM_table和struct sub_KM_table，其中KM_table用于存储汇总数据和统计指标计算结果，sub_KM_table用于分类因子的中间结果处理。虽然sub_KM_table不需要重新定义，可以直接定义一个KM_table变量，但考虑到程序的扩展性，采用两个不同的结构体定义，而结构体所包含的元素基本相同。

在结构体KM_table中（见程序11-2），从double TPop_Ob到double N_censor为数据表基础数据汇总结果，而从int cumlate到double sde_miui为Kaplan-Meier生存分析统计指标或中间计算结果。具体结构体定义见程序11-2。

程序 11-2　Kaplan–Meier 生存分析数据结构定义

```
typedef struct KM_table
{
   double TPop_Ob;//观察个案数合计
   double duration;
   double status;
   double factor;
   int No_fact;
   double N_dead;//事件发生数
   double N_Survival;//存活个案数
   double N_censor;//删失
   int cumlate;//累计事件发生
   int index;
   double st;
   double st_sqr;
   double sum_di_ni;
   double sderror;//var(st)
   double mean_time;
   double ai;
   double ai_sqr;
   double product_ai_dini;
   double var_miui;
   double sde_miui;
}KM_pop;

typedef struct sub_KM_table
```

```
{
    double TPop_Ob;//观察个案数合计
    double N_Survival; //存活个案数
    double N_dead;//事件发生数
    double N_censor;//删失
    double duration;
    double status;
    double factor;
    int cumlate; //累计事件发生
    int index;
    double st;
    double st_sqr; //var(st)
    double sum_di_ni;
    double sderror;
    double mean_time;
    double ai;
    double ai_sqr;
    double product_ai_dini;
    double var_miui;
    double sde_miui;
}sub_KM_pop;
```

Kaplan-Meier生存分析统计指标计算程序需要解决以下四个问题（见程序11-3）。

第一，采用动态结构体数组定义方法。由于数据库中不同时间类别或因子分类数量是事先未知的，因此需要采用结构体数组定义来存储全部个案，动态结构体数组定义为vector<KM_pop>my_KM_Pop（Observation_No）；由于因子数量未知，在记录分类因子起止位置时需要动态数组进行存储，原因是因子起始和终止位置记录动态数组定义为vector<int>fact_loc（No_factor+1）；同样，对当前处理的因子数据也采用动态结构体的定义方法，即vector<sub_KM_pop>temp_KM_Pop（N_sub_factor）等。由于不同分类因子涉及的生存时间数量不同，因此，需要动态记录按生存时间、分类因子和事件发生进行交叉汇总的数据，特别是由于不同分类因子需要构造不同的存活函数以及计算平均预期存活时间等。科学、合理地存储数据，将为进一步的数据分析提供方便。

第二，SQL 语句的动态生成。从原始个案数据中根据生存时间、分类因子和事件发生进行交叉汇总最便捷的途径是动态生成数据库SQL语句。SQL 语句不仅减少了基础数据汇总的工作量，同时，动态生成SQL语句也更具有普适性。

第三，SQL 汇总结果的提取。SQL 语句的执行结果存储在 DataModule1->FDQuery1 查询表中，可以根据需要读取 FDQuery1 中的数据。

第四，统计指标计算。Kaplan-Meier生存分析统计指标计算主要包括存活函数、存活率标准差、平均预期存活时间和平均存活时间标准差，具体计算过程见本章第一节主要指标定义与计算方法。

程序 11-3　Kaplan–Meier 生存分析统计指标计算

```
    void __fastcall TKM_Survival_Form1::Button1Click(TObject
*Sender)
    {
      double temp,temp_max,temp_min,current_temp,temp_step;
      int i,j,Observation_No;
      //数据汇总统计表开始>>>>>>>>>>>>>>>>>>>>>>>>>>>
        String aa_SQL;
           DataModule1->FDQuery1->Active=false;    //也可用FDQuey
读取数据
           DataModule1->FDQuery1->SQL->Clear();
           if (KM_Survival_Form1->ComboBox3->Text!="") {
              aa_SQL="select  "+KM_Survival_Form1->ComboBox1->
Text+","+KM_Survival_Form1->ComboBox2->Text+","+KM_Survival_Form1->
ComboBox3->Text+" from "+MainMenu_Form1->ComboBox1->Text+ "order
by  "+KM_Survival_Form1->ComboBox3->Text+","+KM_Survival_Form1->
ComboBox1->Text+","+KM_Survival_Form1->ComboBox2->Text+" desc";//
排序汇总
           }
           if (KM_Survival_Form1->ComboBox3->Text=="") {
```

```
            aa_SQL="select "+KM_Survival_Form1-> ComboBox1->
Text+","+KM_Survival_Form1->ComboBox2->Text+" from "+MainMenu_
Form1->ComboBox1->Text+ "order by "+KM_Survival_Form1-> ComboBox1->
Text+","+KM_Survival_Form1->ComboBox2->Text+" desc";
            }
            DataModule1->FDQuery1->SQL->Add(aa_SQL);
            DataModule1->FDQuery1->Open();
            DataModule1->FDQuery1->Active=true;
            DataModule1->FDQuery1->Last();   //目的是读取整个数
据库的长度
            DataModule1->FDQuery1->First();
            Observation_No=DataModule1->FDQuery1->RecordCount;
            vector<KM_pop>my_KM_Pop(Observation_No);
              DataModule1->FDQuery1->First();
            for (i = 0; i < Observation_No; i++) {
              my_KM_Pop[i].duration=-1;
              my_KM_Pop[i].status=-1;
              my_KM_Pop[i].factor=-1;
    my_KM_Pop[i].duration=DataModule1->FDQuery1->
FieldByName(KM_Survival_Form1->ComboBox1->Text)->AsFloat;
    my_KM_Pop[i].status=DataModule1->FDQuery1->
FieldByName(KM_Survival_Form1->ComboBox2->Text)->AsFloat;
              if (KM_Survival_Form1->ComboBox3->Text!="") {
                  my_KM_Pop[i].factor=DataModule1->FDQuery1->
FieldByName(KM_Survival_Form1->ComboBox3->Text)->AsFloat;
              }
              DataModule1->FDQuery1->Next();
            }  //读取数据
            int No_factor;//因子数
            int temp_Nfact;
            No_factor=0;
            temp=my_KM_Pop[0].factor;
            for (i = 0; i < Observation_No; i++) {//确定基础个案
数据分类因子数
              if (abs(temp-my_KM_Pop[i].factor)>=0.001) {
                    No_factor++;
                    temp=my_KM_Pop[i].factor;
              }
```

```
        }
        for (i = 0; i < Observation_No; i++) {
            my_KM_Pop[i].No_fact=No_factor+1;
        }
        No_factor=No_factor+1;
        vector<int>fact_loc(Non_factor+1); //确定每一个因子的
起始和终止位置
        vector<int>fact_subTotal(No_factor+1);
        fact_loc[0]=0; //确定第一个因子的起始位置
        fact_loc[No_factor]=Observation_No; //确定最后一
个因子的终止位置
        temp_Nfact=No_factor;
        No_factor=0;
        temp=my_KM_Pop[0].factor;
        for (i = 0; i < Observation_No; i++) {
             if (abs(temp-my_KM_Pop[i].factor)>=0.001) {
                   No_factor++;
                   fact_loc[No_factor]=i;
                   temp=my_KM_Pop[i].factor;
             }
        }
        for (i = 0; i < temp_Nfact; i++) {
              fact_subTotal[i]=fact_loc[i+1]-fact_loc[i];
        }
      int loc_low=0;
      int loc_high=0;
      int N_sub_factor=0;
        for (i = 0; i < temp_Nfact; i++) {
              N_sub_factor=fact_subTotal[i];
              vector<sub_KM_pop>temp_KM_Pop(N_sub_factor);
              int sub_group=0;
              loc_low=fact_loc[i];
              loc_high=fact_loc[i+1];
              for (j=loc_low; j < loc_high; j++) {
                    temp_KM_Pop[sub_group].TPop_Ob=
loc_high-loc_low;//子类观察值数量
```

```
                                    temp_KM_Pop[sub_group].duration=0;
                                    temp_KM_Pop[sub_group].duration=my_
KM_Pop[j].duration;//生存时间
                                    temp_KM_Pop[sub_group].status=my_
KM_Pop[j].status;//生存状态标识
                                    temp_KM_Pop[sub_group].factor=my_
KM_Pop[j].factor;//因子
                                    sub_group++;
                            }
                            sub_group=0;
                            int temp_survival;
                            int cumulate=0;
                            int Tindex=0;
                            temp_survival=fact_subTotal[i];
                            Tindex=temp_survival-1;
                            for (j=loc_low; j < loc_high; j++) {
                                    if (abs(temp_KM_Pop[sub_group].
status-KM_Survival_Form1->SpinEdit3->Value)<=0.001){
                                            my_KM_Pop[j].index=Tindex-sub_
group;
                                            my_KM_Pop[j].N_Survival=temp_
survival-1;
                                            temp_survival=temp_survival-1;
                                            temp_KM_Pop[sub_group].N_
Survival=my_KM_Pop[j].N_Survival;
                                            temp_KM_Pop[sub_group].
duration=my_KM_Pop[j].duration;
                                            temp_KM_Pop[sub_group].
status=my_KM_Pop[j].status;
                                            temp_KM_Pop[sub_group].
factor=my_KM_Pop[j].factor;
                                            temp_KM_Pop[sub_group].
index=my_KM_Pop[j].index;
                                            cumulate++;
                                            my_KM_Pop[j].cumlate=cumulate;
                                            temp_KM_Pop[sub_group].
cumlate=cumulate;
                                    }
```

```
                                        else
                                 {
                                        my_KM_Pop[j].index=Tindex-
sub_group;
                                        my_KM_Pop[j].N_Survival=temp_
survival;
                                        temp_KM_Pop[sub_group].N_
Survival=my_KM_Pop[j].N_Survival;
                                        temp_KM_Pop[sub_group].
duration=my_KM_Pop[j].duration;
                                        temp_KM_Pop[sub_group].
status=my_KM_Pop[j].status;
                                        temp_KM_Pop[sub_group].
factor=my_KM_Pop[j].factor;
                                        my_KM_Pop[j].cumlate=cumulate;
                                        temp_KM_Pop[sub_group].
cumlate=cumulate;
                                        temp_KM_Pop[sub_group].
index=my_KM_Pop[j].index;
                                 }
                                 sub_group++;
                          }
                 }
     KM_Survival_Form1->StringGrid1->RowCount=2;
     KM_Survival_Form1->StringGrid1->Cells[0][0]=KM_Survival_
Form1->ComboBox3->Text;
     KM_Survival_Form1->StringGrid1->Cells[1][0]=KM_Survival_
Form1->ComboBox1->Text;
     KM_Survival_Form1->StringGrid1->Cells[2][0]=KM_Survival_
Form1->ComboBox2->Text;
     KM_Survival_Form1->StringGrid1->Cells[3][0]="Cul_event";
     KM_Survival_Form1->StringGrid1->Cells[4][0]="Suvival";
     KM_Survival_Form1->StringGrid1->Cells[5][0]="Index";
     if (KM_Survival_Form1->ComboBox3->Text!="") {
     KM_Survival_Form1->StringGrid1->Cells[0][0]=KM_Survival_
Form1->ComboBox3->Text;
     }
```

```
    for (i =0; i <Observation_No; i++) {
    KM_Survival_Form1->StringGrid1->Cells[0][i+1]=FloatToStr(my_
KM_Pop[i].factor);
    KM_Survival_Form1->StringGrid1->Cells[1][i+1]=FloatToStr(my_
KM_Pop[i].duration);
    KM_Survival_Form1->StringGrid1->Cells[2][i+1]=FloatToStr(my_
KM_Pop[i].status);
    KM_Survival_Form1->StringGrid1->Cells[3][i+1]=FloatToStr(my_
KM_Pop[i].cumlate);
    KM_Survival_Form1->StringGrid1->Cells[4][i+1]=FloatToStr(my_
KM_Pop[i].N_Survival);
    KM_Survival_Form1->StringGrid1->Cells[5][i+1]=FloatToStr(my_
KM_Pop[i].index);
    KM_Survival_Form1->StringGrid1->RowCount++;
    DataModule1->FDQuery1->Next();
    }
      //数据汇总统计表结束>>>>>>>>>>>>>>>>>>>>>>>>>>
      //>>>>>>生存函数和方差计算 开始  按因子分别计数汇总
        DataModule1->FDQuery1->Active=false;    //也可用FDQuey
读取数据
        DataModule1->FDQuery1->SQL->Clear();
        if (KM_Survival_Form1->ComboBox3->Text!="") {
            aa_SQL="select "+KM_Survival_Form1->ComboBox1->Text+"
as time01,"+KM_Survival_Form1->ComboBox2->Text+",count("+IntToStr(KM_
Survival_Form1->SpinEdit3->Value)+") as time02,"+KM_Survival_Form1->
ComboBox3->Text+" from "+MainMenu_Form1->ComboBox1->Text+ "group
by "+KM_Survival_Form1->ComboBox3->Text+","+KM_Survival_Form1->
ComboBox1->Text+","+KM_Survival_Form1->ComboBox2->Text;
        }
        if (KM_Survival_Form1->ComboBox3->Text=="") {
            aa_SQL="select "+KM_Survival_Form1->ComboBox1->Text+"
as time01,"+KM_Survival_Form1->ComboBox2->Text+",count("+IntToStr(KM_
Survival_Form1->SpinEdit3->Value)+")"+" as time02"+" from "+MainMenu_
Form1->ComboBox1->Text+ "group by "+KM_Survival_Form1->ComboBox1->
Text;
        }
        DataModule1->FDQuery1->SQL->Add(aa_SQL);
```

```
            DataModule1->FDQuery1->Open();
            DataModule1->FDQuery1->Active=true;
            DataModule1->FDQuery1->Last();  //目的是读取整个数据库
的长度
            DataModule1->FDQuery1->First();

            int nn;
            nn=KM_Survival_Form1->StringGrid1->RowCount-1;
    KM_Survival_Form1->StringGrid1->Cells[1][nn]=KM_Survival_
Form1->ComboBox1->Text;
    KM_Survival_Form1->StringGrid1->Cells[2][nn]="count("+KM_
Survival_Form1->ComboBox2->Text+")";
            if (KM_Survival_Form1->ComboBox3->Text!="") {
    KM_Survival_Form1->StringGrid1->Cells[0][nn]=KM_Survival_
Form1->ComboBox3->Text;
            }

    KM_Survival_Form1->StringGrid1->Cells[3][nn]=KM_Survival_
Form1->ComboBox2->Text;
            temp=DataModule1->FDQuery1->FieldCount;
            for (i =0; i <DataModule1->FDQuery1->RecordCount; i++) {
    KM_Survival_Form1->StringGrid1->Cells[1][nn+i+1]=DataModule1->
FDQuery1->FieldByName("time01")->AsFloat;
    KM_Survival_Form1->StringGrid1->Cells[2][nn+i+1]=DataModule1->
FDQuery1->FieldByName("time02")->AsFloat;
            if (KM_Survival_Form1->ComboBox3->Text!="") {
    KM_Survival_Form1->StringGrid1->Cells[0][nn+i+1]=DataModule1->
FDQuery1->FieldByName(KM_Survival_Form1->ComboBox3->Text)->
AsFloat;
            }
    KM_Survival_Form1->StringGrid1->Cells[3][nn+i+1]=DataModule1->
FDQuery1->FieldByName(KM_Survival_Form1->ComboBox2->Text)->
AsFloat;
                KM_Survival_Form1->StringGrid1->RowCount++;
                DataModule1->FDQuery1->Next();
            }
        int Total_duration_No;
```

```
        Total_duration_No=DataModule1->FDQuery1->RecordCount;
        vector<KM_pop>LTmy_KM_Pop(Total_duration_No+1); //定义
当前数据
        current_temp=0;
        DataModule1->FDQuery1->First();
        for (i = 0; i < Total_duration_No; i++) {
                LTmy_KM_Pop[i].factor=0;
                LTmy_KM_Pop[i].duration=0;
                LTmy_KM_Pop[i].status=0;
                LTmy_KM_Pop[i].N_dead=0;
                LTmy_KM_Pop[i].N_censor=0;
                if (KM_Survival_Form1->ComboBox3->Text!="") {

        LTmy_KM_Pop[i].factor=DataModule1->FDQuery1->
FieldByName(KM_Survival_Form1->ComboBox3->Text)->AsFloat;
                }
                LTmy_KM_Pop[i].duration=DataModule1->FDQuery1->
FieldByName("time01")->AsFloat;

        LTmy_KM_Pop[i].status=DataModule1->FDQuery1->
FieldByName(KM_Survival_Form1->ComboBox2->Text)->AsFloat;
                    if (abs(LTmy_KM_Pop[i].status-SpinEdit3->
Value)<=0.001) {//判断是否为事件发生个案

         LTmy_KM_Pop[i].N_dead=DataModule1->FDQuery1->
FieldByName("time02")->AsFloat;
                              current_temp=current_temp+LTmy_KM_
Pop[i].N_dead;
                    }
                    if (abs(LTmy_KM_Pop[i].status-SpinEdit4->
Value)<=0.001) {//判断是否为删失个案
     LTmy_KM_Pop[i].N_censor=DataModule1->FDQuery1->
FieldByName("time02")->AsFloat;
                              current_temp=current_temp+LTmy_KM_
Pop[i].N_censor;
                    }
                DataModule1->FDQuery1->Next();
        } //按存活时间定义分组
```

```
        LTmy_KM_Pop[Total_duration_No].duration=0;   //增加一个元素的目的是为了判断是否结束
        int pk=0;
                for (i = 0; i < Total_duration_No; i++) {
                        if (abs(LTmy_KM_Pop[i].duration-LTmy_KM_Pop[i+1].duration)>=0.001) {
                                pk=pk+1;//统计汇总数据观察存活时间
                        }
                }
        vector<KM_pop>Current_KM_Pop(pk); //定义当前生命表
        int New_Total_duration_No;//重新确定各因子生存时间数量，将死亡（状态改变）、删失等写到同一个记录
        //将LTmy_KM_Pop 转换为 Current_KM_Pop 数据结构，不同的SQL生成的数据结构不同，转换的目的是便于统计分析
        New_Total_duration_No=pk;
        pk=0;
                for (i = 0; i <Total_duration_No; i++) {
                        Current_KM_Pop[pk].factor=LTmy_KM_Pop[i].factor;
                        Current_KM_Pop[pk].duration=LTmy_KM_Pop[i].duration;
                        Current_KM_Pop[pk].status=LTmy_KM_Pop[i].status;
                        if (abs(LTmy_KM_Pop[i].status-SpinEdit3->Value)<=0.001) {
                                Current_KM_Pop[pk].N_dead=LTmy_KM_Pop[i].N_dead;
                        }
                        if (abs(LTmy_KM_Pop[i].s tatus-SpinEdit4-> Value)<=0.001) {
                         Current_KM_Pop[pk].N_censor=LTmy_KM_Pop[i].N_censor;
                        }
                        if (abs(LTmy_KM_Pop[i].duration-LTmy_KM_Pop[i+1].duration)>=0.001) {
                                pk=pk+1;
                        }
```

```
            }
            No_factor=0;
            temp=Current_KM_Pop[0].factor;
            vector<double>factorId(temp_Nfact);
            factorId[0]=temp;
            for (i = 0; i < New_Total_duration_No; i++) {
                if (abs(temp-Current_KM_Pop[i].factor)>=0.001)
{//确定分类因子数量
                        No_factor++;
                        factorId[No_factor]=Current_KM_
Pop[i].factor;
                        fact_loc[No_factor]=i;
                        temp=Current_KM_Pop[i].factor;
                }
            }
            No_factor=No_factor+1;
            temp_Nfact=No_factor;
            fact_loc[0]=0; //重新确定第一个因子的起始位置
            fact_loc[No_factor]=New_Total_duration_No; //重
新确定最后一个因子的终止位置
            vector<double>Tmeantime(temp_Nfact);
            vector<double>Ttime_SDR(temp_Nfact);
            for (i = 0; i <temp_Nfact; i++) {
                int sub_group=0;
                double temp=0;
                loc_low=fact_loc[i];
                loc_high=fact_loc[i+1];
                N_sub_factor=loc_high-loc_low;
                vector<sub_KM_pop>New_temp_KM_Pop(N_sub_
factor);
                int total_Survival=0;
                total_Survival=fact_subTotal[i];
                New_temp_KM_Pop[sub_group].N_dead=0;
                New_temp_KM_Pop[sub_group].N_censor=0;
                New_temp_KM_Pop[sub_group].N_Survival=total_
Survival;
                double temp_st=1;
```

```
                    for (j=loc_low; j < loc_high; j++) {
                         New_temp_KM_Pop[sub_group].TPop_
Ob=fact_subTotal[i];
                         New_temp_KM_Pop[sub_group].
factor=Current_KM_Pop[j].factor;
                         New_temp_KM_Pop[sub_group].
duration=Current_KM_Pop[j].duration;
                         New_temp_KM_Pop[sub_group].N_
dead=Current_KM_Pop[j].N_dead;
                         New_temp_KM_Pop[sub_group].N_
censor=Current_KM_Pop[j].N_censor;
                         if (total_Survival!=0) {
                            temp_st=temp_st*(1-New_temp_KM_
Pop[sub_group].N_dead/total_Survival);
                         }
                         New_temp_KM_Pop[sub_group].st=temp_
st;
                         New_temp_KM_Pop[sub_group].N_
Survival=total_Survival;
                         Current_KM_Pop[j].N_Survival=total_
Survival;
                         Current_KM_Pop[j].st=temp_st;
                              //<<<<<<<<<<<<<< for sderror开始
    New_temp_KM_Pop[sub_group].st_sqr=New_temp_KM_Pop[sub_
group].st*New_temp_KM_Pop[sub_group].st;
                         Current_KM_Pop[j].st_sqr=New_temp_
KM_Pop[sub_group].st_sqr;
                         if (New_temp_KM_Pop[sub_group].N_
Survival-New_temp_KM_Pop[sub_group].N_dead!=0&& New_temp_KM_
Pop[sub_group].N_Survival!=0) {
    temp=temp+New_temp_KM_Pop[sub_group].N_dead/((New_temp_
KM_Pop[sub_group].N_Survival-New_temp_KM_Pop[sub_group].N_
dead)*New_temp_KM_Pop[sub_group].N_Survival);
                         }
                        else
                         {
                         temp=temp+0;
```

```
                              }
                    New_temp_KM_Pop[sub_group].sum_di_
ni=temp;
                    Current_KM_Pop[j].sum_di_ni=New_temp_KM_
Pop[sub_group].sum_di_ni;
                    New_temp_KM_Pop[sub_group].sderror=sqrt(New_
temp_KM_Pop[sub_group].st_sqr*New_temp_KM_Pop[sub_group].sum_di_
ni);

                    Current_KM_Pop[j].sderror=sqrt(Current_
KM_Pop[j].st_sqr*Current_KM_Pop[j].sum_di_ni);  //var(st)
                            //<<<<<<<<<<<<<<<  for sderror结束
                            sub_group++;
    total_Survival=total_Survival-New_temp_KM_Pop[sub_
group-1].N_dead-New_temp_KM_Pop[sub_group-1].N_censor;
            }
            int total_sub_group;
            double sum_ai=0;
            double sum_ai_sqr=0;
            total_sub_group=sub_group;//确定当前分组的数据个数
            sub_group=1;
            New_temp_KM_Pop[0].mean_time=1;
            for (j=loc_low+1; j < loc_high; j++) {
                    //平均预期存活时间开始
                        Current_KM_Pop[loc_low].mean_time=1;
        New_temp_KM_Pop[sub_group].mean_time=(New_temp_
KM_Pop[sub_group].duration-New_temp_KM_Pop[sub_group-1].
duration)*New_temp_KM_Pop[sub_group-1].st;
                        Current_KM_Pop[j].mean_time=New_temp_
KM_Pop[sub_group].mean_time;
                        sub_group++;
                    //平均预期存活时间结束
            }
            sub_group=1;
            double ai_sqr_temp;
            for (j=loc_low+1; j < loc_high; j++) {
                    //平均预期存活时间标准差计算第一步
```

```
                        sum_ai=sum_ai+New_temp_KM_Pop[total_
sub_group-sub_group].mean_time;
                        New_temp_KM_Pop[total_sub_group-sub_
group].ai=sum_ai;
                       Current_KM_Pop[loc_high-sub_group].ai=sum_ai;
                  New_temp_KM_Pop[total_sub_group-sub_group].ai_
sqr=New_temp_KM_Pop[total_sub_group-sub_group].ai*New_temp_
KM_Pop[total_sub_group-sub_group].ai;
    Current_KM_Pop[loc_high-sub_group].ai_sqr=Current_KM_
Pop[loc_high-sub_group].ai*Current_KM_Pop[loc_high-sub_
group].ai;
                        ai_sqr_temp=Current_KM_Pop[loc_high-
sub_group].ai_sqr;
                       sub_group++;
                      //平均预期存活时间标准差计算第一步
                 }
                 for (j=loc_low+1; j < loc_high; j++) {
                      //平均预期存活时间ai平方
                      if (Current_KM_Pop[j].N_Survival-Current_
KM_Pop[j].N_dead!=0&& Current_KM_Pop[j].N_Survival!=0) {
                   Current_KM_Pop[j].product_ai_dini=Current_
KM_Pop[j].ai_sqr*Current_KM_Pop[j-1].N_dead/((Current_KM_
Pop[j-1].N_Survival-Current_KM_Pop[j-1].N_dead)*Current_KM_
Pop[j-1].N_Survival);
                        ai_sqr_temp=Current_KM_Pop[j].product_
ai_dini;
                      }
                          else
                      {
                           ai_sqr_temp=0;
                      }
                      //平均预期存活时间ai平方
                 }
                 total_sub_group=sub_group;//确定当前分组的数据个数
                 int new_index=0;
                 sub_group=1;
                 temp=0;
                 for (j=loc_low; j < loc_high; j++) {
```

```
                    //平均预期存活时间ai平方
                    new_index=total_sub_group-sub_group;
                    temp=temp+Current_KM_Pop[loc_high-sub_
group].product_ai_dini;
                    New_temp_KM_Pop[new_index].var_miui=temp;
                    Current_KM_Pop[loc_high-sub_group].var_
miui=New_temp_KM_Pop[new_index].var_miui; //var(miu)
                      sub_group++;
                    //平均预期存活时间ai平方
               }
               for (j=loc_low; j < loc_high; j++) {
                    //平均预期存活时间标准差
                    Current_KM_Pop[j].sde_miui=sqrt(Current_
KM_Pop[j].var_miui); //sde_var(miu)
                    temp=Current_KM_Pop[j].sde_miui;
                    //平均预期存活时间标准差
               }
               Tmeantime[i]=0;
               Ttime_SDR[i]=0;
               Ttime_SDR[i]=Current_KM_Pop[loc_low].sde_miui;
               for (j=loc_low; j < loc_high; j++) {
                    //平均预期存活时间开始
                       Tmeantime[i]=Tmeantime[i]+Current_KM_
Pop[j].mean_time;
                    //平均预期存活时间结束
               }
        } //end temp_Nfact
              //将生存函数st写入网格开始
              KM_Survival_Form1->StringGrid1->RowCount++;
              nn=KM_Survival_Form1->StringGrid1->RowCount-1;
              KM_Survival_Form1->StringGrid1->Cells[0][nn]=KM_
Survival_Form1->ComboBox3->Text;
              KM_Survival_Form1->StringGrid1->Cells[1][nn]=KM_
Survival_Form1->ComboBox1->Text;
              KM_Survival_Form1->StringGrid1->Cells[2][nn]="N_
Survival";
              KM_Survival_Form1->StringGrid1->Cells[3][nn]="N_
event";
```

```
            KM_Survival_Form1->StringGrid1->Cells[4][nn]="N_
censor";
            KM_Survival_Form1->StringGrid1->Cells[5][nn]=
"s(t)";
            KM_Survival_Form1->StringGrid1->Cells[6][nn]=
"s_SDError";
            KM_Survival_Form1->StringGrid1->Cells[7][nn]=
"Mean_Survival";
            KM_Survival_Form1->StringGrid1->Cells[8][nn]=
"miu";
            KM_Survival_Form1->StringGrid1->Cells[9][nn]=
"ai";
            KM_Survival_Form1->StringGrid1->Cells[10][nn]=
"product_ai_dini";
            KM_Survival_Form1->StringGrid1->Cells[11][nn]=
"sde_miui";
        for (i = 0; i <temp_Nfact; i++) {
            loc_low=fact_loc[i];
            loc_high=fact_loc[i+1];
            for (j=loc_low; j < loc_high; j++) {
                KM_Survival_Form1->StringGrid1->Cells[0]
[nn+j+1]=FloatToStr(Current_KM_Pop[j].factor);
                KM_Survival_Form1->StringGrid1->Cells[1][nn+j+1]=
FloatToStr(Current_KM_Pop[j].duration);
                KM_Survival_Form1->StringGrid1->Cells[2][nn+j+1]=
FloatToStr(Current_KM_Pop[j].N_Survival);
                KM_Survival_Form1->StringGrid1->Cells[3][nn+j+1]=
FloatToStr(Current_KM_Pop[j].N_dead);
                KM_Survival_Form1->StringGrid1->Cells[4][nn+j+1]=
FloatToStr(Current_KM_Pop[j].N_censor);
                KM_Survival_Form1->StringGrid1->Cells[5][nn+j+1]=
FloatToStr(Current_KM_Pop[j].st);
                KM_Survival_Form1->StringGrid1->Cells[6][nn+j+1]=
FloatToStr(Current_KM_Pop[j].sderror);
                KM_Survival_Form1->StringGrid1->Cells[7][nn+j+1]=
FloatToStr(Current_KM_Pop[j].mean_time);
                KM_Survival_Form1->StringGrid1->Cells[8][nn+j+1]=
FloatToStr(Current_KM_Pop[j].var_miui);
```

```
                    KM_Survival_Form1->StringGrid1->Cells[9][nn+j+1]=
FloatToStr(Current_KM_Pop[j].ai);
                    KM_Survival_Form1->StringGrid1->Cells[10][nn+j+1]=
FloatToStr(Current_KM_Pop[j].product_ai_dini);
                    KM_Survival_Form1->StringGrid1->Cells[11][nn+j+1]=
FloatToStr(Current_KM_Pop[j].sde_miui);
                    KM_Survival_Form1->StringGrid1->RowCount++;
              }
        }
         KM_Survival_Form1->StringGrid1->RowCount++;
        nn=KM_Survival_Form1->StringGrid1->RowCount-1;
         KM_Survival_Form1->StringGrid1->Cells[0][nn]=KM_
Survival_Form1->ComboBox3->Text;
         KM_Survival_Form1->StringGrid1->Cells[1][nn]="Expect
MeanTime";
         KM_Survival_Form1->StringGrid1->Cells[2][nn]="Et
MTime_SDR";
        for (i = 0; i <temp_Nfact; i++) {
              KM_Survival_Form1->StringGrid1->RowCount++;
              KM_Survival_Form1->StringGrid1->Cells[0][nn+i+1]=
"Factor:"+FloatToStr(factorId[i]);
              KM_Survival_Form1->StringGrid1->Cells[1][nn+i+1]=
FloatToStr(Tmeantime[i]);
              KM_Survival_Form1->StringGrid1->Cells[2][nn+i+1]=
FloatToStr(Ttime_SDR[i]);
        }
              //将生存函数st写入网格结束
    //>>>>>>生存函数和方差计算 结束
    }
    //--------------------------------------------------------
```

程序11-3 Kaplan-Meier生存分析统计指标计算中多次使用SQL语句动态生成、DataModule1->FDQuery1查询结果提取、分类因子单独读取和相关指标计算等，这里需要认真体会SQL语句动态生成的基本语法和灵活运用。根据需要生成原始个案基础数据的汇总表，再按照Kaplan-Meier生存分析统计指标计算方法进行分步计算。在分步计算过程中，需要注意数组下标的计算范围。

11.4　应用案例

生存分析的基础数据一般采用追踪调查或回顾性调查数据，传统的数据收集方式往往高成本，数据收集困难。随着信息技术的快速发展和大数据时代的到来，数据收集的难度相对降低。为了展示Kaplan-Meier生存分析方法的内涵和应用价值，同时考虑数据的可获得性和重复检验的需要，下面采用两个简单的研究案例进行具体呈现。

11.4.1　SPSS软件案例

本案例采用SPSS软件提供的生存分析案例观察数据之一（文件名为telco.sav），选定telco文件服务时间变量`tenure`，状态转换变量`churn`和因子变量`ed`，构建不同受教育程度的存活函数，存活函数曲线见图11-3。从

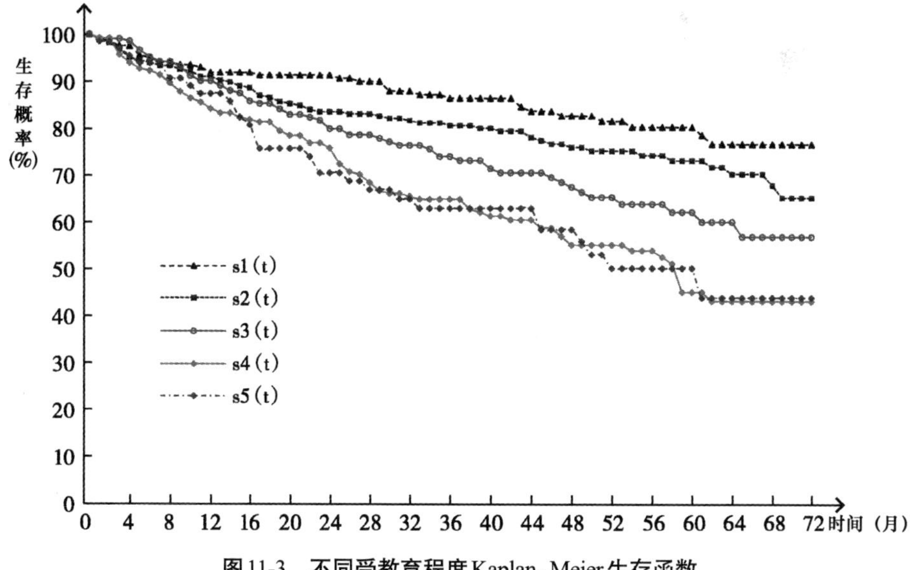

图 11-3　不同受教育程度 Kaplan–Meier 生存函数

资料来源：2016~2020年中国家庭追踪调查（CFPS）。

图11-3可以看出，不同受教育程度Kaplan-Meier生存函数曲线存在明显差异，特别是高中及以下s1（t）、高中毕业s2（t）、大学（在读或肄业）s3（t）之间存在较大差别，且与大学毕业s4（t）、研究生及以上s5（t）差别也较大，而大学毕业s4（t）与研究生及以上s5（t）差别相对较小。

为了反映不同受教育程度平均预期存活函数之间的差别，可以计算平均预期时间来进一步分析不同分类因子的影响，不同受教育程度平均预期存活时间及标准差见表11-1。从表11-1可以看到，大学毕业、研究生及以上平均存活时间为47.9709个月和47.7227个月，二者非常接近，但二者的标准差却存在较大差异，这与观察值的数据有关。此外，其他三个受教育程度人口的平均预期存活时间明显高于大学及以上，且各受教育程度之间的平均预期存活时间差距较大，如高中及以下为62.4415个月，而高中毕业、大学（在读或肄业）分别为58.5757个月和54.3823个月。

表11–1　**不同受教育程度平均预期存活时间**　单位：月

受教育程度	平均存活时间	平均存活时间标准差
1.高中及以下	62.4415	1.5532
2.高中毕业	58.5757	1.4974
3.大学（在读或肄业）	54.3823	1.8888
4.大学毕业	47.9709	1.8753
5.研究生及以上	47.7227	3.4416

11.4.2　初婚年龄案例

本案例采用2010年全国人口普查原始样本数据，以初婚年龄研究为例，分析Kaplan-Meier生存分析方法与一般统计分析方法的差别。

2010年全国人口普查中有一个回顾性调查项目为初婚年月，根据出生年月和初婚年月可以计算每个人的初婚年龄。根据初婚年月可以计算结婚人口的平均结婚年龄，然而，对于不同的队列，由于初婚事件发生的进度不同，存在观察期数据删失问题，也就是观察时点没有结婚的人群未来也许会结婚，也许终身不婚，即便是年龄比较大的年龄队列也会存在事件发生的可能，因此，根据现有初婚人口估算不同队列人口平均初婚年龄低估的可能性较大，其他属性人口的平均预期时间或不同年龄发生概率的估计也面临类似的问题。

根据2010年全国人口普查样本数据已婚人口计算“60后”“70后”平均初婚年龄，其结果是男性为295.6233个月，女性为275.2219个月（见表11-2），二者相差20.4014个月。根据Kaplan-Meier生存分析方法估计男性和女性的平均初婚年龄分别为311.5697个月和280.5969个月，男女平均初婚年龄相差30.9728个月。对比两种统计方法计算结果发现，Kaplan-Meier生存分析方法估计的结果无论男性还是女性都明显高于基本统计方法的计算结果，其中男性相差15.9464个月，女性相差5.3750个月，可见男性初婚的进度不仅低于女性，而且还有相当一部分目前未婚的人口未来预期结婚。

表11-2　**2010年“60后”“70后”平均初婚年龄估计**

估计方法	性别	“60后”“70后”样本		平均值		95% 置信区间	
		总数	事件数	估算	标准误差	下限	上限
KM方法	男	356475	334555	311.5697	0.1373	311.3005	311.8388
	女	343935	336556	280.5969	0.0982	280.4044	280.7894
	总体	700410	671111	296.3935	0.0871	296.2229	296.5642
基本统计方法	男	356475	334555	295.6233	0.0791	295.4684	295.7783
	女	343935	336556	275.2219	0.0701	275.0846	275.3592
	总体	700410	671111	285.3922	0.05425	285.2859	285.4985

Kaplan-Meier生存分析与生命表的构建有许多相似之处，尤其是存活函数的估计，可以直观地反映存活概率随时间变化的过程，通过统计指标平均预期存活时间对比，可以进一步发现存活函数曲线差异的综合结果的差距。总之，无论是生命表构建，还是Kaplan-Meier生存分析，都是处理状态转换问题的人口统计分析工具。此外，把状态转换问题视为广义的“死亡”，使生命表或存活分析具有更广泛的应用场景。

第12章　生命表软件打包与安装

随着软件功能的增加，一个应用软件包含的文件可能不止一个可执行文件，还有相关的辅助文件或案例文档等，软件在运行过程中，可能还需要一些默认或动态生成的目录设置等，因此，许多文件可能需要安装在不同的文件目录或需要读取特定的信息，这就需要简化软件的安装和配置。软件打包就是实现应用软件文件复制、配置、卸载的自动化，使软件的使用、运行更方便、更简单。

12.1　软件打包

早期DOS操作系统软件的打包和配置主要采用批处理文件的方式，通过批处理进行文件的目录建立、文件拷贝等。Windows系统环境条件下，虽然偶尔也有一些软件采用批处理文件的方式，但目前批处理文件的软件打包方式越来越少。Windows系统环境条件下软件的运行往往需要很多设置，如快捷键、任务栏、图标等，而这些功能在软件的安装过程中自动配置不仅重要，也非常必要。为了实现软件的顺利安装和运行，越来越多的软件通过打包软件对已经完成的应用软件进行打包，因此出现了一些专门用于打包的工具软件。

Windows桌面系统打包软件主要有两类，一类是需要付费的打包软件，如InstallShield、InstallAnywhere和Advanced Installer等；另一类是免费的打包软件，如Inno Setup。

12.1.1　Inno Setup打包软件

Inno Setup是一个免费的 Windows 安装程序制作软件。从1997年发布第一个版本以来，Inno Setup的主要功能和稳定性一直具有竞争力，其简单、易用和安装脚本框架自动生成的特点，使开发者容易制作安装软件。Inno Setup软件5.0以后的版本具有的关键功能如下。

第一，广泛支持Windows7以来的版本，支持创建软件运行文件的快捷方式，包括开始菜单和桌面；支持创建注册表和.INI条目，注册 DLL/OCX和类型库。

第二，可以创建单独安装运行的EXE格式文件；安装程序可以比较文件版本信息，替换正在使用的文件。

第三，支持定制安装类型，如完整安装、最小安装、自定义安装等安装方式；打包文件可以根据安装类型决定所安装软件具有的功能或辅助文件的完整性。

第四，提供完整的卸载功能，支持后台安装和后台卸载，可复制需要安装或清除已安装的部分或所有文件，以及软件运行所需的相关文件运行环境设置。

第五，支持多种压缩格式，包括bzip2、7-Zip和LZMA/LZMA2文件压缩。

第六，支持密码和加密安装。

总之，Inno Setup是一个Windows操作系统环境下非常灵活、容易理解和小巧且免费的应用程序打包工具。

12.1.2　打包软件主要功能

Inno Setup软件提供了软件打包脚本的一系列功能模块和编译指令，其主要功能包括创建脚本项目，编译打包脚本和运行打包文件等功能（见图12-1）。软件除了提供丰富的脚本编写实际应用案例，还提供打包软件脚本框架生成工具，通常情况下，只要按照Inno Setup软件提供的脚本向导进行相关的设置，就可以完成软件打包的主要功能或重要任务。

除了脚本向导，Inno Setup软件还提供了脚本编写指令。比如，注释采用符号“;”，宏指令定义“#define”“[Setup]”等，这些指令的功能主要用于定义软件安装过程中的界面显示、安装方式和软件运行所需文件以及与之对应的相关设置等。

图 12-1　Inno Setup 安装文件菜单

尽管Inno Setup打包软件有强大和丰富的脚本编写、编译功能，但通常情况下对一个应用软件打包的主要任务却是固定的，因此，在绝大多数情况下，通过脚本向导生成软件打包脚本就可以满足软件的打包基本功能。

12.2　打包软件脚本向导

Inno Setup脚本向导的主要功能包括设置应用程序名称、版本信息、需要安装的文件、版权信息等。

12.2.1　脚本向导

Inno Setup脚本向导使打包软件的脚本编写效率大大提高。打包向导设置可以自动生成软件的打包脚本，通过仔细观察和研读脚本向导生成的脚本程序可以发现，打包脚本程序是由具有结构化的模块单元构成。Inno

Setup脚本向导不仅是快速掌握打包脚本编写的便捷方法，同时也降低了打包脚本的学习门槛。Inno Setup脚本向导是通过交互界面对话来一步一步地完成。下面以LifeTable2020软件打包为例，介绍打包软件脚本向导的运行过程。

第一步，新建一个安装脚本（见图12-2）。选定创建新的默认空脚本文件或创建非空的脚本文件。如果选定创建空脚本，则脚本文件只有一个空的［Setup］段，并结束创建脚本，此时安装脚本代码需要设计者自行定义和输入。如果选择创建非空的脚本文件，则需要按照脚本向导进行下一步，并一步一步定义脚本的功能框架。

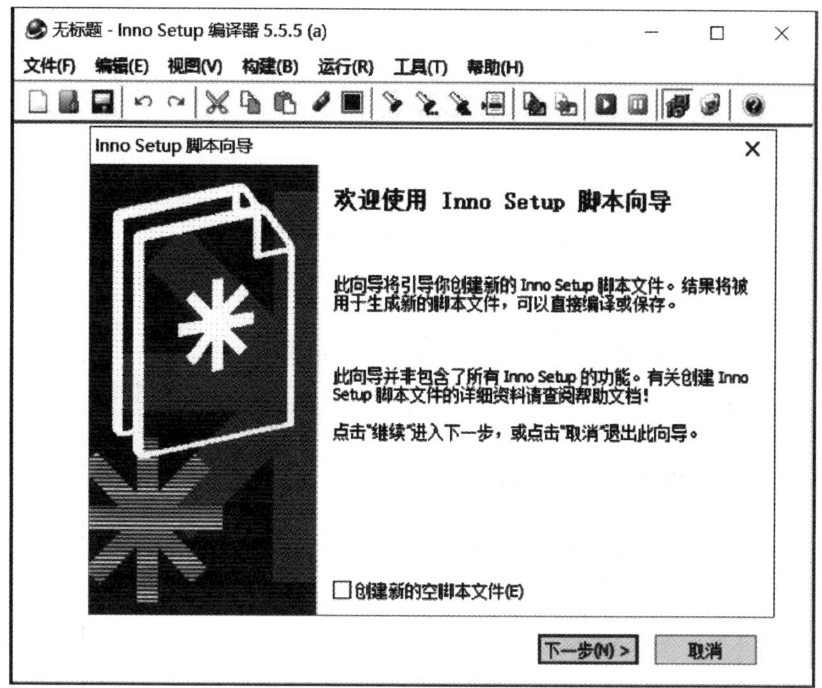

图12-2　新建一个安装脚本

第二步，输入打包应用软件名称、版本号、应用程序发布者和应用程序相关信息网站的网址（见图12-3）。应用程序发布者和应用程序相关信息网站的网址可以缺失，但软件名称、版本号不能缺失。

第三步，设置应用程序文件夹名称（见图12-4）。应用程序文件夹用于将应用程序及相关文件一并安装到设定的应用程序文件夹内，其目的是与软件内部的默认设置或运行的必要条件一致。

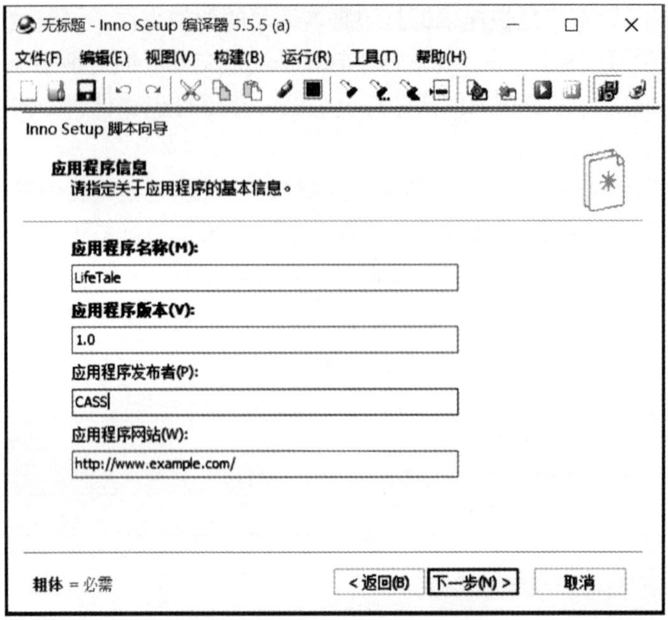

图 12-3　新建一个软件安装框架

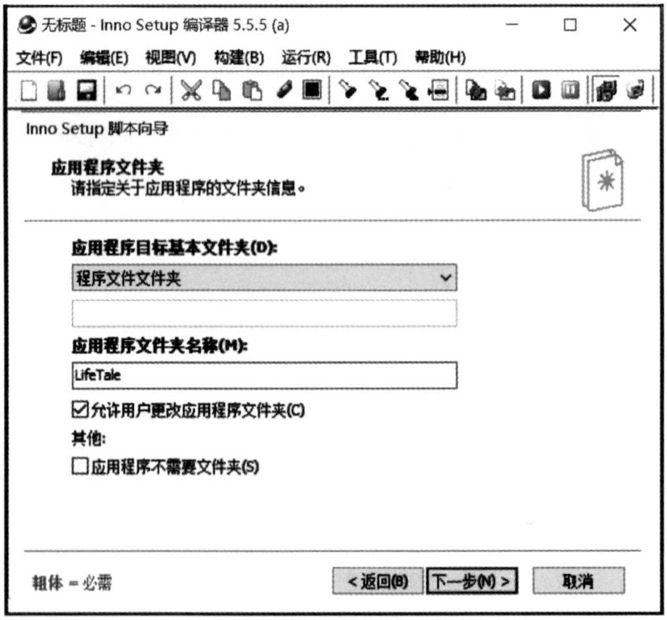

图 12-4　设定安装应用程序文件夹名称

第四步，选定应用程序主执行文件，添加相关文件目录和文件名（见图 12-5）。应用程序主执行文件是应用软件最重要的文件，也是需要进行相关设置的主文件，该文件的主要功能是通过Windows快捷键、程序栏进行调用执行的启动文件。对于其他相关文件，也可以一并安装到主程序文件夹中。这里应用程序主文件和相关文件设定的目的是为打包文件提供文件的来源和需要安装文件的目标安装设置。

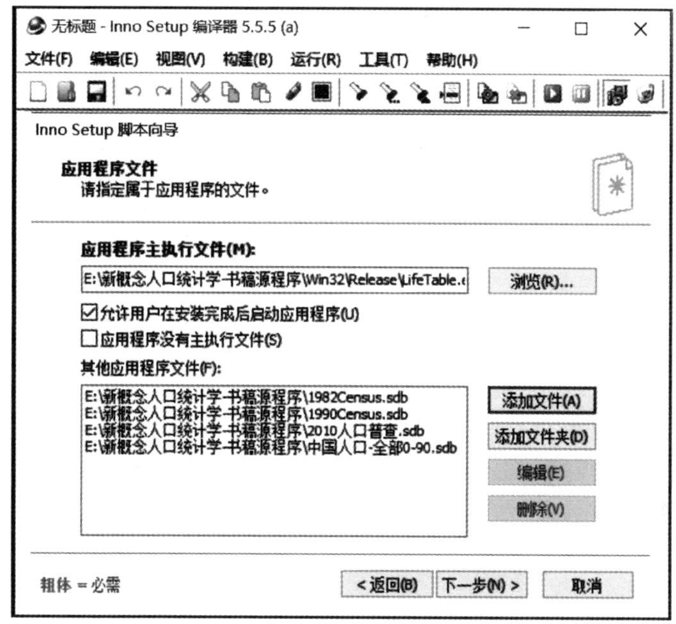

图 12-5　选择应用程序及相关应用安装文件

第五步，选定应用程序图标（见图 12-6）。应用程序图标是应用程序的重要标识，其作用表现在安装、运行和卸载等重要任务执行或使用过程中与其他应用程序相互区分。

第六步，应用程序文档选择（见图 12-7）。应用程序文档包括应用程序许可文件、应用程序安装前提示信息和安装完成信息。这些信息可以用Word进行编辑，然后将文件保存为Word文件的RTF格式。在打包安装软件运行过程中，可以将上述文件一并打包。应用程序许可文件等重要文档信息内容将在安装过程中按顺序陆续进行显示。

第七步，打包软件语言选择（见图 12-8）。可供选择的安装界面语言包括中文、英文、德文等多种语言版本，从而适合不同语言Windows操作系统环境的安装。

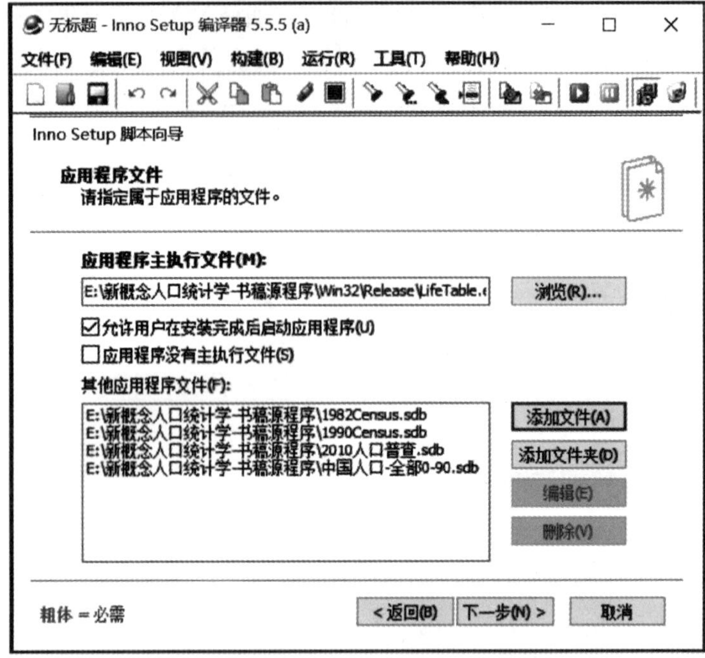

图 12-6　应用程序图标

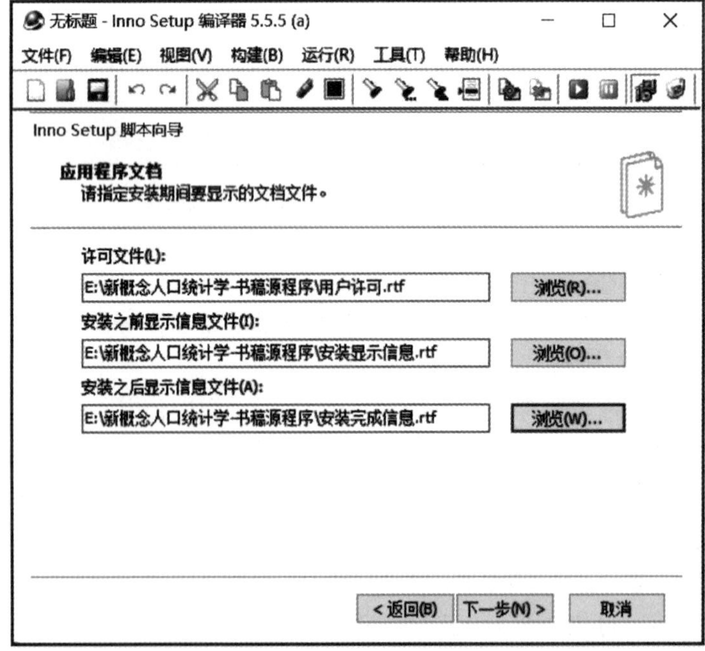

图 12-7　安装许可文件等

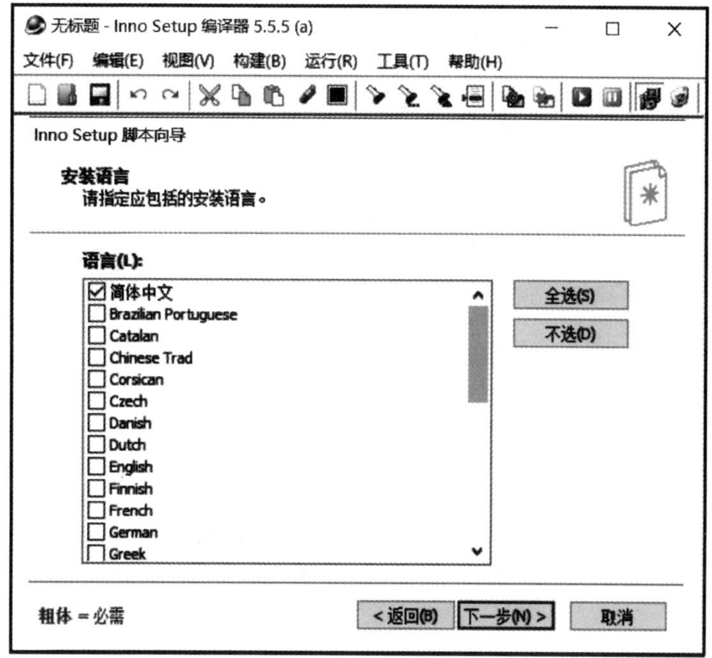

图 12-8　安装语言

第八步，编译设置选项（见图 12-9）。编译设置选项包括编译安装文件输出文件夹、编译安装文件的文件名、编译文件图标和安装密码。

第九步，编译预处理选项（见图 12-10）。编译预处理的目的是进行相关变量的定义，从而使脚本编写更加简洁和灵活。

第十步，完成脚本设置。虽然第十步是脚本向导配置的最后一步，但点击完成后，还有三个窗口需要选择或提供相关信息。第一个窗口为是否直接编译脚本，如果选择是，则进入第二个窗口；第二个窗口为是否保存安装脚本，如果选择是，则进入第三个窗口；第三个窗口为输入保存文件脚本的文件名。

通过上述步骤，打包软件可以完成自定义脚本主要功能，并生成脚本文件，这个脚本生成向导可以满足绝大多数打包软件的功能，在此基础上，开发者还可以进一步丰富打包软件的功能。

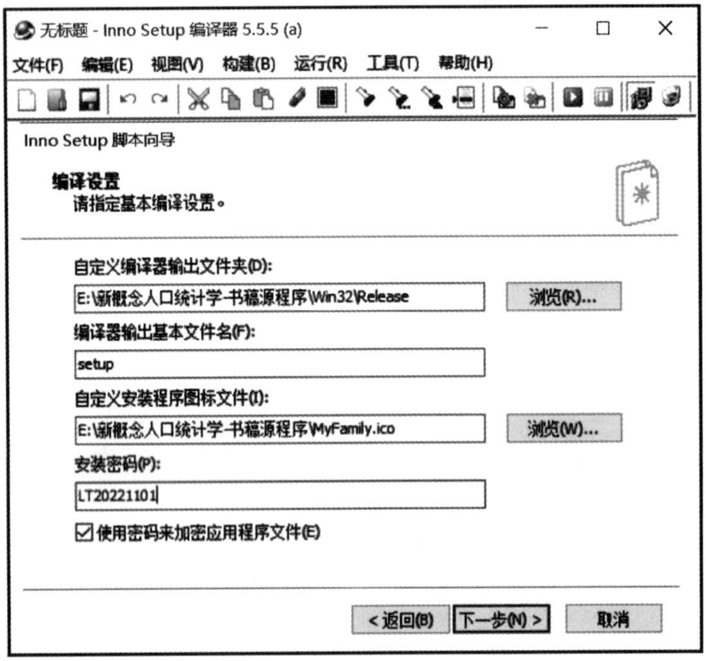

无标题 - Inno Setup 编译器 5.5.5 (a)
文件(F) 编辑(E) 视图(V) 构建(B) 运行(R) 工具(T) 帮助(H)
Inno Setup 脚本向导
编译设置
请指定基本编译设置。
自定义编译器输出文件夹(D):
E:\新概念人口统计学-书稿源程序\Win32\Release
浏览(R)...
编译器输出基本文件名(F):
setup
自定义安装程序图标文件(I):
E:\新概念人口统计学-书稿源程序\MyFamily.ico
浏览(W)...
安装密码(P):
LT20221101
☑ 使用密码来加密应用程序文件(E)
< 返回(B)　下一步(N) >　取消

图 12-9　安装文件输出和密码设定

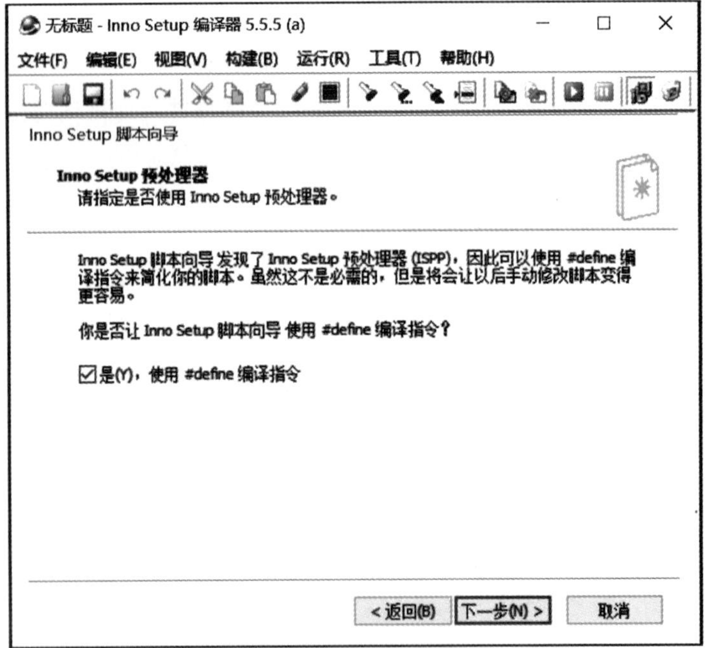

图 12-10　预处理选项

12.2.2　脚本结构

脚本向导是生成打包文件的快捷方式，生成的脚本文件结构也容易理解。从脚本文件的程序构成来看，脚本文件的构成主要由宏定义（预编译）、常量、Setup 段、Languages 段、Tasks 段、Files 段、Icons 段和 Run 段构成。

常量是脚本设计的重要内容，脚本中的项目大部分可以嵌入常量。这些预定义的字符被包含在大括号中。安装程序或卸载程序会根据用户选择和系统配置将这些常量翻译为文字值。重要且常用的常量包括：{app}，用户在安装向导中的目标位置选择页中选定的应用程序目录；{group}，开始菜单文件夹路径，由用户在安装程序的开始菜单文件夹选择页面中选定；{commondesktop}，桌面文件夹路径。

下面以 LifeTable2020 软件安装脚本为例，分析 Inno Setup 安装打包软件脚本文件的脚本设置及其含义。

首先看脚本文件的宏定义（预编译）部分（见程序 12-1）。脚本文件用“;”进行注释，用 `#define` 定义宏替换变量。比如，`#define MyAppName"LifeTable2020"` 的含义是变量 `MyAppName` 将用字符串 LifeTable2020 进行替换或赋值。`#define MyAppVersion"1.0"` 也类似，用字符串 1.0 标识 `MyAppVersion`，即版本号。这些宏定义可在脚本的其他功能段中使用，使脚本的编写更具有灵活性和普适性。

其次看 Setup 段。Setup 段用 [Setup] 来定义段的开始，定义的功能包括 AppId、AppName、AppVersion 等版本和版权信息以及安装密码、打包安装文件输出文件目录、名称和压缩方式定义。

第三看 Languages 段。[Languages] 段实现的功能是安装界面的语言，LifeTable2020 打包文件采用简体中文安装界面。

第四看 Tasks 段。[Tasks] 段实现的功能是应用程序图标、快捷方式创建，LifeTable2020 打包文件将在桌面和程序栏创建快捷方式。

第五看 Files 段。[Files] 段实现的功能是定义文件的来源和文件将安装的目标位置。LifeTable2020 打包文件安装文件的来源为：

```
"E:\新概念人口统计学-书稿源程序\Win32\Release\LifeTable2020.exe";
Source: "E:\新概念人口统计学—书稿源程序\1982Census.sdb";
…
Source: "E:\新概念人口统计学—书稿源程序\sqlite3.dll";
安装的目标位置为:DestDir: "{app}";
```

第六看Icons段。[Icons] 段定义应用程序的图标。LifeTable2020图标将作为应用程序桌面和程序栏图标。

最后看Run段。[Run] 定义应用程序及安装完成后是否直接启动运行。

程序12-1 Lifetable2020软件安装脚本

```
; 脚本由 Inno Setup 脚本向导 生成！
; 有关创建 Inno Setup 脚本文件的详细资料请查阅帮助文档！

#define MyAppName "Lifetable2020"
#define MyAppVersion "1.0"
#define MyAppPublisher "CASS"
#define MyAppURL "http://www.example.com/"
#define MyAppExeName "LifeTable2020.exe"

[Setup]
; 注: AppId的值为单独标识该应用程序。
; 不要为其他安装程序使用相同的AppId值。
; (生成新的GUID，点击 工具在IDE中生成GUID。)
AppId={{AC903453-8ED2-4D68-9D12-9DF9A18B5825}
AppName={#MyAppName}
AppVersion={#MyAppVersion}
;AppVerName={#MyAppName} {#MyAppVersion}
AppPublisher={#MyAppPublisher}
AppPublisherURL={#MyAppURL}
AppSupportURL={#MyAppURL}
AppUpdatesURL={#MyAppURL}
DefaultDirName={pf}\{#MyAppName}
DefaultGroupName={#MyAppName}
LicenseFile=E:\新概念人口统计学—书稿源程序\用户许可.rtf
InfoBeforeFile=E:\新概念人口统计学—书稿源程序\安装显示信息.rtf
InfoAfterFile=E:\新概念人口统计学—书稿源程序\安装完成信息.rtf
OutputDir=E:\新概念人口统计学—书稿源程序\Win32
OutputBaseFilename=setup
SetupIconFile=E:\新概念人口统计学—书稿源程序\MyFamily.ico
Password=LT20221101
Encryption=yes
Compression=lzma
```

```
SolidCompression=yes

[Languages]
Name: "chinesesimp"; MessagesFile: "compiler:Default.isl"

[Tasks]
Name: "desktopicon"; Description: "{cm:CreateDesktopIcon}"; GroupDescription: "{cm:AdditionalIcons}"; Flags: unchecked; OnlyBelowVersion: 0,6.1

[Files]
Source: "E:\新概念人口统计学—书稿源程序\Win32\Release\LifeTable2020.exe"; DestDir: "{app}"; Flags: ignoreversion
Source: "E:\新概念人口统计学—书稿源程序\1982Census.sdb"; DestDir: "{app}"; Flags: ignoreversion
Source: "E:\新概念人口统计学—书稿源程序\1990Census.sdb"; DestDir: "{app}"; Flags: ignoreversion
Source: "E:\新概念人口统计学—书稿源程序\2010人口普查.sdb"; DestDir: "{app}"; Flags: ignoreversion
Source: "E:\新概念人口统计学—书稿源程序\中国人口—全部0-90.sdb"; DestDir: "{app}"; Flags: ignoreversion
Source: "E:\新概念人口统计学—书稿源程序\sqlite3.def"; DestDir: "{app}"; Flags: ignoreversion
Source: "E:\新概念人口统计学—书稿源程序\sqlite3.dll"; DestDir: "{app}"; Flags: ignoreversion
;注意:不要在任何共享系统文件上使用“Flags: ignoreversion”

[Icons]
Name: "{group}\{#MyAppName}"; Filename: "{app}\{#MyAppExeName}"
Name: "{commondesktop}\{#MyAppName}"; Filename: "{app}\{#MyAppExeName}"; Tasks: desktopicon

[Run]
Filename: "{app}\{#MyAppExeName}"; Description: "{cm:LaunchProgram,{#StringChange(MyAppName,'&', '&&')}}"; Flags: nowait postinstall skipifsilent
```

总之，脚本向导为编写脚本程序的设计者提供了便利，而且每一步的设置与生成的打包文件脚本直接对应，可以通过修改打包脚本向导设置内容，分析脚本变化和脚本向导之间的对应关系，这不仅是一个直接的学习路径，也是准确把握脚本文件撰写框架的重要方法。

12.2.3　编译文件的选项设置

C++Builder有两种编译方式来创建的应用程序（或称EXE文件），一种是Debug方式，即调试方式；另一种是Release方式，即发布方式。这两种方式编译的EXE文件所包含的信息不同，文件的大小也有区别。一般情况下，Release方式下生成的EXE应用程序比Debug方式小很多。除了编译文件大小不同，为了安装运行在不同Windows系统下，往往还需要设置编译的选项。

第一个编译选项设置为编译链接设置（见图12-11）。这个设置可以通过C++Builder中Project菜单的Options来进行，设置的位置在C++Linker栏，将C++Linker栏中Link with Dynamic RTL项设置为false。

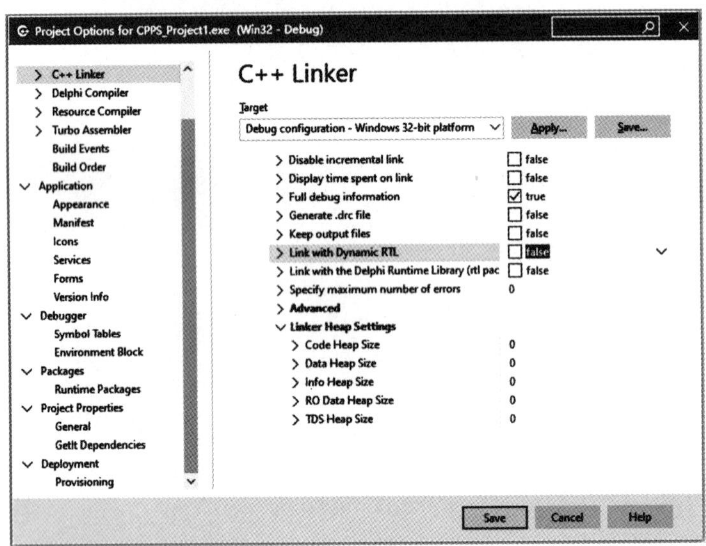

图12-11　编译链接设置

第二个编译选项设置为运行库设置选项（见图12-12）。这个设置与上面的设置类似，可以通过C++Builder中Project菜单的Options来进行，设置的位置在Packages栏，将Packages栏中的Runtime Packages 中的Link with runtime packages项设置为false。

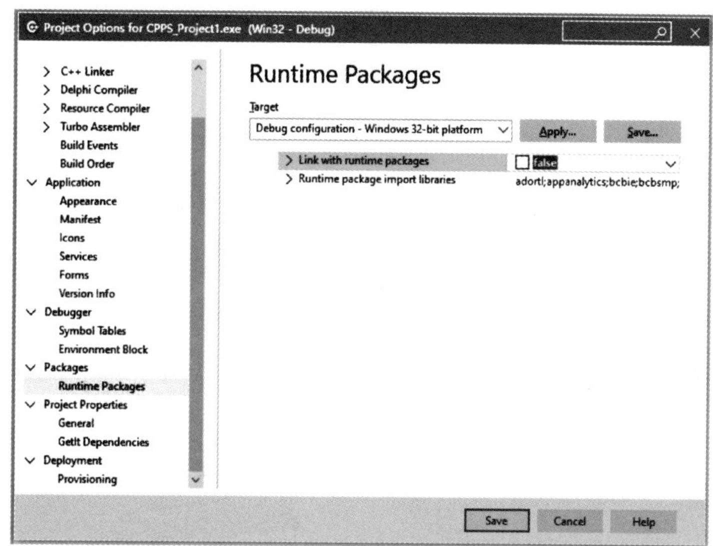

图 12-12　运行库设置选项

在Link with Dynamic RTL项和Link with runtime packages选项设置完成后，重新生成Release的应用程序EXE文件，然后将应用程序打包安装，这样就可以在不同Windows系统（Windows 7以后）中运行。

12.3　安装与卸载软件

打包软件可以实现自动或便捷安装、卸载，这也是打包软件自动化的重要标志。在完成打包软件的脚本编译后，Inno Setup打包软件会根据脚本生成应用程序的打包安装软件，运行打包软件并进行相应的设置或默认设置，就可以将应用程序顺利安装到Windows系统电脑中。为了展示打包软件的安装过程，正确理解打包软件脚本、安装文件以及相关信息的显示过程，下面以LifeTable2020软件为例，展示打包软件的运行过程，这也是Windows软件安装常见且具有标准化特点的安装步骤。

12.3.1 安装步骤

第一步，点击安装包，进入安装程序的安装向导（见图12-13）。

图12-13 安装向导

第二步，点击图12-13中的下一步按钮，进入LifeTable2020使用许可界面（见图12-14）。

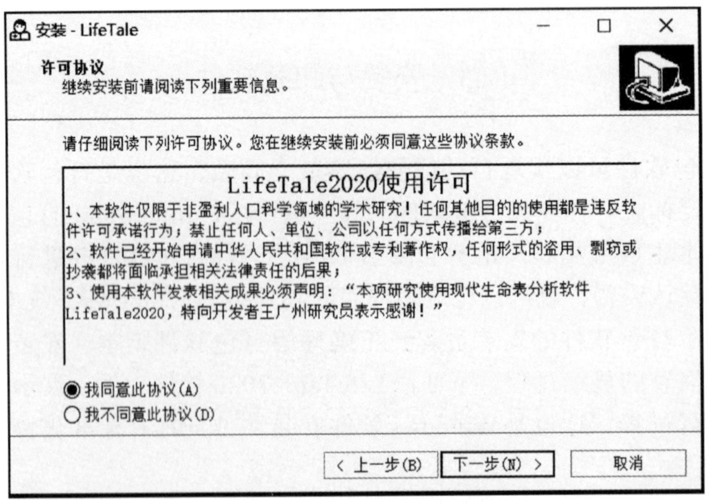

图12-14 用户许可或协议

第三步，勾选图 12-14 中同意用户协议，点击下一步按钮，进入 LifeTable2020 安装密码输入界面（见图 12-15）。

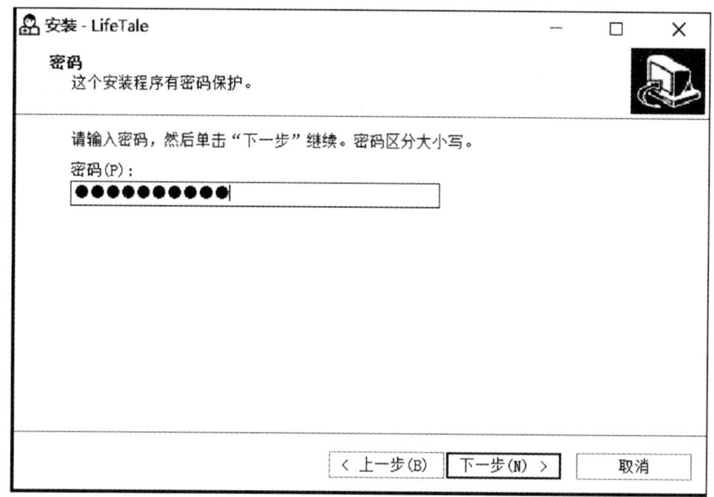

图 12-15　安装密码

第四步，输入安装密码，点击下一步按钮，如密码正确，进入 LifeTable2020 开发者信息界面（见图 12-16）。

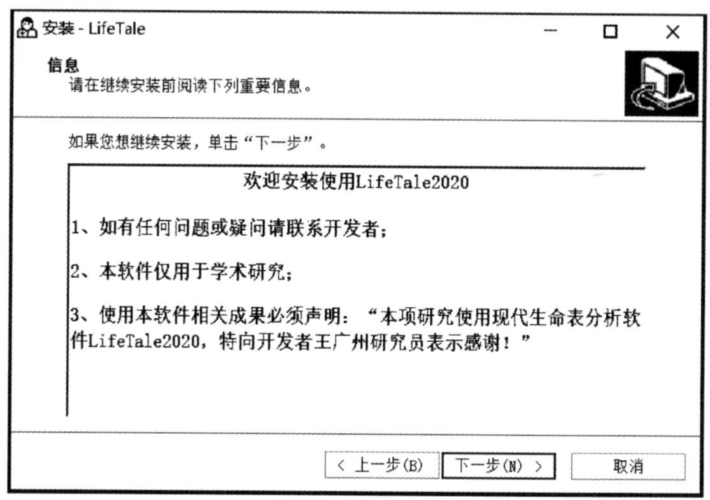

图 12-16　开发者信息

第五步，点击图12-16中的下一步按钮，进入LifeTable2020应用程序安装目录选择界面，可以通过浏览选定安装目录，也可以输入新的目录或默认安装目录（见图12-17）。

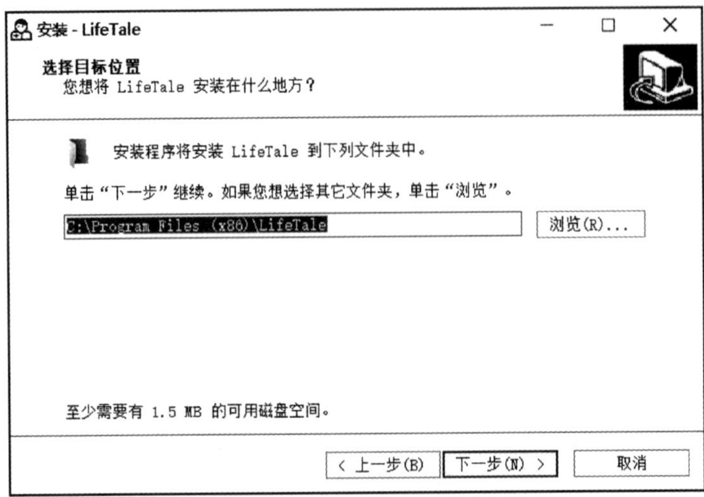

图12-17 应用软件安装位置

第六步，点击图12-17中的下一步按钮，进入LifeTable2020应用程序软件快捷方式文件名称界面（见图12-18）。

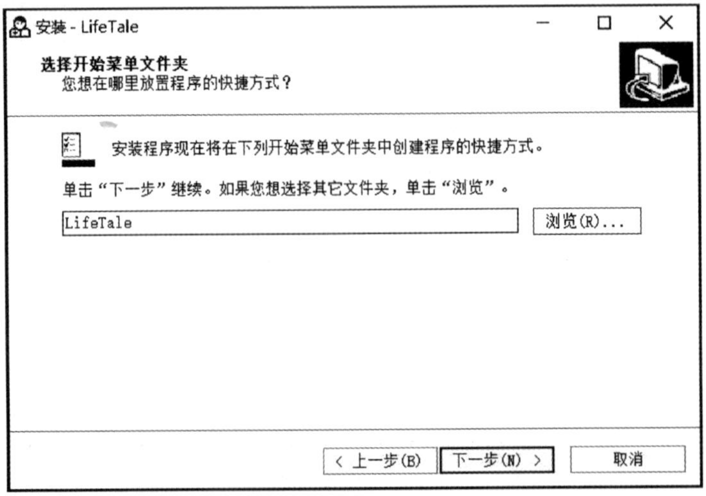

安装 - LifeTale
选择开始菜单文件夹
您想在哪里放置程序的快捷方式？
安装程序现在将在下列开始菜单文件夹中创建程序的快捷方式。
单击“下一步”继续。如果您想选择其它文件夹，单击“浏览”。
LifeTale
浏览(R)...
< 上一步(B)
下一步(N) >
取消

图12-18 应用软件快捷方式文件名称

第七步，点击图12-18中的下一步按钮，进入LifeTable2020应用程序准备安装界面（见图12-19）。

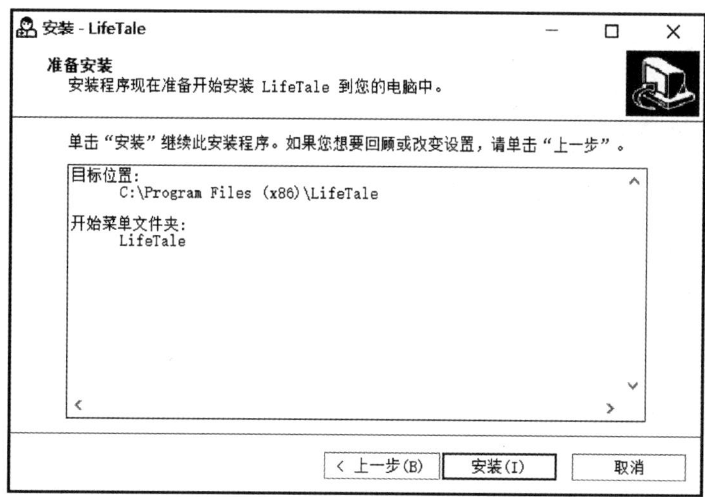

图12-19　应用软件安装

第八步，点击图12-19中的安装按钮，开始将打包软件中的文件解压并复制到指定的目录，文件复制、配置完成后进入LifeTable2020安装完成信息显示界面（见图12-20）。

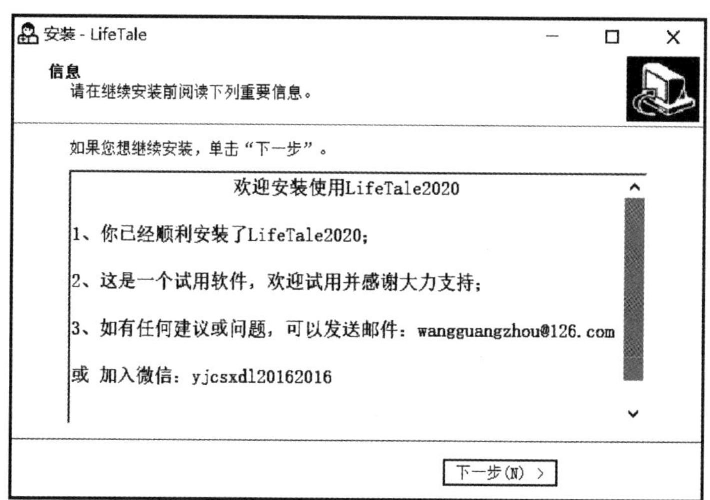

图12-20　应用软件安装使用信息

第九步，点击图12-21中的完成按钮，如果选择运行LifeTable2020，则立即启动运行该应用程序。

图12-21　应用软件安装完成

通过上述安装步骤界面显示、选项及文件设置等可以看到，打包软件向导可以顺利将应用程序安装完成并启动运行。

12.3.2　软件卸载

与软件安装相比，应用程序卸载要简单得多。Inno Setup编译生成打包安装应用程序可以自动移除相应的安装文件和安装设置。以打包安装软件LifeTable2020为例，其安装的主要任务如下。

第一，在C:\Program Files（86）目录创建\LifeTable2020子目录。

第二，将LifeTable2020.exe、文件1982Census.sdb、1990Census.sdb、2010人口普查.sdb、中国人口-全部0-90.sdb数据库文件以及sqlite3.dll、sqlite3.def等SQLite数据库支持文件复制到\LifeTable2020子目录中。

第三，在桌面和开始菜单中创建LifeTable2020.exe的快捷方式。

第四，设定快捷方式和控制面板中的软件注册等。

软件的卸载过程就是将上述安装和文件配置等进行删除，使应用程序被完全移除。由于卸载的操作步骤比较简单，而且是自动完成的，这里不再展示。

参考文献

丁仁船:《我国城镇人口劳动生命表》,《西北人口》2008年第2期。

范宇新、陈鹤、郭帅:《疾病扩张、疾病压缩和动态平衡假说:国际经验及思考》,《医学与哲学》2019年第2期。

顾大男:《老年人健康变动趋势和预测方法国际研究动态》,《中国人口科学》2005年第3期。

韩猛、王晓军:《Lee-Carter模型在中国城市人口死亡率预测中的应用与改进》,《保险研究》2010年第10期。

侯海波、王罗汉:《人口红利、经济增长与人力资本红利——一个文献研究的视角》,《现代管理科学》2018年第1期。

胡广宇、谢学勤:《健康期望寿命指标分类及评价比较》,《中国社会医学杂志》2012年第3期。

黄荣清、李世红:《中国劳动力生命表的编制》,《人口与经济》1999年第4期。

黄荣清、曾宪新:《"六普"报告的婴儿死亡率误差和实际水平的估计》,《人口研究》2013年第2期。

黄润龙:《1991~2014年我国婴儿死亡率变化及其影响因素》,《人口与社会》2016年第3期。

蒋正华:《中国人口与就业研究的基础工具——中国劳动生命表的编制》,《中国人口科学》1990年第5期。

李成福、刘鸿雁、梁颖等:《健康预期寿命国际比较及中国健康预期寿命预测研究》,《人口学刊》2018年第1期。

李志生、刘恒甲:《Lee-Carter死亡率模型的估计与应用——基于中国人口数据的分析》,《中国人口科学》2010年第3期。

廖少宏、王广州:《中国老年人口失能状况与变动趋势》,《中国人口科学》

2021年第1期。
刘金菊:《2000~2010年中国人口的工作预期寿命》,《人口学刊》2015年第6期。
卢仿先、尹莎:《Lee-Carter方法在预测中国人口死亡率中的应用》,《保险职业学院学报》2005年第6期。
平泽章:《面向对象是怎样工作的》,北京:人民邮电出版社,2022。
沈秋骅:《工作寿命和工作寿命表》,《人口研究》1986年第2期。
孙佳美:《生命表编制理论与实验》,天津:南开大学出版社,2013。
王广州:《Python人口统计》,广州:广东高等教育出版社,2019。
王广州:《人口预测方法与应用》,北京:社会科学文献出版社,2018。
王广州:《中国人口平均预期寿命预测及其面临的问题研究》,《人口与经济》2021年第6期。
王广州:《中国走出低生育率陷阱的难点与策略》,《学术探索》2021年第10期。
王广州:《中国劳动力就业状况及变化特征研究》,《中国人口科学》2020年第2期。
王广州:《中国生活不能自理老人总量与结构研究》,《当代中国研究》2019年第2期。
王广州:《新中国70年:人口年龄结构变化与老龄化发展趋势》,《中国人口科学》2019年第3期。
王广州:《中国人口科学的定位与发展问题再认识》,《中国人口科学》2017年第3期。
王广州:《中国老年人口亲子数量与结构计算机仿真分析》,《中国人口科学》2014年第3期。
王广州、王军:《中国人口发展的新形势与新变化研究》,《社会发展研究》2019年第1期。
王晓军、任文东:《有限数据下Lee-Carter模型在人口死亡率预测中的应用》,《统计研究》2012年第6期。
王晓军、赵明:《中国高龄人口死亡率随机波动趋势分析》,《统计研究》2014年第9期。
王跃生:《当代家庭结构区域比较分析——以2010年人口普查数据为基础》,《人口与经济》2015年第1期。
吴晓坤、李姚洁:《Lee-Carter模型外推预测死亡率及偏差纠正》,《统计与决策》2016年第20期。

吴晓坤、王晓军:《中国人口死亡率Lee-Carter模型的再抽样估计、预测与应用》,《中国人口科学》2014年第4期。

谢富胜、匡晓璐:《中国劳动力短缺的时代真的到来了吗——基于产业后备军理论的存量和流量分析》,《经济学家》2018年第1期。

谢宇、胡婧炜、张春泥:《中国家庭追踪调查:理念与实践》,《社会》2014年第2期。

杨艳琳、曹成:《中国人口红利的国际比较与测算》,《江淮论坛》2016年第5期。

原新、高瑗、李竞博:《人口红利概念及对中国人口红利的再认识——聚焦于人口机会的分析》,《中国人口科学》2017年第6期。

曾毅:《多增—减生命表的构造方法及其在中国妇女婚姻研究中的应用》,《人口研究》1987第3期。

曾毅等:《人口分析方法与应用》,北京:北京大学出版社,2011。

张秋芸:《Lee-Carter模型在死亡率预测中的应用》,《统计学与应用》2015年第3期。

张文娟、魏蒙:《中国老年人的失能水平到底有多高?——多个数据来源的比较》,《人口研究》2015年第3期。

张文娟、魏蒙:《中国老年人的失能水平和时间估计——基于合并数据的分析》,《人口研究》2015年第5期。

张一名、张建武:《劳动力供给与需求仿真预测》,北京:经济科学出版社,2014。

庄绪荣、张丽萍:《失能老人养老状况分析》,《人口学刊》2016年第3期。

〔比利时〕维尔弗里德·勒玛肖、赛普·凡登·布鲁克、巴特·巴森斯:《数据库管理——大数据与小数据的存储、管理及分析实战》,李川等译,北京:机械工业出版社,2020。

〔美〕Brian Overland:《好学的C++》(第2版),杨晓云等译,北京:人民邮电出版社,2012。

〔美〕Herbert Schildt、Greg Guntle:《C++Builder技术大全》,周海斌等译,北京:机械工业出版社,2002。

〔美〕Joe Celko:《SQL权威指南》(第4版),王渊等译,北京:人民邮电出版社,2013。

〔美〕John Miano、Tom Cabanski、Harold Howe:《Borland C++Builder编程指南》,郝杰等译,北京:电子工业出版社,1998。

〔美〕安德鲁·凯尼格、芭芭拉·摩尔:《C++沉思录》,黄晓春译,北京:

人民邮电出版社，2020。

〔美〕肯尼斯·里科:《C和指针》，徐波译，北京：人民邮电出版社，2020。

〔美〕沃特·萨维奇:《C++入门经典》(第10版)，周靖译，北京：清华大学出版社，2021。

〔美〕亚伯拉罕·西尔伯沙茨、〔美〕亨利F.科思、〔印〕S.苏达尔尚:《数据库系统概念》，杨东青等译，北京：机械工业出版社，2017。

〔日〕MICK:《SQL基础教程》，孙森、罗勇译，北京：人民邮电出版社，2013。

〔日〕前桥和弥:《征服C指针》(第2版)，朱文佳译，北京：人民邮电出版社，2020。

〔英〕D.伦敦:《生存模型》，陈子毅译，上海：上海科学技术出版社，1996。

〔英〕理查德·格里姆斯:《C++编程自学宝典》，邓世超译，北京：人民邮电出版社，2020。

Booth H.，2006，“Demographic Forecasting：1980 to 2005 in Review”，*International Journal of Forecasting*，Vol.22，No.3，pp.547~581.

Butt Z.，Haberman S.and Verrall R.，2006，“The Impact of Dynamic Multi-state Measurement of Worklife Expectancy on the Loss of Earnings Multipliers in England and Wales”，*Journal of the Statistical Society*：*Series A*（*Statistics in Society*），Vol.171，No.4，pp.763~805.

Camarda C.G.，2019，“Smooth Constrained Mortality Forecasting”，*Demographic Research*，Vol.41，No.38，pp.1091~1130.

Cambois E.，Robine J.and Brouard N.，1999，“Life Expectancies Applied to Specific Statuses：A History of the Indicators and the Methods of Calculation”，*Population*：*An English Selection*，Vol.11，pp.7~34.

Carter L.R.，1996，“Forecasting U.S.Mortality：A Comparison of Box-Jenkins ARIMA and Structural Time Series Models”，*Sociological Quarterly*，Vol.37，No.1，pp.127~144.

Caselli G.，Vallin J.and Wunsch G.，2006，*Demography*：*Analysis and Synthesis*，Elsevier Inc..

Crimmins E.M.，Saito Y.and Ingegneri D.，1997，“Trends in Disability-free Life Expectancy in the United States 1970~90”，*Population and Development Review*，Vol.23，No.3.

Department of Economic and Social Affairs，1971，“Methods of Projecting the

Economically Active Population", *Population Studies*, Vol.46.

Dublin L.I.and Lotka A., 1930, *The Money Value of Man*, Ronald Press, New York.

Elandt-Johnson R.C.and Johnson N.L., 1980, *Survival Models and Data Analysis*, John Wiley and Sons.

Farr W., 1853, "The Income and Property Tax", Journal of the Statistical *Society of London*, Vol.16, No.1, pp.1~44.

Foster E.M.and Skoog G.R., 2004, "The Markov Assumption for Worklife Expectancy", *Journal of Forensic Economics*, Vol.17, No.2, pp.167~183.

Hoem J.M., 1977, "A Markov Chain Model of Working Life Tables", *Scandinavian Actuarial Journal*, Vol.1, pp.1~20.

IBM Corporation, 2020, IBM SPSS Statistics Algorithms, IBM© SPSS© Statistics 25, Part: SURVIVAL Algorithms.

Ignatavičiūtė E., Mikalauskaitė-Arminienė R.and Šiaulys J., 2012, "Lee-Carter Mortality Forecasting", *Lithuanian Journal of Statistics*, Vol.51, No.1.

Ireland T.R., 2009, "Why the Gamboa-Gibson Worklife Expectancy Tables are Without Merit", *Journal of Legal Economics*, Vol.15, No.2, pp.105~109.

Ireland T.R., 2010, "Why Markov Process Worklife Expectancy Tables are Usually Superior to the LPE Method", *Journal of Legal Economics*, Vol.16, No.2, pp.95~110.

Jordan Russe, 2014, Inno Setup软件帮助文件, Inno Setup版本5.5.5, Jordan (1997~2014)所有版权, Russell部分版权所有者Martijn Laan (2000~2014)。

Kolachina S.S., 2003, *C++Builder™ 6 Developer's Guide*, Wordware Publishing, Inc..

Krueger K.V., 2004, "Tables of Inter-year Labor Force Status of the U.S. Population (1998~2004) to Operate the Markov Model of Worklife Expectancy", *Journal of Forensic Economics*, Vol.17, No.3, pp.313~381.

Krueger K.V., Skoog G.R.and Ciecka J.E., 2006, "Worklife in a Markov Model with Full-time and Non-market Work Activity", *Journal of Forensic Economics*, Vol.19, No.1, pp.61~82.

Krueger K.V.and Slesnick F., 2014, "Total Worklife Expectancy", *Journal of Forensic Economics*, Vol.25, No.1, pp.51~70.

Land K.C., Guralnik J.M.and Blazer D.G., 1994, "Estimating Increment-decrement Life Tables with Multiple Covariates from Panel Data: The Case of

Active Life Expectancy”, *Demography*, Vol.31, No.2.

Lee R.D., 2019, “Mortality Forecasts and Linear Life Expectancy Trends”, in Bengtsson T.and Keilman N.（eds.）, *Old and New Perspectives on Mortality Forecasting*, Cham, Switzerland: Springer Nature.

Lee R.D., 2019, “Mortality Forecasts and Linear Life Expectancy Trends”, *Old and New Perspectives on Mortality Forecasting*, Springer Nature Switzerland AG.

Lee R.D.and Carter L.R., 1992, “Modeling and Forecasting U.S.Mortality”, *Journal of the American Statistical Association*, Vol.87, No.419.

Majer I.M., Stevens R., Nusselder W.J., et al., 2013, “Modeling and Forecasting Health Expectancy: Theoretical Framework and Application”, *Demography*, Vol.50, No.2.

Millimet D., Nieswiadomy M.and Slottje D., 2010, “Detailed Estimation of Worklife Expectancy for the Measurement of Human Capital: Accounting for Marriage and Children”, *Journal of Economic Surveys*, Vol.24, No.2, pp.3310~3361.

Namboodiri K.and Suchindran C.M., 1987, *Life Table Techniques and Their Applications*, Academic Press.Inc.

Neves C., Fernandes C.and Hoeltgebaum H., 2017, “Five Different Distributions for the Lee-Carter Model of Mortality Forecasting: A Comparison Using GAS Models”, *Insurance: Mathematics and Economics*, No.75, pp.48~57.

Nurminen M., 2014, “Measuring Working-life Expectancies: Multistate Vector Regression Approach vs.Prevalence-based Life Table Method”, *Internet Journal of Epidemiology*, Vol.12, No.1.

Nurminen M.M., Heathcote C.R., Davis B.A., et al., 2005, “Working Life Expectancies: The Case of Finland 1980~2006”, *Journal of the Royal Statistical Society: Series A（Statistics in Society）*, Vol.168, No.3.

Nurminen M.M.and Nurminen T., 2005, “Multistate Worklife Expectancies”, *Scandinavian Journal of Work, Environment & Health*, Vol.31, No.3, pp.169~178.

Oeppen J.and Vaupel J.W., 2002, “Broken Limits to Life Expectancy”, *Science*, No.296.

Park S., 2012, “Estimation of Work-life Expectancy for the elderly by Work-life

Table in Korea", https://iussp.org/sites/default/files/edvent_call_for_papers/Estimation of Work-life Expectancy for the elderly by Work-life Table in Korea.pdf.

Park S., 2012, "Estimation of Work-life Expectancy for the elderly by Work-life Table in Korea", Working Paper of International Union for the Scientific Study of Population.

Preston S.H., Heuveline P.and Guillot M., 2000, *Demography-Measuring and Modeling Population Processes*, Blackwell Publishers Inc.

Schoen R.and Woodrow K., 1980, "Labor Force Status Life Tables for the United States, 1972", *Demography*, Vol.17, No.3, pp.297~322.

Siegel J.S.and Swanson D.A., 2004, *The Methods and Materials of Demography* (Second Edition), Elsevier Academic Press, London.

Skoog G.R.and Ciecka J.E., 2016, "Evolution of Worklife Expectancy Measurement", *Forensic Economics*, Vol.3, pp.33~56.

Smith D., Keyfitz N., 1977, *Mathematical Demography*, Springer-Verlag.

Smith S.J., 1982, "New Worklife Estimates Reflect Changing Profile of Labor Force", Monthly Labor Review, Bureau of Labor Statistics, US.

Smith S.J., 1986, "Worklife Estimates: Effects of Race and Education", 1986 Bulletin 2254, Bureau of Labor Statistics, US.

Wilmoth J.R., 1996, "Mortality Projections for Japan: A Comparison of Four Methods", in Caselli G., Lopez A. (eds), *Health and Mortality among Elderly Populations*, Oxford University Press, Oxford.

Wolfbein S.L.and Wool H., 1950, "Tables of Working Life.The Length of Work Life for Men", 1950 Bulletin 1001: Bureau of Labor Statistics.

后记　人口学研究的多维视角

2019年，我曾经出版了一本《Python人口统计》，主要内容是用Python进行人口统计计算机程序编制和辅助研究，这应该是一个非常小众的研究领域，但这本书很快售罄，这可能与Python比较流行，容易上手，也容易获得很多开放资源有关。然而，从软件开发积累和原创性研究的角度看，对原创能力的提升或积累还有许多重要的内容没有涉及。因此，一直想写一本关于人口软件开发方面的书，描述一个软件开发的全过程。之所以想做这样一件事情，主要是基于以往的一些学习经历和教学科研工作需要，而且本人一直有一个偏好或执念，即写一本用更加高效且有很长历史的C、C++语言开发人口分析软件的书。

绝大多数情况下，人口科学研究是实证研究，是数据驱动的，分析人口数据是人口学研究的核心基础，深入挖掘原始数据就需要计算机软件的辅助。因此，分析大量的原始个案数据是每个人口科学研究者需要面对的重要的任务，在研究过程中，不仅需要人口分析技术创新，也需要具有自主知识产权的应用软件。

我虽然在大学时对编写计算机程序产生过浓厚的兴趣，甚至痴迷，学习了一些计算机编程语言（Apple Ⅱ Basic）和相关数学以及计量地理方面的课程，但受到计算机使用条件的限制，一些基础内容并没有完全学会，而真正意识到计算机编程对科研的重要性还是从研究生阶段人口学专业学习和参与相关研究任务开始，当时面临一些基础数据处理方面的难题，有幸得到研究生室友兰州大学地理系李双林、李存等的帮助，并受到他们的影响，对计算机编程的重要性有了新的认识。

1989年冬，我的导师兰州大学的张志良教授派我参加UNFPA在中国举办的人口分析方法方面的培训班，这个培训班的教师是一个MIT的年轻学者（大概比我大十多岁），他讲述的主要内容是对数线性模型。虽然他讲的课程内容我们没有学会多少，但他指导我们上机实习的帮助很大。他在培训过程中特意介绍自己开发的生命表方差分析软件，是用Fortran编写的！后来他还特意从MIT给我寄了一个他编写的软件，其中包括软件的Fortran源程序。这个软件让我看到了国内研究水平和创新能力与国外的差距，并由此产生10年内自己一定要写出软件的想法。在硕士阶段，我有比较充足的时间使用计算机编程，在硕士毕业后一年左右就编写了一个小软件，克服了一般意义上的学习心理障碍，也就是自己认为不容易但其实能做到的事情，这大概花费了近3年的时间。在这个过程中，研究生室友李双林同学给了我很多帮助，特别是他那种“没有什么是学不会的”勇气！

1997年，我的导师北京大学的涂平教授提出两个博士生阶段的研究方向，一个是关于中国人口快速老龄化方面的研究，他当时已经做了较多人口老龄化市场含义方面的研究；另一个是人口与市场信息系统开发方面的。我结合自己的兴趣，决定做与信息系统开发相关的研究，在这个过程中我花时间研究CHAID算法（也就是现在Answer Tree的前身），编写了CHAID模块，因为这个软件当时是SPSS软件单独售卖用于目标人群细分的模块，而且很贵！在涂平教授的悉心指导和大力支持下，我开始系统地编写人口预测、生命表、间接估计等人口基础分析技术软件模块。

为了方便向老友李双林学习、交流和请教编程问题，我特意将编程语言从Quick Basic、Visual Basic系列和C、C++语言改成了Delphi，因为他在硕士阶段就使用Pascal，后来又与两个俄罗斯使用Pascal的研究人员一起工作了一段时间，他们非常精通Pascal编程。为此，涂平教授特意用课题经费为我购买了Delphi4.0专业版，这在那个年代是非常罕见的！自从改用Delphi后，我将以往一些其他语言编写的源程序转换成Delphi程序，用Delphi编写人口分析技术模块和神经网络、遗传算法以及多元统计分析等，逐渐积累了很多自己编写的Delphi源程序。

回顾自己从人口数据、研究方法到计算机软件开发的研究历程，深感每一个环节都不可或缺，它们相互促进、相互影响。通过对人口数据、分析方法和计算机软件开发模式的不断探索、融合及创新经验的积累，希望这些尝试能够为人口学研究领域的发展贡献绵薄之力，也希望这本书能够成为人口学研究领域的一个参考，激发更多的学者关注人口学方法研究的自主知识产权和创新研究范式，共同推动人口学学科的发展。

写一本专门的著作离不开妻子张丽萍几十年的默默支持，特别是在新冠疫情期间开始写这本书，面临很多不便。写一本有质量保证的专门著作更离不开同事的鼓励和帮助，这里特别感谢的是我的同事朱犁老师，她不仅具有非常高的专业素养，而且心直口快，容不得半点瑕疵！为本书的内容、文字、图表、数据以及图像编辑处理做了大量的工作，甚至重新绘制。本书责编王衡也付出辛勤的努力，做了大量的工作。在她们的帮助和努力下，确信为本书一定增色不少！

由于本人学识有限，书中或许仍存在一些难以发现的隐藏错误，还请读者不吝赐教和多多包涵！

王广州

2024年10月于东坝